Handbuch zur deutschen Grammatik

FIFTH EDITION

Handbuch zur deutschen Grammatik

WIEDERHOLEN UND ANWENDEN

Jamie Rankin
Princeton University

Larry D. Wells
Late of Binghamton University

HEINLE
CENGAGE Learning™

Australia • Brazil • Japan • Korea • Mexico • Singapore • Spain • United Kingdom • United States

HEINLE
CENGAGE Learning™

**Handbuch zur deutschen Grammatik:
Wiederholen und anwenden, Fifth Edition**
Jamie Rankin and Larry D. Wells

Publisher: Beth Kramer

Senior Development Editor: Judith Bach

Development Editor: Harriet C. Dishman

Assistant Editor: David Naden

Editorial Assistant: Catherine Mooney

Marketing Manager: Mary Jo Prinaris

Marketing Coordinator: Janine Enos

Senior Marketing Communications Manager:
Stacey Purviance

Associate Content Project Manager: Anne
Finley

Senior Art Director: Linda Jurras

Print Buyer: Susan Spencer

Senior Rights Acquisition Account Manager,
Text: Katie Huha

Production Service: Pre-PressPMG

Senior Photo Editor: Jennifer Meyer Dare

Cover Designer: Hecht Design

Compositor: Pre-PressPMG

Library of Congress Control Number: 2009940067

ISBN-13: 978-1-4390-8278-2

ISBN-10: 1-4390-8278-2

Heinle
20 Channel Center Street
Boston, MA 02210
USA

Cengage Learning is a leading provider of customized learning solutions with
office locations around the globe, including Singapore, the United Kingdom,
Australia, Mexico, Brazil, and Japan. Locate your local office at:
international.cengage.com/region

Cengage Learning products are represented in Canada by
Nelson Education, Ltd.

For your course and learning solutions, visit **www.cengage.com**.

Purchase any of our products at your local college store or at our preferred
online store **www.CengageBrain.com**.

Printed in the United States of America
3 4 5 6 7 14 13 12

Table of Contents

Introduction   xiii
To the Student   xvii
Acknowledgements   xix

1 Word order   1

■ **zum Beispiel:** *Deutschland*   1

Grammatik   2
  1.1 Word order in main clauses   2
  1.2 Positions of the conjugated verb in questions   8
  1.3 Positions of the conjugated verb in dependent clauses   8

Wortschatz: *Beim Lernen*   9

Übungen   11

Anwendung   12

Schriftliche Themen   13

  Tipps zum Schreiben: Beginning the sentence

Zusammenfassung   14

2 Present tense   16

Grammatik   16
  2.1 Present-tense conjugations   16
  2.2 Uses of the present tense   21

Wortschatz: *Wissen vs. kennen*   22

Übungen   24

Anwendung   26

Schriftliche Themen   28

  Tipps zum Schreiben: Using familiar verbs and structures

Zusammenfassung   29

3 Present perfect tense   31

■ **zum Beispiel:** *Wetten, dass …?*   31

Grammatik   32
  3.1 Principal parts of verbs   32
  3.2 Present perfect tense   36

Wortschatz: *Viele Wege führen nach Rom …*   39

Übungen   41

Anwendung   43

Schriftliche Themen   45

  Tipps zum Schreiben: Using the present perfect tense

Zusammenfassung   46

4 Definite articles and *der*-words ▪ Indefinite articles and *ein*-words   48

Grammatik   48
  4.1 Definite articles   48
  4.2 Indefinite articles   52
  4.3 **Der**-words   53
  4.4 **Ein**-words: Possessive adjectives   55
  4.5 **Der**- and **ein**-words used as pronouns   56

Wortschatz: *Platz da!*   58

Übungen   59

Anwendung   62

v

Schriftliche Themen 62

Tipps zum Schreiben: Editing your writing

Zusammenfassung 63

5 Cases and declensions 65

■ **zum Beispiel:** *Das Leben der anderen* 65

Grammatik 66

5.1 Cases 66
5.2 Regular noun declensions 66
5.3 Nominative case 68
5.4 Accusative case 69
5.5 Dative case 70
5.6 Genitive case 74

Wortschatz: *Mach doch!* 77

Übungen 78

Anwendung 80

Schriftliche Themen 82

Tipps zum Schreiben: Checking for correct cases

Zusammenfassung 83

6 Prepositions 85

Grammatik 85

6.1 Prepositions and contractions 85
6.2 Accusative prepositions 86
6.3 Dative prepositions 88
6.4 Two-way prepositions 94
6.5 Genitive prepositions 98

Wortschatz: *Hol' mir doch bitte die Zeitung.* 100

Übungen 100

Anwendung 105

Schriftliche Themen 106

Tipps zum Schreiben: Adding information through prepositions

Zusammenfassung 108

7 Negation 110

Grammatik 110

7.1 **Kein** 110
7.2 **Nicht** 111
7.3 **Kein- ... mehr/nicht mehr** 114

Wortschatz: *Nichts geht mehr ...* 114

Übungen 115

Anwendung 118

Schriftliche Themen 118

Tipps zum Schreiben: Writing first drafts and checking for common errors

Zusammenfassung 119

8 Simple past tense ■ Past perfect tense 121

■ **zum Beispiel:** *Die Zauberflöte* 121

Grammatik 123

8.1 Simple past tense 123
8.2 Past perfect tense 126

Wortschatz: *Komm, wir laufen um die Wette!* 127

Übungen 128

Anwendung 132

Tipps zum mündlichen Erzählen: Telling stories

Schriftliche Themen 134

Tipps zum Schreiben: Choosing precise verbs

Zusammenfassung 136

9 Modal verbs 138

Grammatik 138

9.1 Present and past tenses of modal verbs 138
9.2 Meanings of modal verbs 141
9.3 Perfect tenses of modal verbs 146
9.4 Future tense of modal verbs 147

Wortschatz: *I mag di!* 148

Übungen 150

Anwendung 153

Schriftliche Themen 154

Tipps zum Schreiben: Providing explanations

Zusammenfassung 155

10 Reflexive pronouns ▪ Reflexive verbs ▪ *Selbst* and *selber* ▪ *Einander* 158

Grammatik 158

10.1 Reflexive pronouns 158
10.2 Reflexive verbs 159
10.3 **Selbst** and **selber** 163
10.4 The reciprocal pronoun **einander** 163

Wortschatz: *Entscheide dich doch!* 164

Übungen 165

Anwendung 168

Schriftliche Themen 169

Tipps zum Schreiben: Using process writing in German

Zusammenfassung 170

11 Infinitives 172

▪ **zum Beispiel:** *Fußball – ein Spiel für Intellektuelle* 173

Grammatik 174

11.1 Infinitives with **zu** 174
11.2 Adverbial phrases with **um ... zu, ohne ... zu,** and **(an)statt ... zu** 176
11.3 Infinitives without **zu** 176
11.4 **Lassen** + infinitive 177
11.5 Infinitives as nouns 178
11.6 Double infinitives 179

Wortschatz: *Wer hat wen verlassen?* 180

Übungen 181

Anwendung 183

Schriftliche Themen 184

Tipps zum Schreiben: Expressing your own views

Zusammenfassung 185

12 Passive voice 186

Grammatik 186

12.1 Passive voice 186
12.2 True passive vs. statal passive 193
12.3 Substitutes for the passive voice 194

Wortschatz: *Endlich geschafft!* 195

Übungen 196

Anwendung 199

Schriftliche Themen 200

Tipps zum Schreiben: Practicing the passive

Zusammenfassung 201

13 Adjectives 203

Grammatik 203

13.1 Adjectives without endings 203
13.2 Adjectives with endings 203
13.3 Limiting adjectives 208
13.4 Adjectives governing cases 210
13.5 Adjectives with prepositional complements 211
13.6 Suffixes that form adjectives 212

Wortschatz: *Gut und schlecht* 214

Übungen 215

Anwendung 219

Schriftliche Themen 220

Tipps zum Schreiben: Making writing more vivid with adjectives

Zusammenfassung 221

14 Adverbs 223

Grammatik 223

14.1 Descriptive adverbs 223
14.2 Adverbs of time 225
14.3 Adverbs of place 226
14.4 Position of adverbs and adverbial phrases 227
14.5 Adverbial conjunctions 227

Wortschatz: *Ende gut, alles gut!* 228

Übungen 229

Anwendung 230

Schriftliche Themen 231

Tipps zum Schreiben: Establishing a sequence of events

Zusammenfassung 232

15 Comparative and superlative 233

■ **zum Beispiel:** *Mittagspause* 233

Grammatik 234

15.1 Comparative and superlative forms 234
15.2 Uses of the comparative and superlative 236
15.3 Comparisons with compound adjectives 240
15.4 Other superlative constructions 242

Wortschatz: *Höhen und Tiefen* 243

Übungen 244

Anwendung 246

Schriftliche Themen 247

Tipps zum Schreiben: Comparing and contrasting

Zusammenfassung 248

16 Adjectival nouns ■ Participial modifiers 251

Grammatik 251

16.1 Adjectival nouns 251
16.2 Participles as modifiers 254
16.3 Extended modifiers 255

Wortschatz: *Neues entdecken!* 258

Übungen 259

Anwendung 262

Schriftliche Themen 262

Tipps zum Schreiben: Using extended modifiers

Zusammenfassung 263

17 Personal, indefinite, and demonstrative pronouns 265

Grammatik 265

17.1 Personal pronouns 265
17.2 Indefinite pronouns 268
17.3 Demonstrative pronouns 269

Wortschatz: *Noch eine Prüfung?!* 271

Übungen 272

Anwendung 275

Schriftliche Themen 276

Tipps zum Schreiben: Using pronouns in German

Zusammenfassung 277

18 Relative pronouns 279

■ **zum Beispiel:** *Tatort* 279

Grammatik 280

18.1 Relative clauses 280
18.2 Relative pronouns 280
18.3 **Was** and **wo**-compounds as relative pronouns 284
18.4 The indefinite relative pronouns **wer** and **was** 285
18.5 Other forms of relativization 286

Wortschatz: *Kategorien* 286

Übungen 287

Anwendung 292

Schriftliche Themen 293

Tipps zum Schreiben: Using and avoiding relative clauses

Zusammenfassung 295

19 Questions and interrogatives 296

Grammatik 296

19.1 Yes-no questions 296
19.2 Interrogative words 297
19.3 Indirect questions 300

Wortschatz: *Hör doch auf!* 301

Übungen 303

Anwendung 305

Schriftliche Themen 306

Tipps zum Schreiben: Asking rhetorical questions

Zusammenfassung 307

20 *Da*-compounds · Uses of *es* 309

Grammatik 309

20.1 Prepositional **da**-compounds 309
20.2 Anticipatory **da**-compounds 311
20.3 Uses of **es** 312

Wortschatz: *Es geht um „es"* 315

Übungen 316

Anwendung 319

Schriftliche Themen 320

Tipps zum Schreiben: Avoiding some common pitfalls

Zusammenfassung 321

21 Subjunctive II   323

Grammatik   323

21.1 The subjunctive mood   323
21.2 Present subjunctive II forms   324
21.3 Uses of present subjunctive II   329
21.4 Past subjunctive forms and use   332

Wortschatz: *Benimm dich doch mal!*   334

Übungen   335

Anwendung   339

Schriftliche Themen   341

Tipps zum Schreiben: Using the subjunctive

Zusammenfassung   342

22 Indirect discourse ▪ Subjunctive I   344

▪ **zum Beispiel:** *Metropolis*   344

Grammatik   345

22.1 Indirect discourse   345
22.2 Subjunctive I forms   346
22.3 Using the subjunctive in indirect discourse   348
22.4 Other contexts for indirect discourse   349
22.5 Other uses of subjunctive I   351

Wortschatz: *„Sagen" anders sagen*   351

Übungen   352

Anwendung   355

Schriftliche Themen   356

Tipps zum Schreiben: Using quotations

Zusammenfassung   357

23 Imperative mood ▪ Commands   359

Grammatik   359

23.1 The imperative mood   359
23.2 Other options for expressing commands   363

Wortschatz: *Simse mir mal!*   364

Übungen   365

Anwendung   367

Schriftliche Themen   368

Tipps zum Schreiben: Writing with the imperative

Zusammenfassung   370

24 Future tense ▪ Future perfect tense   371

▪ **zum Beispiel:** *Herbsttag*   371

Grammatik   372

24.1 Future tense   372
24.2 Future perfect tense   374

Wortschatz: *Weiter so!*   375

Übungen   376

Anwendung   378

Schriftliche Themen   379

Tipps zum Schreiben: Qualifying statements about the future

Zusammenfassung   381

Reference 1: Noun genders ▪ Noun plurals ▪ Weak nouns 385

R.1.1 Noun genders 385
R.1.2 Noun plurals 389
R.1.3 Weak noun declensions 392
Übersicht 394

Reference 2: Conjunctions 395

R.2.1 Coordinating conjunctions 395
R.2.2 Two-part (correlative) conjunctions 397
R.2.3 Subordinating conjunctions 398
Übersicht 407

Reference 3: Prepositional phrases as verbal complements 408

R.3.1 Concept and usage 408
R.3.2 Examples in context 409
Übersicht 414

Reference 4: Numerals ▪ Measurements ▪ Time 415

R.4.1 Numerals 415
R.4.2 Measurements 420
R.4.3 Time 422
Übersicht 430

Reference 5: Verb prefixes 432

R.5.1 Separable prefixes 432
R.5.2 Inseparable prefixes 437
R.5.3 Two-way prefixes 440
Übersicht 442

Reference 6: Particles 444

R.6.1 Concept 444
R.6.2 Particles in use 445
R.6.3 Particles as responses 451
Übersicht 452

Reference Section 453

Appendices 453
Appendix 1: Formats for written communication 455
Appendix 2: Spelling, capitalization, and punctuation: *Rechtschreibreform* 2006 460
Appendix 3: Strong and irregular weak verbs 466

German-English Vocabulary 471

Index 491

Credits 499

Introduction

Handbuch zur deutschen Grammatik, **Fifth Edition,** is a grammar reference review textbook for second- and third-year students of German who are already familiar with the basics of German vocabulary and grammar. It can be used either as a primary text or as a reference manual in conjunction with other materials, such as literature readers. Its purpose is two-fold: (1) to present comprehensive (yet comprehensible) explanations of all major grammar topics; and (2) to provide meaningful, communicative practice of those topics. There is abundant oral group and pair work, as well as generous attention to writing strategies in each of the 24 pedagogically oriented chapters, and abundant information on grammar-related topics (verbal complements, verb prefixes, etc.) in the six reference chapters. Depending on instructor preference and student ability, the material can be used in course sequences lasting anywhere from one to four semesters (or one to six quarters), and the new organizational structure, with its 24 chapters, allows for easy assimilation into a variety of semester and quarter syllabus designs.

Features of the Fifth Edition

- **New organization of chapters.** Based on feedback from instructors using the book, the structure of *Handbuch zur deutschen Grammatik* has been thoroughly revised to make it more user- and classroom-friendly. The new chapter organization front-loads the grammar material by moving important topics (such as the *passive voice* and *infinitive phrases*) into the first half of the book. It recognizes the need for expanded coverage of important topics like *negation*, which now has its own chapter. And the book reflects realistic classroom use by moving list-oriented material (such as *measurements* and *noun genders*) into a new section of reference chapters at the back. The result is 24 classroom-oriented chapters that can be divided to accommodate various syllabus configuration, and six reference chapters that provide a wide range of linguistic and vocabulary information for students.

- **Zum Beispiel.** The use of cultural reference has been not only updated, but expanded to include classics such as Fritz Lang's *Metropolis* and the acclaimed film *Das Leben der anderen*; short stories ranging from the Monty Pythonesque lunacy of Loriot to the modernist aesthetic of Wondratschek; and uniquely German TV phenomena such as *Wetten, dass …?* and *Tatort*. All examples in the relevant chapters pertain to the film or text or TV show, with a coherent context and a more inviting tone than is usually found in grammar textbooks.

■ **Additional grammatical vocabulary explanations.** From its first appearance, *Handbuch zur deutschen Grammatik* has been valued by students and teachers alike for its clear and thorough treatment of grammar topics. The Fifth Edition continues this tradition, with extensively revised and updated commentary in each chapter based on feedback from users, and adherence to rules set out in the 2006 *Rechtschreibreform*—along with a detailed explanation of the reform and its context (see the new Appendix 2). The new material covers the following topics (among many others):

   ■ how to use **kein…mehr** and **nicht…mehr,** along with significantly expanded explanation of negation in general

   ■ how to express *somewhere* and *anywhere* in context

   ■ how to form comparisons with compound adjectives such as **vielversprechend** and **hochkompliziert**

   ■ extended discussion of *verbal complements* and how these affect word order

   ■ explanations of the distinctions between *to like (food)* and *to like (a person)*, and *to love (music)* and *to love (a person)*

   ■ vocabulary examples pertaining to soccer, along with Loriot's classic sketch, *Fußball—ein Spiel für Intellektuelle*

■ **Updated language usage.** Throughout the text are new examples of authentic, current language practice, including idiomatic expressions, colloquialisms in a wide range of sociolinguistic registers, and specific vocabulary and idiomatic language pertaining to e-mail, texting, Facebook and StudiVZ, and cell phones.

Chapter Organization

Each of the 24 "teaching" chapters has been conceived as an independent module focusing on a grammatical structure or cluster of related structures, along with useful vocabulary. Each chapter begins with a **Grammatik** section and a **Wortschatz,** followed by integrated exercises in the form of **Übungen, Anwendung,** and **Schriftliche Themen,** and finally a visually succinct **Zusammenfassung.**

■ **Grammatik.** Grammar explanations (in English) are broken down into individual points, each accompanied by examples in German with English translations. The outline format makes it possible for instructors to direct students to clearly defined commentary relating to specific problems or questions. The Fifth Edition provides more cross-references than ever, so that instructors and students can use any chapter as a starting point leading to related topics.

- **Wortschatz.** This section promotes vocabulary expansion by way of related groups of words and ideas with detailed explanations of meaning and use. It introduces students to synonyms, idioms, linguistic points, and words that pose special problems for learners at the intermediate level.

- **Übungen.** The exercises in this section are designed to foster communicative proficiency in the grammar and vocabulary sections of the chapter. They range from controlled fill-in-the-blank items to open-ended tasks that call for creativity and spontaneous interaction.

- **Anwendung.** These tasks are specifically designed for interactive use and involve pair work or other group activities. Many are based on "real-world" topics and help students develop their interactive proficiency by providing functional expressions and conversational gambits **(Redemittel).** Possible conversation topics **(Themenvorschläge)** are often included.

- **Schriftliche Themen.** Beginning with **Tipps zum Schreiben,** this section encourages competence in written expression by suggesting ways of incorporating the grammatical and lexical items in the chapter into short written assignments. The **Tipps** provide process-oriented writing strategies as well as specific suggestions for using the grammatical structures at hand.

- **Zusammenfassung.** Each chapter concludes with a list of **Rules to Remember** that summarizes the most salient points of the chapter in a few lines. Following that is a presentation in graphic form of the grammatical structure(s) covered, under the heading **At a Glance.** These graphics serve as a useful visual summary and provide a valuable cognitive tool for visually-oriented learners.

Following these chapters are six reference chapters, which include list-oriented information, such as verb prefixes, conjunctions and their various meanings; measurements and time expressions; and particles—information that students need, but which does not necessarily require classroom discussion. Each reference chapter concludes with an **Übersicht** section that summarizes the chapter content in chart form.

Components

Handbuch zur deutschen Grammatik, **Fifth Edition** is accompanied by the following:

Student Activities Manual *(Arbeitsheft)*

The *Student Activities Manual (SAM)* is divided into two sections: a workbook that focuses on writing, and a lab manual that develops listening comprehension. Each section corresponds to a chapter in the student text.

In the workbook section, there are **Aufgaben zur schriftlichen Kommunikation** that lead learners through process-writing steps, allowing them to develop their brainstorming, organizing, and creative writing skills as they learn to incorporate the grammatical and lexical points of each chapter in open-ended, spontaneous writing. Following these are **Aufgaben zur Struktur,** a series of controlled exercises designed to reinforce the major grammar points in each chapter. For self-correction, answers to these exercises are available at the instructor's discretion.

The lab manual section accompanies the **SAM Audio Program,** which is available on the Premium Website. The **Aufgaben zum Hörverständnis** include a range of unique listening tasks based mainly on non-scripted scenarios created by native German speakers—including the pauses, overlaps, accent variations, loops, and self-corrections that characterize real speech. The tasks focus on meaning, but also on listening for specific forms and words in order to get at precise meanings, as learners negotiate the discourse characteristics of advertising, arguing, talk shows, telephone conversations, and interviews.

Website

The text-specific **Companion Website** features grammar quizzes for students to assess their learning. Downloadable SAM Audio Program .mp3 files are available on the passkey-protected **Premium Website.** The SAM Audio Program lets students hear authentic German in a goal-oriented listening environment. Each chapter of the SAM Audio Program provides listening comprehension activities that include spontaneous conversations, semi-scripted and improvised exchanges, along with some form-focused listening activities. Each of these is coordinated with assignment sheets in the *Student Activities Manual.*

The **Instructor's Website** features a revised testing program with 24 classroom-ready chapter tests, complete transcriptions of the SAM Audio Program, and SAM Answer Keys.

To the Student

I f you have been studying German for a year or two, either in college or high school, and want to deepen your knowledge of German grammar and vocabulary, then this book is for you. If you do well on grammar tests but have difficulty speaking, this book will help you apply your knowledge to real conversations. In language learning, understanding grammatical structures is not enough; it is also necessary to put these structures to use in contexts that are meaningful for you.

Handbuch zur deutschen Grammatik provides exactly that kind of practice. *Grammatik* covers the grammar in manageable units, followed by useful vocabulary in the **Wortschatz** section. In several chapters, the grammar examples revolve around a particular story, song, TV program, or film, which will familiarize you with that cultural resource. The exercises (**Übungen**) let you practice specific grammar structures in controlled contexts, while at the same time drawing on your own ideas, knowledge, and experiences. Next, the more general application activities (**Anwendung**) provide an opportunity to communicate on a range of issues, while utilizing the grammar structures you have just worked through. The writing sections (**Schriftliche Themen**) develop your writing skills in German in both content and form, using composition topics that provide a variety of practical and creative writing tasks. Finally, the **Zusammenfassung** sections contain a concise list of **Rules to Remember** and summary graphics, called **At a Glance,** that review the highlights of the chapter.

Learning Vocabulary

In doing the exercises and activities in this book, you will find that the level of sophistication and accuracy of your spoken and written German depends in part on the amount and type of vocabulary you already know or are willing to learn. Since many of the activities in this book are open-ended, it is not possible to predict what words you will wish to use. Suggested vocabulary (**Vokabelvorschläge**), themes (**Themenvorschläge**), and conversational gambits (**Redemittel**) accompany some of the activities; but you should also strive to expand your base by looking up additional words and expressions that you need in order to express your thoughts and ideas. You might want to put clusters of vocabulary words on 3″ × 5″ cards for quick and easy reference. Such clusters would consist mainly of nouns, verbs, adjectives, or adverbs. Since there are only a certain number of prepositions, conjunctions, and pronouns, you should learn these as soon as possible so that you can form more complex sentences and avoid redundancy when writing or speaking. All other words, expressions, and idioms can be learned as you need them.

Learning Grammar

If your goal is to communicate in German, through speaking or writing, then the grammar in this book should not be learned in isolation or merely for its own sake. You can, of course, work on particular grammar structures by consciously using them when talking or writing about things you have read, heard, or experienced—much like the examples found in the chapters with the introductory **zum Beispiel** items. You can also practice listening for particular structures when people speak or when you work with the SAM Audio Program that accompanies the *Student Activities Manual.* These habits will help you reach what should be your goal: meaningful, accurate communication in German.

Acknowledgments

As long as ***Handbuch zur deutschen Grammatik*** continues to be published, anyone working with it—including this co-author—should be mindful of the vision, insight, and sheer hard work that Larry Wells poured into it from the very beginning. For that we must all be grateful. It is my hope that he would be pleased with this Fifth Edition (not to mention excited that it has continued to thrive long after its beginning). Of course, he would be surprised at much of what you see here: when the book was first written, cell phones were the size of shoeboxes, e-mail was exotic, .mp3s did not exist, and the fall of the Berlin wall was fresh in everyone's memory. No one had heard even rumors of a spelling reform, so that **dass** was still spelled **daß.** Much has changed, indeed, yet the approach to language teaching that has informed ***Handbuch zur deutschen Grammatik*** from the beginning has proven its usefulness and validity over the years since the book's first appearance. This is the crux of the revision here: clarifying the grammatical nuances, updating the cultural and socio-pragmatic aspects of the text, providing relevant vocabulary, and stressing that all of this is done in the service of communicating in a meaningful, effective way.

It takes many people to produce a book, and a grammar textbook is no exception. I am grateful to my students and colleagues at Princeton University for their continuing input—in particular to Prof. Robert Ebert for his comments on successive drafts of the word-order sections, which were substantially rewritten for the Third Edition, and to Prof. Tom Levin for his help in identifying *Metropolis* as a useful component of Chapter 22. I want to thank Jason Adams for his enthusiastic contributions to the soccer terminology in Chapter 11; Jon Keller and Sean Rubin for their suggestions on how to squeeze *Harry Potter* into a graph of adjective endings; and Petra Spies for providing native-speaker intuitions on several critical questions of current usage. I am indebted to the editors, artists, designers, and assistants who were involved in this undertaking. I especially want to acknowledge the help of the developmental editor, Harriet C. Dishman, for her tireless and insightful attention to so many levels of detail in the development of this edition.

I also would like to thank the reviewers whose constructive comments have helped make ***Handbuch zur deutschen Grammatik*** such a rewarding project.

Mary Beth Bagg, *University of Indianapolis*

Thomas Baldwin

Barbara Bopp

Joanna Bottenberg, *Concordia University*

Barbara Bowlus, *University of Arkansas-Little Rock*

Elio Brancaforte, *Tulane University*

David Coury, *University of Wisconsin-Green Bay*

Ellen Crocker, *Massachusetts Institute of Technology*

Therese Decker

Walter Joseph Denk

Margaret Devinney, *Temple University*

Eugene Dobson

Bruce Duncan, *Dartmouth College*

Esther Enns, *Saint Mary's University, Halifax*

Henning Falkenstein

Judith Fogle, *Pasadena City College*

Hildburg Herbst

Zsuzsanna Ittzes Abrams, *University of Texas–Austin*

Dr. John M. Jeep, *Miami University, Florida*

Anthony Jung, *University of Nebraska-Omaha*

George Koenig

Hans Laetz

Kriemhilde Livingston

Andreas Lixl, *University of North Carolina-Greensboro*

Carla Love, *University of Wisconsin-Madison*

Timm Menke, *Portland State University*

Carol Miller

Uwe Moeller

Matthew Pollard

Julie Prandi, *Illinois Wesleyan University*

Donna Reeves-Marquardt, *Southwest Texas State University*

Walter von Reinhart, *University of Rhode Island*

Judith Ricker-Abderhalden, *University of Arkansas-Fayetteville*

Ann Rider, *Indiana State University*

Ruth Sanders, *Miami University, Ohio*

Wilhelm Seeger

Jane Sokolosky, *Brown University*

Richard Spuler, *Rice University*

Christian Stehr, *Oregon State University*

Karl Stenger, *University of South Carolina-Aiken*

Adam Stiener, *Salem College*

Wilfried Voge

Morris Vos, *Western Illinois University*

Alexander Waldenrath

David Ward, *Norwich University*

Donald Watkins, *University of Kansas*

Helga Watt, *University of Denver*

I particularly appreciate the comments and suggestions provided by Prof. Charles James, University of Wisconsin-Madison, Dr. Eva Maria Russo, Washington University-St. Louis, and Prof. Silke von der Emde, Vassar College during the preparation of the Fifth Edition of ***Handbuch zur deutschen Grammatik.*** Their comments and suggestions were invaluable during the book's development.

—Jamie Rankin

Handbuch
zur deutschen
Grammatik

Word order

zum Beispiel

Deutschland

Natürlich hat ein Deutscher *Wetten, dass … ?*[1] erfunden°	*invented*
Vielen Dank für die schönen Stunden	
Wir sind die freundlichsten Kunden° auf dieser Welt	*customers*
Wir sind bescheiden° – wir haben Geld	*modest*
Die allerbesten in jedem Sport	
Die Steuern° hier sind Weltrekord	*taxes*
Bereisen Sie Deutschland und bleiben Sie hier	
Auf diese Art° von Besuchern warten wir	*kind, sort*
Es kann jeder hier wohnen, dem es gefällt	
Wir sind das freundlichste Volk auf dieser Welt	
Nur eine Kleinigkeit ist hier verkehrt°	*mixed up, not as it should be*
Und zwar°, dass Schumacher[2] keinen Mercedes fährt	*namely*
Das alles ist Deutschland – das alles sind wir	
Das gibt es nirgendwo anders – nur hier, nur hier	
Das alles ist Deutschland – das sind alles wir	
Wir leben und wir sterben hier	

[…]

Text: Steve van Velvet/Die Prinzen

---

[1] **Wetten, dass … ?:** A popular monthly TV show involving contestants who bet celebrity guests that the contestants can perform unusual and difficult feats, with the celebrities in turn agreeing to perform a stunt chosen by the contestant if the wager is lost.
[2] **Schumacher:** Michael Schumacher, Germany's internationally known Formula 1 racing champion, who began driving for Ferrari—a competitor of Mercedes-Benz—in 1996.

Grammatik

The most prominent feature of German word order is the position of the verb. Each of the three major clause types in German—main clause, question, and subordinate clause—requires the conjugated verb to occupy a different place within the clause, which can differ considerably from English.

Main clause

Auf diese Art von Besuchern **warten** wir.	*This is the kind of visitor we're **waiting** (i.e., hoping) for.*

Question

Sind wir die allerbesten in jedem Sport?	***Are** we the very best in every sport?*

Subordinate clause

... und zwar, dass Schumacher keinen Mercedes **fährt**.	*. . . namely, that Schumacher doesn't **drive** a Mercedes.*

But although the verb position varies from clause to clause, it is consistent within each clause type. The conjugated verb and any associated verbal elements (such as infinitives or past participles) form a stable framework—sometimes referred to as the *verbal bracket*—into which the other elements can be placed in various ways. It is important to remember which kind of clause you are constructing and how that dictates both the constraints and possible variations for word order within it.

1.1   WORD ORDER IN MAIN CLAUSES

A *main clause* statement in German normally consists of at least two, and up to five, basic components: (1) an initial element, referred to as the *front field*, followed by (2) a conjugated verb (these two are required to form a main clause); and then, as needed, (3) an assortment of noun and pronoun subjects and objects along with any accompanying modifiers, known as the *middle field*; all of which is followed by (4) any past participles or dependent infinitives associated with the conjugated verb. It is this split between the verbal elements and the way that they "surround" the middle field that leads to the term *verbal bracket*. On occasion, (5) an additional element is added after the end of the verbal bracket; this is sometimes called the *end field* (see below).

A. Elements in the front field

1. The *front field*, that is, the first element in a German sentence, is very often the grammatical subject.

Wir sind bescheiden.	*We're modest.*
Schumacher fuhr nicht für Mercedes.	*Schumacher didn't drive for Mercedes.*

2. Words directly modifying the first element are considered part of it and therefore remain in the front field.

Die allerbesten *in jedem Sport* sind wir.	*We're the very best in every sport.*
Die Steuern *hier* sind Weltrekord.	*The taxes here set a world record.*

3. German speakers often put adverbial expressions or prepositional verbal complements (see Reference Chapter 3 [R.3]) in first position for the sake of style or emphasis, or to draw attention to this information as the actual "topic" of the statement. When this happens, the subject, which would normally be in first position, moves to a position after the conjugated verb. NOTE: Adverbial first elements are not set off by a comma in German, as they may be in English.

Auf diese Art von Besuchern warten wir. *(prepositional verbal complement)*	*This is the kind of visitor we're waiting for.*
Natürlich hat ein Deutscher *Wetten, dass ... ?* erfunden. *(adverbial modifier)*	*Of course a German came up with the show* Wetten, dass …?
Vor einigen Jahren habe ich die Sendung zum ersten Mal gesehen. *(adverbial modifier)*	*A few years ago, I saw the show for the first time.*

4. When direct and indirect objects, infinitives, and past participles appear in the front field, they have particularly strong emphasis. This emphasis is usually woven into the discourse context—for example, to answer a question, or to pick up on something mentioned in a previous statement, or to correct a mistake.

Wetten, dass ...? hat ein Deutscher erfunden. *(direct object)*	*A German came up with* Wetten, dass ... ?
Den meisten Deutschen ist diese Sendung bekannt. *(indirect object)*	*This show is familiar to most Germans.*
Mitmachen will fast jeder. *(infinitive)*	*Almost everyone wants to participate.*
Angeschaut habe ich sie letztes Jahr nur einmal. *(past participle)*	*Last year I watched it only once.*

5. Not just *any* element can appear first in a main clause, however. German speakers tend to avoid object pronouns such as **es**, **ihn**, **sie**, or **uns** in this position when these are unstressed, that is, when they merely repeat information from a previous utterance instead of conveying new or highlighted information. Similarly, the reflexive pronoun **sich** (see 10.1) and the negation element **nicht** (see 7.2) cannot stand alone in the front field.

6. Both in spoken and written German, there are words and phrases at the beginning of an utterance that are not considered part of the front field; they are set off by a comma to show this syntactic separation. Common examples are **ja** and **nein**.

Ja, Thomas Gottschalk ist immer noch der Moderator.	*Yes, Thomas Gottschalk is still the host.*
Nein, er erinnert mich überhaupt nicht an Jon Stewart.	*No, he doesn't remind me at all of Jon Stewart.*

There are also several idiomatic phrases that function as a kind of introduction to what follows, and are therefore not included in the front field.

Im Gegenteil, viele Leute finden die Sendung langweilig.	*On the contrary, many people find the show boring.*
Kurzum, sie ist nicht so beliebt wie früher.	*In short, it's not as popular as before.*
Sehen Sie, ich mag so was einfach nicht.	*[You] see, I just don't like things like that.*
Wie gesagt, es machen manchmal ganz komische Leute mit.	*As I said, sometimes really strange people participate.*
Wissen Sie, ich habe die Sendung oft als Kind gesehen, aber jetzt …	*You know, I often watched the program as a child, but now . . .*
Unter uns gesagt, die Sendung kämpft ums Überleben.	*Just between you and me, the show is fighting to survive.*

B. Position of the conjugated verb

1. The second sentence element in a main clause is normally the conjugated verb (V_1), regardless of which element occupies first position.

   Nur eine Kleinigkeit *ist* hier verkehrt.
   Hier *ist* nur eine Kleinigkeit verkehrt.   *Only one little thing is wrong here.*
   Verkehrt *ist* hier nur eine Kleinigkeit.

2. Even if the first sentence element is a subordinate clause, the conjugated verb of the following main clause is still in second position within the overall sentence.

   Obwohl Schumacher Deutscher ist, *fährt* er nicht für Mercedes.

   Although Schumacher is a German, he doesn't drive for Mercedes.

3. The same applies to very short first elements, such as **dann**.

Dann *lud* er jemand aus dem Publikum auf die Bühne ein.	*Then he invited someone from the audience to the stage.*

4. For purposes of word order, when two main clauses are connected by a coordinating conjunction (**aber, denn, oder, sondern, und**) (see R.2), the conjunction is not considered a first element of the second clause; thus the position of the conjugated verb in the second clause does not change.

Wir haben zwar Geld, *aber* unsere Steuern **sind** Weltrekord.	*We may have lots of money, but our taxes set a world record.*

C. Elements in the middle field

1. The bracket formed by the conjugated verb (V_1) and verbal elements that appear later in the sentence (V_2) marks the boundaries of the *middle field*. The middle field includes subject nouns and pronouns if they are not in the front field, object nouns and

pronouns (accusative and dative, including reflexive pronouns), negation elements, adverbial modifiers, and verbal complements.

2. If the subject of the main clause is not the first element, it usually appears at (or near) the beginning of the middle field. Subject *pronouns* must stand directly after V_1. Subject *nouns* can be preceded by unstressed personal pronouns or, if the subject is to be emphasized, by other elements as well.

Dieses Video habe **ich** neulich auf YouTube gefunden.	*I found this video recently on YouTube.*
Davon hat mir **ein Freund** erzählt.	*A friend of mine told me about it.*

3. The order of dative and accusative objects in the middle field (see 5.4 and 5.5) is determined in general by the level of emphasis desired: *The later one of these objects appears in the middle field, the greater the emphasis it receives.* In practice this means:

    ■ A pronoun object appears *before* a noun object.

Ich zeigte *es* **einem anderen** Freund.	*I showed it to another friend of mine.*
Ich zeigte *ihm* **das ganze Video**.	*I showed him the whole video.*

    ■ With two noun objects, the one being emphasized appears second.

Ich zeigte **diesem Freund** *das Video*.	(*what* was shown is emphasized)
Dann zeigte ich **das Video** *meinen Eltern*.	(*to whom* it was shown is emphasized)

    Some textbooks state that in such cases, the dative noun object should always precede the accusative noun object, but this oversimplifies the matter. If the accusative noun has already been mentioned (e.g., **Video** in the example above), and the speaker prefers to repeat it rather than use a pronoun, it should come first, thereby emphasizing the second noun, which is the dative indirect object (**Eltern).**

A: Was hast du mit **dem Video** gemacht?	*What did you do with the video?*
B: Ich zeigte *das Video* **meinen Eltern**.	*I showed the video to my parents.*

4. If both objects are personal pronouns, the accusative pronoun comes first, regardless of emphasis.

A: Wann denn?	*When (did you do that)?*
B: Ich spielte *es* **ihnen** gestern Abend vor.	*I played it for them last night.*

5. When they appear in the middle field, adverbial elements have no rigidly fixed position, though a general default order shows adverbials of manner coming after other adverbial elements. Many textbooks invoke the "TMP" rule (Time–Manner–Place) here, but this is an oversimplification. Phrases that indicate "Place" are very often verbal complements that specify direction or location in a way that is required by certain verbs, such as **stellen (sie stellt das + auf den Tisch)** and **wohnen (er wohnt + zu Hause).** Verbal complements *always* appear after other adverbials, hence the common assumption that "Place" follows "Time" and "Manner." But when "Place" is not a verbal complement, it can precede "Manner," as in this example:

Sie haben das Lied **auf Tournee** (= wo) **einstimmig** (= wie) gesungen.	*On tour, they sang the song in unison.*

NOTE: The important thing to remember is the *emphasis rule*: The adverbial element to be stressed appears after elements that are less emphasized within the middle field, but never after verbal complements, including "Place" complements.

6. For rules concerning the position(s) of **nicht,** see 7.2.

7. Information that is required to "complete" the meaning of certain verbs (as in the examples in point 5 above) appears at the very end of the middle field. These *verbal complements* immediately precede V_2 (see D.1 below) or stand as the final element in a main clause with no V_2. Here are the most common types of verbal complements.

- Predicate nominatives (see 5.3):

Die Prinzen sind **eine Pop-Gruppe.**	*The* Prinzen *are a pop music band.*

- Directional modifiers:

Für ihr erstes großes Konzert flogen sie **nach Hamburg.**	*For their first big concert they flew to Hamburg.*

- Separable prefixes (see R.5):

Sie fingen als Gruppe kurz nach der Wende **an.**	*They started as a group soon after the reunification.*

- Prepositional phrases that complete the meaning of certain verbs (see R.3):

Sie kamen ursprünglich **aus Leipzig.**	*They were originally from Leipzig.*
Ihr erster Hit, „Gabi und Klaus", handelt **von einem unglücklichen Liebespaar.**	*Their first hit, "Gabi und Klaus," is about two unhappy lovers.*

- Object nouns, infinitives (see 11.3), and adverbs that combine with verbs to create specific meanings that extend beyond the literal meaning of the elements by themselves:

Einige von ihnen **spielen** *Klavier.*	*Several of them play the piano (i.e., know how to play).*
Fast alle **machten** *Abitur* und studierten Musik.	*Almost all of them passed the state university entrance exam and studied music.*
Nach der ersten Aufnahme **lernten** sie Pop-Musiker im Westen *kennen.*	*After their first recording, they got to know pop musicians in former West Germany.*
Viele Fans **lernen** ihre Texte *auswendig.*	*Many fans learn their lyrics by heart.*

■ Other examples include:[3]

Diät halten	*to be/go on a diet*
Gefahr laufen	*to run the danger of . . . , to be at risk of . . .*
Kaffee trinken	*to go have coffee (often implied: together)*

D. V$_2$ elements

1. The final portion of the verbal bracket (V$_2$) is formed with infinitives or past participles, and encloses the elements of the middle field.

Für die erste Aufnahme **mussten** sie ein billiges, altes DDR-Gerät **benutzen.**	*For their first recording, they had to use a cheap, old GDR piece of equipment.*
Aber ihr erstes richtiges Album **haben** mehr als 1,2 Millionen Leute **gekauft.**	*But more than 1.2 million people purchased their first real album.*

2. Separable prefixes attach directly to the V$_2$ verb (see R.5), forming either an infinitive or a past participle together with the root verb. Notice that past participles formed with **-ge-** insert this element between the prefix and the root verb.

Als Kinder **haben** vier von ihnen beim Thomanerchor **mitgesungen.**	*As children, four of them sang in the choir of St. Thomas.*[4]
Sie **sind** aus verschiedenen Bands und Chören **zusammengekommen.**	*They came together from various bands and choirs.*

E. Elements in the end field

1. While the first element, the verbal bracket, and the middle field contain almost all information in a main clause, some elements can appear after V$_2$ in informal, spoken discourse.

■ Adverbial modifiers added as an afterthought:

„Du, haben sie nicht neulich ein Konzert gegeben **in Leipzig?"**	*"Hey, didn't they recently do a concert in Leipzig?"*

■ Elements to be emphasized:

„Ich hab mich riesig gefreut **auf ihre Sommertournee!"**	*"I was totally looking forward to their summer concert tour!"*

2. Placing information in the end field is common for both written and spoken German in the case of comparative phrases beginning with **als** or **wie.**

Sebastian kann bessere Texte schreiben **als Tobias,** finde ich.	*In my opinion, Sebastian can write better lyrics than Tobias.*
Quatsch! Tobias hat genauso gute Lieder geschrieben **wie Sebastian.**	*That's rubbish! Tobias has written songs just as good as Sebastian (has).*

---

[3] For additional examples and further explanation of verbal complements, see 7.2.B.

[4] St. Thomas is the Leipzig church where J. S. Bach once served as organist and choirmaster of the now famous **Thomanerchor.**

1.2 POSITIONS OF THE CONJUGATED VERB IN QUESTIONS

1. In yes-no questions, the conjugated verb is in first position, followed by the middle field, including the subject.

   Siehst du nicht die Ironie in diesem Lied?   *Don't you see the irony in this song?*

2. In information questions, the conjugated verb follows the interrogative word or expression (see 19.2).

   Was **hältst** du von diesen Klischees   *What do you think of these clichés*
       über Deutschland?   *about Germany?*

   Was für Klischees **gibt** es in Deutschland   *What kind of clichés are there in*
       über unser Land?   *Germany about our country?*

3. In indirect questions, the question itself is a subordinate clause (see 1.3) and the verb stands in final position within this clause.

   Kannst du erklären, was für eine Rolle   *Can you explain what kind of a role*
       diese Ironie dabei **spielt?**   *this sarcasm plays here?*

1.3 POSITIONS OF THE CONJUGATED VERB IN DEPENDENT CLAUSES

A. Subordinate clauses

1. The conjugated auxiliary verb (V_1) in a subordinate clause follows final-position verbal elements (V_2).

   Es ist ganz natürlich, dass ein Deutscher   *It's to be expected that a German came*
       Wetten, dass ... ? erfunden **hat.**   *up with* Wetten, dass ... ?

   EXCEPTION: The only exception to this rule involves a double infinitive construction (see 11.6). The V_1 in such cases immediately precedes the two infinitives.

   Meinst du, dass ein Deutscher diese   *Do you think a German could have*
       Meinungen im Ernst *hätte* **äußern können?**   *expressed these opinions seriously?*

2. The conjugated verb occupies final position in subordinate clauses, even if the subordinate clause is the first element in the sentence.

   COMPARE:

   Main clause

   Er **hat** Geld.   *He has (lots of) money.*

   Subordinate clause

   Er ist bescheiden, obwohl er Geld **hat.**   *He's modest, even though he has (lots of) money.*

   Obwohl er Geld **hat,** ist er bescheiden.   *Even though he has (lots of) money, he's modest.*

3. As in English, the subordinating conjunction **dass** *(that)* may be omitted. When this happens the second clause is considered a main clause and the verb stays in second position.

COMPARE:

Ich weiß nur, dass ihre Musik mir **gefällt,** OK?   *I just know that I like their music, OK?*

Ich weiß nur, ihre Musik **gefällt** mir, OK?   *I just know I like their music, OK?*

4. The normal word order in subordinate clauses (V_1 at the end) is sometimes changed to omit the **wenn** in conditional clauses, so that the V_1 appears first, just as in English.

Hätte ich meinen iPod nicht vergessen,   *Had I not forgotten my iPod, I could*
  könnte ich dir das Lied vorspielen.   *play the song for you.*

B. Relative clauses

A relative clause (see 18.1) is a subordinate clause; the conjugated verb (V_1) occupies final position within this clause.

Menschen, **die alles so ernst** *nehmen,*   *People who take everything so*
  gehen mir echt auf die Nerven.   *seriously really get on my nerves.*

Wortschatz
Beim Lernen

The following words occur regularly in the direction lines for the exercises and activities in this text, and will also be useful for classroom discussion and questions.

Verben

ändern   to change, modify

aus·drücken[5]   to express, say
  zum Ausdruck bringen
    to express, say

sich äußern (zu)   to express one's views (on), comment (on)

aus·tauschen   to exchange

beenden   to end, complete

berichten (über) + *accusative*
    to report (on), tell about

beschreiben   to describe

besprechen   to discuss

betonen   to emphasize, stress

bilden   to form (sentences)

ein·setzen   to insert, supply (missing words)

ergänzen (durch)   to complete (with)

erklären   to explain

ersetzen   to replace, substitute

erzählen   to tell, narrate

gebrauchen   to use, make use of

mit·teilen   to communicate; to impart, tell

übersetzen   to translate

---

[5] In the *Wortschatz* sections and exercises throughout this book, separable prefix verbs (see R.5) listed in infinitive form will be marked with a bullet (·) to distinguish between the prefix and the root verb.

um·formen   to transform, recast
unterstreichen   to underline
verbinden   to connect, combine

verwenden   to use, make use of
wiederholen   to repeat
zusammen·fassen   to summarize

Substantive *(Nouns)*

der Ausdruck, ⸚e expression
die Aussage, -n statement
der Gebrauch use
die Lücke, -n blank space

der Inhalt, -e content(s)
das Thema, die Themen topic
der Vorschlag, ⸚e suggestion

Adjektive

fehlend missing
fett gedruckt printed in boldface
kursiv gedruckt printed in italics

passend suitable, proper
unterstrichen underlined
verschieden various

On the topic of classroom learning, it is important to know the distinction between **lernen** and **studieren**, and the use of *class* as opposed to **Klasse**.

1. The verb **lernen** means *to learn* or *to acquire* specific subjects, skills, or information.

Was hast du in diesem Kurs **gelernt?**	*What did you learn in this course?*
Max **lernt** seit zwei Jahren Spanisch.	*Max has been studying Spanish for two years. (It is not his major.)*

2. The verb **studieren** means *to study at a university-level institution*; it cannot refer to learning that takes place in elementary or high schools. **Studieren** also means *to study or major in a particular field or discipline*. Both meanings are too broad to refer to learning that precedes a test, as in *I have to study for a quiz tomorrow*. For this meaning, you should use **lernen** or (more casually) **büffeln** or **pauken,** colloquialisms that denote cramming or intense preparatory study.

Petra möchte in Heidelberg **studieren.**	*Petra would like to study in Heidelberg.*
Ihr Bruder **studiert** Jura in Göttingen und muss im Sommer für seine Examen **lernen.**	*Her brother is studying law (as his major) in Göttingen and has to study this summer for his qualifying exams.*

3. English *class* (in the context of a school) and German **die Klasse** are related in meaning, but not synonymous. German **Klasse** is used to refer to a *grade level* in school, as in **Das haben wir schon in der 4.** *Klasse* **gelernt.** It can also refer to the members of a school group: **Hier siehst du mich auf dem Bild mit meiner Schulklasse.** It does not refer to a particular classroom session, as in *In class today we talked about....* German has various ways of expressing this use of *class*, depending on the educational level in play (e.g., **das Gymnasium** vs. **die Universität**), and, in the case of the latter, the nature of the course.

    ■ The most common way for German high school and university students to refer to their courses, when speaking of classroom sessions, is simply to use the name of the subject.

Was habt ihr heute in **Bio** gemacht?	*What did you do in biology (class) today?*

■ Secondary school (i.e., pre-university) courses are sometimes referred to as **Unterricht (der).**

Im Deutschunterricht haben wir gestern einen Film gesehen.

Yesterday in German class we saw a film.

■ At the university level, a course is also referred to according to its status as a seminar **(das Seminar, -e)** or lecture **(die Vorlesung, -en).**

Im Seminar haben wir einen sehr schweren Text behandelt.

In class (i.e., a small, interactive class session) we dealt with a very difficult text.

Heute war **die Vorlesung** aber komplett für die Füße.

Class (i.e., a lecture-style presentation) today was totally useless. (lit.: "for the *feet*")

Beginning with the final years of secondary school and through the university program, **der Kurs, -e** is sometimes used to refer to a particular class (as a whole) and to identify the participants in it: **der Mathekurs; der Kursteilnehmer, -/die Kursteilnehmerin, -nen.**

Übungen

A **Die schwere Prüfung.** Schreiben Sie die Sätze um. Setzen Sie das fett gedruckte Element an erste Stelle.

> **BEISPIEL** Wir haben **gestern** eine schwere Prüfung geschrieben.
> *Gestern haben wir eine schwere Prüfung geschrieben.*

1. Schwere Fragen waren **in der Prüfung**.
2. Die Studenten konnten **die meisten dieser Fragen** nicht beantworten.
3. Die Professorin war **darüber** schwer enttäuscht.
4. Die Professorin hatte betont, **dass man das Material gut lernen sollte.**
5. Am Tag vor der Prüfung hatte die Professorin alles noch einmal **zusammengefasst.**
6. Ihre Studenten hatten allerdings *(to be sure)* **etwas** gelernt.
7. Sie hatten **aber** einige wichtige Punkte nicht verstanden.
8. Jetzt wusste die Professorin, **dass sie die Lektion würde wiederholen müssen.**

B **Antworten auf Fragen.** Beantworten Sie die folgenden Fragen. Stellen Sie die erwünschte Information an den Anfang Ihrer Antwort.

> **BEISPIEL** Wie alt sind Sie jetzt?
> *Achtzehn Jahre alt bin ich jetzt.*

1. Seit wann lernen Sie Deutsch?
2. Wo wohnen Sie jetzt?
3. An welchen Tagen haben Sie einen Deutschkurs?

4. Was für Musik hören Sie besonders gern oder ungern?
5. Was werden Sie heute Abend nach dem Essen tun?   (z.B. lesen, fern·sehen, ein wenig schlafen usw.)

C **Ein schöner Nachmittag.**   Bilden Sie die Sätze um, aber ohne das Akkusativobjekt an den Anfang des Satzes zu stellen.

> **BEISPIEL**   Am Vormittag machte Melanie einige Einkäufe in der Kaufhalle.
> *Am Vormittag machte Melanie in der Kaufhalle einige Einkäufe.*

1. Am Nachmittag traf Melanie eine Freundin in der Stadt.
2. Sie entschlossen sich *(decided)* einen Spaziergang im Park zu machen.
3. Nach einer Weile machte Melanie den Vorschlag, irgendwo Kaffee zu trinken.
4. Im Park fanden sie einen gemütlichen Gartenpavillon.
5. Dort bestellten sie Kaffee und verschiedene Kuchen.
6. Nach dem Kaffee hat Melanie einen Kurs an der Uni erwähnt *(mentioned)*.
7. Besonders diese Vorlesung wollte sie ihrer Freundin beschreiben.
8. Sie verließen den Park gegen Abend und fuhren nach Hause.

D **Fehlende Information.**   Ergänzen Sie die Sätze durch die Wörter und Wortverbindungen in Klammern, und erklären Sie, welche Elemente besonders wichtig sind, je nach *(according to)* ihrer Position im Satz.

> **BEISPIEL**   Wir fahren morgen nach Bern.   (mit dem Zug)
> *Wir fahren morgen mit dem Zug nach Bern.*

1. Ich habe viel Zeit.   (heute)
2. Sie gingen mit der Familie.   (gestern; einkaufen)
3. Sie spricht mit anderen Passagieren.   (während der Fahrt)
4. Ich treffe dich.   (in der Stadt; in zwanzig Minuten)
5. Wir haben heute Morgen gelesen.   (mit großem Interesse; die Zeitung)
6. Sie muss heute eine Postkarte schicken.   (ihren Eltern)
7. Er hat vom Live-Konzert in Leipzig erzählt.   (uns)
8. Hat er seiner Freundin den Brief geschrieben?—Ja, er hat geschrieben.   (ihr; ihn)

Anwendung

A **Partnergespräch.**   Erzählen Sie jemandem im Kurs Folgendes. Beginnen Sie Ihre Sätze mit der fett gedruckten Information.

was Sie **manchmal** denken
was Sie **in diesem Kurs** lernen möchten
was Sie **besonders gern** tun
was Sie gern tun, **wenn Sie Zeit haben**

was Sie **gestern ...**
was Sie **morgen ...**
usw.

B **Ein Bericht.** Berichten Sie im Kurs, was Sie in Anwendung A über Ihre Partnerin/Ihren Partner erfahren haben.

> BEISPIEL Meine Partnerin heißt Oksana. Manchmal denkt sie, dass Deutsch schwer ist. In diesem Kurs möchte sie mehr sprechen. Besonders gern geht sie abends ins Kino.

Schriftliche Themen

Tipps zum Schreiben	**Beginning the Sentence**
	In German, using a variety of first-sentence elements is essential for effective writing. In addition to the sentence subject, adverbs, prepositional phrases, and subordinate clauses work particularly well. As a rule, try not to begin more than two or three sentences in a row with the sentence subject. Remember that the first element is not merely a random choice, but a means of highlighting an element or using it to connect the ideas before and after it.

Leipzig: Geschichte einer Stadt. Ändern Sie den folgenden Text stilistisch, damit *(so that)* nicht jeder Satz mit dem Satzsubjekt beginnt.

Leipzig gilt[a] seit dem Herbst 1989 als die Stadt der friedlichen[b] Revolution, in der man den Zusammenbruch[c] des DDR-Sozialismus eingeleitet[d] hat. Die Stadt hat gleichzeitig[e] einen Ruf[f] als Messe[g]- und Buchstadt.

Die Grundlagen[h] für das moderne Leipzig sind am Ende des Mittelalters zu finden. Martin Luther predigte[i] im Jahre 1539 in der Leipziger Thomaskirche. Es kam im Dreißigjährigen Krieg (1618–1648) um Leipzig herum zweimal zu großen Schlachten[j]. Leipzig erlebte in der Folgezeit[k] seine erste große Blüte[l]. Man las hier schon 1650 die erste Tageszeitung der Welt. Es gibt seit 1678 eine Börse[m] und ein Opernhaus. Johann Sebastian Bach wirkte[n] 1723–1750 an der Thomaskirche als Organist und Kantor. Weitere große Musiker, die aus Leipzig kommen oder hier gewirkt haben, sind Richard Wagner, Felix Mendelssohn Bartoldy, sowie Robert und Clara Schumann. Die Stadt war zu DDR-Zeiten[o] als Sitz der großen Karl-Marx-Universität bekannt. Die Uni besteht[p] noch heute unter einem anderen Namen. Die Stadt ist nach der friedlichen Revolution zu einem wichtigen kulturellen und kommerziellen Zentrum für ganz Deutschland geworden.

---

[a]*is considered* / [b]*peaceful* / [c]*collapse* / [d]*began* / [e]*at the same time* / [f]*reputation* / [g]*convention* / [h]*beginnings, foundations* / [i]*preached* / [j]*battles* / [k]*ensuing years* / [l]*blossoming* / [m]*stock exchange* / [n]*was engaged, active* / [o]*in its GDR days* / [p]*exists*

Zusammenfassung

Rules to Remember

1 The conjugated verb (V_1) is the second element in main clauses.

2 The conjugated verb (V_1) occupies the final position in dependent clauses, except in double infinitive constructions and when the conjunction **wenn** is omitted in conditional clauses.

3 In the middle field, *pronoun* subjects come immediately after the verb. *Noun* subjects can appear after unstressed object pronouns or, if the subject is to be emphasized, after other elements as well.

4 Adverbial modifiers in the middle field take on increasing emphasis the later they appear; the default position has adverbials of manner following other adverbial elements.

5 For direct- and indirect-noun/pronoun objects in the middle field:

  ■ pronouns precede nouns

  ■ the more emphasized of two noun objects goes to the right of the less emphasized

  ■ direct-object pronouns precede indirect-object pronouns

6 Verbal complements, including "Place/Direction" complements, come at the very end of the middle field.

7 The conjugated verb (V_1) comes first in yes-no questions or immediately after interrogative elements in information questions.

At a Glance

Word order

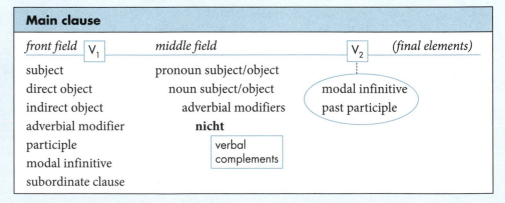

Main clause			
front field V_1	*middle field*	V_2	*(final elements)*
subject	pronoun subject/object		
direct object	noun subject/object	modal infinitive	
indirect object	adverbial modifiers	past participle	
adverbial modifier	**nicht**		
participle	verbal complements		
modal infinitive			
subordinate clause			

Question				
(interrogative)	V_1	*middle field (including subject)*	V_2	*(final elements)?*

Subordinate clause

	connector	*middle field (including subject)*	V_2	V_1
subordinating conjunction				
relative pronoun				
interrogative conjunction				

	V_1	double infinitive

2
Present tense

Grammatik

A. Regular verbs

1. Most German verbs form the present tense (**das Präsens**) by dropping the **-en** from the infinitive and adding personal endings to the remaining stem.

Singular 1st pers. 2nd pers. (informal) 3rd pers.	**kochen** *(to cook)*	**diskutieren** *(to discuss)*
	ich koch **e** du koch **st** er/sie/es koch **t**	ich diskutier **e** du diskutier **st** er/sie/es diskutier **t**
Plural 1st pers. 2nd pers. (informal) 3rd pers./2nd pers. sing. & pl. (formal)	wir koch **en** ihr koch **t** sie/Sie koch **en**	wir diskutier **en** ihr diskutier **t** sie/Sie diskutier **en**

2. Some verb stems require the insertion of an -e- between the stem and the personal endings -t and -st in order to facilitate pronunciation. This is the case with verbs whose stems end in:

- -d or -t (such as **finden** or **arbeiten**)

- -m or -n, when preceded by a consonant other than -l- or -r- (such as **atmen**, *to breathe*, or **begegnen**, *to meet*)

arbeiten *(to work)*		**öffnen** *(to open)*	
ich arbeit **e**	wir arbeit **en**	ich öffn **e**	wir öffn **en**
du arbeit **est**	ihr arbeit **et**	du öffn **est**	ihr öffn **et**
er/sie/es arbeit **et**	sie/Sie arbeit **en**	er/sie/es öffn **et**	sie/Sie öffn **en**

Verbs with these stem endings that also *change the stem vowel* in the second- and third-person singular (see 2.1.B) do not add this extra -e-, and in some cases show other irregularities in the second- and third-person singular, as shown below.

Infinitive	ich	du	er/sie/es
gelten [als] *(to be considered)*	gelte	**giltst**	**gilt**
halten *(to stop, hold)*	halte	**hältst**	**hält**
laden *(to load)*	lade	**lädst**	**lädt**
raten *(to advise)*	rate	**rätst**	**rät**
treten *(to step)*	trete	**trittst**	**tritt**

3. A relatively small number of infinitives end with -**ern**, -**eln**, or a long vowel (other than **e**) plus -**n**. The stem of these verbs is formed by dropping the final -**n**. The verbs are conjugated by adding the usual personal endings to the stem, except that the -**en** ending is reduced to -**n**, thus the first- and third-person plural forms are identical to the infinitive, like all verbs. With -**ern** and -**eln** verbs, the -**e**- preceding the first-person singular ending is optional.

ärgern *(to annoy)*	**sammeln** *(to collect)*	**tun** *(to do)*
ich ärg**(e)re**	ich samm**(e)le**	ich tue
du ärger**st**	du sammel**st**	du tu**st**
er/sie/es ärger**t**	er/sie/es sammel**t**	er/sie/es tu**t**
wir ärger**n**	wir sammel**n**	wir tu**n**
ihr ärger**t**	ihr sammel**t**	ihr tu**t**
sie/Sie ärger**n**	sie/Sie sammel**n**	sie/Sie tu**n**

4. If the verb stem ends in a sibilant (**-s, -ss, -ß, -tz, -x, -z**), the **s** of the second-person singular **-st** ending is absorbed into the preceding sibilant.

reisen *(to travel)*	**grüßen** *(to greet)*	**sitzen** *(to sit)*	**faxen** *(to send a fax)*
du rei**s**t	du grü**ß**t	du sit**z**t	du fa**x**t

B. Verbs with stem-vowel shifts

1. Some strong verbs (see 3.1) change a stem vowel **e** to **i** in the second- and third-person singular. (See Appendix 3 for a complete listing.)

brechen *(to break)*	
ich breche	wir brechen
du brichst	ihr brecht
er/sie/es bricht	sie/Sie brechen

Other common *e → i* verbs

Infinitive	**du**	**er/sie/es**
essen *(to eat)*	isst	isst
geben *(to give)*	gibst	gibt
gelten [als] *(to be considered)*	giltst	gilt
helfen *(to help)*	hilfst	hilft
nehmen *(to take)*	nimmst	nimmt[1]
sprechen *(to speak)*	sprichst	spricht
sterben *(to die)*	stirbst	stirbt
treffen *(to meet)*	triffst	trifft
treten *(to step; to kick)*	trittst	tritt[1]
vergessen *(to forget)*	vergisst	vergisst
werfen *(to throw)*	wirfst	wirft

2. Some strong verbs change a stem vowel **e** to **ie** in the second- and third-person singular.

sehen *(to see)*	
ich sehe	wir sehen
du siehst	ihr seht
er/sie/es sieht	sie/Sie sehen

---

[1]Notice the additional consonant change.

Other common e → ie verbs

Infinitive	du	er/sie/es
befehlen (to command)	befiehlst	befiehlt
empfehlen (to recommend)	empfiehlst	empfiehlt
geschehen (to happen)	_____	es geschieht
lesen (to read)	liest	liest
stehlen (to steal)	stiehlst	stiehlt

3. Some strong verbs change a stem vowel **a** to **ä** in the second- and third-person singular.

fangen (to catch)	
ich fange	wir fangen
du fängst	ihr fangt
er/sie/es fängt	sie/Sie fangen

Other common a → ä verbs

Infinitive	du	er/sie/es
anfangen (to begin)	fängst an	fängt an
einladen (to invite)	lädst ein	lädt ein
fahren (to go; to drive)	fährst	fährt
fallen (to fall)	fällst	fällt
gefallen (to please)	gefällst	gefällt
halten (to hold)	hältst	hält
lassen (to let; to leave)	lässt	lässt
schlafen (to sleep)	schläfst	schläft
schlagen (to hit, beat)	schlägst	schlägt
tragen (to carry; to wear)	trägst	trägt
wachsen (to grow)	wächst	wächst
waschen (to wash)	wäschst	wäscht

4. Several strong verbs change their stem vowels as follows:

Infinitive	du	er/sie/es
laufen (to run)	läufst	läuft
saufen (to drink, guzzle)	säufst	säuft
gebären (to give birth)	gebierst	gebiert
stoßen (to push, bump)	stößt	stößt
erlöschen (to go out [light, fire])	erlischst	erlischt

C. Auxiliary verbs

The following frequently used verbs conjugate irregularly in the present tense.

sein (to be)	haben (to have)	werden (to become)
ich **bin**	habe	werde
du **bist**	**hast**	**wirst**
er/sie/es **ist**	**hat**	**wird**
wir **sind**	haben	werden
ihr **seid**	habt	werdet
sie/Sie **sind**	haben	werden

D. *Wissen* and the modal verbs

Wissen (*to know;* see **Wortschatz**, this chapter) and modal verbs such as **wollen, müssen,** and **können** have similar irregular conjugations in the present tense. The full conjugation in the present tense is given below for **wissen**; notice that the vowel change applies to all singular forms, and that the first- and third-person singular forms are identical.

ich **weiß**	wir wissen
du **weißt**	ihr wisst
er/sie/es **weiß**	sie/Sie wissen

Modal verbs follow the same pattern of conjugation; they are discussed in detail in Chapter 9.

E. Prefix verbs

1. Verbs with the inseparable prefixes **be-, emp-, ent-, er-, ge-, miss-, ver-,** and **zer-** (see R.5.2) conjugate in the present tense just like their root verbs.

   COMPARE:

Sie **schreibt** einen Brief.	*She writes a letter.*
Sie **beschreibt** das Bild.	*She describes the picture.*

2. Verbs with separable prefixes (**an-, aus-, fort-, mit-, weg-,** etc.) conjugate just like their root verbs, but in the present and simple past tenses the prefix separates from the stem and moves to the end of the middle field (see 1.1.C and R.5.1).

Ich **stehe** schon den ganzen Abend hier und warte auf dich.	*I've been standing here all evening waiting for you.*
Ich **stehe** morgens um sechs Uhr **auf,** was manchmal ganz schön schwer ist.	*I get up at six in the morning, which is really hard sometimes.*

3. A separable prefix attaches to its root verb in a subordinate clause.

Aber samstags ist es oft so, dass ich erst um neun Uhr **aufstehe.**	*But Saturdays I often don't get up until nine.*

| 2.2 | **USES OF THE PRESENT TENSE** |

A. Present time

German has only one form to express the three aspects available in English for the present tense:

ich schreibe $\left\{ \begin{array}{l} \textit{I write} \text{ (present)} \\ \textit{I am writing} \text{ (present progressive)} \\ \textit{I do write} \text{ (present emphatic)} \end{array} \right.$

B. Continuing past actions

Unlike English, German uses the present tense with certain adverbial elements to express the idea of an action, process, or state that *began* in the past but *is still continuing in the present*. Thus a present tense German verb, in conjunction with any of the elements shown here

- the adverb **schon** + a time expression in the accusative

- the preposition **seit** + dative (see 6.3.I)

- **schon seit** + dative

expresses the idea in English of *have been _____ing* or *have* + past participle, with the duration or starting point expressed with *for* or *since*.

Sie **warten** *schon* eine Stunde.	*They have already been waiting (for) an hour.*
Stefan **arbeitet** *seit* einem Jahr bei Siemens.	*Stefan has been working (has worked) at Siemens for a year.*
Wir **wohnen** *schon seit* dem Sommer in Aachen.	*We have been living (have lived) in Aachen since the summer.*

NOTE: German uses **haben** + the past participle to denote an action that *is no longer occurring* (see 3.2):

Sie **haben** eine Stunde **gewartet**.	*They waited (for) an hour (but no longer are doing so).*
Stefan **hat** ein Jahr bei Siemens **gearbeitet**.	*Stefan worked at Siemens for a year (but not now).*
Wir **haben** im Sommer in Aachen **gewohnt**.	*We lived in Aachen in the summer (but no longer do).*

C. Narration

The present tense is used frequently when recounting jokes, episodes, and plots of films or books, even though the context is clearly past time.

Gestern habe ich einen Witz gehört, der geht so: Da sitzen zwei Männer in einer Kneipe, der eine aus Hamburg und der andere aus München. Fragt der Hamburger den Münchner: „Sagen Sie mal, tragen Sie denn immer eine Lederhose?" Da antwortet ihm der Bayer ganz stolz ...	*I heard a joke yesterday that goes like this: So there are these two guys sitting in a bar, one of them from Hamburg and the other from Munich. The guy from Hamburg asks the fellow from Munich, "Tell me, do you always wear Lederhosen?" The Bavarian answers him proudly . . .*

D. Future time

As in English, the German present tense can be used to indicate what someone *is doing* or *is going to do* in the future, provided that the discourse context or an adverb of time makes the time reference clear (see 24.1.B).

Wir **gehen** *morgen* einkaufen.	*We're going (to go) shopping tomorrow.*

In fact, German uses the present tense far more often than English to refer to the future. Many situations that require a future form in English are more colloquially correct in the present tense in German:

Wir sprechen später darüber.	*We'll talk about it later.*

Wortschatz
Wissen vs. kennen

Sind Sie Besserwisser – oder Kenner?

The verbs **kennen** and **wissen** provide a helpful contrast both in their conjugation patterns (regular as opposed to irregular), and in the range of meanings they express with regard to "*knowing*."

	kennen (to know, be acquainted with)	**wissen** (to know)
ich	kenne	weiß
du	kennst	weißt
er/sie/es	kennt	weiß
wir	kennen	wissen
ihr	kennt	wisst
sie/Sie	kennen	wissen

1. The verb **kennen** expresses knowledge or familiarity with someone or something. It is often used to express the English sense of *being acquainted with*:

Kennst du meinen Bruder?	*Do you know my brother?*
Ich **kenne** nur ein paar Beispiele davon.	*I know/am acquainted with only a few examples of it.*

    Kennen is also used to denote knowledge of discrete bits of knowledge, such as telephone numbers, names, ages, and the like.

Kennst du seine Adresse?	*Do you know his address?*
—Nein, ich **kenne** nur seine Handy-Nummer.	*No, I only know his cell-phone number.*

2. The verb **wissen** also means *to know*, but *to know something as a fact*. It can never be used in the sense of knowing persons.

Sie **weiß** die Antworten.	*She knows the answers.*
Meine Freunde **wissen** viel über Musik.	*My friends know a lot about music.*

    Wissen can overlap with **kennen** in expressing knowledge of discrete bits of information.

    Weißt du seine Adresse?

    —Nein, ich **weiß** nur seine Handy-Nummer.

    Wissen is used to introduce subordinate clauses, particularly indirect questions. **Kennen** is never used to introduce a subordinate clause.

Ich **weiß** nicht, wie du in dieser Vorlesung wach bleibst.	*I don't know how you can stay awake in this lecture.*
Weißt du, wo sie wohnt?	*Do you know where she lives?*

3. Compare the difference in meaning of these two sentences, which have nearly identical contexts.

Sie **weiß** viele europäische Hauptstädte.	*She knows (the names of) many European capital cities.*
Sie **kennt** viele europäische Hauptstädte.	*She knows/is familiar with many European capital cities. (i.e., she has visited them)*

4. Neither **wissen** nor **kennen** can express *know* in the English sense of *knowing a language*; rather, the modal verb **können** takes on this meaning.

Kannst du Schwedisch?	*Do you know Swedish (i.e., can you speak/understand/read it)?*
—Nein, ich **kann** nur Deutsch und Englisch.	*No, I only know German and English.*

5. To express the idea *I know how to (do something)*, German uses one of two paraphrases: either an alternate version with **können**, particularly in straightforward questions, or a rephrasing of the idea with a clause using **man**.

Do you know how to swim?	**Kannst** du schwimmen?
I don't know how to help you.	{ Ich **kann** dir nicht helfen. Ich **weiß** nicht, wie **man** dir helfen soll.

<table>
<tr><td>**Lerntipps**</td><td>**Learning Words in Context**

Studies show that we retain words much better in context than as isolated vocabulary elements. As you learn a new verb, associate two or three logical objects or verbal complements with it to give you some context. For example:

an·kommen *(to arrive):* am Bahnhof/mit Freunden/zu spät

OR:

schreiben *(to write):* eine E-Mail/einen Zettel/an Freunde</td></tr>
</table>

Übungen

A   **In der Familie.**   Wer tut was?

    BEISPIEL   kochen   (Vater)
                     *Vater **kocht.***

1. manchmal fern·sehen   (die Mutter)
2. in einem Büro arbeiten   (der Vater)
3. Sport treiben   (die ältere Schwester)
4. stundenlang chatten   (die jüngere Schwester)
5. Gitarre spielen   (ich)
6. Feste feiern   (alle in der Familie)
7. viel über Politik reden *(talk)*   (der Onkel)
8. Videos illegal herunter·laden *(download)*   (der Bruder)
9. Bierdeckel *(beer coasters)* sammeln   (ich; die Tante)
10. verrückte *(crazy)* Dinge tun   (die Großeltern)
11. Bad und Toilette putzen   (niemand)
12. alles über die Nachbarn wissen   (die Mutter)

B   **Immer zu viel oder zu wenig.**   Thomas kritisiert alle Leute, die er kennt. Was sagt er zu diesen Personen?

    BEISPIELE   zu seinem Vater: Taschengeld geben
                   „Papa, du gibst mir zu wenig Taschengeld."

                   zu seinen Eltern: arbeiten
                   „Liebe Eltern, ihr arbeitet zu viel."

1. zu seiner Mama: sein Zimmer putzen
2. zu seinen Eltern: reisen
3. zu seinem Freund Manfred: arbeiten
4. zum Haushund: fressen

5. zu seiner Freundin: herum·sitzen und nichts tun
6. zu seinen Nachbarn: nicht so laut sein
7. zu seinen Mitspielern in der Fußballmannschaft: laufen und Tore schießen *(shoot goals)*
8. zu seinen Lehrern: Hausaufgaben aufgeben

C **Einiges über andere.**   Sie möchten einiges über andere Studenten im Kurs erfahren. Stellen Sie Fragen mit den folgenden Verben. Berichten Sie dann über die Antworten.

> BEISPIELE   schlafen
> *Wie lange **schläfst** du gewöhnlich?*
>
> essen
> *Was **isst** du gern[2] zum Frühstück?*

1. schlafen
2. essen
3. studieren
4. waschen
5. tragen

6. sprechen
7. lesen
8. wissen (+ über)
9. laufen
10. kennen

D **Einiges über Sie.**   Bilden Sie mit den folgenden Verben Aussagen über sich selbst und andere Mitglieder *(members)* Ihrer Familie. Passen Sie bei den Präfixverben besonders gut auf!

> BEISPIELE   ausgehen
> *Ich **gehe** am Wochenende oft mit Freunden **aus**.*
>
> verstehen
> *Meine Eltern **verstehen** mich oft nicht.*

1. aus·geben *(to spend money)*
2. studieren
3. fern·sehen
4. helfen

5. an·rufen
6. verbringen *(to spend time)*
7. fahren
8. lernen

E **Wie lange schon?**   Erzählen Sie, wie lange/seit wann Sie Folgendes tun.

> BEISPIEL   Tennis spielen
> *Ich spiele (schon) seit fünf Jahren Tennis.*

1. Deutsch lernen
2. [eine Fremdsprache] können
3. Auto fahren
4. etwas besonders Interessantes tun
5. [Freund/Freundin] kennen
6. [noch eine Aktivität]

---

[2]For the use of **gern**, see Chapter 9, **Wortschatz.**

F **Welches Verb passt?**   Sagen Sie, ob Sie Folgendes **wissen, kennen** oder **können.**

> **BEISPIELE**   die Stadt Hamburg
> *Nein, die Stadt Hamburg **kenne** ich nicht.*
>
> wann Goethe gelebt hat
> *Ja, ich **weiß**, wann Goethe gelebt hat.*

1. jemanden, der in Berlin wohnt
2. das Geburtsjahr Goethes
3. wann der Zweite Weltkrieg geendet hat
4. alle europäischen Länder, in denen man Deutsch spricht
5. etwas Interessantes über die Schweiz
6. den Namen Ihres Urgroßvaters
7. das Alter *(age)* Ihres Deutschlehrers/Ihrer Deutschlehrerin
8. eine andere Fremdsprache außer Deutsch

G **Die Stadt, in der ich jetzt wohne.**   Was *wissen* Sie über die Stadt, in der Sie jetzt wohnen? Was *kennen* Sie in dieser Stadt besonders gut? Machen Sie ein paar Aussagen mit jedem Verb.

Anwendung

A **Pläne für das Wochenende.**   Sprechen Sie mit jemandem im Kurs über Ihre Pläne für das kommende Wochenende. Verwenden Sie das Präsens.

> **REDEMITTEL**
>
> Das weiß ich noch nicht so genau.
> Wahrscheinlich stehe ich am Samstag … auf.
> Zu Mittag esse ich …
> Am Nachmittag muss ich …
> Ich gehe dann am Abend …
> Und was hast *du* fürs Wochenende vor (**vor·haben:** *have in mind, intend to do*)?

B **Sich vorstellen und andere kennenlernen.**   Erzählen Sie jemandem im Kurs von Ihren Hobbys, Interessen und Freizeitbeschäftigungen *(leisure time activities)*. Was tun Sie gern? Was tun Sie nicht so gern? Was tun Sie mit anderen Menschen zusammen? Merken Sie sich *(take note)*, was Ihre Partnerin/Ihr Partner erzählt (siehe **schriftliches Thema A**).

viel Sport treiben (z.B. Tennis, Golf, Fußball, Basketball spielen)
Rad fahren
angeln *(to fish)*
joggen gehen
reiten
segeln *(to sail)*
inline•skaten
Musik hören
[musikalisches Instrument] spielen
sammeln (z.B. Briefmarken, Münzen, Sammelbilder von Sportlern)
fotografieren
Fitnesstraining machen
lesen (z.B. Bücher, Zeitungen, Zeitschriften)
bei Facebook herum•surfen
mit Freunden chatten/simsen (SMS senden)
mit Freunden zusammen etwas unternehmen (z.B. ein•kaufen gehen, ins Kino gehen,
    Videospiele/Brettspiele *(board games)*/Karten/Schach *(chess)*/Scrabble spielen)

Weißt du, was mir (besonders/echt) viel Spaß macht?
Ich [lese] besonders gern …
Am liebsten [gehe] ich … *(Most of all I like to [go] . . .)*
In meiner [Briefmarken] sammlung habe ich …
Abends gehe ich manchmal …
Wenn ich viel Zeit habe, dann [fahre] ich …

C **Wo ich mich gern aufhalte *(spend time).*** Erzählen Sie anderen Studenten von einem Ort *(place)*, der Ihnen besonders gefällt. Erklären Sie, warum Sie diesen Ort so gern besuchen. Was gibt es dort? Was tut man dort?

ein Strand *(beach)*
ein Café
ein Park
eine Bibliothek
ein Geschäft/Einkaufszentrum
zu Hause bei einem Freund

REDEMITTEL

Ich finde … ganz toll/super
Weißt du, was mir so daran gefällt?
Viele Leute kommen …
Dort sieht man auch, wie …
Manchmal gibt es …
Da findet man …
Besonders gut gefällt/gefallen mir … (+ *nominative*)

Schriftliche Themen

Tipps zum Schreiben

Using Familiar Verbs and Structures

Always plan your composition around verbs and structures you already know. Do not attempt to translate English ideas and structures into German. Jot down your ideas in German using familiar vocabulary, then look up any other necessary words in a dictionary. To avoid misuse, check the meaning of these words in German, as well as in English. You should also avoid using **haben** and **sein**, when a specific verb will describe an activity more precisely. Try not to repeat verbs, unless you wish to emphasize a particular activity through repetition. A good variety of verbs will make your writing more interesting.

A **Darf ich vorstellen?**   Stellen Sie jemanden im Kurs schriftlich vor. Geben Sie Alter und Wohnort an. Erzählen Sie unter anderem (*among other things*) von ihren/seinen Hobbys, Interessen und Freizeitbeschäftigungen.

> **BEISPIEL** *Christian ist 20 Jahre alt und kommt aus … Im Sommer arbeitet er als Jugendberater* (youth counselor) *in einem Sportklub. Wenn er Zeit hat, segelt er gern mit seinen Freunden … Abends gehen er und seine Freunde oft … Seine Lieblingsband ist … Später möchte er … usw.*

B **Ein Arbeitstag.**   Wie stellen Sie sich (*imagine*) einen Tag im Leben Ihrer Deutschlehrerin/ Deutschprofessorin oder Ihres Deutschlehrers/Deutschprofessors vor? Erzählen Sie davon.

> **BEISPIEL** *Meine Deutschprofessorin arbeitet sehr viel. Jeden Morgen fährt sie schon kurz nach acht Uhr zur Universität, wo sie zwei Stunden unterrichtet. Danach macht sie Mittagspause und isst oft in der Mensa. Am Nachmittag hat sie Sprechstunde und manchmal nimmt sie an einer Arbeitssitzung mit Kollegen teil. Wenn sie abends nach Hause kommt, … usw.*

C **Alltägliche Menschen, alltägliches Leben.** Schildern Sie *(portray)* kurz die Arbeit oder den Tag eines Menschen, der mit seiner Arbeit zu unserem alltäglichen Leben gehört (z.B. die Busfahrerin, der Briefträger, der Verkäufer/die Verkäuferin im Geschäft, wo Sie sich manchmal etwas Kleines zum Essen holen usw.).

BEISPIEL der Schülerlotse *(school crossing guard)*
Jeden Morgen sieht man ihn an der Ecke stehen. Wenn die Schüler kommen, hält er die Autos an und die Schüler gehen über die Straße. An kalten Wintertagen hofft er, dass die letzten Schüler bald kommen. Er denkt oft (daran), dass er auch einmal klein war und ... Manchmal träumt er von ... usw.

Zusammenfassung

Rules to Remember

1 Conjugated verbs agree with their grammatical subjects in person and in number.

2 German has only one set of present-tense forms to express present, present progressive, and present emphatic.

At a Glance

Present-tense verb endings			
ich	___e	wir	___en
du	___st	ihr	___t
er/sie/es	___t	sie/Sie	___en

Stem-vowel shifts
e → i
ich gebe → du gibst
e → ie
ich sehe → du siehst
a → ä
ich trage → du trägst
au → äu
ich laufe → du läufst

Auxiliary verbs and *wissen*			
sein	**haben**	**werden**	**wissen**
ich **bin**	habe	werde	**weiß**
du **bist**	**hast**	**wirst**	**weißt**
er/sie/es **ist**	**hat**	**wird**	**weiß**
wir **sind**	haben	werden	wissen
ihr **seid**	habt	werdet	wisst
sie/Sie **sind**	haben	werden	wissen

Present perfect tense

zum Beispiel

Wetten°, dass ..? gilt als die erfolgreichste Fernsehsendung aller Zeiten in deutscher Sprache. Jemand (der „Wettanbieter°") wettet, er/sie kann irgendeine schwere (und oft merkwürdige oder bizarre) Aufgabe aufführen, wobei ein Prominenter oder eine Prominente (der „Wettpate"/die Wettpatin°) den Wettausgang tippt° und selber eine vom Wettanbieter ausgedachte Aufgabe aufführen muss, falls° der Wettpate falsch tippt.

    Die Show hat 1981 angefangen und wird 7-8mal pro Jahr und immer aus einer anderen Stadt ausgestrahlt°.

wager, bet
person initiating the wager

person accepting the wager /
 predicts wager outcome /
 in case

broadcast

Grammatik

As in English, every German verb has three basic forms (often referred to as the "principal parts" of the verb), which can combine and change in various ways to form all tenses, voices, and moods of the verb.

- Infinitive   *do*   tun
- Simple past   *did*   tat
- Past participle   *done*   getan

German verbs are classified as weak, strong, or irregular, depending on how they form their second (simple past) and third (past participle) part. With very few exceptions, these categories cannot be determined simply by looking at the infinitive itself, which makes it necessary to learn this along with the meaning(s) of the verb. LEARNING STRATEGY: Since most verbs are weak, learning the relatively shorter list of strong and irregular verbs will help you to recognize weak verbs by elimination.

A. Weak verbs

1. A weak verb forms the simple past with the insertion of a -**t**- before the personal ending, and its past participle by adding an unstressed **ge**- prefix and the ending -**t** to the infinitive stem. This characteristic, analogous to the *-ed* suffix in English, leads some grammars to refer to it as a *t-verb*.

Infinitive	Simple past[1]	Past participle
lernen *(to learn)*	lernte	**ge**lern**t**
tanzen *(to dance)*	tanzte	**ge**tanz**t**
reisen *(to travel)*	reiste	ist[2] **ge**reis**t**

2. Some weak verbs require the insertion of an -**e**- between the stem and the simple past ending, and between the stem and the final -**t** of the past participle in order to facilitate pronunciation (see 2.1.A). This is the case for verbs whose stems end in -**d** or -**t**, or in -**m** or -**n** preceded by a consonant other than -**l**- or -**r**-.

---

[1] Although this chapter focuses on past participles, it lists the simple past forms as well, since the principal parts of a verb are best learned together. Formation and use of the simple past tense is presented in Chapter 8.

[2] An **ist** before the past participle in tables and lists (see also Appendix 3) indicates that the present perfect tense is formed with the auxiliary verb **sein** instead of **haben** (see 3.2).

Infinitive	Simple past	Past participle
arbeiten *(to work)*	arbeitete	gearbeitet
atmen *(to breathe)*	atmete	geatmet
öffnen *(to open)*	öffnete	geöffnet

3. Verbs ending in **-ieren** are usually weak. (EXCEPTION: **frieren** *(to freeze)*: **fror, gefroren.**) If their infinitive has more than two syllables, they do not have a **ge-** prefix in the past participle.

Infinitive	Simple past	Past participle
diskutieren *(to discuss)*	diskutierte	**diskutiert**
faszinieren *(to fascinate)*	faszinierte	**fasziniert**
studieren *(to study)*	studierte	**studiert**
BUT:		
zieren *(to adorn, decorate)*	zierte	**geziert**

B. Strong verbs

1. The past participle of a strong verb, like that of weak verb, typically begins with an un-stressed **ge-** prefix but always ends with **-n** rather than **-t.** (These are sometimes called *n-verbs*). A strong verb changes its stem vowel in the simple past form, and often in the past participle as well. While strong verbs are not as numerous as weak verbs in German, they denote common activities (**essen, trinken, sprechen, gehen, schlafen**) and therefore occur frequently in both spoken and written language. Their principal parts should be memorized. (See Appendix 3 for a more comprehensive list of strong verbs.)

Infinitive	Simple past	Past participle
beißen *(to bite)*	biss *(bit)*	gebissen *(bitten)*
fliegen *(to fly)*	flog *(flew)*	ist geflogen *(flown)*
geben *(to give)*	gab *(gave)*	gegeben *(given)*
singen *(to sing)*	sang *(sang)*	gesungen *(sung)*

2. **Sein** and **werden** are strong verbs.

Infinitive	Simple past	Past participle
sein *(to be)*	war *(was)*	ist gewesen *(been)*
werden *(to become)*	wurde *(became)*	ist geworden *(become)*

3. Strong verbs may seem to change randomly in their simple past and past partici-ples, but in most cases the vowel shifts follow a relatively small number of patterns. The following verb groups, for example, follow the patterns **i – a – u** and **e – a – e** respectively.

Infinitive	Simple past	Past participle
finden *(to find)*	fand *(found)*	gefunden *(found)*
springen *(to jump)*	sprang *(jumped)*	ist gesprungen *(jumped)*
trinken *(to drink)*	trank *(drank)*	getrunken *(drunk)*
zwingen *(to force)*	zwang *(forced)*	gezwungen *(forced)*
essen *(to eat)*	aß *(ate)*	gegessen *(eaten)*
lesen *(to read)*	las *(read)*	gelesen *(read)*
messen *(to measure)*	maß *(measured)*	gemessen *(measured)*
sehen *(to see)*	sah *(saw)*	gesehen *(seen)*

Other recurring patterns:

a – ie – a	schlafen *(to sleep)*	schlief *(slept)*	geschlafen *(slept)*
a – u – a	fahren *(to drive)*	fuhr *(drove)*	ist gefahren *(driven)*
e – o – o	heben *(to lift)*	hob *(lifted)*	gehoben *(lifted)*
ie – o – o	schieben *(to push)*	schob *(pushed)*	geschoben *(pushed)*
ei – i – i	beißen *(to bite)*	biss *(bit)*	gebissen *(bitten)*
ei – ie – ie	schreiben *(to write)*	schrieb *(wrote)*	geschrieben *(written)*

C. Irregular verbs

1. **Haben** is irregular in its simple past form.

Infinitive	Simple past	Past participle
haben *(to have)*	**hatte**	gehabt

2. A small number of verbs show both strong and weak characteristics. In their simple past forms and past participles they require a stem vowel change (strong); but the simple past forms include a -**t**- in the personal ending and the past participle ends with -**t** (weak). These are often called *irregular weak* or *mixed* verbs.

Infinitive	Simple past	Infinitive
brennen *(to burn)*	bran**nt**e	gebran**nt**
kennen *(to know)*	kan**nt**e	gekan**nt**
nennen *(to name)*	nan**nt**e	genan**nt**
rennen *(to run)*	ran**nt**e	ist geran**nt**
wissen *(to know)*	wuss**t**e	gewus**st**

3. Two irregular verbs show consonant changes as well.

Infinitive	Simple past	Past participle
bringen *(to bring)*	bra**ch**te	gebra**ch**t
denken *(to think)*	da**ch**te	geda**ch**t

4. Two verbs have interchangeable regular and irregular forms.[3]

Infinitive	Simple past	Past participle
senden *(to send)*	sendete/sandte	gesendet/gesandt
wenden *(to turn)*	wendete/wandte	gewendet/gewandt

5. A few strong verbs are irregular in that they show consonant, as well as vowel changes.

Infinitive	Simple past	Past participle
gehen *(to go)*	**ging**	ist ge**gang**en
nehmen *(to take)*	**nahm**	ge**omm**en
stehen *(to stand)*	**stand**	ge**stand**en
tun *(to do)*	**tat**	ge**t**an

6. Modal verbs are also irregular in their past tense forms, as discussed in Chapter 9.

D. Prefix verbs

1. Verbs with *separable* prefixes (see R.5.1) insert **-ge-** between the separable prefix and the root verb to form the past participle. Separable prefixes can occur with weak, irregular, or strong verbs.

Infinitive	Simple past	Past participle
ausatmen *(to exhale)*	atmete aus	aus**ge**atmet *(weak)*
abbrennen *(to burn down)*	brannte ab	ab**ge**brannt *(irregular)*
mitnehmen *(to take along)*	nahm mit	mit**ge**nommen *(strong)*

---

[3]The regular forms (**sendete, gesendet**) tend to be more literal, while the irregular forms (**sandte, gesandt**) can convey a metaphorical touch. The forms **sandte, gesandt,** for example, come across as slightly religious (as in the phrase **in die Welt** *gesandt*); but to express *to broadcast on radio or TV,* the weak forms of **senden** (**sendete, gesendet**) are used. Similarly, the weak forms of **wenden** mean *to turn over, inside out,* or *in the opposite direction,* while **gewandt** can also mean *deft, adroitly,* and *suave,* that is, the irregular form takes on extended meanings beyond the concrete sense of *to turn.* Notice this usage in the examples below.

Übers Wochenende hat CNN Live-Bilder von der Katastrophe **gesendet.**	*Over the weekend CNN broadcast live pictures of the catastrophe.*
Zum Geburtstag hat sie mir einen Facebook-Gruß **gesendet (gesandt).**	*On my birthday she sent me a Facebook greeting.*
Ich habe das Blatt **gewendet** und schrieb dann weiter.	*I turned the page over and then continued writing.*
„Warum hast du dich nicht an uns **gewandt/gewendet**?" fragten die Eltern.	*"Why didn't you turn to us (for help)?" asked the parents.*

2. Verbs with the *inseparable* prefixes **be-, emp-, ent-, er-, ge-, miss-, ver-,** and **zer-** (see R.5.2) do not add **ge-** to form the past participle, since the participle already begins with an unstressed prefix. Inseparable prefixes can also occur with weak, irregular, or strong verbs.

Infinitive	Simple past	Past participle
besuchen *(to visit)*	besuchte	**besucht** *(weak)*
erkennen *(to recognize)*	erkannte	**erkannt** *(irregular)*
versprechen *(to promise)*	versprach	**versprochen** *(strong)*

3.2   PRESENT PERFECT TENSE

A. Formation

1. The German present perfect tense **(das Perfekt)** is formed with present-tense forms of **haben** or **sein** (V_1) and the past participle of the main verb (V_2).

haben + *past participle*	**sein** + *past participle*
ich **habe** du **hast** er/sie/es **hat** wir **haben** ihr **habt** sie/Sie **haben** + **gesehen**	ich **bin** du **bist** er/sie/es **ist** wir **sind** ihr **seid** sie/Sie **sind** + **gekommen**

2. As V_2, the past participle stands at the end of the main clause. In dependent clauses, however, the conjugated auxiliary (V_1) moves to final position.

Sie **hat** die Sendung aus Dresden **gesehen.** *(main clause)*	*She saw the show from Dresden.*
Wisst ihr, wer die Wette **gewonnen** <u>**hat?**</u> *(dependent clause)*	*Do you know who won the bet?*

B. *Haben* versus *sein*

1. The conjugated auxiliary **haben** is used to form the present perfect in most instances, including all contexts where the main verb has a direct object or is used reflexively.

Einmal bei *Wetten, dass...?* **hat** sich ein Mann auf den Boden **hingelegt.**	*One time on* Wetten, dass…?, *a man lay down on the floor.*
Fünfzehn Autos **haben** ihn **überfahren.**	*Fifteen cars drove over him.*
Dabei **hat** er „O sole mio" **gesungen.**	*While that happened, he sang "O sole mio."*
Die Zuschauer **haben** sich maßlos **gewundert.**	*The audience was utterly amazed.*

2. A small but important set of verbs requires **sein** as an auxiliary to form the perfect tense. These verbs are all *intransitive,* that is, they have no direct object in the accusative case (including accusative reflexive pronouns). They can be grouped as follows:

    a. The verbs **sein** and **bleiben:**

Einmal **ist** ein Hund auf einer Treppe mit einem Glas Wasser auf der Schnauze **gewesen.**	*Once, a dog was on a set of stairs with a glass of water on its snout.*
Während der Hund die Treppe hoch ging, **ist** das Glas dort die ganze Zeit balanciert **geblieben.**	*The glass stayed balanced there the whole time, while the dog walked up the stairs.*

    b. Verbs expressing motion from one location to another:

Vor ein paar Jahren **ist** ein Schwimmer 25 Meter **geschwommen,** während er eine Tasse Kaffee auf seiner Fußsohle balanciert hat.	*A few years ago, a swimmer swam 25 meters while he balanced a cup of coffee on the sole of his foot.*
Und einmal **ist** ein Mann von einem Heißluftballon in einen zweiten **gesprungen** – aber mit einem Fallschirm.	*And once, a man jumped from one hot air balloon into a second one—but with a parachute.*

    Typical verbs in this category include:

fahren *(to drive, ride)*	ist gefahren
fliegen *(to fly)*	ist geflogen
gehen *(to go)*	ist gegangen
kommen *(to come)*	ist gekommen
laufen *(to walk, run)*	ist gelaufen
reisen *(to travel)*	ist gereist

    c. Verbs expressing a change of state, particularly the beginning or end of a process of change, as the examples below indicate:

Die Shows **sind** immer länger **geworden.**	*The shows have been getting longer and longer.*
Einmal **ist** Paris Hilton kurz vor dem Ende einer Show **erschienen.**	*One time, Paris Hilton appeared just before the end of a show.*
Und dann **ist** sie ohne Kommentar einfach **verschwunden.**	*And then, without any commentary, she just disappeared.*

    This category also includes verbs such as:

aufwachen *(to wake up)*	ist aufgewacht
einschlafen *(to fall asleep)*	ist eingeschlafen
sterben *(to die)*	ist gestorben
verschmelzen *(to melt)*	ist verschmolzen

d. Verbs relating to happenings, failure, and success:

passieren	Was **ist** bei der letzten Show **passiert?**	*What happened during the last show?*
vorkommen	Es **ist** öfter **vorgekommen,** dass etwas schiefgeht.	*It has often happened/occurred that something has gone wrong.*
misslingen	Manche Versuche **sind** völlig **misslungen.**	*Some attempts have failed completely.*
gelingen	Andere **sind** auf erstaunliche Weise **gelungen.**	*Others have succeeded in astonishing ways.*

3. Some verbs of motion can take a direct object and thus take **haben** as the auxiliary (V_1). In this case they shift meaning, as shown below.

COMPARE:

Fünfzehn Autos **sind** tatsächlich über den Mann **gefahren.**	*Fifteen cars actually drove over the man.*
Thomas Gottschalk, der Moderator der Sendung, **hat** keins von den Autos **gefahren,** so weit ich weiß.	*Thomas Gottschalk, the show's host, didn't drive any of the cars, as far as I know.*

4. Similarly, some verbs take on multiple and occasionally unrelated meanings, using **haben** or **sein** accordingly.

bekommen *(to agree with [food])*	**ist** bekommen
bekommen *(to receive, get)*	**hat** bekommen
Der Essig, den der Moderator einmal trinken musste, **ist** ihm bestimmt nicht **bekommen.**	*The vinegar that the host had to drink once certainly **didn't agree** with him.*
Der Mann, der „O sole mio" sang, **hat** einen kräftigen Applaus **bekommen.**	*The man who sang "O sole mio" **received** vigorous applause.*
folgen *(to follow)*	**ist** gefolgt
folgen *(to obey)*	**hat** gefolgt
Der Hund **ist** dem Mann auf die Tribüne **gefolgt.**	*The dog **followed** the man onto the podium.*
Der Hund **hat** dem Befehl des Mannes **gefolgt.**	*The dog **obeyed** the man's command.*

C. Use

1. The present perfect is primarily a *conversational tense* used when referring to actions in the past. It corresponds in meaning to several English forms.

ich habe ... gehört
$\begin{cases} \textit{I heard} \\ \textit{I was hearing} \\ \textit{I did hear} \\ \textit{I have heard} \\ \textit{I would hear} \end{cases}$

2. In many cases, verbs in the present perfect tense (**ich habe … gehört**) have the same meanings as their simple past tense equivalents (**ich hörte**). The present perfect, however, is used much more frequently in spoken German and in written contexts that mirror spoken speech, such as letters and diaries. (See 8.1.B for explanation.)[4]

3. As main verbs, **haben** and **sein** occur more often in the simple past than in the present perfect.

Tina Turner, Cher, Madonna und Elton John **waren** öfter dabei.

Tina Turner, Cher, Madonna, and Elton John have been on [the show] quite often.

Und einmal **hatte** Gottschalk den Schauspieler Hugh Grant als Gast.

And once, Gottschalk had the actor Hugh Grant as a guest.

Wortschatz

Viele Wege führen nach Rom …

German has a number of transitive weak verbs that evolved originally from strong verbs.[5] In each instance, the strong verb describes the basic activity and is usually intransitive (has no direct object). The weak verb expresses the idea of making this activity happen, takes the auxiliary **haben**, and can have a direct object.

1. **fahren, fuhr, ist/hat gefahren** to go, travel; to drive
   führen, führte, hat geführt (= **fahren machen**) to lead, conduct

   Sie **sind** gestern nach Basel **gefahren.**
   Gabi **hat** (den Wagen) **gefahren.**

   They traveled to Basel yesterday.
   Gabi drove (the car).

   Diese Straße **führt** nach Garmisch.
   Sie **führt** ein sonderbares Leben.

   This road leads (goes) to Garmisch.
   She leads a strange life.

2. **fallen, fiel, ist gefallen** to fall
   fällen, fällte, hat gefällt (= **fallen machen**) to fell

   Heute **ist** viel Schnee **gefallen.**
   Paul **hat** viele Bäume **gefällt.**

   Lots of snow has fallen today.
   Paul has felled many trees.

---

[4] The present perfect tense is more prevalent in southern Germany, Austria, and Switzerland, whereas in northern Germany the simple past tense is preferred for narration and sometimes even for conversation.

[5] Most of these weak-verb infinitives developed from an umlauted form of the second principal part of the strong verb: **liegen, lag** → **legen (lägen)** and **fahren, fuhr** → **führen.**

3. **hängen, hing, hat gehangen**[6] to hang, be hanging
   hängen, hängte, hat gehängt (= hängen machen) to hang (up)
   henken, henkte, hat gehenkt to hang a person on the gallows

Das Bild **hing** an *der* Wand.	*The picture was hanging on the wall.*
Der Maler **hängte** Bilder an *die* Wand.	*The painter hung pictures on the wall.*
Man **henkte** die Mörder um sieben Uhr morgens.	*They hanged the murderers at 7:00 in the morning.*

4. **liegen, lag, hat gelegen** to lie, be situated
   legen, legte, hat gelegt (= liegen machen) to lay, put in a lying position

Sie **lag** in *der* Sonne.	*She lay in the sun.*
Sie **legte** die Decke in *die* Sonne.	*She laid the blanket in the sun.*

5. **sinken, sank, ist gesunken** to sink
   senken, senkte, hat gesenkt (= sinken machen) to lower

Die Sonne **sinkt** *am* Horizont.	*The sun is sinking on the horizon.*
Der Fischer **senkte** seinen Angelhaken *ins* Wasser.	*The fisherman lowered his fishhook into the water.*

6. **sitzen, saß, hat gesessen** to sit, be sitting
   setzen, setzte, hat gesetzt (= sitzen machen) to set, put in a sitting position[7]

Gottschalk **hat** in *einem* Sessel **gesessen.**	*Gottschalk sat in an easy chair.*
Seine Gäste **haben** sich neben *ihn* **gesetzt.**	*His guests sat down next to him.*
Die Mutter **hat** das Kleinkind vorsichtig auf *den* Kindersitz **gesetzt.**	*The mother carefully placed the infant in the car seat.*

7. **springen, sprang, ist gesprungen** to jump, leap
   sprengen, sprengte, hat gesprengt (= springen machen) to blow up; to break open

Der Hund **sprang** über die Mauer.	*The dog jumped over the wall.*
Die Truppen **sprengten** die Mauer.	*The troops blew up the wall.*

Other such pairs include:

erschrecken, erschrak, ist erschrocken to be frightened
erschrecken, erschreckte, hat erschreckt to frighten

---

[6] The strong verbs **hängen, liegen,** and **sitzen** describe stationary actions (**Wo?**) and require the dative case after two-way prepositions, whereas their weak-verb counterparts **hängen, legen,** and **setzen** describe directional actions (**Wohin?**) and require the accusative case after two-way prepositions (see 6.4).

[7] English uses *to set* in a variety of contexts, very often as a synonym for *to place,* when the object is not very large: *You can **set** the vase on the table.* But German uses **setzen** in this literal, spatial sense only when people are actually sitting down or being placed in a sitting position. It can, however, be used to mean *to place or put* when the context is less concrete, as in **eine Anzeige in die Zeitung setzen** *(to place an ad in the newspaper)* or **ein Link auf eine Webseite setzen** *(to put a link on a website)*; and it appears figuratively in combination with some nouns: **ein Zeichen setzen** *(to set an example).*

ertrinken, ertrank, ist ertrunken to drown, die by drowning
ertränken, ertränkte, hat ertränkt to drown, kill by drowning

verschwinden, verschwand, ist verschwunden to disappear
verschwenden, verschwendete, hat verschwendet to squander

Übungen

A **Fragen im Perfekt.** Theo war heute Morgen nicht im Deutschstunde unterricht. Jetzt fragt er jemanden, was gemacht wurde. Welche Fragen stellt er?

> BEISPIEL ihr/Test schreiben
> *Habt ihr einen Test geschrieben?*

Schwache *(weak)* Verben

1. ihr/viel arbeiten
2. man/über das Gedicht von Rilke diskutieren
3. alle Studenten/ihre Hausarbeiten ein·reichen *(hand in)*
4. ich/etwas Wichtiges versäumen *(miss)*
5. ihr/die Reise nach Berlin planen
6. die Professorin/ein deutsches Musik-Video auf YouTube zeigen

Gemischte *(irregular)* Verben

7. die Professorin/denken, dass ich krank bin
8. du/wissen, wo ich war
9. Gabi/ihren Freund zur Stunde mit·bringen
10. ihr/nach dem Unterricht aus dem Zimmer rennen

Starke *(strong)* Verben

11. du/die Aufgabe für morgen auf·schreiben
12. jemand/beim Quiz durch·fallen *(to fail)*
13. ihr/ein neues Kapitel an·fangen
14. die Professorin/Infos über die Prüfung geben
15. ihr/die ganze Stunde nur auf Deutsch sprechen

B **Welches Verb passt?** Ergänzen Sie die Sätze durch die richtigen Verben.

> BEISPIEL Wir müssen nach Hause _____. (fahren/führen)
> *Wir müssen nach Hause **fahren**.*

1. Sie können das Buch auf den Tisch _____. (liegen/legen)
2. Die Bücher _____ auf dem Boden. (liegen/legen)
3. Jetzt _____ die Preise wieder. (sinken/senken)

4. Das Kaufhaus _____ seine Preise jetzt. (sinken/senken)
5. König Ludwig II. von Bayern ist im Starnberger See südlich von München _____. (ertrinken/ertränken)
6. Manche Leute glauben, dass jemand den König _____ hat. (ertrinken/ertränken)
7. Das Gericht (court) hat ein Todesurteil (death sentence) über den Mörder _____. (fallen/fällen)
8. „Jemand _____ mit meinem Moped weg!" schrie sie. (fahren/führen)
9. Die Entscheidung (decision) ist kurz vor Mitternacht _____. (fallen/fällen)
10. Mozart hat viel gefeiert und sein Geld gern _____. (verschwinden/verschwenden)
11. Kein Wunder also, dass sein Geld dann schnell _____ ist. (verschwinden/verschwenden)

C **Große Menschen, große Leistungen (accomplishments).**   Erzählen Sie, wie diese Menschen berühmt geworden sind. Verwenden Sie die angegebenen Verben aus dem Wortschatzkasten.

> **BEISPIEL**   Alfred Nobel (das Dynamit)
> *Er hat das Dynamit erfunden.*

bauen	erhalten (to receive)	singen
begründen (to establish)	komponieren	übersetzen
entdecken (to discover)	schreiben	werden
erfinden (to invent)		

1. Friedrich Schiller (das Drama *Wilhelm Tell*)
2. Sigmund Freud (die Tiefenpsychologie)
3. Rudolf Diesel der (Dieselmotor)
4. Marlene Dietrich (Lieder)
5. Gustav Mahler (*Das Lied von der Erde*)
6. Gottlieb Daimler (das erste Auto)
7. Maria Theresia (Kaiserin von Österreich)
8. Heinrich Schliemann (Troja)
9. Martin Luther (die Bibel)
10. Wilhelm Röntgen (der erste Nobelpreis für Physik)

D **Was ist geschehen?**   Erklären Sie, mit Verben aus dem **Wortschatz**, was geschehen ist.

> **BEISPIEL**   Humpty Dumpty ist gestorben. Wie?
> *Er **ist** von einer Mauer **gefallen**.*

1. Das Kind schreit jetzt vor Angst. Warum?
2. Zwei Stunden im Casino von Monte Carlo, und Tante Hildegards Geld ist weg. Wieso?
3. Auf der ersten Fahrt der *Titanic* sind viele Menschen gestorben. Wie?
4. Zwei Drachenflieger (hang gliders) sind mit ihren Drachen auf die Jungfrau (Berg in der Schweiz) gestiegen. Und dann?
5. Stephanie hat einen furchtbaren Sonnenbrand bekommen. Wieso?

E   **Auf dem Oktoberfest.**   Auf dem Oktoberfest ist Michaela Folgendes passiert. Erzählen Sie im Perfekt davon.

Michaela kommt in München an. Nachdem sie in einer Pension ein preiswertes Zimmer findet, trifft sie Freunde und sie gehen zusammen zum Oktoberfest. Dort bleiben sie einige Stunden und alle sind sehr lustig. Sogar auf den Tischen tanzt man. Dann passiert aber etwas Schreckliches°. Die Kellnerin bringt die Rechnung, aber Michaela findet ihre Handtasche nicht. O je, auch die Brieftasche ist weg. Die Freunde bezahlen für sie und den Verlust meldet° sie bei der Polizei. Auf dem Heimweg verläuft sie sich° dann auch noch. Als sie endlich in der Pension ankommt, traut sie ihren Augen nicht. Was erblickt° sie auf dem Bett? Ihre Handtasche! Die Brieftasche ist auch dabei. Da freut sie sich, dass sie die Handtasche noch hat, und legt sich schlafen.

terrible

reports
gets lost
sees

BEISPIEL   *Michaela ist in München angekommen ...*

F   **Schlagzeilen *(headlines)* aus Boulevardzeitungen *(tabloids)*: haben oder sein?**   Erklären Sie, was passiert ist.

BEISPIEL   Tauber Professor spricht mit Marsmenschen!
*Ein tauber Professor **hat** mit Marsmenschen **gesprochen.***

1. Sechsjähriges Mädchen wird Mutter von Zwillingen!
2. Museum hängt *Mona Lisa* im Keller auf!
3. Pferd *(horse; das)* läuft beim Marathonlauf mit – und läuft sich zu Tode!
4. Börse *(stock market; die)* schießt wegen neuer *Star Trek* Filme nach oben!
5. Junge mit zwei Nasen bekommt neues Gesicht!
6. Zweijähriges Kind fährt Mercedes 10 km!
7. Katze rettet einem Hund das Leben!
8. „Wetten, dass…?" -Episode bricht alle Quoten-Rekorde *(TV ratings records)*!

G   **Übung zu zweit: starke Verben.**   Schreiben Sie zehn starke Verbinfinitive auf (siehe Appendix 3) und tauschen Sie *(exchange)* Ihre Liste mit jemandem aus. Bilden Sie mit den Verben dieser Person wahre Aussagen oder Fragen im Perfekt. Beginnen Sie einige Aussagen mit den Redemitteln **Ich glaube, dass …, Ich hoffe, dass …** und **Weißt du, ob** *(whether)*…

BEISPIELE   finden
Weißt du, ob jemand meine Brille gefunden hat?

essen
Ich habe heute Morgen kein Frühstück gegessen.

Anwendung

A   **Vom Aufstehen bis zum Schlafengehen.**   Erzählen Sie jemandem von Ihrem gestrigen Tag *(yesterday)*. Machen Sie eine Aussage für jede Stunde, die Sie gestern wach waren. Wiederholen Sie keine Partizipien.

B **Aus meinem Leben.**   Berichten Sie in einer Gruppe kurz über ein paar wichtige Daten, Ereignisse *(events)* oder bisherige Leistungen *(achievements)* aus Ihrem Leben. Haben Sie vielleicht einmal etwas Ungewöhnliches gemacht? Erzählen Sie!

REDEMITTEL

Weißt du, was ich einmal gemacht habe?
Ich glaube, ich habe dir nie erzählt, dass …
Vor einigen Jahren ist mir etwas Unglaubliches passiert.
Zu den wichtigsten Ereignissen meines Lebens gehört …
Es hat sich nämlich so ereignet *(happened)*:

C **Ein berühmter Mensch.**   Informieren Sie sich über einen berühmten Menschen. Schreiben Sie dann kurze Notizen, aber keine ganzen Sätze. (Wenn man Notizen macht, steht das Verb immer am Ende.) Berichten Sie mündlich und mit Hilfe Ihrer Notizen in ganzen Sätzen. Sagen Sie noch nicht, wer es war. Lassen Sie die anderen zuerst raten *(guess)*.

BEISPIEL **Notizen**
in Wien gelebt und dort Medizin studiert
1885–1886 in Paris studiert und gearbeitet
Psychiater geworden
die Lehre der Psychoanalyse mitbegründet *(co-founded)*
viele Werke zur Psychoanalyse verfasst *(wrote)*
1938 nach England geflohen
1939 in England gestorben

Wer war es?[8]

Mündlicher Bericht
„Er hat in Wien gelebt und dort Medizin studiert. 1885–1886 hat er in Paris studiert und dort gearbeitet. Er ist Psychiater geworden. Später hat er die Lehre der Psychoanalyse mitbegründet und viele Werke zur Psychoanalyse verfasst. 1938 ist er nach England geflohen und 1939 dort gestorben.“
Wer war es?

D **Texte im Perfekt.**   Finden Sie ein paar kurze Texte (z.B. Märchen[9], Anekdoten oder Witze), die im Präsens oder Präteritum *(simple past)* geschrieben sind. Lesen Sie die Texte vor und ersetzen Sie beim Vorlesen alle Verben mit Perfekt-Formen.

E **Zum ersten Mal.**   Fragen Sie eine/einen oder mehrere Partnerinnen/Partner, ob sie/er zehn verschiedene Sachen zum ersten Mal gemacht hat/haben: „Wann hast du/bist du zum ersten Mal in deinem Leben _____?“

Tipps: Rad fahren, eine große Stadt besuchen, ins Ausland fahren, Auto fahren

---

[8] Answer: Sigmund Freud
[9] You can find a large assortment of literary texts, including **Märchen,** at http://gutenberg.spiegel.de

F **Das hat man (nicht) gemacht.** Nehmen Sie einen Text, den Sie im Deutschunterricht gelesen haben oder gerade lesen, und diskutieren Sie (mit Verben im Perfekt), was ein paar von den Charakteren gemacht haben (oder auch nicht gemacht haben) – und warum (nicht).

Schriftliche Themen

Tipps zum Schreiben	**Using the Present Perfect Tense**
	The present perfect tense is primarily for conversational or informal writing. You can intersperse it with the simple past tense (see 8.1) in order to avoid repeated use of the auxiliary verbs **haben** and **sein** or when the context is clearly one of narration. When explaining *why* or *in which sequence* something happened, link your ideas logically with conjunctions (**als, denn, da, weil,** etc.; see R.2.3) or adverbial conjunctions (see 14.5).

A **Ein Brief.** Schreiben Sie jemandem auf Deutsch einen kurzen Brief, in dem Sie erzählen, was Sie in den letzten Tagen gemacht oder erlebt haben. (Zum Schreiben deutscher Briefe siehe Appendix 1, *Formats for Written Communication.*)

> **BEISPIEL** *Liebe Eltern!*
>
> *Vielen Dank für euren lieben Brief und das kleine Paket. In den letzten zwei Wochen war ich sehr beschäftigt (busy), denn ich hatte Prüfungen in drei Kursen. Ich habe sie alle mit „sehr gut" bestanden. Nicht schlecht, was? Am letzten Wochenende haben mich ein paar Freunde von zu Hause besucht und mit ihnen bin ich abends essen gegangen. Als wir im Restaurant saßen, ... usw.*

B **Danke.** Sie waren am Wochenende bei Bekannten (*acquaintances*) eingeladen. Jetzt schreiben Sie eine E-Mail, in der Sie sich bei Ihren Gastgebern bedanken und ganz kurz erzählen, wie Ihnen der Abend gefallen hat.

> **BEISPIEL** *Hallo!*
>
> *Ich möchte mich für den schönen Abend bei euch[10] bedanken. Alle Gäste waren ganz nett und ich habe mich fast eine Stunde mit eurem Papagei (parrot) über Politik unterhalten. Besonders gut hat mir die schöne Atmosphäre bei euch gefallen. Dass ich ein volles Glas Rotwein über euer weißes Sofa gekippt (tipped over) habe, tut mir natürlich leid. Hoffentlich*

---

[10] Many German writers prefer to capitalize personal pronouns in letters or emails, as was required prior to the 1996 spelling reform. According to the finalized 2006 spelling reform rules, they can be either capitalized or lowercase, so that **euch** and **Euch** are now both correct. See Appendix 2, *Rechtschreibreform 2006.*

gehen die Flecken (spots) *weg. Die Brandlöcher im Orientteppich sind aber nicht von mir. Das war jemand anders. Ich hoffe, dass wir bald wieder Gelegenheit* (opportunity) *haben, ein paar nette Stunden zusammen zu verbringen. Nochmals vielen Dank!*

Herzliche Grüße

Peter

Zusammenfassung

Rules to Remember

1   There are three types of past participles: weak, strong, and irregular.

2   Weak and irregular verb past participles end in -**t (gespielt, gewusst);** strong verb past participles end in -**n (gefunden).**

3   Verbs with an unstressed, inseparable prefix do not use **ge-** to form the past participle **(erfunden, begegnet).**

4   The present perfect tense is formed with the conjugated auxiliary verb **(haben** or **sein)** and a past participle.

5   The auxiliary **haben** is used with most verbs **(hat gefunden)**, and is required for all verbs with a direct object (i.e., transitive verbs), including verbs with a reflexive accusative object.

6   The auxiliary **sein** is used with intransitive verbs in the following categories: (a) **sein** and **bleiben;** (b) verbs expressing motion from one location to another **(ist gegangen)**; (c) verbs denoting a change of condition **(ist geworden)**; (d) certain verbs expressing meeting, success, and failure, such as **begegnen** and **gelingen.**

7   In a main clause, the conjugated auxiliary verb (V_1) is in second position and the past participle functions as V_2 after the middle field. In subordinate clauses, the auxiliary verb normally comes after V_2.

8   The present perfect tense refers to the "completed" past, be it five seconds or five centuries ago.

At a Glance

A. *Sein* and *haben*

Infinitive	3rd pers. present	Simple past	Present perfect
sein (*to be*)	ist	war	ist gewesen
haben (*to have*)	hat	hatte	hat gehabt

B. Past participles

weak		ge $\left[\dfrac{unchanged}{stem}\right]$ t
strong		ge $\left[\dfrac{changeable}{stem}\right]$ en
irregular	**weak**	ge $\left[\dfrac{changed}{stem}\right]$ t
	strong	ge $\left[\dfrac{changed}{stem}\right]$ en

kennen →	gekannt
wissen →	gewusst
bringen →	gebracht
denken →	gedacht
senden →	gesandt (gesendet)
wenden →	gewandt (gewendet)
nehmen →	genommen
stehen →	gestanden

No *ge-* in past participle	
1	Most verbs ending in **-ieren**
2	Inseparable prefixes:

be-		**ge-**
emp-		**miss-**
ent-		**ver-**
er-		**zer-**

C. *Sein* as present perfect auxiliary

1	bleiben, sein
2	gehen, fahren, reisen, ...
3	aufstehen, sterben, werden, ...
4	begegnen, gelingen, passieren, ...

4

Definite articles and *der*-words · Indefinite articles and *ein*-words

Grammatik

Chapters 4 and 5 both deal with the way German creates meaning with nouns and noun phrases, but they do so from two different perspectives. Chapter 4 focuses on the two systems in German for referring to nouns—the words used for *specific* reference (definite articles) and the system for more *general* reference (indefinite articles), along with words that follow the patterns of endings in these two systems—and how these systems differ from English. Chapter 5 cuts across these two systems to discuss how both of them use cases (nominative, accusative, dative, and genitive) to relate nouns and pronouns to each other and to other elements in a sentence. Depending on which perspective is more familiar or accessible to you, you may decide to work through Chapter 5 before Chapter 4; either way, the two chapters are designed to reinforce each other and deepen your understanding of how articles, nouns, and pronouns work together functionally.

4.1   DEFINITE ARTICLES

A. Declension

The definite article (**der bestimmte Artikel**)—English *the*—has masculine, feminine, neuter, and plural forms. It declines, or changes, according to the gender, number, and case of the noun it modifies (see 5.2).

	Masc.	**Fem.**	**Neut.**	**Pl.**
Nom.	**der** Tisch	**die** Vase	**das** Buch	**die** Tische
Acc.	**den** Tisch	**die** Vase	**das** Buch	**die** Tische
Dat.	**dem** Tisch(e)	**der** Vase	**dem** Buch(e)	**den** Tischen
Gen.	**des** Tisch(e)s	**der** Vase	**des** Buch(e)s	**der** Tische

B. Use

The use of German definite articles (also indefinite articles) overlaps to a great degree (some references say 85 percent) with English usage. But there are several important contexts in which German requires a definite article where English does not, and vice versa. The following rules provide guidance for cases where German and English differ.

1. The definite article appears in the following instances where it is usually omitted in English.

   a. With names of days, months, seasons, and meals (particularly after prepositions) in certain contexts (see R.4).

Sie kommen **am (= an dem)** Mittwoch **zum (= zu dem)** Abendessen.	*They are coming for dinner on Wednesday.*
Der Mai war dieses Jahr extrem kühl.	*May was extremely cool this year.*
Der Frühling beginnt **im (= in dem)** März.	*Spring begins in March.*
Gehst du vor **dem** Frühstück joggen?	*Are you going jogging before breakfast?*

   NOTE: No article is used before days, months, and seasons if these follow **sein** or **werden**, or if prefaced by an adjective such as **letzten**, **nächsten**, **vorigen**, etc.

Es ist schon wieder **September**.	*It's September again already.*
Nächsten Sommer bleiben wir lieber hier.	*Next summer let's just stay here.*

   b. With means of transportation.

Er fährt mit **dem** Zug, nicht mit **dem** Auto.	*He is traveling by train, not by car.*

   c. With proper names of streets, intersections, squares, churches, schools, universities, etc., even when the names are in English. The same holds true for names of lakes, canyons, mountains, and rivers.

Der Stephansdom in Wien steht **am (= an dem)** Stephansplatz am Ende **der** Kärntnerstraße.	*St. Stephan's Cathedral in Vienna stands in Stephan's Square at the end of Kärntner Street.*
Freunde von uns wohnen **am** Bodensee.	*Friends of ours live on Lake Constance.*

Speakers of German tend to use English words for places in English-speaking countries, but with the same genders as their German equivalents.

in **der** Third Avenue = in **der** Straße

am Washington Square = **am** [an dem] Platz

d. With names of certain countries that are masculine or feminine in gender, or are plural. (In the case of several countries with masculine-gender names, the use of the article is optional.)

Masculine: **der Jemen, der Kongo, der Libanon, der Sudan, der Tschad; (der) Iran, (der) Irak**

Feminine: **die Schweiz, die Slowakei, die Tschechische Republik, die Türkei**

Plural: **die Niederlande, die Vereinigten Arabischen Emirate/die VAE, die Vereinigten Staaten/die USA**

Zürich ist die größte Stadt in **der** Schweiz.	*Zurich is the largest city in Switzerland.*
Die USA **sind** ein beliebtes Reiseziel für viele Europäer.	*The USA is a popular travel destination for many Europeans.*

e. With geographical and proper names modified by preceding adjectives.

das alte Deutschland	*old Germany*
die junge Frau Scherling	*(the) young Mrs. Scherling*

f. With nouns that denote concepts, abstractions, and beliefs.

Lenin war ein bedeutender Kämpfer für **den** Kommunismus.	*Lenin was an important fighter for communism.*
Das Christentum hat im ersten Jahrhundert begonnen.	*Christianity began in the first century.*
Alle sehnen sich nach **dem** Frieden.	*Everyone is yearning for peace.*

g. With a number of words such as **Arbeit, Kirche, Schule,** and **Stadt,** particularly after prepositions.

Nach **der** Arbeit muss ich in **die** Stadt.	*After work I have to go into town.*
Vor **der** Schule gehen sie **zur** Kirche.	*Before school they go to church.*

h. With verbs used as nouns, which sometimes matches English usage.

Schon als Kind hat er mit **dem Lügen** angefangen.	*He began lying already as a child.*
Das Meckern in dieser Firma muss sofort aufhören!	*The complaining in this company must stop at once!*

i. With proper names of mutual acquaintances. In colloquial German the definite article is sometimes used before first or last names (e.g., **der** Klaus, **die** Frau Messner) to indicate that both speaker and listener are acquainted with the person referred to.

Hast du **den** Klaus heute gesehen?	*Have you seen Klaus today (the one we both know)?*
Das Buch habe ich bei **der** Frau Messner geholt.	*I picked up the book at Mrs. Messner's house (the Mrs. Messner we both know).*

2. German speakers use the definite article in several situations where English speakers would use a possessive adjective.

a. When parts of the body are used as direct objects or objects of prepositions.

b. When parts of the body are the subject of the verb **wehtun.**[1]

c. When articles of clothing are used as direct objects or objects of prepositions.

A dative reflexive pronoun (see 10.1) can be used to clarify or emphasize personal reference.

Ich muss (mir) **die** Hände waschen.	*I have to wash **my** hands.*
Sie schüttelte **den** Kopf heftig.	*She shook **her** head vehemently.*
Beim Laufen tun (mir) **die** Knie weh.	***My** knees hurt when I run.*
Sie zog sich sofort **den** Mantel aus.	*She took off **her** coat immediately.*

Otherwise, when parts of the body or articles of clothing are the sentence subject, or when the context requires clarification, German does use possesive pronouns.

„Ach, **deine** Augen sind so blau", sagte sie und legte **ihre** Hand auf **seine.**	*"Oh, **your** eyes are so blue," she said, and laid **her** hand on **his.***

3. In a series of nouns with different genders, the definite article (or any other gender-specific determiner) must be repeated to indicate gender distinctions. Since plural nouns take the same article, regardless of gender, no such repetition is necessary.

Siehst du **das** Haus und **den** Garten da drüben?
*Do you see **the** house and garden over there?* (neuter and masculine singular)

Die Jungen und Mädchen, die dort spielen, sind mit meiner Tochter befreundet.
***The** boys and girls playing there are friends of my daughter.* (masculine and feminine plural)

---

[1] According to the 2006 spelling reform, *to hurt, to cause pain* can be written either as **weh tun** or **wehtun:** Der Hals hat mir **weh getan/wehgetan.**

4. The definite article is always used in conjunction with the adjective **meist-**. English follows this pattern in the singular *(the most . . .)*, but German requires it in both singular and plural formations.

Singular: Wir hatten beim Spiel **das** meiste Glück.	*We had **the** most luck at the game.*
Plural: **Die** meisten Leute sind dagegen.	*Most people are against it.*
Das gilt für **die** meisten Länder.	*That's true of most countries.*

5. German generally omits the definite article before nouns that are used in conjunction with verbs to denote certain activities in general, rather than specific occurrences. In such cases, the noun functions as a verbal complement rather than a direct object (see 1.1.C and 7.2.B).

Ich spiele gern **Klavier**, aber meine Schwester spielt lieber **Geige.**	*I like to play **the** piano, but my sister prefers to play **the** violin.*
Abends lesen meine Eltern immer noch **Zeitung.**	*In the evening, my parents still read **the** newspaper.*

BUT: When these nouns take on a function other than that of the verbal complement, i.e., when they refer to particular objects, they normally require an article.

Sind das deine Noten auf **dem** Klavier?	*Is that your music on the piano?*
Die Geige, die sie spielt, hat erstaunlich viel gekostet.	*The violin that she plays cost an amazing amount of money.*

6. German normally omits the definite article with family names used as a collective plural, where English does include an article.

Höflechners haben uns zum Abendessen eingeladen.	*The Höflechners have invited us to dinner.*

4.2 INDEFINITE ARTICLES

A. Declension

The endings of the indefinite article (**der unbestimmte Artikel**)—English *a(n)*—are very similar to those of the definite article. They differ only in the masculine nominative singular and the neuter nominative and accusative singular, which have no endings.

	Masc.		**Fem.**		**Neut.**		**Pl.**	
Nom.	ein ☐	Vater	ein **e**	Mutter	ein ☐	Kind	kein **e**[2]	Väter
Acc.	ein **en**	Vater	ein **e**	Mutter	ein ☐	Kind	kein **e**	Väter
Dat.	ein **em**	Vater	ein **er**	Mutter	ein **em**	Kind(e)	kein **en**	Vätern
Gen.	ein **es**	Vaters	ein **er**	Mutter	ein **es**	Kindes	kein **er**	Väter

[2]Since **ein** has no plural form, **kein** is used here to show the plural endings.

B. Use

1. Indefinite articles generally refer to nonspecific nouns—that is, *a* book as opposed to *the* book—just as in English. A nonspecific noun normally has no article in the plural.

Wir suchen **eine Blume.**	*We are looking for a flower.*
Gibt es **Blumen** in deinem Garten?	*Are there flowers in your garden?*

2. German does *not* use the indefinite article before nouns of *occupation, nationality,* or other markers that show membership in a *general* class (religious affiliation, military rank, marital status, etc.)

Max Planck war **Deutscher** und **Physiker.**	*Max Planck was **a** German and **a** physicist.*
Meine Nichte ist von Kindheit auf **Vegetarierin.**	*From childhood on, my niece has been **a** vegetarian.*
Markus ist und bleibt **Junggeselle.**	*Markus is and will remain **a** bachelor.*

But when the emphasis is on the specific individual rather than the group to which the individual belongs, the indefinite article can be used, especially before adjectives:[3]

Max Planck war **ein *bekannter*** Physiker.	*Max Planck was a famous physicist.*

3. Unlike English, German tends to avoid indefinite articles after **als** *(as)* in constructions such as following:

Wie viel verdient man **als Klempner?**	*How much does one earn as **a** plumber?*
Als überzeugte Sozialistin war sie mit diesen Entscheidungen unzufrieden.	*As **a** confirmed socialist, she was dissatisfied with these decisions.*

4.3   **DER-WORDS**

A. Forms

1. The following article modifiers (**Artikelwörter**) take the same endings as the definite article. For this reason they are called **der**-words.

all-	*all* (s. and pl.)		**manch-**	*many a* (s.); *some* (pl.)
dies-	*this* (s.); *these* (pl.)		**solch-**	*such [a]* (s.); *such* (pl.)
jed-	*each, every* (s.)		**welch-**	*which* (s. and pl.)
jen-	*that* (s.); *those* (pl.)			

---

[3]Thus it was entirely correct for John F. Kennedy to say, during his famous speech at the Berlin Wall in 1963, "Ich bin **ein** Berliner." The focus here was on his personal solidarity with the city of Berlin, not merely his inclusion in the population of the city, i.e., people who call themselves **Berliner.** (And nobody in Berlin that day thought he was describing himself as a jelly doughnut.)

2. **Der**-words decline as follows:

	Masc.	Fem.	Neut.	Pl.
Nom.	dies **er** (der)	dies **e** (die)	dies **es** (das)	dies **e** (die)
Acc.	dies **en** (den)	dies **e** (die)	dies **es** (das)	dies **e** (die)
Dat.	dies **em** (dem)	dies **er** (der)	dies **em** (dem)	dies **en** (den)
Gen.	dies **es** (des)	dies **er** (der)	dies **es** (des)	dies **er** (der)

B. Use of *der*-words

1. **All-** by itself occurs mainly before plural nouns (see also 13.3.D, E); its use in the singular is somewhat less common.

   Alle Geschäfte sind jetzt geschlossen.   *All (the) stores are now closed.*

   Wir haben **alle Hoffnung** aufgegeben.   *We have given up all hope.*

   a. To express the idea of *all* or *all the* in the singular, German prefers to use a definite article plus the adjective **ganz-.**

      Er hat **die ganze** Arbeit selbst gemacht.   *He did all the work himself.*

   b. When followed by a **der-** or **ein-**word, **all-** has no ending in the singular and an optional ending in the plural.

      Was hat die Firma mit **all** *dem Geld* gemacht?   *What did the firm do with all the money?*

      Sie hat **all(e)** *ihre Verwandten* in Luxemburg besucht.   *She visited all her relatives in Luxemburg.*

2. **Jed-** occurs only in the singular.

   Jedes Kind versteht das.   *Every child understands that.*

3. **Jen-** is used mainly in contrast to **dies-;** it is fairly uncommon as a noun modifier.

   Willst du **dieses** Getränk oder **jenes** (Getränk)? *Do you want this drink or that one?*

   NOTE: **Jen-** cannot be used as an exact equivalent for English *that*, as in *Who is **that** man?* To express this, German speakers often use the definite article, with intonational emphasis, and sometimes add an adverbial element to indication position, e.g., *that man over there.*

   Meinst du *den* Mann (**da drüben**)?   *Do you mean that man (over there)?*

4. **Manch-** is common in the plural, and means *a lot of, many.* It occurs much less frequently in the singular, where it means *many a . . .* —and sounds just as literary and archaic in German as the equivalent sounds in English. In the singular, **manch** is usually followed by **ein-,** as in **manch ein-.** In this construction, **manch** is not declined, and **ein-** takes indefinite article endings.

Manche Leute lernen nie von ihren Fehlern.	*Some people* never learn from their mistakes.
Ich habe **manch eine Person (manche Person)** getroffen, die diese Art Musik nicht mag.	I have met *many a person* who doesn't like this kind of music.

5. **Solch-** is common in the plural, but less so in the singular, where speakers of German prefer **so ein-** or **solch ein-** *(such a, a [. . .] like that).*

Solche Leute wie Philip brauchen wir. Kennst du **so einen** Menschen (**solch einen** Menschen)?	*We need people like Philip. Do you know such a person (a person like him)?*
Jedes Kind möchte **so ein** Fahrrad (**solch ein** Fahrrad) haben.	*Every child would like to have such a bicycle (a bicycle like that).*

6. **Welch-** is most commonly used as an interrogative article (see 19.2.C). The forms **welch ein-** or **was für ein-** occur also in exclamations.

Welch ein herrliches Wetter! **Was für ein** herrliches Wetter! ⎫⎬⎭	*What glorious weather!*

4.4   *EIN*-WORDS: POSSESSIVE ADJECTIVES

A. Forms

1. Every pronoun (see 17.1) and noun can be referred to with a corresponding possessive adjective (**das Possessivpronomen**[4]).

Pronoun	Noun	Possessive adjective	
ich		**mein**	*(my)*
du		**dein**	*(your)*
er →	**der**-*noun*	**sein**	*(his; its)*
sie →	**die**-*noun*	**ihr**	*(her; its)*
es →	**das**-*noun*	**sein**	*(his; its)*
man		**sein**	*(his; their)*
wir		**unser**	*(our)*
ihr		**euer**	*(your)*
sie →	*plural noun*	**ihr**	*(their)*
Sie		**Ihr**	*(your)*

---

[4]What English grammarians classify as possessive adjectives (the term used in this book) are considered **Possessivpronomen** in German. A possessive adjective used as a pronoun (see 4.5.B) is a **substantiviertes Possessivpronomen**.

2. Possessive adjectives have the same endings as the indefinite article (see 4.2). For this reason they are called **ein**-words.

	Masc.	Fem.	Neut.	Pl.
Nom.	mein □	mein e	mein □	mein e
Acc.	mein **en**	mein e	mein □	mein e
Dat.	mein **em**	mein **er**	mein **em**	mein en
Gen.	mein **es**	mein **er**	mein es	mein er
Nom.	unser □	uns(e)r e	unser □	uns(e)r e
Acc.	uns(e)r **en**	uns(e)re	unser □	uns(e)r e
Dat.	uns(e)r **em**	uns(e)r **er**	uns(e)r **em**	uns(e)r en
Gen.	uns(e)r **es**	uns(e)r **er**	uns(e)r **es**	uns(e)r er

3. Note that the -**er** of **unser** and **euer** is part of the adjective, not an ending. When these words have endings, the interior unstressed -e- is often dropped: **das Auto** *unsrer* **Eltern.**

B. Use

1. The choice of possessive adjective is determined by the noun or pronoun to which it refers; the *ending* depends on the case, number, and gender of the noun it modifies.

Wir haben **unser-en** Wagen gefunden.   *We found our car.*

Monika schreibt **ihr-em** Vater.   *Monika is writing to her father.*

Heinz besucht **sein-e** Mutter jedes Wochenende.   *Heinz visits his mother every weekend.*

2. Since **er, sie,** and **es** can refer to things as well as persons, the possessive forms **sein**- and **ihr**- can both mean *its* in English.

Der Ahorn verliert **seine** Blätter im Herbst.   *The maple tree loses its leaves in the fall.*

Die Tanne verliert **ihre** Nadeln nicht.   *The fir does not lose its needles.*

4.5   *DER*- AND *EIN*-WORDS USED AS PRONOUNS

A. *Der*-word pronouns

1. When a noun is understood from context and thus not repeated, the accompanying definite article or **der**-word can function as a pronoun.

Ich nehme diese Lampe. **Welche** willst du?   *I'll take this lamp. Which one do you want?*

—Ich möchte **die** da.   *—I'd like that one there.*

Dieses Videospiel habe ich schon, und **jenes** werde ich mir gleich kaufen.   *This video game I already have, and I'm going to buy that one right away.*

2. The pronouns **dies-** and **jen-** can express the idea of the *latter* and the *former*, respectively.

Sind der Kommunismus und der Sozialismus in Osteuropa tatsächlich verschwunden? Über **jenen** haben wir schon gesprochen und mit **diesem** werden wir uns morgen beschäftigen.	*Have communism and socialism actually disappeared in Eastern Europe? We have already talked about the former, and we will deal with the latter tomorrow.*

3. **Dies-** and **jen-** also appear as pronouns in the phrase **dieses und jenes** *(this and that)*.

Wir haben über **dieses und jenes** gesprochen.	*We spoke about this and that.*

4. The pronoun forms **dies** *(this, these)* and **das** *(that, those)* are commonly used as subjects with the verb **sein** when pointing out objects. In such cases, the verb takes its cue from what follows, not the subject, so that if the noun in the predicate is singular, **sein** is likewise singular (**ist**); and if the noun predicate is plural, **sein** is conjugated as **sind**, even though **dies/das** is singular.

Dies ist mein Auto, **das** ist seins.	*This is my car, that is his.*
Dies (Das) sind unsere Bücher.	*These (Those) are our books.*

B. *Ein*-word pronouns

Ein-words, including **so ein-**, **manch ein-**, and **was für ein-**, can also function as pronouns as long as they retain their endings. In the three instances where the article **ein-** has no ending, a **der**-word ending must be added to indicate number, gender, and case, as highlighted in the following chart. The genitive forms occur infrequently.

Ein-word pronoun declensions				
	Masc.	**Fem.**	**Neut.**	**Pl.**
Nom.	meiner	meine	mein(e)s	meine
Acc.	meinen	meine	mein(e)s	meine
Dat.	meinem	meiner	meinem	meinen
Gen.	meines	meiner	meines	meiner

Hier ist mein Buch. Wo ist **dein(e)s**?	*Here is my book. Where is **yours**?*
Ich brauche einen Bleistift. —Hier liegt **einer**.	*I need a pencil. —Here's **one**.*
Sie braucht Briefmarken für den Umschlag, aber sie findet **keine**.	*She needs stamps for the envelope, but she can't find **any**.*
Wir haben ein Zwei-Mann-Zelt. In was für **einem**[5] schlaft ihr?	*We have a two-person tent. What kind (of **one**) are you sleeping in?*

---

[5]The use of **für** in **was für** does not influence the case; the phrase is in the dative case because of the preposition **in** (see 6.4 and 19.2.D).

Wortschatz
Platz da!

Just as German uses articles to specify precise *grammatical* relationships, it uses a variety of words to specify precise *spatial* relationships. The words below all denote *space*, each with its own nuances. (See 6.3 for the prepositions that define spatial relations.)

der Raum	der Ort
der Platz	die Stelle

1. The noun **der Raum, ̈e** means *space* or *room* as a general area or volume. It often occurs as a compound noun: **der Lebensraum** *(living space),* **der Weltraum** *(outer space),* **das Raumschiff** *(space ship),* **die Raumfahrt** *(space travel).* **Der Raum** can also mean *a room,* though **das Zimmer** is much more common.

Die Stadt braucht mehr **Raum** zum Bauen.	*The city needs more room for building.*
Wir müssen diesen kleinen **Raum** noch möblieren.	*We still have to furnish this small room.*

2. The noun **der Platz, ̈e** also means *space* or *room,* but in a more specific sense than **der Raum.** It often denotes a definite *space* or *place* that someone or something occupies or where an activity takes place; one could say that **Platz** suggests a horizontal surface, whereas **der Raum** suggests a three-dimensional or cubic space. In this example, the speaker needs more space in the sense of horizontal space, such as space on a desk or on the floor.

Ich brauche mehr **Platz** für meine Sachen.	*I need more **room (space)** for my things.*

   Platz occurs frequently as a compound noun:

      der Arbeitsplatz *(place of work, work station)*

      der Marktplatz *(marketplace)*

      der Parkplatz *(parking lot)*

      der Spielplatz *(playground)*

      der Tennisplatz *(tennis court)*

   Der Platz can also refer to a *seat* **(Ist dieser Platz noch frei?),** or a *square* in a town **(der Mozartplatz).**

Ich brauche einen besseren **Platz** zum Arbeiten.	*I need a better place to work.*
Kannst du mich später am **Sportplatz** abholen?	*Can you pick me up later at the sports field?*
Dieser **Platz** ist besetzt.	*This seat is taken.*

   NOTE: Be careful with the verb form of this word: **platzen** does not mean *to place,* but rather *to explode.*

3. The noun **der Ort, -e** can mean a *place, spot,* or *site* but does not denote an exact point. It can also refer to a city, town, or village.

Wir suchen einen **Ort,** wo wir allein sein können.	*We are looking for a place (spot) where we can be alone.*
Hier ist nicht **der Ort,** über solche Dinge zu sprechen.	*Here is not the place to talk about such things.*
Sein **Geburtsort** ist Salzburg.	*His birthplace is Salzburg.*

4. The noun **die Stelle, -n** refers to a precise *spot, place,* or *location,* usually on or within a larger entity, such as the human body. It can occasionally occur interchangeably with **der Ort,** but always refers to a more defined *spot.* **Die Stelle** can also mean *stead* (that is, in someone's place). Finally, **die Stelle** can denote a *passage* in a book, or a *job* or *position.*

An dieser **Stelle** im Wald wachsen besonders große Pilze.	*Particularly large mushrooms grow in this spot in the woods.*
An dieser **Stelle** (an meinem Arm) tut es weh.	*This spot (on my arm) hurts.*
An deiner **Stelle** würde ich anders handeln.	*In your position (If I were you) I would act differently.*
Lesen Sie diese **Stelle** im Buch noch einmal.	*Read this passage in the book once more.*
Sie sucht eine bessere **Stelle.**	*She is looking for a better job/position.*

5. Although the uses of **Ort, Stelle,** and **Platz** overlap to some degree, they do have subtle differences in meaning.

An dieser **Stelle** haben sie sich verliebt. *(the specific spot)*

An diesem **Ort** haben sie sich verliebt. *(the general location)*

ALSO:

In diesem **Ort** haben sie sich verliebt. *(village or town)*

Auf diesem **Platz** haben sie sich verliebt. *(the place/seat where they were sitting)*

Übungen

A **Welches Wort passt?** Ergänzen Sie die Sätze mit den passenden Substantiven. (Ab und zu passt mehr als ein Wort hinein, aber dann hat der Satz auch eine etwas andere Bedeutung.)

Raum	Ort	Platz	Stelle

1. Der Kommissar fuhr zu d- _____ _____ des Mordes.
2. Wer Golf spielen will, braucht ein- _____ _____ zum Spielen.

3. Sie erzählt gern von d- _____ _____, wo sie aufgewachsen ist.
4. In vielen deutschen Städten gibt es kaum noch _____ zum Bauen.
5. An Ihr- _____ _____ hätte ich das nicht gesagt.
6. An dies- _____ _____ist der Unfall passiert.
7. Hier ist d- _____ richtige _____ für einen Garten.
8. Wir brauchen einfach mehr _____.

B **Von großer Bedeutung.**   Nennen Sie jeweils zwei Orte und zwei Plätze, die für Sie große Bedeutung haben oder hatten.

> BEISPIEL   *Seattle bedeutet mir viel, denn in diesem **Ort** bin ich geboren und aufgewachsen.*

C **Die Hansestadt⁶ Hamburg.**   Ergänzen Sie die Sätze durch passende Formen von **der** oder **ein.**

1. Im 9. Jahrhundert wurde „Hammaburg" an _____ Elbe *(f.)* gegründet.
2. Im Mittelalter entwickelte sich _____ Ort zu _____ wichtigen Handelsmetropole *(f.)*.
3. Direkt nach dem Dreißigjährigen Krieg (1618–1648) war Hamburg _____ größte Stadt Deutschlands, weil die Stadt _____ der wenigen war, die vom Krieg verschont *(spared)* geblieben war.
4. Mit _____ Aufkommen _____ Dampfschifffahrt *(steamboat travel)* galt Hamburg als wichtiger Hafen für Seefahrer aus _____ ganzen Welt.
5. Trotz seines Alters ist Hamburg _____ moderne Stadt.
6. _____ Bombenangriffe *(bombing raids)* von 1943–1945 zerstörten _____ Stadtzentrum. Fast 55.000 Menschen kamen ums Leben *(perished)*.
7. Heute umfasst *(encompasses)* _____ Hafen _____ Gebiet *(n.)* von 16 km Länge.
8. In _____ Stadtteil Stellingen gibt es _____ sehenswerten Tierpark.
9. Im Westen _____ Stadt liegt _____ Hafenviertel St. Pauli mit _____ vielbesuchten Reeperbahn⁷ *(f.)*.
10. Mit mehr als 1,7 Millionen Einwohnern gehört Hamburg zu _____ Weltstädten Europas.

D **Gewohnheiten.**   Was machen Sie in der Regel **vor, während** und/oder **nach** den folgenden Aktivitäten?

> BEISPIEL   die Deutschstunde
> *Vor der Deutschstunde lerne ich gewöhnlich neue Vokabeln.*

1. das Frühstück
2. die Schule

---

⁶During the Middle Ages, Hamburg was a member of the Hanseatic League, a powerful alliance of key port cities along the North and Baltic Seas. It is still often referred to as **die Hansestadt Hamburg,** and the license plate numbers of all cars registered there begin with **HH.**
⁷The **Reeperbahn** is a street known for its bars, nightclubs, arcades, and various forms of adult entertainment.

3. die Vorlesungen
4. die Arbeit
5. das Abendessen

Fragen Sie andere Studenten, was sie vor, während oder nach diesen Aktivitäten machen.

E **Beruf und Nationalität.** Ergänzen Sie die Sätze.

> BEISPIEL Mein Großvater war _____ und _____.
> *Mein Großvater war **Deutscher** und **Klavierbauer**.*

1. Von Beruf ist mein Onkel/meine Tante _____.
2. Meine Mutter ist _____. Früher war sie _____.
3. Ich bin jetzt _____.
4. Mein Vater arbeitet jetzt als _____. Früher war er _____.
5. Meine Vorfahren waren _____.
6. Beruflich möchte ich _____ werden.

F **Modefragen.** Lesen Sie die Sätze und dann ergänzen Sie sie mit den passenden Artikel-wörtern aus dem Wortschatzkasten (und mit passenden Endungen, natürlich!). Verwenden Sie dabei jedes Artikelwort.

> BEISPIEL Kauf dir doch _____ Pullover.
> *Kauf dir doch **diesen** Pullover.*

all- dies- jed- so ein- solch- welch-

1. Soll ich mir _____ Hemd kaufen oder nicht?
2. Und wenn ja, dann in _____ Farbe?
3. Eigentlich habe ich _____ Hemd ja schon, aber ich könnte doch noch eins ge-brauchen, oder?
4. _____ Freund von mir hat drei oder vier davon.
5. Hmm ... warum tragen eigentlich _____ meine Freunde die gleiche Kleidung?
6. An _____ Fragen sollte man im Kleidungsgeschäft lieber nicht denken.

G **Jeder für sich.** Bilden Sie mit jedem der folgenden Pronomen oder Substantive einen Satz, der auch ein Possessivpronomen enthält. Wiederholen Sie dabei kein Verb.

> BEISPIELE sie
> *Sie schreibt **ihrem** Freund.*
>
> der Vogel
> *Der Vogel baut **sein** Nest in einem Baum.*

1. ich
2. du
3. die Katze
4. der Mensch
5. das Mädchen
6. wir
7. ihr
8. die Arbeiter
9. Sie
10. man

Anwendung

A   **Bei uns zu Hause.**   Erzählen Sie einer Partnerin/einem Partner über das Leben bei Ihnen zu Hause. Berichten Sie dann jemand anders, was Sie erfahren haben.

> **REDEMITTEL**
>
> Bei uns zu Hause muss jeder sein-/ihr- (eigenes) …
> Vater hat sein- …
> Mutter hat ihr- …
> Von unserem … muss ich auch erzählen.
> Und wie ist es bei euch?
> Habt ihr auch … ?

B   **Sein? Ihr?**   Vergleichen Sie zwei Bekannte – eine Frau und einen Mann. Schreiben Sie mindestens fünf Sätze darüber, was bei den beiden alles unterschiedlich *(different)* ist: Eigenschaften *(personality traits)*, Gewohnheiten *(habits)*, Familien, Interessen, Hobbys usw. Verwenden Sie dabei **sein-** und **ihr-** mit passenden Endungen.

BEISPIEL   *Ihre Eltern wohnen in New York, **seine** Eltern in Cleveland.*
*Ihr Zimmer im Studentenwohnheim sieht immer ordentlich aus, **sein** Zimmer ist eine echte Katastrophe.*

C   **Charaktere.**   Schreiben Sie eine Liste mit Charakteren aus ein paar Texten auf, die Sie in Ihrem Deutschunterricht gelesen haben. Machen Sie dann mit einer Partnerin/einem Partner ein paar Aussagen über jeden Charakter mit Vokabeln wie **sein-**, **ihr-**, **jed-**, **dies-**, **so ein-** usw.

Schriftliche Themen

Tipps zum Schreiben	**Editing Your Writing**
	When preparing an introduction to or a description of a person or place, read aloud what you have written. Do the sentences provide essential information in a manner that is easy for your listeners to comprehend? Are you varying word order and have you tried to avoid beginning every sentence with the name of the person or place or with the subject pronouns **er** and **sie**? When you use the possessive adjectives **sein** and **ihr**, do they match the nouns to which they refer in number and gender?

A **Wir stellen vor.** Kennen Sie jemanden aus einem anderen Land, der jetzt in Ihrer Heimat studiert oder arbeitet? Stellen Sie diese Person in einem kurzen Bericht vor. Erwähnen *(mention)* Sie Nationalität, Beruf, Wohnort, Adresse (in welcher Straße, bei wem), Beruf der Eltern, besondere Interessen und Leistungen *(accomplishments)* usw.

> BEISPIEL   *Ich möchte meinen Freund Ting-Fung Jiang vorstellen. Er ist Chinese und Student. Abends arbeitet er manchmal als Kassierer in einem Studentencafé am University Square. Sein Vater ist Ingenieur in Beijing, seine Mutter Lehrerin. Er war ehrenamtlicher* (volunteer) *Mitarbeiter bei den Olympischen Spielen in Beijing 2008. Nach seinem Studium möchte er Wirtschaftsberater* (business consultant) *oder vielleicht Journalist werden, weil er meint, dass … usw.*

B **Ortskundig.** Beschreiben Sie einen Ort, den Sie gut kennen. Geben Sie Informationen über die Sehenswürdigkeiten *(places of interest)* und die Geschichte und alles, was diesen Ort sonst noch interessant macht. Benutzen Sie dabei Vokabeln aus dem ganzen Kapitel, wie **so ein, jed-, all-, dies-, mein, dein, unser** und auch **Ort, Platz, Stelle** und **Raum.**

> BEISPIEL   *In dem Dorf, wo mein Vater aufwuchs, gibt es eigentlich recht viel zu sehen. Der interessanteste Platz ist sicher die Festung* (fort), *die 10 Jahre vor der Amerikanischen Revolution dort am Flussufer* (river bank) *gebaut wurde. So eine Festung hat nicht jeder Ort in den USA! Hinter dieser Festung steht ein kleines Museum, wo mein Vater im Sommer gearbeitet hat. Am Marktplatz gibt es immer noch … usw.*

Zusammenfassung

Rules to Remember

1 There are two types of articles: **der**-words and **ein**-words.

2 Articles mark the case, number, and gender of nouns.

3 The **der**-words are **all-, dies-, jed-, jen-, manch-, solch-,** and **welch-.**

4 The **ein**-words are the possessive adjectives **mein, dein, sein, ihr, unser, euer,** and **Ihr** plus the negating element **kein.**

5 **Der**-words and **ein**-words can be used as pronouns.

At a Glance

Definite articles				
	Masc.	**Fem.**	**Neut.**	**Pl.**
Nom.	der	die	das	die
Acc.	den	die	das	die
Dat.	dem	der	dem	den
Gen.	des	der	des	der

Indefinite articles				
	Masc.	**Fem.**	**Neut.**	**Pl.**
Nom.	ein	eine	ein	(keine)
Acc.	einen	eine	ein	(keine)
Dat.	einem	einer	einem	(keinen)
Gen.	eines	einer	eines	(keiner)

Der-words	
all-	all *(s. and pl.)*
dies-	this *(s.)*; these *(pl.)*
jed-	each, every *(s.)*
jen-	that *(s.)*; those *(pl.)*
manch-	many a *(s.)*; some *(pl.)*
solch-	such [a] *(s.)*; such *(pl.)*
welch-	which *(s. and pl.)*

Ein-word pronoun declensions				
	Masc.	**Fem.**	**Neut.**	**Pl.**
Nom.	meiner	meine	mein(e)s	meine
Acc.	meinen	meine	mein(e)s	meine
Dat.	meinem	meiner	meinem	meinen
Gen.	meines	meiner	meines	meiner
	so ein-			
	manch ein-			
	was für ein-			

Possessive adjectives		
Singular		
ich	→	**mein**
du	→	**dein**
er/es/man	→	**sein**
sie *(s.)*	→	**ihr**
Plural		
wir	→	**unser**
ihr	→	**euer**
sie *(pl.)*	→	**ihr**
Sie	→	**Ihr**

Cases and declensions

Das Leben der anderen[1]

zum Beispiel

---

[1]For those who are unfamiliar with the movie, here are a few key plot elements: **Georg Dreyman** is a celebrated playwright in the DDR, and **Christa-Maria Sieland** is an equally celebrated stage actress. Georg and Christa-Maria love each other deeply and live together in East Berlin. **Gerd Wiesler** *(pictured above)* is a **Stasi** worker who has been assigned to conduct surveillance on Dreyman and his apartment, not because Dreyman is an enemy of the state, but to find some excuse to denounce him and thereby secure Christa-Maria for a powerful functionary in the DDR government. **Grubnitz** is Wiesler's immediate superior, who oversees the surveillance operation. The **Stasi** was the official secret police of East Germany, and much of its work involved spying on DDR citizens. (And to avoid confusion: movie posters relating to this film often show the title as **Das Leben der Anderen**, with a capital "A," while the published screenplay is entitled **Das Leben der anderen** (Suhrkamp 2007), following current spelling conventions [see Appendix 2], as do references in this chapter.)

Grammatik

5.1   CASES

Every German noun has *number* (singular or plural), *gender* (masculine, feminine, or neuter; see R.1), and *case*. The case of a noun indicates its function within a sentence. There are four cases in German, and each can indicate multiple grammatical functions.

     Nominative   *Accusative*   *Dative*   *Genitive*

Case in German is usually indicated by an *article* accompanying the noun, or, if there is no article, by an *adjective* whose ending takes on the function of that article. A word group comprised of a noun and these modifiers (articles and adjectives) is referred to as a *noun phrase.*

5.2   REGULAR NOUN DECLENSIONS

Knowing the gender, number, and case of a noun may seem merely pedantic to English speakers, but in German, this knowledge is critical to understanding the meaning of a sentence. In English, the grammatical function of a noun is indicated primarily by position: the sentence subject typically comes right before the verb, which is then followed by objects and other modifiers. Fluent speakers and readers line these elements up in order to make their relational functions clear. By contrast, German places nouns and noun phrases in positions one would not expect in English, and uses inflections (i.e., changes) in the noun phrase to show whether the noun is the subject or an object, what kind of an object, or how it otherwise stands in relation to the rest of the sentence elements. Learning to associate these inflections with functional meaning is essential to communicating in German.

COMPARE:

Diese Schauspielerin kennt **den Mann**   *This actress has known the man for*
    seit Jahren.   *years.*
(**den** *signals that* **Mann** *is the direct object; default word order*)

Diese Schauspielerin kennt **der Mann**   *The man has known this actress for*
    seit Jahren.   *years.*
(**der** *signals that* **Mann** *is the subject; direct object is highlighted in the front field*)

As the chart below indicates, the greatest amount of inflection across gender, number, and case appears in the articles preceding the nouns. But nouns themselves also show changes in several contexts, notably the plural form (like English), the dative plural (with the addition of **-n**), and masculine and neuter genitive singular (with the addition of **-s** or **-es**).

	Masc.	Fem.	Neut.	Pl.
Nom.	der Mann	die Frau	das Theater	die Probleme
Acc.	den Mann	die Frau	das Theater	die Probleme
Dat.	dem Mann	der Frau	dem Theater	den Probleme**n**
Gen.	des Manne**s**	der Frau	des Theaters	der Probleme
	man	*woman*	*theater*	*problems*

The discussion in this section focuses on changes to nouns themselves, depending on case and context.

1. In the dative singular, monosyllabic masculine and neuter nouns have an optional **-e** ending that is usually omitted, except in a few set expressions; and even in these (as indicated by parentheses) the **-e** can be dropped.

   auf dem Land(**e**)   *in the country*

   im Grund**e** genommen   *basically, fundamentally*

   im Jahr(**e**) 1749   *in the year 1749*

   im Lauf(**e**) (des Jahres/desTages)   *in the course (of the day/the year)*

   in diesem Sinn(**e**)   *in this sense*

   nach dem Tod(**e**)   *after death*

   nach Haus**e**   *(back) home (with verbs of motion)*

   zu Haus**e**   *(at) home (denoting location, not motion)*

2. Unless a noun plural already ends in **-n**, an **-n** must be added in the dative plural (**die Leute** ⟶ **mit den Leuten**).

   EXCEPTION: Noun plurals ending in **-s** do not add the dative plural **-n** (**die Autos** ⟶ **mit den Autos**).

3. Masculine and neuter nouns add either **-s** or **-es** in the genitive.

   ■ The **-s** is preferred when the noun has more than one syllable (**das Rad** ⟶ **des Rades** BUT: **das Fahrrad** ⟶ **des Fahrrads**), or ends in a vowel (**der Schrei** ⟶ **des Schreis**) or silent **h** (**der Schuh** ⟶ **des Schuhs**).

   ■ The **-es** is usually preferred when a noun is monosyllabic (**das Geld** ⟶ **des Geldes**), and is required when the noun ends in **-s, -sch, -ß, -x,** or **-z** (**der Schreibtisch** ⟶ **des Schreibtisches**). Nouns ending in **-nis** add an **-s** before the **-es** (**das Missverständnis** ⟶ **des Missverständnisses**).

   EXCEPTIONS:

   ■ Foreign nouns ending in **-s** usually do not take the **-s/-es** genitive ending: **des Chaos, eines Index, trotz des Sozialismus, wegen eines Zirkus.**

   ■ Singular masculine or neuter nouns following a genitive preposition (see 6.5) but with no accompanying articles or modifying adjectives can (but do not necessarily) omit the **-s** or **-es**: **wegen Verrat/trotz Regen** (but also: **wegen Verrats/trotz Regens**).

4. Masculine nouns that add **-(e)n** in all cases except the nominative singular—sometimes referred to as *weak nouns*—are discussed in R.1.3.

If German cases show relationships among words in a sentence, then the nominative case is the least "relational"—it is never used to connect nouns with prepositions, as are the other cases; and the most neutral—it is the default case when nouns are used with no grammatical context. Its chief functions are to signal the subject of a sentence or clause, and to link the subject with words or phrases in the predicate, known as *predicate nominatives*.

A. Words in isolation

The nominative case is the default for noun phrases or pronouns that stand by themselves, either absolutely or syntactically.

Ein guter Mann, der Georg.	*A good man, that Georg.*
Und **ihr,** was meint ihr dazu?	*And you all, what do you think of it?*

B. Subjects

1. A noun or pronoun used as the *sentence subject* takes the nominative case. A singular subject requires a singular verb; a plural subject requires a plural verb.[2]

   Singular

Die Geschichte fängt mit einem Verhör an.	*The story begins with an interrogation.*
Im Hörsaal erklärt **ein Stasi-Mitarbeiter** einer Gruppe Studenten den Vorgang.	*In a lecture hall, a Stasi agent explains the process to a group of students.*

   Plural

Zwei Leute sitzen auf dem Balkon und schauen zu.	*Two people sit in the balcony and watch.*

2. In German, the subject does not necessarily precede the conjugated verb, as it often does in English (see 1.1.C).

Mit einem Fernglas *beobachtet* Wiesler die anderen Zuschauer.	*With a pair of binoculars, Wiesler <u>observes</u> the other spectators.*
Sehr skeptisch *äußert* er sich über Dreyman, den Autor des Stückes.	*Very skeptically, he <u>expresses his opinion</u> about Dreyman, the author of the play.*

---

[2]This rule bends a bit when "pointers" such as **dies, das,** or **es** appear as the subject in the front field followed by the verb **sein.** In such cases, the noun *following* the verb determines whether **sein** will be conjugated as **ist** or **sind,** even though what appears to be the subject in the front field is singular: **Das sind** schöne Blumen! **Es sind** die kleinen Dinge, die mich nerven. **Dies sind** meine Bücher, nicht deine. (See 4.5.A)

C. Predicate nominatives

A noun or noun phrase following V$_1$ that renames or describes the subject is called the *predicate nominative* and, like the subject, takes the nominative case. The verb used with the predicate nominative is a linking verb, which functions more or less like an equal sign.

bleiben   *to stay, remain*
gelten [+ als]   *to be regarded as*
heißen   *to be called or named*
scheinen   *to seem*
sein   *to be*
werden   *to become*

Die Inszenierung *ist* **eine Katastrophe,**
  meint Dreyman.

The production is a catastrophe, in
  Dreyman's opinion.

Aber Schwalber *bleibt* **der Regisseur.**

But Schwalber remains the director.

5.4	ACCUSATIVE CASE

The accusative case has a wider range of functions in German than the nominative. Not only is it the marker for direct objects, but it also connects nouns with certain prepositions, indicates length and duration, and completes the phrase **es gibt** _____.

A. Direct objects

1. A noun or pronoun used to complete the activity of verbs other than linking verbs is called an *object*. Many verbs take a *direct object*, also known as an *accusative object*.

   Dreyman besucht **einen alten Freund**
     in seiner Wohnung.

   Dreyman visits an old friend in his
     apartment.

   Leider kann er **keinen Schlips** binden und
     muss **seine Nachbarin** um Hilfe bitten.

   Unfortunately, he can't tie a tie and
     has to ask his neighbor for help.

2. Two accusative objects may be used after the verbs **fragen, kosten,** and **lehren.**[3]

   Ihre Verschwiegenheit kostet **sie *große***
     Mühe.

   Her discretion costs (causes) her great
     difficulty.

---

[3]In colloquial German there is a strong tendency to put nouns of person after **kosten** and **lehren** in the dative case when another object is in the accusative. This practice is usually considered substandard.

Er lehrt **sie.**   *He teaches her.*
BUT:
Er lehrt **sie** (OR **ihr**) Vertrauen.   *He teaches her trust.*

B. Other uses of the accusative

1. The accusative is used with verbs of motion to express a distance covered, or to show a measurement or amount.

Dreyman läuft **die Treppe** herunter.   *Dreyman runs down the stairs.*

Wiesler sitzt nur **vier Meter** direkt   *Wiesler sits only four meters directly*
    über Dreymans Wohnung.   *above Dreyman's apartment.*

2. The accusative is used in many conventional greetings and wishes.

Guten Morgen/Tag/Abend; **Gute** Nacht.   *Good morning/day/evening. Good night.*
Herzlichen Glückwunsch.   *Congratulations.*
Angenehme Reise.   *Have a nice trip.*
Vielen Dank.   *Many thanks.*
Gute Besserung.   *Get well soon.*

3. The accusative is used after the expression **es gibt** (see 20.3.B); after two important groups of prepositions (see 6.2: accusative prepositions; and 6.4: two-way prepositions); and in some time expressions denoting a *period* of time or a *point* in time (see R.4.3).

5.5	DATIVE CASE

Of all the German cases, the dative has the widest range of use. In its most familiar function—signaling indirect objects—it completes the picture of *someone* (the subject: nominative) giving *something* (the direct object: accusative) *to someone* (the indirect object: dative). In addition, it is the required case for objects of various kinds of verbs; it can serve as a "dative of reference" that indicates how the verb connects (by perspective or possession) with another element of the sentence; and it is used with specific prepositions, certain adjectives, and time expressions.

A. Indirect objects

1. The noun or pronoun used to indicate the person (less often, the thing) *to whom* or *for whom* an activity is done is called the *indirect object.* An indirect object is in the dative case; it normally requires an accusative object or subordinate clause to complete its meaning.

      DAT. OBJ.   ACC. OBJ.

Jerska schenkt **dem Autor ein Musikstück.**   *Jerska gives the author a piece of music.*

      DAT. OBJ.   SUB. CLAUSE

Hauser erklärt **ihm, warum er Position**   *Hauser explains to him why he has to*
    beziehen muss.   *take a stand.*

2. Dative objects usually precede accusative nouns, unless extra emphasis is required for a dative object noun (see 1.1.C).

Dreyman zeigt **seinen Freunden**   *Dreyman shows his friends the*
    das Manuskript.   *manuscript.*

Hessenstein bringt **ihm eine neue**   *Hessenstein brings him a new*
    Schreibmaschine.   *typewriter.*

3. Dative objects always follow accusative pronouns.

Dreyman zeigt **es <u>seinen Freunden</u>.**	*Dreyman shows it to his friends.*
Hessenstein bringt **sie <u>ihm</u>.**	*Hessenstein brings it to him.*

4. Dative and accusative objects often occur together with the following types of verbs:

    Verbs of giving: **bringen, geben, leihen** *(to lend),* **reichen** *(to hand, pass),* **schenken**
    (to give as a gift), **spendieren** *(to buy, pay for, treat)*
    Verbs of showing: **beibringen** *(to teach),* **beweisen** *(to prove),* **erklären, zeigen**
    Verbs of telling: **beschreiben** *(to describe),* **erzählen, mitteilen** *(to inform),* **sagen**
    Verbs of recommending: **empfehlen** *(to recommend),* **vorschlagen** *(to suggest)*

Dreyman empfiehlt **<u>ihnen</u> seine Wohnung** als sicheren Ort.	*Dreyman recommends his apartment to them as a safe place.*
Hauser schlägt **<u>den Verschworenen</u> einen Test** vor.	*Hauser suggests a test to the conspirators.*
Es ist wichtig, **<u>ihnen</u> die Sicherheit** der Wohnung zu beweisen.	*It's important to prove to them the security of the apartment.*

5. Where English uses *to* as well as word order to indicate some indirect objects, German uses the dative case, rather than **zu** + an object, to express the idea of doing something *to* or *for* someone.

    *The dentist sold **her** the drugs.* $\Big\}$ Der Zahnarzt verkaufte **ihr** die Drogen.
    *The dentist sold the drugs **to her**.*

B. Verbs with dative objects

A significant number of verbs in German take a dative object instead of an accusative object to complete the action of the verb. Common verbs of this type include the following.

ähneln	*to resemble*	helfen	*to help*
antworten	*to answer*	imponieren	*to impress*
begegnen (*aux.* sein)	*to encounter, meet*	nutzen/nützen	*to be of use to*
danken	*to thank*	passen	*to suit, fit*
einfallen (*aux.* sein)	*to occur to, come to mind*	passieren (*aux.* sein)	*to happen*
folgen (*aux.* sein)	*to follow*	raten	*to advise*
folgen	*to obey*	schaden	*to harm*
gehorchen	*to obey*	schmecken	*to taste, taste good*
gehören	*to belong to*	schmeicheln	*to flatter*
genügen	*to suffice*	trauen	*to trust*
geschehen (*aux.* sein)	*to happen*	wehtun/weh tun	*to hurt, cause pain*
gratulieren	*to congratulate*	widersprechen	*to contradict*

Es fällt **dem Stasi-Mitarbeiter** ein, dass er **den beiden** helfen kann.	*It occurs to the Stasi worker that he can help both of them.*
Er begegnet **der Frau** in einer Kneipe.	*He meets the woman in a bar.*
Er war **ihr** tagelang gefolgt.	*He had followed her for days.*
Er will **der Frau** nicht schmeicheln, sondern die Wahrheit erzählen.	*He doesn't want to flatter the woman, but rather to tell her the truth.*
Er rät **ihr**, sich selbst nicht zu verkaufen.	*He advises her not to sell herself.*
Dreyman liebt sie, und ihre Untreue tut **ihm** unsäglich weh.	*Dreyman loves her, and her infidelity is unspeakably painful to him.*

2. The verb **glauben** takes a dative object with persons but an accusative object with things.

Wieslers Chef glaubt **ihm** nicht mehr.	*Wiesler's boss no longer believes him.*
Zumindest glaubt er **die Erklärung** für Wieslers Bitte nicht.	*At least, he doesn't believe the explanation for Wiesler's request.*

3. With several common verbs, the dative object in German is expressed in English as the subject (see also *impersonal es,* 20.3.A).

fehlen	Christa-Maria fehlt **ihm.** *He misses Christa-Maria.*
gefallen	Es gefällt **einem Studenten** nicht, wie der Häftling verhört wird. *One student doesn't like how the prisoner is being interrogated.*
gelingen	Es gelingt **Dreyman**, Christa von seiner Liebe zu überzeugen. *Dreyman succeeds in convincing Christa of his love.*
leidtun	Frau Meineke tut **mir** besonders leid. *I'm especially sorry for Mrs. Meineke.*
reichen[4]	Nach Wieslers Verrat reicht es **seinem Chef**, und Wiesler wird versetzt. *After Wiesler's betrayal, **his boss** has had enough, and Wiesler is transferred.*

4. Verbs of motion with the prefixes **ent-** (inseparable) and **nach-** (separable) take dative objects. The most common combinations occur with **gehen, kommen,** and **laufen.**

entgehen   *to escape, elude, avoid*
entlaufen   *to run away from*

nachgehen   *to pursue, investigate; to follow*
nachkommen   *to come, follow after*

Es scheint, dass **der Stasi** kein Detail entgehen kann.	*It seems that no detail can escape the Stasi.*
Wieslers Chef muss **der Sache** mit dem Zeitschriftenartikel nachgehen.	*Wiesler's boss must pursue the matter of the magazine article.*

---

[4]Like many verbs, **reichen** can take several meanings. When it means *I've had enough,* it takes the dative, as shown above; but it can also mean *to reach or stretch,* which can be intransitive with no object: Das Geld **reicht** nicht für ein neues Auto.

5. Some common verbs with the separable prefixes **bei-** and **zu-** also take dative objects.

beistehen   *to help, aid*
beitreten   *to join (a party, club, etc.)*
zuhören   *to listen to*
zulächeln   *to smile at*
zureden   *to (try to) persuade, urge*
zusagen   *to be to one's liking; to accept (an invitation)*
zusehen   *to watch, witness*
zustimmen   *to agree with*

Jerskas Freunde wollen **ihm** beistehen, aber sie können sehr wenig für ihn tun.	*Jerska's friends want to help (support) him, but there's very little they can do for him.*
Wiesler hört **dem Klavierspiel** ganz bewegt zu.	*Wiesler listens with great emotion to the piano playing.*

C. The "dative of reference"

1. Many English speakers think of the dative case as synonymous with *to whom* (as in **dem Mann** = *to the man*), and in many situations this is true. It certainly applies to the use of the dative with indirect objects, as discussed above, and it holds for many of the dative verbs, such as **danken**, which can be thought of as *to give help to someone*; **einfallen**, *to occur to someone*; or **gehören**, *to belong to someone*. But there are many situations in which German uses the dative case to link verbs and objects in a way that does not fit this English pattern; this usage is sometimes referred to as the "dative of reference."

2. The term "dative of reference" focuses on the way that using the dative case makes a relational connection between an action and a person or thing affected by that action—the person or thing to which the action "refers." Notice how this connection is made in the examples below—and the way that *for whom*, rather than *to whom*, becomes the most viable way to express it.

Sie öffnete **ihren Freunden** die Tür.	*She opened the door for her friends.*
Der Kellner füllte **ihm** das Glas.	*The waiter filled the glass for him.*
Er spielte **ihr** das Lied vor.	*He played the song for her.*
Sie schrieb es **mir** auf.	*She wrote it down for me (for my sake).*

3. The "dative of reference" is sometimes used to express a connection between action and object that requires a translation other than *for whom/for whose sake*, since the idea is not *on someone's behalf*, but rather *from someone's perspective, affecting someone*, or *with respect to someone*, either positively or negatively, as the following examples show.

Ihnen war das Wetter zu heiß.	*The weather was too hot for them (from their perspective).*
Aber **mir** war's gerade richtig.	*But it was just right for me (from my perspective).*
Der Firma geht's gut.	*It's going well for the firm (i.e., with respect to the firm).*

Ihr ist die Uhr stehen geblieben.	*The watch stopped on her (i.e., that affected her).*
Die ganze Wohnung wird **ihm** verwanzt.	*The whole apartment is bugged (and that affects him).*

D. Other uses of the dative

1. You may have noticed that in several of the examples above it is possible to translate the German dative with an English possessive, when the "reference" serves to connect a person with an element belonging to that person.

Ihr ist die Uhr stehen geblieben.	***Her*** *watch stopped.*
Die ganze Wohnung wird **ihm** verwanzt.	***His*** *whole apartment is bugged.*

This capacity of the dative to show possession is used in German in conjunction with body parts, clothing, and other objects, where German sometimes prefers to use the definite article rather than a possessive pronoun (see also 4.1.B).

Ich habe **mir** die Hände gewaschen.	*I washed **my** hands.*
Sie knöpfte **ihm** das Hemd auf.	*She unbuttoned **his** shirt.*
Die Frau ist **dem Mann** vors Auto gelaufen.	*The woman ran in front of the **man's** car.*

2. The dative is also used with two important groups of prepositions (see 6.3: dative prepositions; and 6.4: two-way prepositions), and it appears in time expressions with certain prepositions (see R.4.3) and some adjectives (see 13.4.A).

5.6 GENITIVE CASE

Sometimes the genitive case is said to be falling into disuse,[5] but in many contexts it is still essential: to show a particular relation between two nouns, especially possession; as the object of certain verbs; to indicate the object of a small group of prepositions; to formulate time expressions; and to form phrases with **sein** and an adjective.

A. General use

1. The genitive case in German is often used to indicate a relationship between two nouns—one noun is part of, connected to, belongs to, or depends on the other noun. In English, such a relationship can be expressed with an *of*-phrase (with the genitive noun *second*) or with the possessive -*'s* (with the genitive noun *first*). German favors the "genitive noun second" structure. In German, the genitive expression (article and noun plus endings) commonly follows the first noun. In a few special cases (see

---

[5]Witness the (slightly) tongue-in-cheek book series *Der Dativ ist dem Genitiv sein Tod* (Kiepenheuer & Witsch), by Bastian Sick—a must-read for anyone interested in German grammar.

point 2 below) the pattern is reversed; the genitive noun precedes the other noun. The usual form is shown here.

der Schreibtisch **des Mannes**	the **man's** desk
das Geheimnis **der Freundin**	the **girlfriend's** secret
die Zerstörung **der Mauer**	the destruction **of the wall**
die Farbe **der Tinte**	the color **of the ink**

2. With proper names and family-member terms used as names (usually only **Vater, Mutter, Großmutter, Großvater**), German adds an **-s** (*without* an apostrophe) and positions the genitive noun before its related noun, as in English.

Dreymans Entscheidung	*Dreyman's decision*
Wieslers Entschlossenheit	*Wiesler's determination*
Mutters Verschwiegenheit	*mother's discretion*
Vaters Angst	*father's anxiety*

The addition of an article or other determiner before a family-member term, as in ***the father's computer*** or ***my father's computer,*** changes the term from a name to a noun, for which the "genitive second" structure is required.

3. If the name ends in an **s** sound (**-s, -ß, -z, -tz**), no **-s** is added in the genitive. In writing, the omission of this **-s** is indicated by an apostrophe. In speech, a construction with **von** + dative is often used instead of the genitive (see section C below).

Grubitz' Büro *or* das Büro **von Grubitz**

4. The genitive is *not* used after units of measurement (such as **Gruppe**, **Tasse**, **Flasche**), as in English.

Wiesler trinkt **ein Glas Wodka.**	*Wiesler drinks a **glass of vodka.***
Hempf, der Minister, steht mitten in **einer Gruppe Künstler.**	*Hempf, the cabinet minister, is standing right in the middle of a **group of artists.***

B. Genitive verbs

1. At one time, quite a number of German verbs took genitive objects, similar to English *to have need **of something*** or *to make use **of something.*** In recent years, most of these have been replaced by other verbs and prepositional phrases, but the following genitive verbs are still in use:

einer Sache bedürfen   *to have need of something*

sich einer Sache bedienen   *to make use of something*

sich einer Sache bemächtigen   *to take control of something*

sich einer Sache erwehren   *to resist (doing) something*

sich einer Sache erfreuen   *to enjoy, be the beneficiary of something*

Als der Film „Das Leben der anderen"
im Kino erschien, erfreute er sich
großer Beliebtheit.

When the film The Lives of Others
*appeared in theaters, it enjoyed
tremendous popularity.*

Der Regisseur bedient sich **einer
Filmtechnik,** die die Geschichte umso
emotionaler macht.

*The director makes use of a film
technique that renders the story all
the more emotional.*

C. *Von* as a substitute for the genitive case

1. The word **von** + dative is often used as a genitive substitute.

    der Name **des Häftlings**
    der Name **vom Häftling** } *the name of the prisoner/the prisoner's name*

2. **Von** is always used if there is no article or adjective that can be inflected to indicate the genitive case.

    die Witze **von Stasi-Mitarbeitern**   *the jokes of Stasi co-workers*

    die Wirkung **von Politik**   *the effect of politics*

3. **Von** is used with personal pronouns to show connections, where English uses *of _____*.

    ein Feind **des Staates,** aber ein   *an enemy of the state, but a friend*
    Freund **von ihm**   *of his*

4. **Von** is used instead of the genitive case in conjunction with **viel, etwas, welches,** and **nichts,** where English uses *of _____*.

    etwas **von seinem Talent** (instead of   *something of his talent*
    seines Talents)

    viel **von ihrer Angst** (instead of **ihrer Angst**)   *much of her fear*

D. Genitive after *sein* and other uses

1. Genitive noun phrases can be used after conjugated forms of **sein** as complements of the subject. This is similar to English constructions such as *I am of the opinion*, both in structure and in the whiff of sophistication this usage carries.

    Ich bin **der Meinung,** dass ...   *I'm of the opinion that . . .*

    Bist du also **der Ansicht,** dass ... ?   *So you're of the view that . . .?*

    Wir sind **der festen Überzeugung,** dass ...   *We are of the firm conviction that . . .*

    Sie war **guter Laune,** weil ...   *She was in a good mood because . . .*

    Die zwei sind **gleichen Alters.**   *The two (of them) are of the same age.*

    Dieses Märchen ist wohl **französischen
    Ursprungs.**   *This fairy tale is probably of French
    origin.*

2. The genitive case is used with certain adjectives and adverbs (see 13.4.B), after prepositions (see 6.5), and in some time expressions (see R.4.3).

Wortschatz

Mach doch!

machen

1. **Machen** can mean *to do,* synonymous with **tun.**

   Was **macht** er aber, wenn die
   Schreibmaschine entdeckt wird?

   *But what will he do if the typewriter is
   discovered?*

2. **Machen** can mean *to make,* in the sense of *to produce, create,* or *build.*

   Der Sektkorken **macht** ganz schön
   viel Lärm.

   *The champagne cork makes a whole
   lot of noise.*

   Hat Christa-Maria die Häppchen fürs
   Fest selber **gemacht?**

   *Did Christa-Maria make the hors
   d'oeuvres for the party herself?*

3. **Machen** can mean *to make,* as in *to cause to be.*

   Christa-Marias Verhaftung **macht**
   alles viel komplizierter.

   *Christa-Maria's arrest makes
   everything more complicated.*

   Grubitz' Bemerkung **macht** den jungen
   Mitarbeiter am Tisch sehr nervös.

   *Grubitz's remark makes the young
   co-worker at the table very nervous.*

4. **Machen** also occurs with a wide variety of direct-object complements. Some of these mirror English usage (**eine Ausnahme machen** = *to **make** an exception*), but others express ideas for which English uses a different verb (**Schulden machen** = *to **incur** debts*). Pay close attention to this second group as you learn these expressions.

Wie auf Englisch

eine Ausnahme machen   *to make an exception*

eine Aussage machen   *to make a statement*

einen Fehler machen   *to make a mistake*

Fortschritte machen   *to make progress*

jemandem (*dat.*) **eine (große) Freude machen**   *to make someone (very) happy*

Lärm machen   *to make noise*

Musik machen   *to make music*

jemandem (*dat.*) **Platz machen**
   to make room for someone

einen Unterschied machen   *to make a difference, draw a distinction; to discriminate*

ein Vermögen machen   *to make a fortune*

einen Versuch machen   *to make an attempt; to conduct an experiment*

Nicht wie auf Englisch

einen Abschluss machen   *to graduate*

einen Ausflug machen   *to go on an outing*

ein Foto machen   *to take a picture*

Mach doch!   *Hurry up! Get on with it!*

eine Pause machen   *to take a break*

eine Reise machen   *to take a trip*

einen Schritt machen   *to take a step*

Schulden machen   *to incur debts*

jemandem (*dat.*) **Sorgen machen**
   to cause someone to worry

einen Spaziergang machen   *to go for a walk*

Unsinn machen   *to do something stupid*

Urlaub machen   *to go on vacation*

All of these expressions are negated with **kein-**.

Boris wird **keine** Ausnahme machen.

Boris won't make an exception.

Mach doch **keinen** Unsinn!

Don't do anything foolish!

Übungen

A **Berlin: Kulisse** *(backdrop)* **zum Film.**   Lesen Sie den Text und markieren Sie die Fälle *(cases)* aller Substantive (**N** für Nominativ, **A** für Akkusativ, **D** für Dativ und **G** für Genitiv).

rubble / powers divided / victory / occupation zones

wall

flight

Die Kulisse, vor der sich die ganze Geschichte abspielt, ist Ost-Berlin, damals die Hauptstadt der DDR. Heute ist Berlin wieder die Hauptstadt vom vereinigten Deutschland; von 1871 bis 1945 war sie die Hauptstadt des Deutschen Reiches. Vor dem Zweiten Weltkrieg gehörte die Stadt mit mehr als 4,5 Millionen Einwohnern zu den wichtigsten Metropolen Europas. Nach dem Krieg aber lag die Stadt in Trümmern°. Die alliierten Mächte° teilten° die Stadt nach ihrem Sieg° in vier Besatzungszonen°. Während der Berliner Blockade von 1948–1949 wurde die Ostzone der Stadt Teil der Deutschen Demokratischen Republik (DDR). Dreizehn Jahre später baute man die Berliner Mauer°, um die Flucht° von Bürgern aus der DDR zu verhindern. Berlin blieb bis zum Fall der Mauer im November 1989 eine geteilte Stadt. Wenige Monate später wurden die DDR und Berlin Teil eines neuen vereinigten Deutschlands. Der Film verbindet sozusagen zwei Epochen der Stadt, indem er das Leben vor und nach dem Mauerfall darstellt.

B **Anders machen.**   Drücken Sie die Sätze mit dem Verb **machen** anders aus.

1. Wir kommen mit der Arbeit schnell vorwärts.
2. Euer Besuch hat uns sehr gefreut.
3. Darf ich dich fotografieren?
4. Die Stasi will den Ruf *(reputation)* von Jerska zerstören.
5. In ihrem Examen hat Brigitta alles richtig gehabt.
6. Ralf borgt Geld und kauft allerlei Dinge.
7. Wir wollen im Sommer für ein paar Wochen in die Schweizer Alpen fahren.
8. Christine hat vor Gericht *(court)* gegen den Angeklagten *(defendant)* gesprochen.
9. Im Laufe der Jahre wurde sie sehr reich.
10. Sebastian soll zur Schule gehen, aber er geht stattdessen einkaufen.

C **Das habe ich gemacht.** Machen Sie mit jedem Verb und einem passenden *(appropriate)* Objekt – Akkusativ oder Dativ – eine Aussage darüber, was Sie heute oder gestern gemacht (oder auch nicht gemacht) haben.

> **BEISPIEL** *Ich habe **einen Freund** in der Mensa getroffen.*

> begegnen   bekommen   essen   kaufen   lernen   schmeicheln   schreiben
> treffen   trinken   widersprechen

D **In der Stadt.** Wer macht was? Verwenden Sie Nominativ, Akkusativ und Dativ mit Vokabeln von der Liste und aus dem Wortschatzkasten. Erzählen Sie dabei eine Geschichte.

> **BEISPIEL** Sie lesen: *Der Kellner bringt _____.*
> Sie nehmen *Mutter* und *Eis* und schreiben: *Der Kellner bringt der Mutter ein Eis.*

> Mutter   Vater   Sohn   Tochter   Tante   Onkel   Familie   Großeltern

> Bier   Cola   Dom   Eis   Kaufhaus   Leute   Pizza *(f.)*   Rathaus   Stadtplan *(m.)*
> Touristen *(pl.)*   Wein

1. Zuerst zeigt der Vater _____.
2. Auf dem Markt kauft _____.
3. Dann bringt _____.
4. Beim Mittagessen bestellt _____.
5. Danach begegnet _____.
6. Der Vater macht _____ eine große Freude, weil er _____.
7. Beim Kaffeetrinken um vier Uhr empfiehlt _____.
8. Zum Abendessen bringt der Kellner _____.
9. Die Tochter macht den Eltern Sorgen, weil sie _____.
10. Zum Schluss empfiehlt die Mutter _____, dass _____ kaufen soll.

E **Durch Pronomen ersetzen.** Ersetzen Sie in den Sätzen von **Übung D** zuerst alle Dativobjekte durch Pronomen, dann alle Akkusativobjekte durch Pronomen und zum Schluss beide Objekte durch Pronomen.

> **BEISPIEL** Der Kellner bringt der Mutter ein Eis.
> *Der Kellner bringt **ihr** ein Eis.*
> *Der Kellner bringt **es** der Mutter.*
> *Der Kellner bringt **es ihr**.*

F **Der hilfreiche Hans.** Hans ist immer hilfsbereit. Erzählen Sie, was er heute alles gemacht hat. Drücken Sie die Sätze mit einem Dativ anders aus.

> **BEISPIEL** Hans macht ein Frühstück für seine Frau.
> *Hans macht **seiner Frau** ein Frühstück.*

1. Er hat einen Brief an seine Eltern geschrieben.
2. Er hat Blumen für seine Frau mitgebracht.

3. Er hat den Computer für seinen Chef repariert.
4. Er hat ein Märchen für seine Kinder erzählt.
5. Er hat den Wagen für seinen Freund Andreas gewaschen.

G **Anders ausdrücken.**   Verwenden Sie die folgenden Verben aus dem Wortschatzkasten mit Dativobjekten.

> BEISPIEL   Das ist mein Buch.
> *Das Buch gehört **mir**.*

ähneln   danken   gehören   gehorchen   schmeicheln   widersprechen

1. Dreymans Wohnung sieht nicht aus wie die Wohnung von Jerska.
2. Du sollst tun, was ich dir sage.
3. Das ist der Wagen von meinem Lehrer.
4. Wenn der Professor *ja* sagt, soll man nicht zu schnell *nein* sagen.
5. Tobias sagt allen Leuten immer das, was sie gern über sich hören.
6. Ich möchte ihm meinen Dank für das nette Geschenk aussprechen.

H **Worterklärungen.**   Erklären Sie die Wörter und verwenden Sie dabei den Genitiv.

> BEISPIELE   der Familienvater
> *Das ist **der Vater der Familie**.*
>
> die Hosentaschen
> *Das sind **die Taschen einer Hose**.*

1. die Bleistiftspitze
2. der Berggipfel
3. der Hausbesitzer
4. der Mauerfall
5. der Arbeiterstreik
6. die Lastwagenfahrer
   (der Lastwagen = *truck*)
7. die Lehrbuchpreise
8. der Schlossgarten
9. die Weinflasche
10. die Filmtechnik
11. der Autounfall
12. die Nachbartür

Anwendung

A **Fragen zum Überlegen.**   Diskutieren Sie mit jemandem in Ihrem Kurs über die folgenden Fragen. Berichten Sie Ihre Ideen einer größeren Gruppe.

1. Welche Dinge sind im Leben von Studenten am wichtigsten?
2. Welche größeren Käufe würden Sie machen, wenn Sie das Geld dafür hätten?

3. Welche vier Dinge würden Sie unbedingt *(absolutely)* haben wollen, wenn Sie alleine auf einer kleinen Südseeinsel wären?

4. Welche fünf Erfindungen haben der Menschheit am meisten geholfen?

B **Ich kenne jenen Ort.** Jemand im Kurs hat vor *(plans)*, einen Ort (z.B. eine Stadt, einen Park) zu besuchen, den Sie gut kennen. Erzählen Sie ihr/ihm, was es dort alles zu sehen gibt und was man da alles machen kann.

REDEMITTEL

Du musst unbedingt ... sehen.
Vielleicht kannst du auch ... besichtigen.
Dort gibt es ...
Dort findet man auch ...
Der ... ist dort besonders gut/bekannt ...
Empfehlen kann ich dir auch ...

C **Familienverhältnisse *(family relationships).*** Bringen Sie Familienfotos zum Deutschunterricht mit. Zeigen Sie Ihre Bilder und erklären Sie die Familienverhältnisse.

VOKABELVORSCHLÄGE: FAMILIENMITGLIEDER

der Schwager	*brother-in-law*	die Schwägerin	*sister-in-law*
der Stiefvater	*stepfather*	die Stiefmutter	*stepmother*
der Stiefbruder	*stepbrother*	die Stiefschwester	*stepsister*
der Halbbruder	*half-brother*	die Halbschwester	*half-sister*
die Großeltern	*grandparents*	das Enkelkind	*grandchild*

REDEMITTEL

Wir sind [fünf] in unserer Familie
Das sind ...
Auf diesem Bild siehst du ...
[X] ist der/die ... von ...

D **Sei doch so nett!** Denken Sie darüber nach, wie Sie jemandem eine kleine Freude machen könnten – und dabei ein paar Akkusative und Dative benutzen. Das bedeutet natürlich, dass Sie jemandem etwas schenken oder schreiben oder dass Sie für jemanden etwas Nettes tun.

BEISPIELE *Ich könnte meiner Mutter eine E-Mail schreiben.*
Ich könnte meiner Freundin Blumen schenken.

Was könnten *Sie* wohl machen?

Schriftliche Themen

	Checking for Correct Cases
Tipps zum Schreiben	After writing a first draft of any composition in German, be sure to check whether all the nouns and pronouns are in the correct cases. Read through each sentence and mark each noun or pronoun for its function: Is it the subject? Direct object? Indirect object? Object of a preposition? Remember that nouns in the predicate linked to the sentence subject with **sein, werden, bleiben,** and **heißen** are nominative, not accusative.

A   **Eltern und Kinder.**   Was bedeutet für Sie eine ideale Beziehung? Wie können (oder sollen) z.B. Eltern und Kinder einander helfen, um dieses Verhältnis zu verwirklichen? Was können Freunde tun, um eine Beziehung zu vertiefen oder verbessern? Verwenden Sie in Ihrem Aufsatz ein paar Redewendungen mit **machen: jemandem Sorgen machen, einen Versuch machen, Lärm machen, Fortschritt machen, einen Fehler machen** usw. Wenn Sie den Film „Das Leben der anderen" gesehen haben, können Sie auch über das Thema „Beziehung" im Film schreiben.

B   **Witze!**   Im Film „Das Leben der anderen" spielen Witze eine Rolle, und unten finden Sie zwei DDR-Witze aus dieser Zeit. Können Sie einen Witz auf Deutsch erzählen? Nehmen Sie einen Witz, den Sie schon kennen, und suchen Sie die Vokabeln dafür auf Deutsch. Passen Sie bei den Fällen – Nominativ, Akkusativ, Dativ, Genitiv – gut auf und versuchen Sie dabei, Redewendungen mit **machen** zu benutzen.

BEISPIELE   A: „Können Sie mir den Kapitalismus erklären?"
B: „Kapitalismus ist die Ausbeutung (exploitation) des Menschen durch den Menschen."
A: „Und wie ist es mit dem Sozialismus?"
B: „Da ist es genau umgekehrt (the other way around)!"

Stasi-Mitarbeiter auf der Straße: „Was halten Sie von der aktuellen (current) politischen Lage (situation)?"
Passant (passerby): „Ich denke ... "
Stasi-Mitarbeiter: „Das genügt (suffices) – Sie sind verhaftet (arrested)!"

Zusammenfassung

Rules to Remember

1 There are four cases in German: nominative, accusative, dative, and genitive.

2 Preceding articles and other modifiers (see 4.1–4 and 13.3) indicate the case of the noun that follows.

3 Pronouns indicate case by themselves (see 17.1).

4 The nominative case signals the subject of a sentence or a predicate nominative.

5 The accusative and dative cases signal objects of various kinds—direct, indirect, objects of prepositions—as well as several special uses (see "At a Glance").

6 The genitive case shows a special relationship between two or more nouns, often one of possession, and is also required by certain prepositions and verbs (see "At a Glance").

At a Glance

Nominativ	
der Mann	1 Sentence subject
die Frau	2 Predicate nominative follows:
das Geld	**sein** **heißen**
die Probleme	**bleiben** **scheinen**
	werden **gelten** [+ **als**]

Akkusativ	
den Mann	1 Direct object
die Frau	2 Accusative prepositions (6.1)
das Geld	3 Two-way prepositions: motion (6.3)
die Probleme	4 Measured distances and amounts (R.4)
	5 Time expressions (R.4)
	6 **Es gibt** _____ (20.3)

Dativ		
dem Mann(e)	1	Indirect object
der Frau	2	Verbs with dative objects
dem Geld(e)	3	Dative prepositions (6.3)
den Problem**en**	4	Two-way prepositions: position (6.4)
	5	"Dative of reference"
	6	Time expressions (R.4)
	7	With adjectives (13.4)

Genitiv		
des Mannes	1	Connection between nouns, usually denoting possession
der Frau	2	Genitive object of verbs
des Geld(e)s	3	After **sein**
der Probleme	4	Genitive prepositions (6.5)
	5	With adjectives and adverbs (13.4.B)
	6	Time expressions (R.4)

Prepositions

Grammatik

A preposition with its object and any related articles and modifiers is called a *prepositional phrase*. Some prepositional phrases function adverbially by telling *how* (**ohne deine Hilfe**), *when* (**nach dem Seminar**), or *where* (**auf der Straße**) something occurs, and follow the word order rules of the middle field (see 1.1.C). Some function as verbal complements (**denken + an dich**), and come at the very end of the middle field. Prepositional phrases can also describe persons and things (**die Kellnerin mit den müden Augen**), provide explanation (**wegen des Wetters**), or take on other functions.

All German prepositions require a specific case for their noun or pronoun objects, depending on the preposition and its use. Prepositions are said to "govern" a case, which means that each preposition dictates the case of the associated noun and its modifiers. The prepositions listed below, following an introductory discussion of contractions, are grouped according to the case(s) they govern for their objects. Keep in mind as you read that the meanings given in this chapter for each preposition are its most basic, or default, meanings. Like most words, prepositions can take on many meanings, and frequently they do so in combination with nouns, verbs, and adjectives, for example, **Interesse** *an (interest in)*, **warten** *auf (to wait for)*, **fähig** *zu (capable of)*. It is important to notice the context in which prepositions occur, and learn to associate these combinations with their correct meanings.

6.1   PREPOSITIONS AND CONTRACTIONS

In the examples throughout this chapter, you will notice that many of the prepositions appear in contracted form with articles, e.g., **im** (in + dem) and **ums** (um + das). Commonly used contractions will be listed for each group of prepositions in the following sections of the chapter. But the question inevitably arises: When are the contracted forms appropriate, and when should one use the separate elements? This is not just a matter of informal vs. formal style. When the focus of attention is on the noun following the preposition, and especially when that noun is particularized by a subsequent modifying clause, the noncontracted form is preferable.

COMPARE:

Im Zimmer herrschte das totale Chaos.	*Total chaos ruled in the room. (emphasis is on the chaos more than the room)*
Ich wohnte **in dem** Zimmer, wo einst Max Planck gewohnt hatte.	*I lived in the (very same) room, where Max Planck had once lived.*

Unless there is a need to particularize the noun, however, the contracted form should be used in phrases where this is the norm, as in these examples.

beim Lesen (i.e., with any infinitive used as a noun)
beim Frühstück, **beim** Mittagessen, **beim** Abendessen
im April, **am** Montag, **am** Wochenende
ins Kino, **ins** Bett
zum Geburtstag, **zum** Glück, **zum** Beispiel

6.2 ACCUSATIVE PREPOSITIONS

A. Forms

1. The accusative prepositions (**die Präposition, -en**) are as follows:

bis	*until, to, as far as, by*	ohne	*without*
durch	*through*	um	*around; at*
für	*for*	wider	*against*[1]
gegen	*against; toward*		

2. The following contractions with accusative prepositions are quite common:

durchs (durch das)　　　**fürs** (für das)　　　**ums** (um das)

B. Use

An accusative preposition is followed by an object noun or pronoun in the accusative case. The accusative case must be shown by the noun itself, if possible (this happens with weak masculine nouns; see R.1.3), and any articles or modifiers connected to it in the noun phrase.

---

[1]**Wider** is infrequent and used mainly in a few idiomatic phrases: **wider Erwarten** *(against all expectation)*.

C. *Bis*

1. **Bis** means *until, as far as, up to,* or *by a certain point or time.*

Ich fahre nur **bis** Frankfurt.	*I'm driving only as far as Frankfurt.*
Lesen Sie **bis** morgen die ersten 25 Seiten.	*Read the first 25 pages by tomorrow.*
Ich bleibe **bis** nächsten Montag.	*I'm staying until next Monday.*
Sprechstunde montags von 14 **bis** 16 Uhr	*Office hours on Monday from 2 to 4 PM*

2. **Bis** is frequently used in combination with other prepositions. In such constructions the case of the following noun phrase is determined by the other preposition, not by **bis.**

Die jungen Leute tanzten **bis** spät **in die** Nacht (hinein).	*The young people danced until late into the night.*
Wir fanden alle Fehler **bis auf** einen.	*We found all the mistakes except for one.*
Die Spieler waren **bis vor** wenigen Tagen im Ausland.	*The players were abroad up until a few days ago.*
Die Arbeiter blieben **bis zur** letzten Stunde.	*The workers stayed until the last hour.*
Wir laufen **bis zum** Wald.	*We'll run as far as the forest.*

D. *Durch*

Durch means *through.*

Diese Straße führt **durch** die Stadt.	*This road leads through the city.*
Einstein wurde **durch** seine Relativitätstheorie berühmt.	*Einstein became famous through his theory of relativity.*

E. *Für*

1. **Für** means *for.*

Ich kaufe etwas **für** meine Mutter.	*I'm buying something for my mother.*
Dieses Handy habe ich **für** ganz wenig Geld gekauft.	*I bought this cell phone for very little money.*

2. **Für** can be used to indicate duration, as in English *for a week,* but only when the time element is unrelated to the main verb. This is the case, for example, in the following sentence:

Erik fuhr **für eine Woche** nach Wien.	*Erik traveled to Vienna for a week.*

Für eine Woche tells us not how long it took Erik to get there (**fuhr**), but rather how long he stayed or intended to stay.

3. When the duration does apply to the verb, **für** is *not* used, but rather an accusative time expression without any preposition (see R.4), as in the following example.

Erik blieb aber nur **drei Tage** dort.	*But Erik only stayed there (for) three days.*

4. When a prepositional phrase is used to indicate *how long* an activity has been going on, German uses **seit** (+ dative) or **schon,** rather than **für,** in conjunction with the *present tense* (see 2.2.B).

Er ist **seit zwei Tagen** in Wien.	*He's been in Vienna **for two days.***

F. *Gegen*

1. **Gegen** means *against* or *into,* or *in exchange for.*

Der LKW[2] fuhr **gegen** einen Baum.	*The truck drove into a tree.*
Wir protestierten **gegen** den Bau des Atomkraftwerks.	*We protested against the construction of the nuclear plant.*
Sie gab ihm die alte Lampe **gegen** seinen alten Sofatisch.	*She gave him the old lamp in exchange for his old coffee table.*

2. **Gegen** means *toward* in time expressions (see R.4.3).

Gegen Abend hörte endlich der Regen auf.	*Toward evening the rain finally stopped.*

G. Ohne

Ohne means *without.*

Ohne den geringsten Zweifel bist du eine echte Flasche.	*Without the slightest doubt you are a total wimp.*

H. Um

1. **Um** means *around* and is often used with an optional **herum.**

Sie gingen **um** die Ecke.	*They went around the corner.*
Diese Straßenbahn fährt **um** die Wiener Altstadt **(herum).**	*This streetcar travels around the old part of Vienna.*

2. For the use of **um** in time expressions, see R.4.3.

6.3   DATIVE PREPOSITIONS

A. Forms

1. The dative prepositions are as follows:

aus *out of, (made) of, from*	mit *with, by*
außer *except for, besides; out of*	nach *to, toward; after; according to*
bei *by, near, at; with, in case of, during; upon, when, while doing*	seit *since, for*
	von *from, of; by; about*
gegenüber *across from, opposite*	zu *to; at*

---

[2] **LKW = Lastkraftwagen** (lit.: "motorized vehicle for loads"), or *truck*; cf. **PKW = Personenkraftwagen** (lit.: "motorized vehicle for persons"), or *passenger vehicle/car.*

2. The following contractions are quite common:

beim (bei dem)   **zum** (zu dem)
vom (von dem)   **zur** (zu der)

B. Use

Dative prepositions are followed by objects in the dative case.

C. *Aus*

Aus means *out of, (made) of,* or *from the point of origin.*

Herr Keller fuhr den Ferrari **aus** der Garage.	*Mr. Keller drove the Ferrari out of the garage.*
Wein wird **aus** Trauben gemacht.	*Wine is made from grapes.*
Diese Familie kommt **aus** Stuttgart.	*This family comes from Stuttgart (i.e., it is their hometown).*

D. *Außer*

1. **Außer** usually means *except (for), besides,* or *in addition to.*

Alle sind hier verrückt **außer** dir und mir.	*Everyone here is crazy except you and me.*
Außer seiner Frau waren noch andere Leute im Zimmer.	*Besides (in addition to) his wife there were other people in the room.*

2. In a few idiomatic expressions **außer** means *out of.*

Ich bin jetzt **außer Atem.**	*I am now out of breath.*
Der Lift ist **außer Betrieb.**	*The elevator is out of order.*

E. *Bei*

1. **Bei** means *at, by,* or *near.*

Bei Aldi gibt es immer tolle Preise.	*There are always great prices at Aldi (discount food store).*
In Blaubeuren **bei** Ulm gibt es fantastische Höhlen.	*In Blaubeuren near Ulm, there are fantastic caverns.*

2. In conjunction with a person's name, **bei** indicates location at a person's residence (e.g., *at Sigrid's place*). Likewise, **zu** with a person's name indicates motion toward the person's residence (e.g., *to Sigrid's place*).

Wir essen heute Abend **bei** Sigrid.	*We are eating at Sigrid's place this evening.*

BUT:

Wir gehen **zu** Sigrid.	*We are going to Sigrid's. (See **zu**, 3.K below)*

3. **Bei** can express the idea of *in case of, during,* or *with.*

Bei schlechtem Wetter gehe ich lieber nicht spazieren.	*In the case of/During bad weather I prefer not to go walking.*
Bei deiner Erkältung rate ich dir, zu Hause zu bleiben.	*Given your cold I advise you to stay home.*

4. **Bei** can also be used in conjunction with a verb to give the meaning *in the course of* or *while doing an activity.* In this usage, the verb is used as a noun and the definite article (see 4.1.B) contracts with the preposition to form **beim.**

Gestern Abend schlief ich **beim Lesen** ein.	*Last night I fell asleep while reading.*
Beim Erwachen hörte ich Stimmen im Zimmer.	*As I awoke, I heard voices in the room.*

F. *Gegenüber*

1. **Gegenüber** means *across from* or *opposite.* Pronoun objects usually precede this preposition.

Sie saß **ihm** gegenüber.	*She sat across from him.*

Noun objects can either precede or follow **gegenüber.**

Er saß **seiner Frau** gegenüber.	*He sat across from his wife.*
Er saß gegenüber **seiner Frau.**	

2. **Gegenüber** is often joined with **von,** in which case the object—noun or pronoun—follows **von.**

Gegenüber **von mir** saß niemand, weil alle gegenüber **von Andrew** sitzen wollten.	*Nobody sat across from me because everyone wanted to sit across from Andrew.*

G. *Mit*

1. In its most basic meaning, **mit** means *with.*

Er spricht **mit** Freunden.	*He is talking with friends.*

2. **Mit** also indicates the instrument or means with which an activity is performed (see also 12.1.C).

Sag mal, hast du deine Bewerbung tatsächlich **mit** einem Bleistift geschrieben?	*Tell me, did you actually write your application with a pencil?*

3. When describing means of transportation, **mit** means *by* and is normally used with a definite article (see 4.1.B).

In Deutschland reist man manchmal schneller **mit** der Bahn als **mit** dem Auto.	*In Germany one sometimes travels faster by rail than by car.*

H. *Nach*

1. **Nach** often means *(going) to* and is used with proper names of geographical locations such as towns, cities, countries, and continents. It is also used with directions and points of the compass.

Dieser Flug geht **nach** Genf.	*This flight is going to Geneva.*
Eines Tages möchte ich **nach** Neuseeland.	*Someday I'd like to travel to New Zealand.*
Die Straße führt zuerst **nach** rechts und dann **nach** Süden.	*The street goes to the right first and then to the south.*

2. In literary usage, **nach** can also indicate motion *toward* a place or object.

Die Kinder liefen **nach** dem Brunnen.	*The children ran **toward** (in the general direction of) the fountain.*

3. **Nach** can mean *after* in either a temporal or a spatial sense.

Sie gingen **nach** dem Film in ein Restaurant.	*They went to a restaurant after the movie.*
Nach dem Feld kommt wieder Wald.	*After the field there are woods again.*

4. **Nach** sometimes means *according to* or *judging by;* in this case **nach** usually follows its object.

Dem Wetterbericht *nach* soll es morgen in den Alpen schneien.	*According to the weather report it is supposed to snow in the Alps tomorrow.*
Seiner Kleidung *nach* scheint er farbenblind zu sein.	*Judging by his clothing, he appears to be color-blind.*

5. **Nach** occurs in a number of idiomatic expressions.

   nach Bedarf   *as needed*
   nach Belieben   *at one's discretion*
   nach dem Gehör   *by ear* (as in playing the piano by ear)
   nach Hause   *(to go) home*
   nach Wunsch   *as you wish, as desired*
   (nur) dem Namen nach kennen   *to know by name (only)*
   nach und nach   *little by little, gradually*
   nach wie vor   *now as ever, the same as before*

I. *Seit*

1. **Seit** indicates *for how long* or *since when* an action that started in the past *has* or *had been going on*. German uses **seit** with the present tense, where English requires the present perfect (see 2.2), and **seit** with the simple past tense where English uses the past perfect. **Seit** often occurs with the adverb **schon**.

Es *regnet* seit gestern.	It *has been raining* since yesterday.
Wir *wohnten* (schon) *seit* zwei Monaten da, bevor wir unsere Nachbarn kennen lernten.	We *had* (already) *been living* there for two months before we got to know our neighbors.

2. **Seit** also functions colloquially as a shortened form of **seitdem** (see R.2), a subordinating conjunction that introduces a dependent clause. NOTE: One must be careful to discern the function of **seit** in a sentence. As a preposition, it requires the dative case for nouns associated with it; as a conjunction, it has no effect on the case of following nouns.

COMPARE:

Preposition: Seit **der** Hochzeit sehen wir ihn kaum.	Since the wedding we've hardly seen him.
Conjunction: Seit **die** Hochzeit stattfand, sehen wir ihn kaum.	Ever since the wedding took place, we've hardly seen him.

J. Von

1. **Von** means *from* a source, but not *out of* a point of origin (see **aus,** 3.C above).

In Deutschland bekommen viele Studenten ein Stipendium **vom** Staat.	In Germany, many students receive a stipend from the government.
Herr Scharf fährt oft **von** Wien nach Graz.	Mr. Scharf often travels from Vienna to Graz.

BUT:

Er kommt **aus** Wien.	He's from Vienna (i.e., Vienna is his home town).

2. **Von** means *of* when it expresses a relationship of *belonging* between two nouns. It is often a substitute for the genitive case, and must be used if there is no modifier to signal the genitive (see 5.6.D).

Sie ist die Tante **von** Philip und eine Einwohnerin **von** Bad Urach.	She is Philip's aunt and a resident of Bad Urach.

3. **Von** can also mean *by* (authorship) or *about* (topic of discussion).

Faust ist ein Drama **von** Goethe.	Faust is a drama by Goethe.
Er spricht nicht gern **von** seinen Fehlern.	He doesn't like to talk about his mistakes.

4. **Von** in combination with **aus** indicates a vantage point or motion away from a particular location; **aus** has no direct English equivalent in this usage.

Vom Fenster **aus** sieht man den Parkplatz nicht.	From the window one doesn't see the parking lot.
Von München **aus** ist man in einer halben Stunde am Starnbergersee.	From Munich one is at Lake Starnberg in half an hour.

5. **Von** in combination with **an** indicates a point from which an activity starts and continues; in this usage, **an** translates into English as *on*.

    Von jetzt **an** keine Fehler mehr!   *From now on no more mistakes!*

K. *Zu*

1. **Zu** means *to* and is used with persons, objects, locales, and events.

    Ein kranker Mensch sollte **zum**   *An ill person ought to go to the doctor.*
      Arzt gehen.

    Jason geht täglich **zur** Sporthalle.   *Jason goes daily to the gym.*

    Gehst du auch **zur** Ausstellung?   *Are you also going to the exhibition?*

2. The contracted form **zum** commonly occurs with infinitives used as nouns (see 4.1.B).

    Wir haben nichts **zum** Essen.   *We have nothing to eat.*

    Ich brauche etwas **zum** Schreiben.   *I need something for writing (i.e., to write with).*

3. **Zu** occurs in a number of idiomatic expressions.

    zu dritt, zu viert usw.   *in threes, in fours, etc.*
    zu Ende   *over, at an end*
    zu Fuß   *on foot*
    zu Hause   *at home (compare with* nach Hause*)*
    zu Ihnen/dir   *(to go) to your place*
    zu Eva   *(to go) to Eva's place; cf.* bei Eva
    zu Mittag   *at noon*
    zu Weihnachten, zu Ostern   *for/at Christmas, for/at Easter*

    zum Beispiel   *for example*
    zum Essen, zum Schreiben usw.   *for eating, for writing, etc.*
    zum Frühstück, zum Mittagessen   *for/at breakfast/the midday meal*
    zum Geburtstag   *for one's birthday*
    zum Kaffee (nehmen)   *(to take) with one's coffee*
    zum Schluss   *in conclusion*
    zum Wohl!   *(here's) to your health!*

4. **Zu** is sometimes used in the names of eating establishments.

    (Gasthaus) zum Roten Bären   *the Red Bear Inn*

5. **Zu** should *not* be used with **geben** and other verbs of giving. Such verbs require an indirect object in the dative case (see 5.5.B).

    Sie gibt es **ihrem** Freund.   *She gives it to her friend.*

6.4   TWO-WAY PREPOSITIONS

A. Forms

1. The following prepositions are called two-way prepositions (**Wechselpräpositionen**) because they can take either the accusative or the dative, depending on how they are used.

an	*at, on, to*	über	*over, across; above; about*
auf	*on, upon, at*	unter	*under, beneath, below; among*
hinter	*behind*	vor	*before, in front of; ago*
in	*in, into, inside*	zwischen	*between*
neben	*beside, next to*		
entlang	*along*		

2. The following contractions are very common and are preferred to the separated forms, unless the following noun is being emphasized.

Accusative	Dative
ans (an das)	**am** (an dem)
aufs (auf das)	
ins (in das)	**im** (in dem)

3. The following contractions are considered colloquial.

Accusative	Dative
hinters (hinter das)	**hinterm** (hinter dem)
übers (über das)	**überm** (über dem)
vors (vor das)	**vorm** (vor dem)

B. Use

1. Two-way prepositions take the *dative case* when the context indicates *location*.

Wo steht sie?	*Where is she standing?*
—**Im** Garten.	—*In the garden.*

2. Two-way prepositions take the *accusative case* when the context indicates *direction or motion toward an object or place.*

Wohin geht er?	*Where is he going?*
—**In den** Garten.	—*Into the garden.*

3. Motion itself does not necessarily mean that the object must be in the accusative. The motion can be taking place within the area of the object, in which case the object is in the dative, since there is no change of position with respect to this location.

Wo laufen die Kinder?	*Where are the children running (around)?*
—**Im** Garten.	—*In the garden.*

4. Two-way prepositions are widely used in a variety of idiomatic expressions that have nothing to do with the "position vs. motion" distinction; the expressions themselves determine whether the object of the preposition will be in the accusative or dative case. In a sentence such as **Ich habe Angst vor dieser Schlange** (*I'm scared of this snake*), for example, the dative is necessary not because of position, but because the phrase **Angst haben vor** (*to be scared of*) stipulates a dative object for the preposition **vor**. Such phrases must be learned with the appropriate case assignments for their prepositions (see 13.5, 10.2, and especially R.3).

C. *An*

An can mean *to* with the accusative and *at* with the dative when used with some verbs; it can mean *on* with reference to vertical surfaces.

Sie gingen **an die** Tafel. (*direction*)	*They went to the board.*
Sie standen **an der** Tafel. (*location*)	*They stood at the board.*
Das Bild von Gregor hing **an der** Wand. (*location*)	*The picture of Gregor hung on the wall.*

D. *Auf*

1. **Auf** means *on* (that is, located on a horizontal surface) with the dative, and *onto* (that is, moving toward a horizontal surface) with the accusative.

Sag mal, warum liegt deine Jacke oben **auf dem** Kühlschrank? (*location*)	*Tell me, why is your jacket lying up on (top of) the refrigerator?*
–Weil ich sie nicht **auf den** Herd legen wollte. (*direction*)	*Because I didn't want to lay it on (to) the stove.*

2. **Auf** is often used idiomatically to express being *at/in* or going *to* the countryside, public institutions, parties, weddings, and other festivities.

Sie arbeitet **auf dem** Land.	*She works in the country(side).*
Wir waren gestern **auf einer** Hochzeit.	*We were at a wedding yesterday.*
Ich gehe heute **auf die** Post.	*I am going to the post office today.*

3. With verbs of *going*, **zu** is frequently used instead of **an** and **auf.**

Wir gehen **ans** (or **zum**) Fenster.	*We're going to the window.*
Sie fährt **auf die** (or **zur**) Bank.	*She's driving to the bank.*

4. Several situations allow for either **an** or **auf**. In the case of **der Boden** (*floor, ground*), for example, both **an** and **auf** can be used to show location, but to express direction, **auf** is preferred.

Er lag **am Boden/auf dem Boden.**	*He was lying on the floor.*
Er fiel auf **den** Boden.	*He fell (on)to the floor.*

5. German uses **auf** with pictures, signs, or posters, where English uses *in* or *on*.

Wer steht denn neben dir **auf** dem Bild?	*Who's standing next to you **in** the picture?*
Auf dem Poster steht, dass das Konzert erst um 22.00 Uhr beginnt.	*On the poster it says that the concert doesn't begin until 10 PM.*

E. *Hinter*

Hinter means *behind.*

Sie spielt **hinter dem** Haus. *(location)*	*She's playing behind the house.*
Sie läuft **hinter das** Haus. *(direction)*	*She's running behind the house.*

F. *In*

1. **In** means *in* with the dative and *into* with the accusative. It is also used in certain contexts where English uses *at* or *to.*

Sie sind **in der** Schule. *(location)*	*They are at/in school.*
Die Familie fährt morgen **in die** Berge. *(direction)*	*The family is traveling to/into the mountains tomorrow.*

2. In many instances **in** (accusative) and **zu** (dative) can be used interchangeably.

Er geht **in ein** (or **zu einem**) Konzert.	*He goes to a concert.*

3. In other instances, the meanings may differ slightly.

Sie geht **ins** Gebäude.	*She goes **into** the building.*
Sie geht **zum** Gebäude.	*She goes **to** (but not necessarily **into**) the building.*

4. **In** (accusative) is used instead of **nach** to indicate direction to countries whose German names include definite articles.

Sie fliegt jeden Sommer **in die** Türkei.	*She flies every summer to Turkey.*
Viele Ausländer kommen jetzt **in die** USA.	*Many foreigners are now coming into the USA.*
Neulich reiste Schröder, der Ex-Kanzler, **in den** Iran.	*Recently, ex-Chancellor Schröder travelled to Iran.*

5. **In** is used with media where English uses *on.*

im Radio	*on the radio*
im Fernsehen	*on TV*
im Netz, **im** Internet	*on the Web, on the Internet*
BUT: **am** Telefon, **am** Handy	*on the telephone, on the cell phone*

G. Neben

Neben means *beside* or *next to.*

Der Spieler stand **neben dem** Tor. *(location)*	The player stood next to the goal.
Der Ball fiel **neben das** Tor. *(direction)*	The ball fell beside the goal.

H. Über

1. **Über** means *over, above, across,* or *about.*

Über der Stadt steht ein Schloss. *(location)*	A castle stands above the city.
Eine Brücke führt **über den** Wassergraben. *(direction)*	A bridge leads across the moat.

2. **Über** appears in many idiomatic expressions that include a preposition (see 10.2 and R.3.2 for examples), and usually means *about.* In such cases it always takes the accusative case.

Er sprach unaufhörlich **über seine** Reise.	He spoke incessantly about his trip.

I. Unter

1. **Unter** means *under, beneath,* or *below.*

Der Hund schläft gerade **unter** dem Tisch. *(location)*	The dog is sleeping under the table at the moment.
Er kroch **unter** den Tisch, als wir aßen. *(direction)*	He crept under the table while we were eating.

2. **Unter** can also mean *among.*

Keine Sorge! Sie sind hier **unter** Freunden.	Don't worry! You're among friends here.

J. Vor

1. **Vor** means *in front of* or *ahead of.*

Wir treffen uns **vor dem** Museum. *(location)*	We are meeting in front of the museum.
Sie fährt **vor das** Museum. *(direction)*	She drives up in front of the museum.

2. In a temporal sense, **vor** means *before* and takes the dative.

Du musst **vor** acht Uhr aufstehen.	You have to get up before eight o'clock.
Sie aßen **vor** uns.	They ate before us.

3. With units of time (years, weeks, days, etc.) **vor** means *ago* and takes the dative case. Notice that unlike English, the preposition *precedes* rather than follows the time unit.

Sie rief **vor *einer Stunde*** an.	She telephoned ***an hour ago.***

K. *Zwischen*

Zwischen means *between*.

Er sitzt **zwischen ihnen.** *(location)*	*He's sitting between them.*
Er setzte sich **zwischen sie.** *(direction)*	*He sat down between them.*

L. *Entlang*

Entlang means *along*. It normally *precedes* a noun in the dative case when indicating *position* along an object, but it *follows* a noun in the accusative case when indicating *direction* along an object.

Prächtige Bäume standen **entlang dem** Fluss. *(location)*	*Magnificent trees stood along the river.*
Die Straße führte **einen** Fluss **entlang.** *(direction)*	*The road led along a river.*

6.5   GENITIVE PREPOSITIONS

A. Forms

Frequent

(an)statt	*instead of*	während	*during*
trotz	*in spite of*	wegen	*because of, on account of*

Less frequent

außerhalb	*outside of*	diesseits	*on this side of*
innerhalb	*inside of*	jenseits	*on the other side of*
oberhalb	*above*		
unterhalb	*beneath*		

There are also some fifty more genitive prepositions generally restricted to official or legal language: **angesichts** *(in light of)*, **mangels** *(in the absence of)*, etc.

B. *(An)statt, trotz, während, wegen*

1. **(An)statt, trotz, während,** and **wegen** are normally followed by objects in the genitive case, though in colloquial German the dative is also quite common.

Ich nehme das rote Hemd **(an)statt des** blauen/**dem** blauen.	*I'll take the red shirt instead of the blue one.*
Wir tun es **trotz des** Widerstands/**dem** Widerstand.	*We are doing it in spite of the resistance.*

2. When genitive prepositions are followed by masculine or neuter nouns without articles, the genitive **-s** can be (but is not necessarily) dropped (see 5.2).

Wegen Schnee (Wegen Schnees) wird das Programm abgesagt.

Because of snow, the program is being cancelled.

3. Genitive prepositions are used infrequently with pronouns. The one exception is **wegen,** which either takes dative pronouns or combines with special pronoun forms, for example:

wegen mir or **meinetwegen**

as far as I'm concerned/because of me

wegen dir or **deinetwegen**

as far as you're concerned/because of you

wegen uns or **unseretwegen**

as far as we're concerned/because of us

Ich tue es **seinetwegen.**

I am doing it on his account/on account of him.

Wegen mir brauchst du dir keine Sorgen (zu) machen.

You don't have to worry on my account.

4. The form **meinetwegen** is used idiomatically to mean *for all I care* or *it's okay by me.* It often occurs all by itself in response to a question.

Soll ich bleiben?
—**Meinetwegen.**

Should I stay?
—*It's okay by me.*

Meinetwegen kannst du bleiben, wenn du willst.

For all I care (As far as I'm concerned), you can stay if you want to.

C. *Außerhalb, innerhalb, oberhalb, unterhalb; diesseits, jenseits*

1. **Diesseits, jenseits,** and the prepositions with **-halb** can be followed by either the genitive or by **von** + dative.

Jenseits der/von der Grenze wohnen auch Menschen.

There are also people living on the other side of the border.

Wir können die Brücke **innerhalb weniger/innerhalb von wenigen** Stunden erreichen.

We can reach the bridge within a few hours.

2. In the plural, however, **von** + dative must be used if there is no article to indicate case.

Die Polizei war **innerhalb von** Minuten am Tatort.

The police were at the scene of the crime within minutes.

Wortschatz

Hol' mir doch bitte die Zeitung.

bekommen	kriegen
erhalten	holen

1. **Bekommen** means *to get* or *receive*. It does not mean *to become.*

Sie **bekommt** Blumen fast jede Woche.	*She gets flowers almost every week.*
Er hat einen Orden **bekommen.**	*He received a medal.*

2. **Erhalten** is close in meaning to **bekommen** but somewhat more formal.

Wir haben Ihren Brief **erhalten.**	*We have received your letter.*
Er **erhielt** drei Jahre Gefängnis.	*He received three years in prison.*

3. **Kriegen** is synonymous with **bekommen,** but very colloquial. It is avoided in formal writing.

Was hast du von deiner Tante zum Geburtstag **gekriegt?**	*What did you get from your aunt for your birthday?*

4. **Holen** means *to (go and) get* or *fetch* and is often used with the dative indicating *for whom.*

Hol (mir) bitte einen Stuhl.	*Please (go and) get (me) a chair.*
Er **holte** (sich) ein Hemd aus der Kommode.	*He (went and) got (himself) a shirt from the dresser.*

Übungen

A **Anders ausdrücken.**   Drücken Sie die Sätze anders aus. Verwenden Sie die Vokabeln aus dem Wortschatzkasten.

> **BEISPIEL**   Er stellte das Bücherregal direkt an die Wand.
> *Er stellte das Bücherregal gegen die Wand.*

bekommen   bis   durch   erhalten   für   gegen   holen   kriegen   ohne   um

1. Er ging in die Bank, aber er hatte keinen Ausweis dabei.
2. Hat deine Familie dir etwas zum Geburtstag geschenkt?

3. Wir begannen um 9 Uhr zu arbeiten und waren um 11 Uhr fertig.

4. Ich möchte etwas zu trinken; ich gehe in die Küche und suche mir etwas.

5. Hemingway schrieb seine Romane (*novels*) und wurde berühmt.

6. Thomas Mann hat auch Romane geschrieben, und man gab ihm den Nobelpreis dafür.

7. Der Politiker mochte das Projekt nicht und er sagte es.

8. Auf allen Seiten des Parks steht eine Mauer.

B **Aussagen.** Machen Sie wahre Aussagen über Ihre Kurse dieses Semester mit fünf der Präpositionen in **Übung A**.

> BEISPIEL *Ich habe **für** meine Kurse sehr viel zu tun.*

C **Welche Präposition passt?** Ergänzen Sie die Sätze durch passende Dativpräpositionen und Endungen.

> BEISPIEL *Sie arbeitet **bei** Siemens.*

aus außer bei gegenüber mit nach seit von zu

1. Bist du _____ dein-_____ Wohnung zufrieden?
2. Ich habe gerade einen Tweet _____ Deutschland bekommen.
3. Das Postamt befindet sich _____ d-_____ Hauptbahnhof.
4. Wir gehen heute Abend _____ unser-_____ Freund Andreas.
5. Du kriegst so viele E-Mails _____ dein-_____ Facebook-Freunden!
6. Sie bauen ihr Haus _____ Holz.
7. Wir warten schon _____ ein-_____ Monat auf eine Antwort.
8. Die Kinder kommen heute sehr früh _____ d-_____ Schule _____ Hause.
9. Ich hole dir etwas _____ d-_____ Kühlschrank.
10. Sagt es niemandem _____ eur-_____ Eltern!

D **Fragen zu Ihrer Person.** Beantworten Sie die Fragen mit den folgenden Präpositionen. Verwenden Sie jede Präposition mindestens einmal. Stellen Sie diese Fragen an andere Personen im Kurs, dann berichten Sie der ganzen Gruppe, was Sie dabei erfahren haben.

aus bei mit nach seit von zu

1. Woher kommen Ihre Vorfahren (z.B. Ihre Großeltern) väterlicher- und mütterlicherseits?
2. Wie lange verdienen Sie schon Ihr eigenes Taschengeld?
3. Wohin würden Sie im Winter besonders gern in Urlaub fahren?
4. Wo arbeiten Ihre Eltern?
5. Wohin gehen Sie gern, wenn Sie abends ausgehen?
6. Wie kommen Sie jeden Tag zur Schule oder zur Uni?
7. Bei welchen Aktivitäten müssen Sie viel, wenig oder überhaupt nicht denken?

E *Aus, von, nach oder zu?*   Wie können die Sätze weitergehen?

1. Cellos baut man ...
2. Wenn man Löwen und Elefanten sehen will, dann muss man ...
3. Die Astronauten Aldrin und Armstrong fuhren ...
4. Die besten/teuersten Autos der Welt kommen ...
5. Wenn du eine wunderschöne Stadt sehen willst, dann musst du ...
6. Nach meinen Vorlesungen gehe ich manchmal ...

F **Wechselpräpositionen.**   Bilden Sie kurze Beispielsätze mit den folgenden präpositionalen Ausdrücken.

BEISPIELE   ins Stadtzentrum
Wir fahren ins Stadtzentrum.

neben dem Haus
Die Kinder spielen neben dem Haus.

1. hinter dem Supermarkt	6. unter den Zeitungen
2. in die Stadt	7. neben die Teller
3. über dem Tisch	8. den Rhein entlang
4. aufs Land	9. ans Meer
5. vor einem Computer	10. zwischen die Schiffe

G **Welches Verb passt?**   Ergänzen Sie die Sätze mit dem passenden Verb.

bekommen   erhalten   holen   kriegen

1. Eure E-Mail haben wir _____, nachdem wir losgefahren waren.
2. Wo kann ich Karten für den Vortrag *(lecture)* _____?
3. _____ dir etwas zu essen und setz dich hin.
4. Katie _____ jetzt immer bessere Noten in Deutsch.
5. Ich _____ eine Wut *(rage)*, wenn ich so was seh.

H **Dativ oder Akkusativ?**   Ergänzen Sie die Sätze mit passenden präpositionalen Ausdrücken. Ziehen Sie die Wechselpräpositionen und Artikel zusammen, wenn es geht.

1. Der Hund legt sich unter ...
2. Ein Stein fiel in ...
3. Stellen Sie die Bücher neben ...
4. Unser Professor spricht morgen über ...
5. Anita holt Briefmarken auf ...
6. Oma spaziert jeden Tag eine halbe Stunde in ...

I   **Was macht Onkel Helmut?**   Gehen Sie rechts um den Kreis herum. Bilden Sie einen Satz mit einer der Wechselpräpositionen. Wenn Sie zur nächsten Präposition kommen, bilden Sie einen weiteren Satz. Wenn Sie aber den ersten Satz mit einer Präposition *im Dativ* gebildet haben, dann sollen Sie mit der zweiten Präposition *den Akkusativ* verwenden, und umgekehrt *(vice versa).* Und so geht es zwischen Dativ und Akkusativ weiter, bis Sie einmal um den ganzen Kreis gegangen sind. Bei dieser Übung sollen Sie auch kein Verb wiederholen!

> **BEISPIELE**   *Onkel Helmut steht **am** Fenster.*
> *Er schaut **auf den** Garten hinunter.*

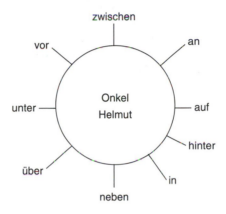

Gehen Sie noch einmal um den Kreis herum! Wo Sie vorhin *den Dativ* hatten, verwenden Sie jetzt *den Akkusativ,* und umgekehrt.

J   **Anders ausdrücken.**   Drücken Sie die Sätze mit den folgenden Genitivpräpositionen anders aus.

> **BEISPIELE**   Die Arbeit war gefährlich, aber er machte sie.
> ***Trotz der Gefahr** machte er die Arbeit.*

> (an)statt   außerhalb   innerhalb   trotz   während   wegen/[-et]wegen

1. Barbara blieb, weil ihre Familie es wollte.
2. Die Arbeit war in weniger als zehn Tagen fertig.
3. Wir können im Sommer reisen.
4. Das Wetter ist schlecht, aber wir gehen wandern.
5. Ich habe nichts dagegen, wenn du mitkommst.
6. Seine Firma ist nicht direkt in der Stadt.
7. Ihre Freunde sagten, sie sollte Französisch lernen, aber sie lernte Deutsch.

K   **Einiges über Sie.**   Machen Sie Aussagen über sich mit vier der Präpositionen in **Übung J.**

> **BEISPIELE**   *Ich werde **während** des Sommers arbeiten.*
> ***Innerhalb** der nächsten Woche muss ich vier Aufsätze schreiben.*

L   ***An, auf, in, nach* oder *zu?***   Wenn die Semesterferien endlich da sind, möchte jeder an einen schönen Urlaubsort fahren. Wohin möchten die Leute fahren?

> **BEISPIELE**   Monika ⟶ Afrika
> *Monika möchte **nach** Afrika.*
>
> Ulrich ⟶ der Strand
> *Ulrich möchte **an** den Strand.*

1. Hannes ⟶ Haus
2. Hanna ⟶ ihre Großeltern
3. Yasmin ⟶ die Schweiz
4. Paul ⟶ eine Südseeinsel
5. Sophie ⟶ Skandinavien
6. Nico und Mia ⟶ der Bodensee
7. Jonathan ⟶ ein Ferienort in den Alpen
8. Lilli ⟶ die Ostsee

M   **Wohin?**   Wohin gehen Sie, wenn Sie während des Semesters Folgendes tun wollen?

> **BEISPIELE**   billig essen
> *Ich gehe zu Wendys.*
>
> schwimmen
> *Ich gehe zum Hallenbad an der Universität.*

1. im Internet surfen
2. wandern
3. Fitnesstraining machen
4. tanzen
5. mit Freunden aus·gehen
6. Hausaufgaben machen
7. Zeit vertreiben *(pass)*
8. Videospiele spielen
9. Geld holen
10. allein sein

N   **Otto fuhr und fuhr und fuhr.**   Mit wie vielen verschiedenen Präpositionen können Sie diesen Satz zu Ende schreiben? **Otto fuhr …** Schreiben Sie mindestens zwölf Sätze. Vergessen Sie auch den Genitiv nicht!

> **BEISPIELE**   *Otto fuhr **in** den Park.*
> *Otto fuhr **nach** Hamburg.*
> *Otto fuhr **mit** seinen Freunden.*

Anwendung

A　**Wie kommt man dorthin?**　Jemand im Kurs möchte Sie in den Ferien besuchen. Erklären Sie ihr/ihm, wie man zu Ihnen hinkommt.

Wie komme ich (am besten) zu dir hin?
Wie fährt/kommt man von hier zum/zur/nach/in ...?
Nimm die [dritte] Straße rechts/links.
Fahre ...
　　etwa eine halbe Stunde
　　geradeaus
　　nach links/nach rechts
　　rechts/links in die [____]straße
　　die Straße entlang
　　noch zwei Straßen weiter
　　bis zur ersten Verkehrsampel *(traffic light)*
　　bis zur Kreuzung *(intersection)*
　　an einem/einer ... vorbei
Dort siehst du dann auf der linken/rechten Seite ...

B　**Rollenspiel: Auskunft geben.**　Sie arbeiten bei der Touristeninformation im Zentrum Ihres Heimatorts. Jemand im Kurs ist Touristin/Tourist und stellt Ihnen viele Fragen. Verwenden Sie Präpositionen in Ihren Antworten.

Wo kann ich hier [Blumen/Medikamente usw.] bekommen?
Wo finde ich hier [eine Kirche/eine Synagoge/eine Moschee]?
Können Sie hier in der Nähe [ein Restaurant/ein Kaufhaus usw.] empfehlen? Wie komme
　　ich dorthin?
Wann schließen hier die Geschäfte?
Wo gibt es hier in der Nähe [eine Bank/eine Tankstelle usw.]?
Wir suchen [den Zoo/die Polizei/eine Bibliothek usw.].
Kann man hier irgendwo [baden/einkaufen/sich hinsetzen usw.]?
Wie komme ich am besten von hier [zur Bushaltestelle/zum Flughafen/zum Bahnhof
　　usw.]? Ich bin ohne Auto unterwegs.
Wie lange arbeiten Sie schon hier?

C   Ausarbeitung eines Planes.   Sie haben morgen frei und wollen mit drei oder vier anderen Personen im Kurs etwas unternehmen (z.B. einen Ausflug machen, an einem Projekt arbeiten, Sport treiben). Diskutieren Sie, wohin Sie gehen wollen, was Sie dort machen können und wann Sie es machen wollen. Teilen Sie anderen Gruppen im Kurs Ihren Plan mit. Verwenden Sie dabei so viele Präpositionen wie möglich!

REDEMITTEL

Ich schlage vor, dass wir …
Wollen wir nicht … ?
Wir können auch …
Habt ihr nicht Lust, … ?
Was haltet ihr davon, wenn wir alle … ?

Variante: Eine traumhafte Reise.   Machen Sie einen Plan für eine tolle fünftägige Reise. Wohin wollen Sie fahren? Wie wollen Sie dorthin kommen? Was können Sie dort unternehmen?

Schriftliche Themen

Tipps zum Schreiben

Adding Information Through Prepositions

Prepositions are important linking words within sentences, and prepositional phrases can add both color and detail to your writing. For example, **Die Frau lachte …** is much less descriptive and interesting than **Die Frau *in Rot* lachte *vor Vergnügen*** *(delight)*. When used at the beginning of a sentence, a prepositional phrase can provide a setting (a time and/or place) for the main action: **An einem kalten Schneetag in Berlin ging Herr Moritz mit seinem blauen Hut spazieren.** Remember that in German, initial prepositional phrases are not followed by a comma, as they may be in English (see 1.1.A).

A **Beim Friseur.** Erzählen Sie die Bildergeschichte und verwenden Sie dabei so viele Prä-
positionen wie möglich. Wenn Sie wollen, können Sie auch erzählen, was zwischen den
Bildern oder nach dem letzten Bild passiert. Verwenden Sie entweder das Präsens oder das
Präteritum (siehe 8.1).

			VOKABELVORSCHLÄGE
sitzen	gießen	die Biene, -n	rennen (wohin?)
der Friseur	sehr froh	fliegen/kreisen	nach·fliegen
die Flasche	riechen	denken	stecken
das Haarwasser	gehen (wohin?)	Angst haben	das Waschbecken

B **Verlaufen.** Haben Sie sich je verlaufen *(taken the wrong way)*, sodass Sie Ihr Ziel nur
mit großen Schwierigkeiten oder gar nicht erreicht haben? Erzählen Sie davon! Beschreiben Sie auch, wie Sie sich dabei gefühlt haben. Verwenden Sie präpositionale Ausdrücke
und auch Adjektive (siehe Kapitel 13), um alles noch genauer zu schildern *(depict)*.

Zusammenfassung

Rules to Remember

1 Prepositions determine the case of the nouns that follow.

2 Prepositions that can form contractions (**im, am, zur,** etc.) do so as long as the noun that follows is not emphasized, but remain separate when that noun is a focus of attention.

3 The prepositions **bis, durch, für, gegen, ohne, um** (and **wider**) require the accusative case.

4 The prepositions **aus, außer, bei, mit, nach, seit, von, zu,** and **gegenüber** require the dative case.

5 The two-way prepositions **an, auf, hinter, in, neben, über, unter, vor, zwischen,** and **entlang** take the accusative when they indicate *change of position* and the dative when they indicate *location*.

6 The prepositions **(an)statt, trotz, während, wegen,** and a number of other less common prepositions take a genitive object.

NOTE: Prepositions are discussed in this chapter in their most literal meanings. Many prepositions, particularly the two-way prepositions, have idiomatic meanings dependent upon the verbs, nouns or adjectives they complement. These are listed in R.3.

At a Glance

Accusative prepositions		
bis	ohne	
durch	um	
für	(wider)	
gegen		
durchs	fürs	ums

Dative prepositions		
aus	nach	
außer	seit	
bei	von	
gegenüber	zu	
mit		
beim	zur	vom	zum

Two-way prepositions	
an	entlang
auf	über
hinter	unter
in	vor
neben	zwischen

ans	aufs	ins	am	im

Genitive prepositions	
Frequent	**Less frequent**
(an)statt	außerhalb
trotz	innerhalb
während	oberhalb
wegen	unterhalb
	diesseits
	jenseits

7

Negation

Grammatik

1. **Kein-** is used to negate indefinite nouns, that is, nouns that are preceded either by **ein-** or by no article at all, although they may be preceded by adjectives. In meaning, **kein-** corresponds to English *not a / not any / no ___* . Structurally, it is the negative form of the indefinite article **ein-** and takes the same endings (see 4.2).

   The following chart shows the complete declension for **kein-**, in all cases, numbers, and genders:

	der iPod		**die E-Mail**		**das Handy**		**die Videos**	
Nom.	kein□	iPod	keine	E-Mail	kein□	Handy	keine	Videos
Acc.	keinen	iPod	keine	E-Mail	kein□	Handy	keine	Videos
Dat.	keinem	iPod	keiner	E-Mail	keinem	Handy	keinen	Videos
Gen.	keines	iPods	keiner	E-Mail	keines	Handys	keiner	Videos

Hat sie **einen** Drucker?
—Nein, sie hat **keinen** Drucker.

Does she have a printer?
—No, she does not have a printer (she has no printer).

Gibt es neue Fotos von dir bei
Facebook?
—Nein, es gibt **keine** neuen Fotos.

Are there any new pictures of you on Facebook?
—No, there are no/not any new pictures.

2. **Kein-** cannot be used to negate a noun preceded by a definite article or a possessive adjective. **Nicht** is used instead.

Sie kauft **keine** Videospiele.	She buys no (doesn't buy any) video games.
Sie mag diese Spiele **nicht**.	She doesn't like these games.

7.2   NICHT

A. *Nicht, nie,* and *niemals*

Nicht (*not*) and **nie/niemals** (*never*) are used to negate sentence information in general, and to negate specific elements of a sentence except for nouns preceded by **ein-** or by no article at all. The position of **nicht** in a clause depends on which level of negation is in play—that is, whether the **nicht** relates to the clause in general (clause-level negation), or focuses on a particular piece of information within it (element-level negation). **Nie** and **niemals** follow the same position rules as **nicht**.

1. In *clause-level negation,* the position of **nicht** is determined by the grammatical context.

    a. **Nicht** *follows* conjugated verbs, dative and accusative objects, and most adverbial modifiers.

Sie kauft **den Bildschirm/ihn** *nicht*. (*accusative object*)	She isn't buying the monitor/it.
Er mailt **seinen Eltern/ihnen** *nie*. (*dative object*)	He never emails his parents/them.
Wir sehen den Film **heute** *nicht*. (*time modifier*)	We're not going to see that film today.
Wir essen **dort** *nicht* gern. (*place modifier*)	We don't like to eat there.

    b. **Nicht** *precedes* adverbial modifiers of manner (such as **gern** in the example above), predicate nominatives and predicate adjectives, verbal complements (see 1.B below), and V₂ structures (see 1.1.C).

Er kann *nicht* **schnell** tippen. (*adverb of manner*)	He cannot type quickly.
Das ist *nicht* **der richtige USB-Anschluss** dafür. (*predicate nominative*)	That is not the right USB connection for it.
Diese Programme werden *nicht* **einfacher**. (*predicate adjective*)	These programs are not getting any easier.
Das Summen hört *nicht* auf. (*separable prefix*)	The humming does not stop.

Er konnte diesen Code *nicht* **hacken.**   *He couldn't hack this code.*
(*infinitive*)

Sie haben das Virus *nicht* **erkannt.**   *They didn't recognize the virus.*
(*past participle*)

2. In *element-level negation,* however, where a specific element is to be negated, **nicht** precedes this element directly, and the element receives intonational emphasis when spoken. Contrasting (that is, corrective) information following the negated element is usually introduced by **sondern.**

Clause-level negation

Sie möchte meinen iPod. $\longrightarrow$ Sie möchte meinen iPod **nicht.**

Element-level negation

Sie möchte meinen iPod. $\longrightarrow$ Sie möchte doch **nicht** meinen iPod, oder?
(*with emphasis on* **meinen** *or* **iPod,** depending on which element is being negated)

With contrasting information

Sie möchte **nicht** meinen *iPod,* **sondern** mein *iPhone.*
Sie möchte **nicht** *meinen* iPod, **sondern** *seinen* iPod, weil er mehr Gigabytes hat.

B. *Nicht* with verbal complements

1. The position of **nicht** with respect to verbal complements is at once simple and complicated: simple, in that the rule itself is easy enough—**nicht** precedes verbal complements—and complicated, in that not all German speakers agree in practice on what constitutes a verbal complement.

Take, for example, the apparently straightforward statement: **Er spielt Fußball.**
Ask a group of Germans how to say this in the negative ("*He doesn't play soccer*") and you're likely to hear three different versions:

Er spielt *nicht* **Fußball.**
Er spielt *kein* **Fußball.**
Er spielt *keinen* **Fußball.**

Why the variation? It depends on how speakers intuitively think of the word **Fußball** here. If they take **Fußball** to be the direct object of **spielen,** then the negative form of this statement is: **Er spielt keinen Fußball** (since **Fußball** is a masculine noun). One also hears **kein Fußball,** perhaps because some German speakers tend to slur the **-nen** to form **kein'n,** or because they prefer to think of **Fußball** as standing in for **das Spiel** and use **kein** as a neuter-gender direct object to indicate that it's the game they mean, not the individual soccer ball. In any case, one can hear both forms in colloquial speech: **kein Fußball** and **keinen Fußball.**

But **Fußball** is technically a verbal complement to **spielen,** analogous to a variety of object complements with action verbs, and these have meanings that extend beyond the literal object.

Auto fahren: not "to drive a (particular) car," but "to have a driver's license/to be allowed to drive/[be able] to drive a car"

Klavier spielen: not "to play (a particular) piano," but "[to be able] to play the piano"

Rad fahren: not "to ride a wheel," but "[to be able] to ride a bicycle"

As verbal complements, **Fußball, Auto, Klavier,** and **Rad** function here as part of the verb, rather than as separate noun objects—a function that is hinted at by the absence of a preceding article. And to negate verbs, including verbs with multiple elements, German places **nicht** before the complement. Thus in written German, the preferred form is: **Er spielt nicht Fußball.**

2. Here are other examples of verbal complements that are negated according to this model (see 1.1.C).

    ■ Phrases that complete the action of motion verbs:
       nach Hause gehen
       in die Stadt fahren
       nach Berlin fliegen
       auf das Regal stellen
       ins Kino gehen
       nach Heilbronn wandern

    ■ Phrases that complete the idea of position verbs:
       zu Hause bleiben
       auf dem Lande wohnen
       in der Ecke sitzen
       im Bett liegen
       bei Schmidts übernachten

    ■ Prepositional phrases that form specific meanings with verbs:
       auf jemand warten
       an etwas denken
       über jemand schimpfen
       sich für etwas interessieren
       sich vor etwas (*or* vor jemand) fürchten

    ■ Noun objects that join with verbs to form specific meanings:
       Farbe bekennen
       Zeitung lesen

    ■ Adverbs that join with verbs to form specific meanings:
       auswendig lernen

The negation of all such constructions—in the case of clause-level negation—is formed by placing **nicht** before the verbal complement. But bear in mind that with noun objects used as complements, some German speakers will treat the complement as a direct object and use **kein-** instead.

7.3   KEIN- ... MEHR/NICHT MEHR

1. English joins *no* + *more* to inject an added dimension into negative statements involving plural and non-count nouns (see R.1.2).

   COMPARE:

*I have **no** ideas.*	*I **don't** want **any** food.*
*I have **no more** ideas.*	*I **don't** want **any more** food.*

   In both pairs, the second sentence indicates a limit to something already present.

   The German counterpart to this is similar in vocabulary (**kein-** + **mehr**), but differs in structure, since the object of **kein-** splits the two elements.

Ich habe **keine** Ideen.	Ich will **kein** Essen.
Ich habe **keine** Ideen **mehr**.	Ich will **kein** Essen **mehr**.

   MORE EXAMPLES:

Das Computer-Geschäft hat **keine** USB-Sticks **mehr**.	*The computer store doesn't have **any more** USB-sticks.*
Und Sonja hat **keine** Lust **mehr**, bei jedem Geschäft danach zu fragen.	*And Sonja has **no more** desire to ask about them in every store.*
Ich will **keine** Ausreden **mehr** hören!	*I don't want to hear **any more** excuses!*
Wir wollten noch chatten, hatten aber **keine** Zeit **mehr**.	*We still wanted to chat online, but we didn't have **any more** time.*

2. German uses **nicht** + **mehr** and **nicht** + **länger** to express *not any more* or *not any longer* in relation to a verb (as opposed to a noun); this structure is similar to English. Like English, **nicht länger** is used in contexts where time is a factor; otherwise, **nicht mehr** is appropriate.

Ich kann **nicht länger** auf den Akku warten.	*I can't wait **any more/longer** for the (rechargeable) battery.*
Bist du **nicht mehr** bei Facebook?	*Aren't you on Facebook **anymore**?*

Wortschatz

Nichts geht mehr ...

The most common expressions of negation include the following words and phrases:

kein-	no, not any
nicht	not
nichts	nothing, not anything

nie, niemals   never
niemand   no one, not anyone
nirgends, nirgendwo   nowhere, not anywhere
nicht einmal   not even, not once
nicht nur (sondern auch)   not only (but also) (see R.2.2)
noch nicht   not yet
noch kein-   not any . . . yet
noch nie   not ever (yet)
ich nicht   not me/not I
ich auch nicht   me neither, nor (do) I
gar nicht, überhaupt nicht   not at all
gar nichts, überhaupt nichts   nothing at all
gar kein-, überhaupt kein-   not any . . . at all
lieber nicht   (preferably) not, (would) rather not
weder ... noch   neither . . . nor (see R.2.2)
durchaus nicht, keinesfalls   by no means, not at all
auf keinen Fall   by no means

Übungen

A   **Zimmerinventar.**   Lesen Sie die Liste durch und markieren Sie die Sachen (*things*), die es in Ihrem Zimmer zu Hause oder im Studentenwohnheim gibt. Dann berichten Sie – schriftlich oder mündlich mit jemandem im Kurs – was Sie auf der Liste haben (**ich habe ein- ... /es gibt ein- ...**) und was Sie nicht haben (**aber es gibt kein- ... /ich habe kein- ...**).

der:	**die:**	**das:**
_____ Schreibtisch, -e	_____ Lampe, -n	_____ Poster, -
_____ Computer, -	_____ Kommode, -n	_____ Fenster , -
_____ Sessel, -	_____ Kiste, -n (*crate*)	_____ Bett, -en
_____ Kühlschrank, ¨e	_____ Flasche, -n	_____ Bücherregal, -e
_____ Kleiderschrank, ¨e	_____ Dose, -n (*can*)	_____ Sofa, -s
_____ Teppich, -e	_____ Pflanze, -n	_____ Nintendo-Spiel, -e

Extra:

_____ verfaultes (*rotten*) Essen im Kühlschrank
_____ Klamotten (*clothes, stuff*) überall auf dem Boden
_____ vergessene Hausaufgaben
_____ (die) Pizza vom Wochenende

B **Alles falsch.** Berichtigen Sie die Aussagen. Verwenden Sie **kein-**, **nicht** oder **nie**, und wenn Sie können, geben Sie die richtige Information mit **sondern** an *(provide)*.

> BEISPIEL   Mein Nachbar ist ein Idiot.
> *Mein Nachbar ist **kein** Idiot, sondern ein Genie!*
> OR:
> ***Nicht** mein Nachbar, sondern mein Zimmerkollege ist ein Idiot.*

1. Fische haben lange Beine.
2. Montreal ist die Hauptstadt von Kanada.
3. Immanuel Kant hat an einer Universität in Japan studiert.
4. Schumacher fuhr Formel 1 für Mercedes.
5. Es schneit oft in Honolulu.
6. Hasen *(rabbits)* fressen gern Mäuse.
7. Schüler und Studenten schreiben ihre Arbeiten gern per Hand.
8. Frankfurt liegt im Norden von Deutschland.
9. Computer-Viren findet man heute selten.
10. *Alle* in diesem Deutschkurs werden gute Noten bekommen.

C **Der ewige Neinsager.**   Markus sieht alles negativ. Wie wird er wohl auf diese Fragen antworten?

> BEISPIELE   Markus, macht dir dein Studium Spaß?
> *Nein, mein Studium macht mir **keinen** Spaß.*
>
> Markus, liest du gern?
> *Nein, ich lese **nicht** gern.*

1. Bekommst du Post?
2. Hast du ein Lied heruntergeladen *(downloaded)*?
3. Verstehst du meine Fragen?
4. Möchtest du Sportler werden?
5. Kannst du deine Hausaufgaben morgen abgeben?
6. Bekommst du in Deutsch gute Noten?
7. Gehst du morgen mit uns schwimmen?
8. Ist dein Vater Chef einer Bank?
9. Interessierst du dich für Musik?
10. Spielst du Fußball?

D **Das mache ich nicht.**   Gibt es Dinge, die Sie nicht haben, nicht oder nie tun oder nicht gern tun? Machen Sie sieben Aussagen.

> BEISPIELE   *Ich spiele kein Musikinstrument.*
> *Ich tanze nicht gern.*
> *Ich habe keinen Plasmafernseher.*

E **Überhaupt nicht. Völlig falsch.** Machen Sie Aussagen über sich *(yourself)* in Bezug auf dieses Semester mit den folgenden Ausdrücken.

> **BEISPIELE** *Ich habe gar nicht genug geschlafen.*
> *Ich habe mein Zimmer bis jetzt niemals aufgeräumt* (cleaned up).

1. noch nicht
2. gar kein-/überhaupt kein-
3. niemand
4. durchaus nicht
5. weder ... noch
6. auf jeden Fall
7. nirgendwo
8. kein- ... mehr

F **Filmrezension – richtig oder falsch?** Unten finden Sie eine Rezension *(critique)* eines bekannten deutschen Filmes, *Lola rennt* (1998), der am Anfang fast wie ein Computerspiel aussieht, aber am Ende ein sehr menschliches Herz hat. Lesen Sie den Text zuerst gut durch. Dann berichtigen Sie die (falschen) Aussagen, die darauf folgen, mit **nicht** oder **kein,** und denken Sie dabei an *clause-level negation.*

> **BEISPIEL** Sie lesen: Lola rennt ist ein französischer Film.
> Sie schreiben: *Lola rennt ist kein französischer Film.*

*shallow / qualifies
case study*

Lola rennt war einer der größten internationalen Erfolge des deutschen Films der letzten Jahre […]. Zu gleichen Teilen originell und flach° taugt° der Film als Fallbeispiel° deutschen Massengeschmacks, reflektierte er doch die jungen Deutschen und wie sie die Welt sahen, oder besser, sehen wollten: Als Computerspiel.

red-head

Rotschopf° Lola (Franka Potente) hat es eilig, denn ihr Freund Manni (Moritz Bleibtreu) hat 100.000 DM in der (Berliner) U-Bahn vergessen. Die muss er aber bis 12 Uhr seinem Kleingangsterboss übergeben. Wenn nicht, macht der Boss mit

"short work"
"source" = viel Geld
*ability to convince /
  monosyllabic way
  of speaking /
  wrong*

ihm kurzen Prozess°. Lolas erste Idee: Papa. Denn Papa ist Bankdirektor, sitzt also direkt an der Quelle°. Schade, dass er sein Töchterlein nicht wirklich liebt und schade, dass Lolas Überzeugungskraft° unter ihrer Einsilbigkeit° zusammenbricht, kurz: Irgendwie geht alles schief°. Doch als es das tut, geht's wieder von vorne los, denn Lola kriegt heute nicht nur eine, sondern drei Chancen. […]

Source: http://www.filmrezension.de/filme/lola_rennt.shtml/11May2009; leicht bearbeitet

Aussagen zum Film:

1. Der Autor der Rezension findet den Film unoriginell.
2. Der Film ist ein Fallbeispiel für die heutige Perspektive der älteren Generation.
3. Lola ist Blondine.
4. Manni hat das Geld auf dumme Weise verschenkt *(gave away).*
5. Mannis Boss ist ein sehr netter und verständnisvoller Mann.
6. Lolas erste Idee ist ein Bankraub.
7. Ihr Papa ist Fußballtrainer.
8. Papa liebt sein Töchterlein.
9. Lola spricht fließend und viel.
10. Lolas Versuch, ihrem Freund zu helfen, gelingt ihr *(she succeeds)* sofort *(right away).*

Anwendung

A **Faule Menschen.** Wer kann den faulsten Menschen beschreiben? Erzählen Sie von einem wirklichen oder erfundenen *(imaginary)* Menschen, der gar nichts hat und gar nichts tut.

REDEMITTEL

Da kenne <u>ich</u> vielleicht eine faule Person![1]
Sie/Er ist so faul, dass sie/er …
Weil sie/er nie … [tut], hat sie/er auch kein- …
Natürlich [tut] sie/er auch kein- …
Meistens [tut] sie/er … und [tut] gar nicht(s).
Sie/Er will nicht einmal *(not even)* …

Schriftliche Themen

Tipps zum Schreiben	**Writing First Drafts and Checking for Common Errors**
	Always jot down a few ideas in German before beginning a composition. Then write a first draft. Read through this draft to see whether you have used a variety of verbs. This is also a good time to check for common errors such as misspellings, uncapitalized nouns, verbs not in second position, and the use of **nicht ein-** instead of **kein-** (see 7.1). Are your sentences concise and to the point, or do they ramble on and on and on? When writing a second or final draft, be sure to vary your style by starting some sentences with elements other than the sentence subject.

A **Selbstanalyse.** Schreiben Sie eine Selbstanalyse mit dem folgenden Titel: „Was ich nicht bin, nicht habe, nicht tue und nicht will." (Siehe auch den **Wortschatz.**)

> BEISPIEL   *Ich bin kein fauler Mensch, aber ich will nicht immer arbeiten. Ich will auch nicht … Natürlich habe ich auch keine Lust … usw.*

---

[1]*"Boy, do <u>I</u> know a lazy person!"* See R.6 for this use of **vielleicht.**

B **Reicher Mensch, armer Mensch.** Man kann sich leicht das Leben eines reichen Menschen vorstellen (*imagine*). Wie sieht es aber bei einem armen Menschen aus, der wenig oder nichts hat? Erzählen Sie davon mit Elementen aus dem **Wortschatz.**

> Auf der Straße achtet **niemand** auf ihn ...
> Zum Frühstück hat er manchmal **nicht einmal** ...
> Heime (*shelters*) für Obdachlose (*homeless people*) gibt es schon, aber er möchte **lieber nicht** ...

C **Ach, diese Stadt!** Gibt es Dinge, die Ihnen an der Stadt, in der Sie jetzt wohnen, nicht gefallen? Erzählen Sie aus einer etwas negativen Sicht davon. Verwenden Sie einige der Ausdrücke aus dem **Wortschatz.**

BEISPIEL *Diese Stadt gefällt mir nicht so sehr. Es gibt keine netten Studentenlokale und nirgendwo kann man sich abends im Stadtzentrum gemütlich treffen. Aber ich gehe abends sowieso lieber nicht in die Stadt, denn es fahren nach zehn Uhr keine Busse zur Universität zurück. Außerdem gibt es nicht einmal ... usw.*

> ## das darf doch nicht **wahr** sein!

Zusammenfassung

Rules to Remember

1 **Kein-** negates nouns preceded by **ein-** or no article at all.

2 **Nicht** negates nouns preceded by definite articles, other **der**-words, possessive adjectives (see 4.3–4), as well as verbs and modifiers.

3 In element-level negation, **nicht** *precedes* the element to be negated.

4 In clause-level negation, **nicht** appears in the middle field *after* direct or indirect objects and *before* predicate nominatives and adjectives, and verbal complements.

At a Glance

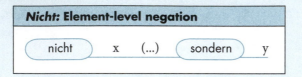

Nicht: Element-level negation

| nicht | x | (...) | sondern | y |

Nicht: Clause-level negation

					adverbials of manner;	
first			*most*		*predicate nominatives;*	
elements	V₁	*objects*	*adverbials*	nicht	*verbal complements*	V₂

Simple past tense ▪ Past perfect tense

zum Beispiel

Die Zauberflöte

Scene 1

*Tamino kommt im Jagdkleide von
einem Felsen herunter mit einem
Bogen, aber ohne Pfeil. Eine Schlange verfolgt ihn.*

Tamino:
Zu Hilfe! Zu Hilfe! Sonst bin ich verloren,
Der listigen Schlange zum Opfer erkoren.
Barmherzige Götter! Schon nahet sie sich!
Ach, rettet mich! Ach, schützet mich!

*(Er fällt in Ohnmacht. Drei Damen verschleiert,
mit silbernen Wurfspießen.)*

Drei Damen:
Stirb, Ungeheu'r, durch unsre Macht!
(Sie stoßen die Schlange entzwei.)
Triumph! Triumph! Sie ist vollbracht,
Die Heldentat! Er ist befreit
Durch unsres Armes Tapferkeit.

Erste Dame:
Ein holder Jüngling, sanft und schön.

*Tamino, in hunter's clothing, comes down
from a cliff, with a bow but no arrow.
A serpent pursues him.*

Tamino:
Help! Help! Otherwise I'm lost, doomed
to be the victim of the cunning snake.
Merciful gods! It's coming closer!
Oh, save me! Oh, protect me!

*(He falls down unconscious. Three veiled
women [enter], with silver javelins.)*

Three women:
Die, monster, by our power!
(They spear the serpent in two.)
Victory! Victory! The heroic deed
is accomplished! He is rescued
by our bravery.

First woman:
A fair youth, gentle and handsome.

Zweite Dame:
So schön, als ich noch nie gesehn!

Dritte Dame:
Ja, ja, gewiss zum Malen schön!

Drei Damen:
Würd' ich mein Herz der Liebe weihn,
So müsst es dieser Jüngling sein.
Lasst uns zu uns'rer Fürstin eilen,
Ihr diese Nachricht zu erteilen.
Vielleicht dass dieser schöne Mann
Die vor'ge Ruh' ihr geben kann.

Erste Dame:
So geht und sagt es ihr,
Ich bleib indessen hier.

Zweite Dame:
Nein, nein, geht ihr nur hin,
Ich wache hier für ihn!

Dritte Dame:
Nein, nein, das kann nicht sein!
Ich schütze ihn allein.

...

Die Zauberflöte, K. 620
Musik: Wolfgang Amadeus Mozart
Text: Emanuel Schikaneder und Carl Ludwig Giesecke

Second woman:
More handsome than I've ever seen!

Third woman:
Yes, yes, indeed as pretty as a picture!

Three women:
Were I to devote my heart to love,
It would have to be for this youth.
Let us hasten to our queen,
to bring her this news.
Perhaps this handsome man can
restore her former peace of mind.

First woman:
You two go and tell her,
I'll stay here in the meantime.

Second woman:
No, no, you two just go,
I'll keep watch here on his behalf!

Third woman:
No, no, that won't work at all!
I'll protect him alone.

. . .

Grammatik

A. Formation

1. The simple past tense (**das Präteritum**) is the second principal part of the verb (see 3.1). The simple past tense of *weak verbs* is formed by adding a -**t** plus a set of personal endings to the infinitive stem.

   If the infinitive stem ends in -**d**, -**t**, or in a single -**m** or -**n** preceded by a consonant other than **l** or **r**, then an **e** is added before the -**t** to facilitate pronunciation.

	sagen	**retten**	**atmen** *(to breathe)*
ich	sag<u>t</u> **e**	rette<u>t</u> **e**	atme<u>t</u> **e**
du	sag<u>t</u> **est**	rette<u>t</u> **est**	atme<u>t</u> **est**
er/sie/es	sag<u>t</u> **e**	rette<u>t</u> **e**	atme<u>t</u> **e**
wir	sag<u>t</u> **en**	rette<u>t</u> **en**	atme<u>t</u> **en**
ihr	sag<u>t</u> **et**	rette<u>t</u> **et**	atme<u>t</u> **en**
sie/Sie	sag<u>t</u> **en**	rette<u>t</u> **en**	atme<u>t</u> **en**

2. *Strong verbs* (see also 3.1.B) form the past-tense stem by changing the vowel and some-times also the consonant of the infinitive stem; they *do not* add a -**t** to this stem, as do the weak verbs. There are no endings in the first- and third-persons singular of strong verbs.

	liegen	**gehen**	**sitzen**
ich	lag □	ging □	saß □
du	lag **st**	ging **st**	saß **est**[1]
er/sie/es	lag □	ging □	saß □
wir	lag **en**	ging **en**	saß **en**
ihr	lag **t**	ging **t**	saß **t**
sie/Sie	lag **en**	ging **en**	saß **en**

   For a listing of strong and irregular verbs, see Appendix 3.

---

[1] Past-tense stems ending in -**s**, -**ss**, and -**ß** require an **e** before the -**st** in the second-person singular. This **e** often occurs with many other strong verbs as well, particularly in poetry: **du fand(e)st; du hielt(e)st; du schnitt(e)st; BUT du kamst; du lagst; du warst.**

3. *Irregular verbs* (see 3.1.C) form the simple past tense like weak verbs, but in addition, they change their stem vowel. The verbs **bringen** and **denken** have consonant changes as well. (The modal verbs are also irregular; their tense formation is discussed in Chapter 9.)

wissen	
ich wuss̱t e	wir wuss̱t en
du wuss̱t est	ihr wuss̱t et
er/sie/es wuss̱t e	sie/Sie wuss̱t en

ALSO: brennen ⟶ brannte	nennen ⟶ nannte
bringen ⟶ brachte	rennen ⟶ rannte
denken ⟶ dachte	senden ⟶ sandte/sendete[2]
kennen ⟶ kannte	wenden ⟶ wandte/wendete[2]

4. **Sein** conjugates like a strong verb in the simple past; **werden** and **haben** are irregular, adding the weak verb personal endings to the altered stem forms **wurd-** and **hatt-**.

sein	werden	haben
ich **war** □	**wurde**	**hatte**
du **warst**	**wurdest**	**hattest**
er/sie/es **war** □	**wurde**	**hatte**
wir **waren**	**wurden**	**hatten**
ihr **wart**	**wurdet**	**hattet**
sie/Sie **waren**	**wurden**	**hatten**

5. In the past tense, all verbs with separable prefixes function exactly as they do in the present tense (see 2.1.E); the prefix goes to the very end of the middle field, but reconnects to the root verb in subordinate clauses.

Als er die Schlange erblickte, **fiel** er gleich **um.**	*When he caught sight of the snake, he immediately collapsed.*
Zum Glück eilten die Damen herbei, als er **umfiel.**	*Fortunately, the women hurried over when he collapsed.*

B. Use

1. The German simple past tense is sometimes called the *narrative past;* it has several English equivalents.

---

[2] For the use of these verb forms, see 3.1.C, footnote 3.

Er ging durch den Wald.
{
He went through the forest.
He was going . . .
He did go . . .
He used to go . . .
He would (often) go . . .

2. In German, both the simple past and present perfect tense refer to actions and events that have taken place in the past. In general, the *present perfect* is used in conversational renditions of past events (hence its designation by some as the *conversational past*), while the *simple past* is more common in certain kinds of writing (and therefore often referred to as the *narrative past*). Sometimes they are interchangeable: speakers in northern Germany use the simple past in some situations to express the same information that speakers from southern Germany convey with the present perfect tense. The following comparison, however, points out several important differences.

Present perfect tense

■ Refers to events just prior to the moment of speaking.

Ich **habe** eine riesige Schlange **gesehen!**   *I (just) saw an enormous snake!*

■ Refers to past events that are linked (often by consequence) to the present.

Ich **habe** meine Pfeile **vergessen.**   *I've forgotten my arrows (which is now a problem).*

Ich habe mich hier im Wald **verlaufen.**   *I've gotten lost here in the forest (and now I need to . . .).*

Der Tag **hat** also nicht besonders gut **angefangen,** nicht wahr?   *The day hasn't really started out particularly well, has it?*

Simple past tense

■ Lends a sense of sequence and connection, if used consistently in a series of sentences.

■ Suggests moving through narrative time, rather than standing in the present looking back.

Er **schrie** aus lauter Panik.   *He screamed in sheer panic (and then he . . .).*

Drei Damen **fanden** ihn dort.   *Three women found him there (which then led to . . .).*

3. The simple past tense of **haben, sein,** and the modal verbs (see 9.1) is preferred over the present perfect tense, even in conversation (see 3.2.C).

Er **hatte** aber Glück, dass die drei Damen gerade in dem Moment in der Nähe **waren.**   *He was really lucky that the three women were near by at exactly that moment.*

Sie **waren** ganz begeistert, dem jungen Mann zu helfen.   *They were quite enthusiastic about helping the young man.*

4. In actual practice, spoken German is usually a mixture of the two tenses—past and present perfect—dictated by a sense of rhythm and style.

Als Tamino später darüber bloggte:

Heute **war** aber ein anstrengender *(stressful)* Tag. Erstens **musste** ich früh aufstehen, was wegen dem Fest gestern Abend gar nicht so einfach **war.** Ach ja, das Fest. Papa **ließ** den Wein so richtig in Strömen fließen *(flow freely)*, und das eine Mädchen **hat** mich so süß **angelächelt** *(flirted)*. Und ich, Idiot, **habe** nicht nach ihrer Adresse **gefragt!** Aber zurück zu heute. Nach dem Mittagessen **ging** ich im Wald **spazieren**, wie immer. Aber wie **konnte** ich so dumm sein, dass ich meinen Bogen **mitbrachte** aber meine Pfeile **vergaß?** Und ausgerechnet heute *(today of all days)*, wo diese Schlange wieder auf mich **gewartet hat.** Ich **schrie** natürlich aus Leibeskräften *(with all my might)*, weil das beim letzten Mal **gewirkt hat.** Aber heute nicht. Da **spielte** ich den Ohnmächtigen *(unconscious)*, damit die Schlange mich ignorieren würde. Aber was **passierte** dann? Drei Frauen **kamen vorbei** (von wo? möchte ich gerne wissen) und **wollten** mir „helfen." Peinlich, peinlich *(embarrassing)!* Die **waren** vielleicht komisch *(Boy, were they weird)* ...

5. With the exception of **haben, sein,** and the modal verbs, the second-person singular and plural forms **(du, ihr)** seldom occur in the simple past.

8.2 PAST PERFECT TENSE

A. Formation

The *past perfect* tense **(das Plusquamperfekt)** is a compound tense; it is formed with the *simple past* of either **haben** or **sein** + the past participle. The choice of **haben** or **sein** follows the same rules as in the present perfect (see 3.2.B). The participle is placed at the end of the clause, as V$_2$ (see 1.3.A).

haben + *past participle*		sein + *past participle*	
ich	hatte		war	
du	hattest		warst	
er/sie/es	hatte	+ gelesen	war	+ gelaufen
wir	hatten		waren	
ihr	hattet		wart	
sie/Sie	hatten		waren	

B. Use

1. The German past perfect tense corresponds to the English past perfect; it shows that an action has taken place *prior* to some other past-time event. The past perfect tense therefore does not occur by itself; there is always some other past-time context, whether expressed or implied.

Als die Frauen ankamen, **war** er schon in Ohnmacht **gefallen.**	*When the women arrived, he had already fainted.*
Er hatte Angst, weil er so ein Ungeheuer noch nie **gesehen hatte.**	*He was scared because he had never seen such a monster before.*

2. The past perfect tense is *not* used when describing a sequence of events, even though some actions occurred prior to others, since the sequence itself indicates their order of occurrence.

Die Frauen **erschienen, töteten** die Schlange und **sahen** sich den ohnmächtigen Jungen genau **an.**	*The women appeared, killed the snake, and took a good look at the unconscious youth.*

3. The past perfect is very common in dependent clauses introduced by **nachdem.**

Nachdem diese Frauen ihn **gesehen hatten,** wollte jede ihn für sich haben.	*After the women had seen him, each one wanted to have him for herself.*

Wortschatz

Komm, wir laufen um die Wette!

1. The following strong verbs express various basic types of *going;* they require the auxiliary **sein. Fahren** and **fliegen** take the auxiliary **haben** when used with direct objects (see 3.2.B).

gehen	to go	**kommen**	to come
fahren	to go *(by vehicle);* to drive	**laufen**	to run
fallen	to fall	**schwimmen**	to swim
fliegen	to fly	**steigen**	to climb

2. A number of additional verbs denote precisely *how* a person or thing moves. Because they describe motion, these verbs also require the auxiliary **sein.** Strong verbs are marked with an asterisk; **rennen**—marked with a double asterisk—is irregular (see 8.1.A).

eilen	to hurry, hasten	**schlendern**	to saunter, stroll
humpeln	to hobble, limp	**schreiten***	to stride
klettern	to climb *(a steep surface),* scramble	**springen***	to jump, leap, bound
		stolpern	to stumble
kriechen*	to creep, crawl	**stürzen**	to fall; to plunge, rush
rennen**	to run, race, dash	**treiben***	to drift, float
rutschen	to slip, slide	**treten***	to step, walk
sausen	to rush, whiz	**waten**	to wade
[sich] schleichen*	to creep, slink, sneak	**watscheln**	to waddle

Die Kinder **rutschten** auf dem Eis hin und her.	*The children slid back and forth on the ice.*
Eine große Ente *(duck)* **watschelte** über den Hof.	*A large duck waddled through the yard.*
Der Herr **trat** vor den Spiegel.	*The gentleman stepped in front of the mirror.*

Übungen

A **Hans und die Bohnenranke.**   Unten finden Sie den Anfang eines bekannten Märchens, und wie bei vielen Erzählungen stehen viele Verben darin im Präteritum. Lesen Sie den Text gut durch – Sie werden wohl nicht alle Vokabeln kennen, aber doch genug, um die Handlung *(plot)* zu verstehen – und dann arbeiten Sie an den Aufgaben, die darauf folgen.

Es war einmal eine arme Witwe, die hatte einen Sohn, der Hans hieß, und eine Kuh, die sie Milchweiß nannten. Und sie hatten nichts als die Milch der Kuh, um ihr Leben zu fristen. Jeden Morgen trugen sie die Milch zum Markt und verkauften sie. Aber eines Tages gab Milchweiß keine Milch mehr, und nun wussten sie nicht, was sie tun sollten.

„Was sollen wir nur anfangen, was sollen wir nur anfangen?" klagte die Witwe.

„Sei guten Mutes, Mutter, ich werde fortziehen und Arbeit suchen", sagte Hans.

„Das hast du ja schon einmal versucht", sagte die Mutter, „aber niemand hat dich nehmen wollen. Wir müssen Milchweiß verkaufen und mit dem Geld ein Geschäft anfangen oder sonst etwas."

„Gut, Mutter", sagte Hans, „heute ist Markttag, da werde ich Milchweiß gut verkaufen können. Dann wollen wir sehen, was sich machen lässt." Und Hans band die Kuh an einen Strick und ging fort mit ihr.

Auf dem Weg zum Markt begegnete ihm ein seltsam anmutendes altes Männlein, das sagte zu ihm: „Guten Morgen, Hans!"

„Auch einen schönen guten Morgen", sagte Hans und wunderte sich, wieso das Männlein seinen Namen kannte.

„Nun, Hans, wohin des Weges?" fragte das Männlein.

„Auf den Markt, die Kuh verkaufen."

„Du schaust mir gar nicht danach aus, als ob du Kühe verkaufen könntest", sagte das Männlein, „Ich glaube, du weißt nicht einmal, wie viele Bohnen fünf ergeben."

„Zwei in deiner Hand und eine in deinem Mund", sagte Hans eilig.

„Richtig", sagte das Männlein, „und da hast du auch schon die Bohnen." Und darauf zog es aus seiner Tasche eine Handvoll seltsam aussehender Bohnen.

„Weil du so schlau bist", sagte es, „so habe ich nichts dagegen, mit dir einen Handel zu machen. Gib mir die Kuh, ich geb dir die Bohnen."

„So dumm bin ich nun wirklich nicht", sagte Hans.

„Ah, du weißt nicht, was für Bohnen das sind", sagte der Mann. „Wenn du sie am Abend einpflanzt, so sind sie am Morgen bis zum Himmel hinauf gewachsen."

„Ist das wahr, was du da sagst?" fragte Hans.

„Ja, es ist wahr, und wenn es nicht so ist, so kannst du deine Kuh zurück haben."

„Gut", sagte Hans und gab ihm den Strick mit der Kuh und steckte die Bohnen in die Tasche.

Hans ging nun heimwärts, und weil er noch nicht weit war, kam er gerade nach Haus, bevor es dunkel wurde ...

Aufgaben

1. Unterstreichen Sie die Präteritum-Verben, die in den ersten vier Sätzen stehen. Was sind die Infinitive dafür?
2. In der ersten Hälfte dieses Textes findet man Verben im Präteritum wie auch im Perfekt. In welchen Kontexten sind die Perfekt-Verben? Warum?
3. Schreiben Sie die Sätze, bei denen kein Dialog steht, im Perfekt um.
4. Wenn Sie die Geschichte kennen, erzählen Sie sie weiter, mit Verben im Präteritum.

B **Heute Morgen stand ich auf ...** Benutzen Sie die Liste von Aktivitäten, die unten stehen, und erzählen Sie von Ihren Erfahrungen gestern. Wenn es Ihnen hilft, markieren Sie zuerst die Aktivitäten, die bei Ihnen zutreffen *(apply)*, schreiben Sie noch etwas Information dazu (z.B. *was* Sie gegessen haben), ordnen Sie sie chronologisch und dann fangen Sie an.

_____ Wecker hören

_____ auf·stehen

_____ auf·wachen

_____ sich waschen/duschen

_____ sich rasieren/kämmen

_____ frühstücken: _____ essen und _____ trinken

_____ E-Mails lesen/texten/_____ anrufen

_____ zu Vorlesungen eilen/gehen/rennen

_____ sich verspäten

_____ Notizen machen/Arbeiten schreiben

_____ zu·hören/ein·schlafen

_____ Mittagessen/Abendessen essen: bei _____/mit _____

_____ Sport treiben: _____ spielen/joggen gehen/schwimmen

_____ Schläfchen machen

_____ fern·sehen

_____ Musik: _____ spielen/singen
_____ Videospiele spielen
_____ sich entspannen (relax)
_____ sich ärgern/freuen
_____ Aufgaben schreiben/erledigen
_____ müde werden
_____ ins Bett gehen

C **Zu ihrer Zeit.** Oma erzählt von ihrer Jugend. Damals machte man natürlich alles besser, oder? Was sagt sie?

> **BEISPIEL** meine Mutter/uns jeden Morgen das Frühstück machen
> _Meine Mutter **machte** uns jeden Morgen das Frühstück._

1. junge Leute/nicht so viel rauchen
2. wir/mehr im Freien spielen
3. Studenten/nicht immer gegen alles demonstrieren
4. ich/mehr in der Schule auf·passen
5. Schüler/mehr Hausaufgaben machen
6. Teenager/nicht denken/dass/mehr wissen als die Eltern
7. wir/öfter Museen und Theater besuchen
8. Leute/fleißiger arbeiten
9. Kinder/ihren Eltern besser zu·hören

Was werden Sie Ihren Kindern (falls Sie später welche haben) von Ihrer Jugend erzählen? Machen Sie bitte fünf Aussagen.

> **BEISPIEL** _Als ich ein Kind war, war alles nicht so teuer wie heute._

D **Amadeus.** Ergänzen Sie die Sätze durch die folgenden Verben im Präteritum.

arbeiten	hören	machen	spielen
bringen	kennen lernen	reisen	sterben
geben	kommen	schreiben	werden
heiraten	komponieren	sein	ziehen + nach (to move to)

Mozart (1) _____ 1756 in der Stadt Salzburg zur Welt. Schon mit drei Jahren (2) _____ er Klavier. Wenig später (3) _____ Wolfgang sein erstes Musikstück. Sein musikalisches Talent (4) _____ ihn berühmt. Als Wunderkind (5) _____ er mit seiner Schwester durch Europa. In vielen aristokratischen Häusern (6) _____ man ihn spielen. Im Jahre 1780 (7) _____ er nach Wien. Dort (8) _____ er als Musiklehrer und (9) _____ private Konzerte. Er (10) _____Konstanze Weber im Jahre 1782. Bald danach (11) _____ er Haydn (12) _____ und sie (12) _____ gute Freunde. Zwischen 1782 und 1791 (13) _____ er Sinfonien und Opern, wie z.B. _Die Zauberflöte_. Diese Werke (14) _____ ihm Ruhm (fame). Als er 1791 (15) _____, (16) _____ er erst 35 Jahre alt.

E **Eine tolle Party.** Erzählen Sie mit Verben im Präteritum über eine (fiktive?) Party auf Ihrem Campus und verwenden Sie dabei mindestens zehn Verben der Fortbewegung aus dem Wortschatz. Seien Sie kreativ!

> BEISPIEL *Als die Party **begann, wusste** ich, dass der Abend interessant werden würde. Ben **schlenderte** ganz stolz durch die Tür zu meinem Zimmer mit zwei Frauen, die ich nicht **kannte**. George **kletterte** durch das Fenster, statt die Treppe hoch zu laufen ...*

F **Plusquamperfekt: Und wie war es vorher?** Setzen Sie die Sätze in die Vergangenheit.

> BEISPIEL *Barbara spielt ein Lied, das sie heruntergeladen* (downloaded) *hat.*
> *Barbara **spielte** ein Lied, das sie **heruntergeladen hatte.***

1. Jemand, der noch nichts gesagt hat, hebt *(raises)* seine Hand.
2. Anke sitzt im Garten und ruht sich aus *(relaxes)*. Sie ist den ganzen Tag Rad gefahren.
3. Herr und Frau Kuhnert können ins Konzert gehen, weil sie Karten bekommen haben.
4. Herr Meyer fährt gegen ein Auto, nachdem die junge Frau mit roten Haaren vorbeirannte.
5. Nachdem du Tennis gespielt hast, gehst du wohl nach Hause.
6. Sara beginnt ihr Referat. Sie hat drei Bücher zum Thema gelesen.

G **Von Märchen, Sagen und Heldentaten.** Was war schon vorher geschehen? Ergänzen Sie die Sätze.

> BEISPIEL Dornröschen schlief ein, nachdem ... (Finger stechen)
> *Dornröschen schlief ein, nachdem sie sich in den Finger gestochen hatte.*

1. Als Rotkäppchen das Haus der Großmutter erreichte, ... (der Wolf/Großmutter fressen)
2. Die Nibelungen machten Siegfried zu ihrem König, weil ... (er/den Drachen Fafnir erschlagen)
3. Dornröschen wachte erst auf, nachdem ... (hundert Jahre vergehen)
4. Die böse Hexe *(witch)* verbrannte, nachdem ... (Gretel/sie in den Backofen stoßen)
5. Der Rattenfänger bekam die tausend Taler nicht, die *(which)* ... (der Stadtrat *[city council]* von Hameln/ihm versprechen)

H **Genauer beschreiben.** Ersetzen Sie die fett gedruckten Teile der Sätze durch Verben aus dem Wortschatz, die die Art der Fortbewegung genauer oder stärker zum Ausdruck bringen.

> BEISPIEL Autos **fuhren** schnell an uns vorbei.
> *Autos **sausten** an uns vorbei.*

1. Ein Boot **fuhr** ruderlos den Strom hinunter.
2. Beim Laufen **traf** das Kind **einen Stein** und **fiel zu Boden.**
3. Einige Wanderer **gingen bis zu den Knien im Wasser** durch den Bach *(stream)*.
4. Tamino **stieg** die steilen Felsen *(steep cliffs)* herab.
5. Als sie von dem Unfall erfuhr *(found out)*, **ging** die Ärztin **schnell** ins Krankenhaus.
6. Feierlich *(ceremoniously)* **ging** die Königin durch die Halle.

I **Das passende Verb.** Bilden Sie Sätze mit den folgenden Subjekten und mit Verben aus dem Wortschatz, die die Art der Fortbewegung genau beschreiben.

> **BEISPIEL** eine Katze
> *Eine Katze schlich in das Haus.*

1. Parkbesucher
2. einige Radfahrer in Eile
3. Autos auf dem Glatteis *(slick ice on a road)*
4. die Preise *(prices)* während einer Depression
5. ein Hund mit einer verletzten *(injured)* Pfote *(paw)*
6. die Schüler nach der letzten Unterrichtsstunde des Jahres

Anwendung

Tipps zum mündlichen Erzählen	**Telling Stories** Telling stories has nearly become a lost art. This is too bad, as it provides excellent language practice. You should prepare for oral narratives by making only the most necessary chronological notes in outline format, with verb infinitives last (e.g., **ins Auto steigen, Motor starten, Gas geben, schnell rückwarts statt vorwärts fahren, usw.**). For now, tell your story in many short, simple sentences, and avoid complex structures such as subordinating conjunctions or relative pronouns. The oral topics of activities A, B, and C can also be written as compositions.

A **Aus meinem Leben.** Erzählen Sie anderen Leuten von einem besonderen Ereignis aus Ihrem Leben oder aus dem Leben eines anderen Menschen, den Sie kennen.

THEMENVORSCHLÄGE

eine unvergessliche Begegnung *(encounter)*
das Schlimmste, was mir je passierte
eine große Dummheit von mir
ein unglaubliches Erlebnis *(experience)*
der schönste Tag meines Lebens
eine große Überraschung *(surprise)*

Einmal/einst war(en) ...
Früher [wohnte] ich ...
Eines Tages/eines Morgens/eines Abends/eines Nachts ...
Schon vorher waren wir ... [gegangen].
Ich hatte auch vorher ... [getan].
Und plötzlich ...
Na ja, wie gesagt, ich ...
Später ...
Zu meinem Entsetzen *(horror)*/zu meiner Überraschung ...
Kurz danach ...
Zum Schluss ...

B **Es war einmal.** Erzählen Sie im Kurs ein bekanntes Märchen oder eine von Ihnen erfundene Geschichte.

C **Erzählen Sie mal!** Nehmen Sie ein Blatt Papier und schreiben Sie darauf sechs Verben (nehmen Sie ein paar aus dem **Wortschatz!**) und sechs andere Wörter (Adjektive, Adverbien usw.). Dann geben Sie einer Partnerin/einem Partner das Papier und sie/er muss sich eine Erzählung mit diesen Vokabeln im Präteritum ausdenken!

D **Nacherzählung.** Die Beispiele in diesem Kapitel sowie der Text am Anfang stammen aus *(come from)* Mozarts berühmter *Zauberflöte,* einer Geschichte, die Sie vielleicht noch nicht so gut kennen. Aber Sie kennen bestimmt andere Geschichten – aus Filmen, z.B. oder Theaterstücken, Büchern und anderen Opern. Erzählen Sie die Handlung *(plot)* von einer dieser Geschichten aus der Perspektive einer der handelnden Personen *(plot characters)*. Benutzen Sie Verben der Fortbewegung.

Schriftliche Themen

<table>
<tr>
<td>

Tipps zum Schreiben

</td>
<td>

Choosing Precise Verbs

Verbs are the key to good writing! Avoid general verbs such as **haben, sein,** and **machen** in favor of verbs that convey the actions or events you are describing with more precision. For example, **gehen** denotes activity but does not describe it. Consider how many different ways there are to *go* in English: *walk, run, stumble, hobble, limp, race,* etc. just as there are in German (see the **Wortschatz** in the chapter). If you want to express a precise English verb, look up its German equivalent. Then cross-check this verb as a German entry, to see whether it really means what you think it does. Have in mind a person (not necessarily your instructor) for whom you are writing, and continually ask yourself how you can make your narrative more interesting to this reader.

</td>
</tr>
</table>

A   Eine Bildgeschichte: Der Verdacht.   Erzählen Sie die Bildgeschichte auf Seite 135 im Präteritum. Benutzen Sie dabei die Erzählskizze.

> bei Nacht • tragen • das Paket • die Brücke • ins Wasser werfen • Polizist sehen • glauben • stehlen • verhaften *(arrest)* • andere Polizisten • kommen • fest·halten • telefonieren • das Baggerschiff • heraus·fischen • herauf·holen • auf·schneiden • eine Bowle • kitschig aus·sehen • erzählen • schenken • um Entschuldigung bitten • wieder ins Wasser werfen

B   Lebenslauf.   Schreiben Sie einen Lebenslauf von sich oder von einem bekannten *(well-known)* Menschen. Der Lebenslauf muss nicht lang sein, aber er soll die wichtigsten Informationen enthalten.

BEISPIEL   *Helga Schütz wurde 1937 im schlesischen Falkenhain geboren und wuchs dann in Dresden auf. Nach einer Gärtnerlehre machte sie an der Potsdamer Arbeiter-und-Bauern-Fakultät ihr Abitur und studierte Dramaturgie an der Deutschen Hochschule für Filmkunst in Potsdam Babelsberg. Für die DEFA[3] schrieb sie Dokumentar- und Spielfilme – zum Beispiel „Die Leiden des jungen Werthers.“*

> *1970 erschien ihr erster Prosaband: „Vorgeschichten oder Schöne Gegend Probstein“, eine Chronik von kleinen Leuten in der niederschlesischen Provinz. Im Westen erschienen im Luchterhand-Verlag ihre Erzählung „Festbeleuchtung“ und die Romane „In Annas Namen“ und „Julia oder Erziehung zum Chorgesang.“*

> *Helga Schütz wurde mit dem Heinrich-Greif-Preis, dem Heinrich Mann-Preis und dem Theodor-Fontane Preis ausgezeichnet.*

---

[3] **DEFA: Deutsche Film-Aktiengesellschaft.** The official film company of the former German Democratic Republic.

Zusammenfassung

Rules to Remember

1 The simple past is primarily a narrative tense; it is used to tell stories, recite anecdotes, etc.

2 Weak and irregular verbs add **-t** + personal endings to their respective stems to form the simple past (**ich lernte, ich rannte;** *pl.* **wir lernten, wir rannten**). Irregular verbs also change their stem vowel and in some cases a consonant.

3 Strong verbs form the simple past by changing the stem vowel and in some cases a consonant and adding endings (**ich ging, sah; wir gingen, sahen**). However, the first- and third-persons singular have no ending (**ich/er/sie/es ging**).

4 The second-person simple past tense forms of most verbs **du lerntest (ranntest, gingst); ihr lerntet (ranntet, gingt)** are seldom used.

5 The past perfect tense is never used in isolation, but rather within the context of some other past time event that it precedes chronologically.

At a Glance

Simple past: Auxiliaries		
haben	**sein**	**werden**
ich hatte	war ☐	wurde
du hattest	warst	wurdest
er/sie/es hatte	war ☐	wurde
wir hatten	waren	wurden
ihr hattet	wart	wurdet
sie/Sie hatten	waren	wurden

Simple past: Weak verbs	
lernen	**arbeiten**
ich lernte	arbeitete
du lerntest	arbeitetest
er/sie/es lernte	arbeitete
wir lernten	arbeiteten
ihr lerntet	arbeitetet
sie/Sie lernten	arbeiteten

Simple past: Strong verbs		
liegen	**gehen**	**sitzen**
ich lag □	ging □	saß □
du lagst	gingst	saßest
er/sie/es lag □	ging □	saß □
wir lagen	gingen	saßen
ihr lagt	gingt	saßt
sie/Sie lagen	gingen	saßen

Simple past: Irregular verbs		
wissen	**denken**	**kennen**
ich wusste	dachte	kannte
du wusstest	dachtest	kanntest
er/sie/es wusste	dachte	kannte
wir wussten	dachten	kannten
ihr wusstet	dachtet	kanntet
sie/Sie wussten	dachten	kannten

Past perfect: Forms	
hatte + *past participle*	**war + *past participle***
ich hatte ... gelernt	ich war ... gegangen
du hattest ... gelernt	du warst ... gegangen
er/sie/es hatte ... gelernt	er/sie/es war ... gegangen
wir hatten ... gelernt	wir waren ... gegangen
ihr hattet ... gelernt	ihr wart ... gegangen
sie/Sie hatten ... gelernt	sie/Sie waren ... gegangen

9
Modal verbs

Grammatik

PRESENT AND PAST TENSES OF MODAL VERBS

A. Forms

1. Present-tense modal verbs conjugate irregularly in the singular, with first- and third-person forms taking no endings—similar to strong verbs in the simple past tense (see 8.1.A)—and with the umlauted stems showing a vowel change. Plural forms, however, are regular.

Present tense of modal verbs					
dürfen	**können**	**mögen**	**müssen**	**sollen**	**wollen**
ich **darf** ☐	**kann** ☐	**mag** ☐	**muss** ☐	**soll** ☐	**will** ☐
du **darfst**	**kannst**	**magst**	**musst**	**sollst**	**willst**
er/sie/es **darf** ☐	**kann** ☐	**mag** ☐	**muss** ☐	**soll** ☐	**will** ☐
wir dürfen	können	mögen	müssen	sollen	wollen
ihr dürft	könnt	mögt	müsst	sollt	wollt
sie/Sie dürfen	können	mögen	müssen	sollen	wollen

2. Modal verbs form the simple past tense like weak verbs (see 8.1.A), except that there are no umlauts carried over from their infinitive stems, and **mögen** undergoes a consonant change.

Simple past tense of modal verbs					
dürfen	**können**	**mögen**	**müssen**	**sollen**	**wollen**
ich durfte	konnte	mochte	musste	sollte	wollte
du durftest	konntest	mochtest	musstest	solltest	wolltest
er/sie/es durfte	konnte	mochte	musste	sollte	wollte
wir durften	konnten	mochten	mussten	sollte	wollten
ihr durftet	konntet	mochtet	musstet	solltet	wolltet
sie/Sie durften	konnten	mochten	mussten	sollten	wollten

B. Use

A modal verb combines with another verb, often called the *dependent infinitive,* to indicate the speaker's attitude or disposition toward the action or state expressed by the infinitive. A speaker may say, for example:

Ich schreibe einen Aufsatz.	*I'm writing an essay.*

A modal verb adds to this objective statement a subjective element.

Ich **muss** einen Aufsatz schreiben.	*I have to write an essay.*
Ich weiß, ich **soll** einen schreiben.	*I know I'm supposed to write one.*
Aber ich **will** ihn nicht schreiben.	*But I don't want to write it.*

The main differences between German and English modal usage involve word order, allowable deletions, and the meanings that modal verbs can take on in specific contexts.

1. Modal verb constructions in main clauses make use of the same "bracket" structure as does the present perfect tense (see 1.1 and 3.2). The modal verb functions as V_1 and the dependent infinitive serves as V_2, just like a past participle.

Ich **muss** unbedingt meine Sachen **waschen.**	*I definitely have to wash my clothes.*

2. In dependent clauses, the conjugated verb (V_1) moves to final position.

Aber ich weiß nicht, ob ich genug Kleingeld **finden** *kann.*	*But I don't know if I can find enough small change.*

3. If a modal verb and a dependent infinitive occur in an infinitive **zu**-phrase (see 11.1–2), they appear at the end of the phrase in this order: dependent infinitive + **zu** + modal verb (in infinitive form).

Du, Georg, kannst du wechseln? Ich brauch' Kleingeld, um meine Klamotten **waschen** *zu können.*	*Hey, Georg, can you give me change [for this bill]? I need coins in order to be able to wash my clothes.*

4. Like English, German allows the dependent infinitive to be deleted, or replaced by **das** or **es,** if the meaning is obvious from the immediate context.

Christina, kannst du wechseln? —Tut mir leid, **kann** ich nicht.	*Christina, can you give me change? —Sorry, I can't.*

5. If a sentence contains verbal complements or separable prefixes that indicate motion in a direction (such as **nach Hause**, **aufs WC**, **zurück** or **hin**), German allows dependent infinitives such as **gehen, fahren, fliegen,** and **laufen** to be deleted. (This differs from English.) **Machen** and **tun** can sometimes be deleted as well, if the context clearly points to those verbs.

Was **soll** ich denn jetzt?	*What am I supposed to do now?*
Naja, ich **muss** sowieso in drei Wochen nach Hause.	*Oh well, I have to go home in three weeks anyway.*

German also has several idiomatic phrases in which other dependent infinitives can drop out, assuming the context makes them clear.

Was soll das? [+ bedeuten]	*What's the point? What's that supposed to mean?*
Ich kann nicht mehr. [+ weitermachen]	*I can't go on/continue.*
Mir kann keiner was! [+ antun OR + vormachen]	*No one can get the better of me! No one can fool me!*

6. In all of the preceding examples, the dependent infinitive refers to the same time as the modal verb—i.e., in a sentence such as **Du kannst hereinkommen,** both **kannst** and **hereinkommen** refer to present time; and in **Ich konnte ihm nicht helfen,** the verbs **konnte** and **helfen** refer to ability and action in the past. In some contexts, however, a speaker wants to distinguish between a modal verb that refers to the present, and an action or state that is already completed. To express this distinction, German uses a present-tense modal verb and a *perfect infinitive*. Perfect infinitives (discussed in more detail in 24.2) are formed by the past participle of a verb plus the infinitive of the appropriate auxiliary (see 3.2).

gegessen haben	*to have eaten*
gesagt haben	*to have said*
ausgeflippt sein	*to have flipped out*
geblieben sein	*to have stayed*
weggelaufen sein	*to have run away*

Present-tense modals with perfect infinitives express a present-tense attitude or disposition regarding a past-tense action or state.

Ich **muss** das zu Hause **gelassen haben.**	*I must have left that at home.* (present speculation—past action)
Das **kann** er doch nicht **gesagt haben**!	*He can't have said that!* (present incredulity—past action)
Das **muss** ja furchtbar **gewesen sein.**	*That must have been terrible.* (present reaction—past state)

Compare these with modal verbs in the simple past tense, which signify that the modality and the action or state both refer to the past.

Ich **musste** das zu Hause **lassen.**	*I had to leave that at home.*
Er **konnte** das nicht **sagen.**	*He wasn't able to/couldn't say that.*
Das **musste** furchtbar **sein.**	*That had to be (i.e., inevitably was) terrible.*

MEANINGS OF MODAL VERBS

A. *Dürfen* (Permission)

1. **Dürfen** means *to be allowed, to have permission,* or *may* (relating to permission, not possibility; see section A.4 below). It is commonly used in polite requests.

Mit einem amerikanischen Führerschein **darf** man als Tourist in Europa fahren.

With an American driver's license, you're allowed to/one may drive in Europe as a tourist.

Darf ich Ihnen helfen?

May I help you?

2. English speakers sometimes confuse **dürfen** with verbs that confer permission, such as **erlauben** *(to allow)* or **lassen** *(to let; see 11.4)*. **Dürfen,** by contrast, is used when permission is (or is not) being granted *to* the sentence subject, rather than coming *from* the subject.

COMPARE:

Darf ich heute Abend dein Auto haben?

May I borrow your car tonight?

Lässt du mich dein Auto fahren?

Will you let me drive your car?

3. In the negative (with **nicht** or **kein-**), **dürfen** means *must not* or *may not.* (Compare with **müssen nicht** in section C.)

In vielen Ländern **darf** man **nicht** ohne Führerschein Auto fahren.

In many countries one must not/is not permitted to drive a car without a license.

Du **darfst keinem** Menschen sagen, wie alt ich bin.

You may/must not (i.e., aren't allowed to) tell anybody how old I am.

4. Besides expressing permission, English *may* can denote possibility, as in *She may be waiting for us outside.* To convey this meaning, German uses adverbs such as **vielleicht** *(maybe)* or **möglicherweise** *(possibly)* in conjunction with the verb, rather than **dürfen**.

Vielleicht wartet sie draußen auf uns.

She may be waiting for us outside.

B. *Können* (Ability; possibility)

1. **Können** means *can* or *to be able to* and expresses the idea of ability.

Könnt ihr mich verstehen?

Are you all able to/Can you all understand me?

Wir **konnten** das Rätsel nicht lösen.

We were not able to/We couldn't solve the riddle.

2. **Können** can also express possibility.

So etwas **kann** passieren.

Such a thing can happen.

3. **Können** also has a special meaning of *to know* a language or *to know how to do* something, and normally stands alone (without a dependent infinitive) when used in this sense.

Sie **kann** Deutsch.	*She knows German. (She can speak German.)*[1]
Kannst du diesen Trick?	*Do you know how to perform this trick?*

4. **Können** is sometimes used interchangeably with **dürfen,** just as *can* and *may* are often confused in English. Strict grammarians of German (and English) still regard this usage as substandard.

Wo **kann/darf** ich hier parken?	*Where can/May I park here?*

C. Müssen (Necessity; probability)

1. **Müssen** is the equivalent of English *must* or *have to* and expresses the idea of necessity.

Bei Feueralarm **muss** man sofort das Gebäude verlassen.	*In the case of a fire alarm, you have to leave the building immediately.*
Gestern **mussten** die Geschäfte um halb sieben schließen.	*Yesterday the stores had to close at six-thirty.*

2. **Müssen** can express probability, the speculation that something must be or probably is true.

Neuseeland **muss** sehr schön sein.	*New Zealand must be very beautiful.*

3. **Müssen** can also be used to mean *need to,* but particular care is in order when dealing with the three-way correspondence involving *need,* **müssen,** and the other German word for *need,* **brauchen.** First, one must distinguish between *need* as a transitive verb with an object *(I need that)* and as a modal verb with a dependent infinitive *(I need to leave),* and then between positive and negative uses of the modal usage *(I need to leave; I don't need to leave).*

   ■ For *need* as a transitive verb, positive or negative, only **brauchen** is appropriate.

Ich **brauche** deine Hilfe.	*I need your help.*
Ich **brauche** sie doch nicht.	*I don't need it after all.*

   ■ For *need* as a modal verb in the *positive* sense, only **müssen** is correct.

Ich **muss** dir die Wahrheit sagen.	*I need to tell you the truth.*

   ■ For *need* as a modal verb in *negative* usage, both **brauchen nicht (+ zu)**[2] and **müssen nicht** can be used.

Das **brauchst** du wirklich **nicht (zu)** machen.	
Das **musst** du wirklich **nicht** machen.	*You really don't need to do that.*

---

[1]Like the verbs of motion (see 9.1.B), the verb **sprechen** is understood and therefore usually omitted in this context.

[2]The use of **brauchen nicht** without **zu** was originally considered colloquial but is now acceptable.

4. *Must not* is not the same thing as **müssen nicht**. In German, **müssen** with a negator (**nicht** or **kein-**) is restricted in meaning to *don't need to* or *don't have to*. To express the more forceful *must not*, use **dürfen nicht** (see section A).

COMPARE:

Sie **müssen** es **nicht essen,** wenn's Ihnen nicht schmeckt.	*You don't have to eat it, if you don't like it.*
Diese Pilze **darf** man **nicht essen.**	*You must not eat these mushrooms.*

5. **Müssen** + perfect infinitive suggests a strong sense of probability assumed by the speaker or writer regarding an action or state that has already happened.

Er **muss** doch **gewusst haben,** dass wir nicht kommen konnten.	*He must have known that we couldn't come.*
Die Diebe **müssen** durch die Hintertür **hineingeschlichen sein.**	*The thieves must have sneaked in through the back door.*

D. *Sollen* (Obligation)

1. **Sollen** means *supposed to* or *is to*. It implies a relatively strong order or obligation.[3]

Du **sollst** auf die Kinder aufpassen.	*You are to watch the children.*
Was **sollten** wir tun?	*What were we supposed to do?*

2. **Sollen** can also mean *to be said to,* indicating that the statement is hearsay and thus may or may not be true. In this sense it is used with *present infinitives* to refer to hearsay about present actions or states, and with *perfect infinitives* to refer to hearsay about past actions or states.

Die Familie Krupp **soll** sehr reich sein.	*The Krupp family is said/supposed to be very rich.*
Lee Harvey Oswald **soll** als Sowjetagent gearbeitet haben.	*Lee Harvey Oswald is said/supposed to have worked as a Soviet agent.*

3. Used in the simple past tense, **sollen** also has the meaning of *would* in statements such as *He would soon discover that* (. . .). This is sometimes called the "future-in-the-past," since it refers to a point in the "future" with respect to the narrated context, but which is in the "past" from the perspective of what happens even later in the narration.

Sie **sollte** in ein paar Jahren die erste Astronautin werden.	*In a few years, she would become the first female astronaut.*
Erst später **sollten** wir unseren Fehler entdecken.	*Only later would we discover our mistake.*

---

[3]The subjunctive II form **sollte(n)** *(should)* is normally used instead of the indicative to express suggestion or recommendation (what one *should* or *ought to do*), as opposed to obligation (what one *is supposed to do*).

Du **sollst** hier bleiben. *(obligation)*	*You are (supposed) to stay here.*
Du **solltest** hier bleiben. *(recommendation)*	*You ought to stay here.*

E. *Wollen* (Desire; wanting; intention)

1. **Wollen** means *to want to* or *to intend to*. In some contexts its meaning is very close to the future tense (see 24.1), but it always emphasizes intention over prediction.

Diese Firma **will** nach Hamburg übersiedeln.	*This firm wants to/intends to move to Hamburg.*
Niemand **wollte** das Risiko eingehen.	*No one wanted to take the risk.*
Das **will** ich morgen machen.	*I intend to (and will) do that tomorrow.*

2. **Wollen** can also mean *to claim to.* Like other modal verbs with speculative or figurative meanings, **wollen** with *present infinitives* refers to a claim about present actions or states, while with *perfect infinitives* it refers to a claim about past actions or states.

Timo **will** alles besser wissen.	*Timo claims to know everything better (than we do).*
Lia **will** die Vase nicht zerbrochen haben.	*Lia claims not to have broken the vase.*

3. **Wollen** is often used as a main verb with a direct object.

Alle **wollen** den Frieden.	*Everyone wants peace.*

4. **Wollen** is sometimes used in the first-person plural to introduce a polite suggestion.

Wollen wir jetzt gehen?	*Shall we go now?*

5. In an English sentence such as *She wants him to play golf,* the word *him* is less the direct object of *wants* and more the subject of the subsequent idea that "he should play golf"—which is what she wants, after all. German deals with this ambiguity by turning the pseudo-object in this structure into the subject of a subordinate clause beginning with **dass.** In such cases, **wollen** can take either the present or simple past tense, depending on when the desiring occurred, but the verb in the **dass**-clause remains in the present.

Sie **will**, dass **er** Golf spielt.	*She wants him to play golf.*
Ich **will**, dass **du** mir zuhörst.	*I want you to listen to me.*
Er **wollte**, dass **wir** länger bleiben.	*He wanted us to stay longer.*

F. *Mögen* (Liking)

1. The verb **mögen** is used mainly in the subjunctive form **möchte(n)** (Subjunctive II; see 21.2.E) to express a wish or request, and can be translated as *would like* or *want*. It is the preferred way to express *want* in polite contexts, since **wollen** sounds more forceful and blunt in German than *want* does in English. **Möchte** is often combined with **gern** in a positive wish or request.

Er **möchte** (gern) im Sommer nach Italien.	*He would like/wants to go to Italy in the summer.*
Herr Ober, wir **möchten** (gern) zahlen.	*Waiter, we'd like to/want to pay.*

Wir **möchten** (gern) wissen, warum du nicht mitkommen willst.	*We'd like to know why you don't want to come along.*
Ich **möchte** gar nicht mehr daran denken.	*I really don't want to think about it any more.*

2. In its indicative form, **mögen** means *to like* or *to want*, but only in certain contexts.

- ■ When used by itself—that is, with no dependent infinitive—**mögen** takes a direct object and means *to like*, very often with reference to people, food, and places.

Ich **mag** dich.	*I like you.*
Magst du Kaffee?	*Do you like/Do you want (some) coffee?*
So eine Großstadt **mag** sie einfach nicht.	*She just doesn't like a big city like that.*
„Manche **mögen's** heiß"	*"Some Like It Hot" (movie title)*[4]

- ■ When used with an infinitive, **mögen** almost always combines with a negator such as **nicht** or **kein** to express dislike: *to (not) like to* or *to (not) want to.*

Nein, ich **mag** keinen Kaffee trinken.	*No, I don't want to drink any coffee.*
Er **mochte** nicht mehr allein sein.	*He didn't want be alone any more.*

Ich **mag** nicht tanzen.	{ *I don't want to dance (right now).* *I don't like to dance.*

Notice in this last example that the first meaning is localized: *I don't want to dance (at the moment),* while the second meaning is general: *I don't like to dance (at all).* **Mögen** can be used for both, but only when they are negative. For *positive,* general expressions of *liking to [with a verb],* German uses the "verb + **gern**" structure (see the **Wortschatz** in this chapter).

COMPARE:

Felix **tanzt** sehr **gern.**	*Felix likes to dance very much.*
Sophie **tanzt** *nicht* **gern/mag** *nicht* **tanzen,** aber manchmal geht sie trotzdem mit zum Tanzclub.	*Sophie doesn't like to dance, but sometimes she goes along to the dance club anyway.*

3. Like other modal verbs, **mögen** can take on a speculative, conjectural sense. With *present infinitives,* it is used to attach the idea of *may* or *might* to present actions or states.

Das **mag** schon sein.	*That may very well be.*
Das **mag** schon stimmen, aber ...	*That might be true, but ...*

With *past infinitives,* the speculation refers to events or states in the past.

Ich **mag** das vielleicht einmal **gedacht haben,** aber ...	*I may perhaps have thought that once, but ...*
Sie **mag** das schon früher **gesagt haben.**	*She may have already said that earlier.*

---

[4]A 1959 comedy film by Billy Wilder (1906–2002), an Austrian who became famous in Hollywood as a screenwriter, director, and producer.

4. As is the case with **wollen** (see E.5 above), if the subject of a sentence would like someone else to do something, then a **dass**-clause must be used.

Ich möchte dir helfen.	*I would like to help you.*
Ich möchte, **dass du mir hilfst.**	*I would like you to help me.*

9.3 PERFECT TENSES OF MODAL VERBS

A. Formation

1. The present perfect and past perfect of modal verbs are formed like those of other verbs.

haben + past participle (no dependent infinitive)		
Er hat/hatte es	gedurft.	*He has/had been permitted to do it.*
	gekonnt.	*He has/had been able to do it.*
	gemocht.	*He has/had liked it.*
	gemusst.	*He has/had had to do it.*
	gesollt.	*He was/had been supposed to do it.*
	gewollt.	*He has/had wanted to do it.*

2. In practice, however, modal verbs normally appear with infinitives, which means that both verbs must be taken into account when a modal verb is in the present perfect or past perfect tense. One might expect to see the auxiliary as V_1, with the dependent infinitive and the past participle of the modal verb functioning together as V_2. But in this case, German prefers to have both V_2 verbs—the dependent infinitive as well as the modal—in infinitive form, creating a *double infinitive* construction. The auxiliary used with modal double infinitives is always **haben,**[5] regardless of the dependent infinitive, since the auxiliary is connected with the modal verb.

haben + double infinitive[6]		
Sie hat/hatte es	tun dürfen.	*She was/had been permitted to do it.*
	tun können.	*She was/had been able to do it.*
	tun müssen.	*She had to/had had to do it.*
	tun sollen.	*She was/had been supposed to do it.*
	tun wollen.	*She wanted/had wanted to do it.*

3. In dependent clauses, the conjugated auxiliary **haben** precedes the two infinitives.

Leider weiß ich gar nicht, was wir für Montag *haben* **tun sollen.**	*Unfortunately, I have no idea what we were supposed to do for Monday.*

[5]Some speakers use an infinitive structure (**ich habe es dürfen/können,** etc.) *without* an accompanying main verb infinitive; such usage is considered regional.
[6]**Mögen** is excluded here and in 9.4, since it is extremely rare in a double infinitive construction.

B. Use

1. In the present perfect tense, modals can occur without accompanying infinitives when these can be inferred from the context (see 1.B.5 above).

    Hat Lina gestern in die Stadt **gemusst**?

    Did Lina have to go into town yesterday?

    Kannst du Französisch?
    —Ja, aber ich habe es früher besser
    gekonnt.

    Do you know French?
    —Yes, but I used to know it better.

2. There is virtually no difference in meaning between the simple past tense and the present perfect tense of modals, but the simple past tense is much more common.

    Ich **habe** den Aufsatz nicht **schreiben
    können.**

    MORE COMMON:

    Ich **konnte** den Aufsatz nicht **schreiben.**

    *I wasn't able/haven't been able to
    write the essay.*

9.4 **FUTURE TENSE OF MODAL VERBS**

1. The future tense with modals is formed using the conjugated auxiliary **werden;** the modal becomes an infinitive and moves to V_2 position, resulting in a double infinitive construction (see Chapter 24 for detailed discussion of the future tense in general).

werden + double infinitive	
Er/Sie wird es { tun dürfen. tun können. tun müssen. tun sollen. tun wollen.	He/She will { be permitted to do it. be able to do it. have to do it. be supposed to do it. want to do it.

COMPARE:

Du *musst* es ihm jetzt **erklären**!
(*present*)

You have to explain it to him now!

Und du **wirst** ihm später noch viel
mehr **erklären** *müssen.* (*future*)

*And you're going to have to explain a
lot more to him later.*

2. In dependent clauses, the conjugated future auxiliary is placed directly *before* the double infinitive, not at the end of the clause.

    Oder meinst du, dass er den ganzen
    Schlamassel **wird** verstehen können?

    *Or do you think that he'll be able to
    understand the whole mess?*

Wortschatz

I mag di![7]

gern haben	mögen/möchten
lieben	hätte(n) gern
gefallen	würde(n) gern tun
gern tun	Lust haben auf/zu

In German, how do you distinguish between *I like pizza* and *I like you*, or between *I love pizza* and *I love you*? As you can imagine, choosing the right word for the right meaning is crucial here!

1. The expressions **gern haben** and **mögen** mean *to like* in the sense of affection or approval. They express the emotions of someone toward the person or thing liked.

   Sie **hat** dich **gern.** }
   Sie **mag** dich.   } *She likes you.*

   Ich **habe** es nicht **gern,** wenn du so sprichst. }
   Ich **mag** es nicht, wenn du so sprichst.   } *I don't like it when you talk like that.*

   Here is a list of expressions for *liking,* arranged in increasing degrees of emotional affection.

   Ich habe dich gern = *I'm fond of you.*

   Ich mag dich = *I like you.*

   Ich habe dich lieb = *I'm really fond of you/I care about you.*

   Ich liebe dich = *I love you.*

   And going in the opposite direction, according to one blogger:

   Ich liebe dich ⟶ **Ich habe dich lieb** ⟶ **Ich mag dich sehr** ⟶ **Ich mag dich** ⟶ **Ich mag dich ja noch** ⟶ **Also irgendwie mag ich dich schon noch ...**

2. **Gefallen** *(to please; to be pleasing)* can also express *liking,* and overlaps with **mögen** a bit, but usually conveys a more critical, detached liking, as in *I like that film*. It also involves an important grammatical distinction. Whereas **gern haben** and **mögen** express the liking of the subject for the direct object (**Ich habe das gern/Ich mag das**), it is the (dative)

---

[7]**I' mag di'** = **Ich mag dich** *(I like you),* as spoken in some southern German dialects; it's also the title of a popular folksong.

object of **gefallen** that does the liking, while the subject represents what is liked: **Das gefällt mir** *(That is pleasing to me = I like that)*. English speakers must keep in mind that **gefallen** is singular or plural depending on the subject (the thing liked), regardless of whether the "liker" (which would be the subject in English) is singular or plural.

Dieser Film **gefällt** mir.	*I like this film. (It pleases me.)*
Diese Filme **gefallen** mir.	*I like these films. (They please me.)*
Dieser Film **gefällt** vielen Leuten.	*Many people like this film. (It pleases many people.)*
Diese Filme **gefallen** vielen Leuten.	*Many people like these films. (They please many people.)*

3. To express *to like [food]*, German uses **schmecken** (in its meaning *to taste good*) with the dative.

Ich muss zugeben, Sauerkraut **schmeckt mir** gar nicht.	*I have to admit I don't like sauerkraut at all.*
Schmeckt dir das Essen dort?	*Do you like the food there?*

While Germans no doubt love their food as much as Americans love theirs, Germans tend to use **lieben** far less often to express culinary delight. When they do, it is usually to show enthusiasm for a category in general, e.g., **Ich liebe Schokoladenkuchen,** and not a specific example, as in *I love **this** chocolate cake*. To indicate an exceptional appreciation for food, one can add various modifiers to **schmecken,** all of which can be enhanced with **sehr** or **wirklich.**

wunderbar	*wonderful*
köstlich	*delicious/delectable*
hervorragend	*superb/outstanding*

4. **Lieben** can be used to indicate profound enjoyment of other things as well as food, but similar to its usage with food, it normally does so in a general rather than specific sense. Notice in the following examples how German distinguishes between the specific and the general.

Ich **liebe** klassische Musik.	*I love classical music.*
Das Konzert gestern Abend **hat mir** sehr gut/ super **gefallen.**	*I loved the concert last night.*
Er **liebt** die vielen Farben des Frühlings.	*He loves the many colors of spring.*
Sie **findet** die Farben dieser Vorhänge genial.	*She loves the colors of these curtains.*

5. The adverb **gern** used with a verb other than **haben** means *to like to do* the activity expressed by the verb, i.e., in general. To express this idea in the negative (*to **not** like to do something*), German uses both **nicht gern** as well as **nicht mögen.**

Wir **wandern gern.**	*We like to hike.*
Ich esse **nicht gern** allein im Restaurant.	*I don't like to eat by myself in a restaurant.*
Sie **mag nicht** immer fernsehen.	*She doesn't like to watch TV all the time.*

6. The subjunctive forms **möchte(n) (tun)**, **hätte(n) gern**, and **würde(n) gern tun** (see 21.2) are polite ways of expressing inclination or asking what someone *would like (to do)*, i.e., at the moment.

Ich **möchte** einen Kaffee.
Ich **hätte gern** einen Kaffee.
} *I would like a (cup of) coffee.*

Möchten Sie mitfahren?
Würden Sie **gern** mitfahren?
} *Would you like to come along?*

7. The expression **Lust auf/zu etwas haben** is commonly used to express what someone *feels like having or doing*. It is close in meaning to **möchte(n)** and can be made more polite by using the subjunctive form **hätte(n)** instead of **haben** (see 21.2).

■ When the goal in question is an object, the preposition **auf** (+ accusative) is used.

Hast du **Lust auf** einen Apfelsaft?   *Do you feel like (having) an apple juice?*

Hättest du **Lust auf** einen Apfelsaft?   *Would you like to have an apple juice?*

■ When the goal is an activity, an infinitive phrase with **zu** is used (see 11.1).

Wir **haben** keine **Lust zu** tanzen.   *We do not feel like dancing/have
no desire to dance.*

Wir **haben** keine **Lust,** diesen Film noch
einmal **zu** sehen.   *We don't feel like seeing/have no desire
to see this film again.*

Übungen

A   **Ratschläge (*advice*) mit Modalverben.**   Wie viele Ratschläge können Sie in den folgenden Situationen geben? Wer hat die besten Ratschläge?

BEISPIELE   Günther Dünnleib ist etwas zu dick geworden.   (Er ...)
*Er **soll/sollte** ein paar Kilo abnehmen.*
*Er **muss** viel laufen und Sport treiben.*

Ihre Freundin Monika sucht eine Arbeitsstelle.   (Du ...)
*Du **kannst** zum Arbeitsamt gehen.*
*Du **sollst/solltest** die Annoncen in der Zeitung lesen.*

1. Ich habe hohes Fieber und fühle mich nicht wohl.   (Du ...)
2. Eine Bekannte von Ihnen sucht ohne Erfolg eine neue Wohnung.   (Sie ...)
3. Freunde von Ihnen wollen im Restaurant essen, aber sie haben ihr Geld zu Hause vergessen.   (Ihr *[you]*...)
4. Wir (du und ich) haben morgen eine schwere Prüfung in Deutsch.   (Wir ...)
5. Ein Bekannter von Ihnen hat einen schrecklichen Minderwertigkeitskomplex (*inferiority complex*). Es wird jeden Tag schlimmer mit ihm.   (Er ...)
6. Ihre Nachbarn fliegen nächste Woche zum ersten Mal nach Europa.   (Sie *[they]* ...)

B **Gefällt's Ihnen?** Was meinen Sie zu den folgenden Themen? Verwenden Sie Ausdrücke aus dem Wortschatz, um Ihre Meinung auszudrücken.

> BEISPIEL tanzen/heute Abend tanzen
> *Ich tanze **gern**. Ich **habe** aber **keine Lust,** heute Abend zu tanzen.*

1. die Universität, an der Sie jetzt studieren
2. Fremdsprachen lernen
3. Joghurt zum Frühstück essen
4. fern·sehen
5. Rechtsanwältin/Rechtsanwalt *(lawyer)* werden
6. wenn jemand Ihnen Ratschläge *(advice)* gibt
7. bei Facebook herum·schnüffeln *(to snoop around)*
8. zu einem Heavy-Metal-Konzert gehen
9. ein Studiensemester im Ausland verbringen
10. der letzte Film, den Sie gesehen haben
11. die politische Stimmung im Lande/an Ihrer Uni
12. inline·skaten *(rollerblading)*

C **Mit Modalverben geht's auch.** Drücken Sie den Inhalt dieser Sätze mit Modalverben aus.

> BEISPIEL Hier ist Parkverbot.
> *Hier darf man nicht parken.*

1. Dusan spricht und versteht Serbokroatisch.
2. Die Studenten fanden die Leseaufgabe unmöglich.
3. Man sagt, dass zu viel Sonne ungesund ist.
4. Den Rasen bitte nicht betreten!
5. Machen Sie das lieber nicht!
6. Tamino findet es nicht schön, einer Schlange im Wald zu begegnen.
7. Jonathan behauptet immer, dass er alles besser weiß.
8. Erlauben Sie, dass ich eine Frage stelle?
9. Während des Fluges ist das Rauchen verboten.
10. Es ist dringend *(urgently)* nötig, dass du mir sofort $1000 gibst!

D **So bin ich.** Erzählen Sie von sich und Ihren Meinungen mit Modalverben und Ausdrücken aus dem **Wortschatz.**

1. Was Sie überhaupt nicht gern haben
2. Was Sie besonders gut machen können
3. Wozu Sie im Moment Lust haben
4. Was/Wen Sie mögen
5. Was jede Studentin/jeder Student machen soll/wissen sollte
6. Was Sie heute Abend machen möchten
7. Was Ihnen an Ihrer Uni (nicht) gefällt
8. Was Sie am Wochenende machen müssen/sollen/wollen

E   Forderungen (demands)!   Jeder will etwas von mir! Was wollen oder möchten Leute von Ihnen? Machen Sie bitte vier Aussagen.

> **BEISPIELE**   *Meine Mutter **will, dass** ich gute Noten bekomme.*
> *Mein Freund **möchte, dass** ich ihn jeden Abend anrufe.*

Eltern	Lehrer/Lehrerinnen oder Professoren/Professorinnen
Freunde	Zimmerkollegen/Zimmerkolleginnen
Chef/Chefin	der Staat (*government*)

Und was müssen Sie zum Glück *nicht* machen? Machen Sie drei Aussagen.

> **BEISPIELE**   *Ich **muss nicht** auf meine kleine Schwester aufpassen.*
> *Ich **brauche nicht** beim Kochen **(zu)** helfen.*

F   Alles nur vom Hörensagen.   Ist es wahr, was andere vom Hörensagen berichten? Machen Sie vier Aussagen, die mit **sollen** in diesem Sinne gebildet sind. Lesen Sie Ihre Aussagen im Unterricht vor.

REAKTIONEN

Das stimmt gewiss.	Unsinn!
Das mag sein.	Quatsch!
Sehr unwahrscheinlich!	

> **BEISPIELE**   *Elvis Presley soll noch am Leben sein.*
> *Unser Lehrer soll gestern in einer Disko getanzt haben.*

G   Damals.   Drücken Sie die Sätze im Perfekt aus.

> **BEISPIEL**   Als Kind wollte ich oft meinen Eltern helfen.
> *Als Kind **habe** ich oft meinen Eltern **helfen wollen.***

1. Früher musste ich oft meinen Eltern helfen.
2. Manchmal durfte ich nicht ausgehen, wenn ich ihnen nicht geholfen hatte.
3. Es stimmte aber nicht, dass ich ihnen nicht helfen wollte.
4. Aber manchmal konnte ich es nicht, weil ich etwas anderes machen musste.
5. Das konnten meine Eltern nicht immer verstehen.

H   Er liebt sie, aber sie mag ihn nicht, weil ...   Nehmen Sie Vokabeln aus dem Wortschatz (**gern, möchte, lieben** usw.) und erzählen Sie von der Handlung und besonders von den Beziehungen (*relationships*) in einer Fernsehsendung, einem Film oder einem Roman, den Sie kennen. Wer macht was (nicht) gern? Wer möchte …? Wer liebt wen? Wer mag wen nicht? Was gefällt einer Figur an einer anderen Figur in der Geschichte? Machen Sie 5–6 Aussagen – aber wenn Sie einen Jane-Austen-Roman als Beispiel wählen, dann darf's ruhig mehr sein!

I **Eine schöne Zukunft?**   Erzählen Sie davon.

> **BEISPIEL**   Heute muss ich noch (nicht) ..., aber in zwei Jahren ...
> *Jetzt* **muss** *ich noch* **studieren**, *aber in 10 Jahren* **werde** *ich nicht mehr*
> **studieren müssen**.

1. Heute muss ich (nicht) ..., aber in vier Jahren ...
2. Heute kann ich (nicht) ..., aber ich weiß, dass ich in acht Jahren ...
3. Heute will ich (nicht) ..., aber in zwölf Jahren ...
4. Heute darf ich (nicht) ..., aber ich hoffe, dass ich in zwanzig Jahren ...
5. Heute soll ich (nicht) ..., aber in 30 Jahren ...

Anwendung

A   **Rollenspiel: Machen Sie mit?**   Sie wollen etwas tun, aber Sie wollen es nicht allein tun. Versuchen Sie, jemanden dazu zu überreden *(persuade)*. Diese andere Person will nicht und hat viele Ausreden *(excuses)*.

THEMENVORSCHLÄGE

Heute Abend zum Essen oder zu einer Party gehen
Mit Ihnen „Gitarrenheld" *("Guitar Hero")* spielen
Mit Ihnen zusammen eine Hausaufgabe machen
An einer Protestaktion teil·nehmen

REDEMITTEL

für

Du, ich habe eine tolle Idee!
Wir können/sollen ...
Wir müssen nicht ...

gegen

Oh, das klingt interessant, aber ...
Leider kann ich nicht, denn ...
Ach weißt du, ich möchte schon, aber ...

B   **Gebote *(commands)* und Verbote.**   Als Kind gab es sicher manches, was Sie (nicht) tun *durften, konnten, mussten* oder *sollten*, aber doch (nicht) tun *wollten*. Erzählen Sie in einer Gruppe davon. Fragen Sie auch Ihre Professorin/Ihren Professor, wie es in ihrer/ seiner Kindheit war. Machen Sie einige Aussagen im Präteritum (**ich musste ... tun**) und einige Aussagen im Perfekt (**ich habe ... tun müssen**).

THEMENVORSCHLÄGE

beim Essen   auf Reisen
in der Schule   mit Freunden
im Haushalt

Schriftliche Themen

<table>
<tr>
<td>

Tipps zum Schreiben

</td>
<td>

Providing Explanations

Modal verbs do not describe; they help provide reasons and motivations. Thus in explanations you can repeat them more frequently than you should other verbs. To link ideas by explaining *why* something happens, consider using adverbial conjunctions such as **daher, darum, deshalb,** and **deswegen** (*therefore, for that reason, that's why;* see 14.5). These conjunctions are really adverbs and can either begin a clause or occur elsewhere in it. English speakers should resist the temptation to express *That's why* by using **Das ist warum;** the adverbs listed above are preferred and sound more authentically German.

Ich habe keine Zeit, (und) **daher** kann ich nicht kommen.
Ich habe keine Zeit und ich kann **daher** nicht kommen.
I don't have any time, and therefore/that's why I can't come.

</td>
</tr>
</table>

A **Bildgeschichte.**   Erzählen Sie die folgende Bildgeschichte im Präteritum. Verwenden Sie mehrere Modalverben und benutzen Sie dabei die Erzählskizze.

> der Drachen • in den Baum fliegen • hängen bleiben • das Tor • der Pförtner (*gatekeeper*) • nicht hinein • gehen • nach Hause • Vater bitten • holen • sich fein an·ziehen • denken, dass • auf den Baum klettern • der Junge wird in Zukunft ... [*Modalverb im Futur*]

B **Sich entschuldigen.** Schreiben Sie eine E-Mail, in der Sie sich bei jemandem dafür entschuldigen, dass Sie etwas *nicht tun können* oder *nicht getan haben* (z.B. nicht zurück- gemailt; nicht angerufen; nicht auf seine Facebook-Einladung reagiert). Nennen Sie die Gründe dafür. (Siehe Appendix 1, *Formats for Written Communication*.)

> BEISPIEL *Hi Lena! Du, es tut mir echt leid, dass ich nicht geschrieben habe. Weißt du, ich war übers Wochenende bei Verwandten, die wirklich total weit ab vom Schuss* (middle of nowhere) *wohnen, und jetzt kommt's: die hatten nicht mal Internet! Total schrecklich, du!! Drei Tage offline!!! Aber jetzt bin ich ja endlich zu Hause und kann wieder chatten. Sag mal, hast du mal wieder den Paul getroffen? Ich habe nämlich das eine Foto gesehen, es war getagged, und total süß!!! ... usw.*

C **Die zehn Gebote (*commandments*).** Schreiben Sie eine Liste mit zehn Geboten für eine der folgenden Personen: eine Politikerin/einen Politiker; eine Studentin/einen Stu- denten; einen Gebrauchtwagenhändler (*used car salesman*); ein Fotomodell; eine Zim- merkollegin/einen Zimmerkollegen. Benutzen Sie dabei das Modalverb **sollen**!

> BEISPIEL (für einen Professor)
> *1. Sie sollen uns übers Wochenende keine langen Hausaufgaben aufgeben.*
> *2. Sie sollen bei der Benotung der Prüfungen etwas Gnade* (mercy) *zeigen.*
> usw.

Zusammenfassung

Rules to Remember

1 Modal verbs conjugate irregularly in the present-tense singular, but they conjugate like other verbs in the present-tense plural.

2 *Must not* is **dürfen nicht; müssen nicht** means *not to have to.*

3 **Ich will/möchte gehen** means *I want/would like to go.* **Ich will/möchte, dass** *sie* **geht** means *I want/would like* **her** *to go.*

4 Modal verbs conjugate like weak verbs in the past tense, but without any infinitive stem umlauts (**können/konnte; müssen/musste**).

5 German speakers use the simple past tense of modals more often than the present perfect.

6 The future tense and the perfect tenses of modals require a double infinitive construction if there is also a dependent infinitive involved (**Sie hat** *gewollt,* BUT **Sie hat** *gehen wollen*).

At a Glance

A. Conjugation of modal verbs

Present tense					
dürfen	**können**	**mögen**	**müssen**	**sollen**	**wollen**
ich darf☐	kann☐	mag☐	muss☐	soll☐	will☐
du darfst	kannst	magst	musst	sollst	willst
er/sie/es darf☐	kann☐	mag☐	muss☐	soll☐	will☐
wir dürfen	können	mögen	müssen	sollen	wollen
ihr dürft	könnt	mögt	müsst	sollt	wollt
sie/Sie dürfen	können	mögen	müssen	sollen	wollen

Simple past					
dürfen	**können**	**mögen**	**müssen**	**sollen**	**wollen**
ich durfte	konnte	mochte	musste	sollte	wollte
du durftest	konntest	mochtest	musstest	solltest	wolltest
er/sie/es durfte	konnte	mochte	musste	sollte	wollte
wir durften	konnten	mochten	mussten	sollten	wollten
ihr durftet	konntet	mochtet	musstet	solltet	wolltet
sie/Sie durften	konnten	mochten	mussten	sollten	wollten

B. Sentence structure

Present/Simple past
Main clause
_____ [kann / konnte] _____ [machen]
Dependent clause
(main) , _____ [machen] [kann / konnte]

Present perfect				
Main clause				
_____	habe	_____	machen	können
Dependent clause				
(main) ,	_____	habe	machen	können

Future				
Main clause				
_____	werde	_____	machen	können
Dependent clause				
(main) ,	_____	werde	machen	können

C. Expressing *to need*

	Positive	**Negative**
Transitive verb	brauchen	brauchen ⟨ kein- / nicht
Modal verb	müssen	brauchen nicht (+ zu)
		müssen nicht

10

Reflexive pronouns ▪ Reflexive verbs ▪ *Selbst* and *selber* ▪ *Einander*

Grammatik

A. Forms

In English, reflexive pronouns are indicated by adding *-self* or *-selves* to the object or possessive pronoun: *She hurt herself.* In German, the reflexives for the first-person (**ich, wir**) and second-person (**du, ihr**) pronouns are the same as regular accusative and dative forms; all third-person forms plus the formal **Sie** take the reflexive **sich**.[1]

	Nom.	Acc.	Dat.	
1st pers. sing.	ich	mich	mir	*myself*
1st pers. pl.	wir	uns	uns	*ourselves*
2nd pers. fam. sing.	du	dich	dir	*yourself*
2nd pers. fam. pl.	ihr	euch	euch	*yourselves*
3rd pers. sing.	er (der Mann)			*himself*
	sie (die Frau)			*herself*
	es (das Kind)	sich		*itself*
3rd pers. pl.	sie (die Leute)			*themselves*
2nd pers. formal sing. & pl.	Sie			*yourself/yourselves*

[1]The interrogative pronouns **wer** and **was** (see 19.2) and the indefinite pronouns (**man, jemand, niemand, etwas, jedermann,** etc; see 17.2) are third-person pronouns and also take the reflexive **sich.**

B. Positions of reflexive pronouns

1. When the sentence subject—noun or pronoun—is the first element in the sentence, the reflexive pronoun comes directly after the conjugated verb.

Max kauft **sich** täglich eine Zeitung.	*Max buys himself a newspaper every day.*
Er kauft **sich** täglich eine Zeitung.	*He buys himself a newspaper every day.*

2. When a *subject noun* is in the middle field, it can precede or follow a reflexive pronoun; a *subject pronoun* always follows directly after the conjugated verb and precedes a reflexive pronoun (see 1.1.C).

Täglich kauft *Max* **sich** eine Zeitung. ⎫	
Täglich kauft **sich** *Max* eine Zeitung. ⎬	*Every day Max buys himself a newspaper.*
Täglich kauft *er* **sich** eine Zeitung.	*Every day he buys himself a newspaper.*

10.2 ▸ REFLEXIVE VERBS

A pronoun in the accusative or dative case is reflexive when it refers to (i.e., "reflects") the sentence subject.

Ich sehe **mich** im Spiegel.	*I see **myself** in the mirror.*
Er sprach unaufhörlich über **sich**.	*He spoke endlessly about **himself**.*

Both English and German make use of reflexive pronouns, but German does so even more, thanks to a category of verbs in German that are "inherently" reflexive—they require a reflexive pronoun in order to convey certain meanings.[2] Thus German makes use of reflexive pronouns in multiple ways:

- As accusative or dative objects that refer to the sentence subject (as in the examples above).

- With verbs that require a reflexive pronoun, sometimes called *reflexive verbs*.

- With certain verbs of activity that translate as passive constructions.

The following discussion takes up these multiple contexts for reflexives, first with accusative objects and then with dative objects.

---

[2]English has comparatively few such verbs, but one example is *to enjoy oneself*. In English you can say *I enjoyed the food last night*, with *the food* as the direct object of *enjoy*. But with a reflexive pronoun, as in *I enjoyed myself/They enjoyed themselves at the party*, the verb conveys a different meaning: *to have a good time personally*.

A. Accusative reflexives with verbs

1. An accusative reflexive pronoun can be used with virtually any transitive verb if the subject directs an activity at himself/herself/itself. The accusative reflexive pronoun functions as a *direct* object (see 5.4) and refers to the sentence subject.

    COMPARE:

Nonreflexive	**Reflexive**
Ich wasche **das Kind.**	Ich wasche **mich.**
I wash the child.	*I wash myself.*
Du rasierst **den Kunden.**	Du rasierst **dich.**
You shave the customer.	*You shave (yourself).*
Sie sieht **ihn** im Spiegel.	Sie sieht **sich** im Spiegel.
She sees him in the mirror.	*She sees herself in the mirror.*
Die Frau schnitt **die Blumen.**	Die Frau schnitt **sich** in den Finger.
The woman cut the flowers.	*The woman cut her finger.*
Wir haben **sie** im Video gesehen.	Wir haben **uns** im Video gesehen.
We saw them in the video.	*We saw ourselves in the video.*

2. Several German verbs are more consistently transitive than their English equivalents: they require an object no matter what. If the sentence has no direct object, they use a reflexive object to fulfill this function, whereas in English they remain intransitive in such cases. Typical verbs of this category are listed below.

    (sich) ändern   *to change*
    (sich) bewegen   *to move*
    (sich) drehen   *to turn*
    (sich) öffnen   *to open*

    COMPARE:

The cat moved the curtain. (direct object)	Die Katze bewegte **den Vorhang.**
The curtain moved. (no object)	**Der Vorhang** bewegte **sich.**
That changes everything. (direct object)	Das ändert **alles.**
Everything is changing. (no object)	**Alles** ändert **sich.**

3. With certain meanings, a significant number of German verbs *always* take an accusative reflexive, and are therefore referred to as *reflexive verbs*. Reflexive verbs always take the auxiliary **haben** in the perfect tenses, since a reflexive verb by definition always has a direct object (see 3.2.B). Here are some common examples.

sich amüsieren *to enjoy oneself*	sich langweilen *to be bored*
sich ausruhen *to take a rest*	sich (hin)legen *to lie down*
sich beeilen *to hurry*	sich setzen *to sit down*
sich benehmen *to behave*	sich umsehen *to take a look around*
sich entschuldigen *to apologize*	sich verlaufen *to get lost, go the*
sich erholen *to recover*	*wrong way*
sich erkälten *to catch a cold*	sich verspäten *to be late, come too*
sich (wohl/schlecht) fühlen *to feel well/ill*	*late*

Habt ihr **euch** gut **amüsiert?**	*Did you enjoy yourselves?*
Erkälte dich nicht!	*Don't catch a cold!*
Die Gäste haben **sich** auf dem Weg zur Party **verlaufen.**	*The guests got lost on the way to the party.*
Haben wir noch Zeit, **uns** ein bisschen **umzusehen?**	*Do we still have time to look around a bit?*

4. Many reflexive verbs complete their meaning with a prepositional phrase. In the following examples, **sich** (the direct object referring to the subject) is always accusative, while the case following the preposition may be either accusative, dative, or even genitive, depending on the preposition in that context, not on the reflexive pronoun. (For more examples, see R.3.)

sich ärgern über *(acc.)   to be annoyed at*
sich beschäftigen mit   *to be occupied with*
sich erinnern an *(acc.)   to remember*
sich freuen auf *(acc.)   to look forward to*
sich freuen über *(acc.)   to be happy about*
sich fürchten vor *(dat.)   to be afraid of*
sich gewöhnen an *(acc.)   to get used to*
sich interessieren für   *to be interested in*
sich kümmern um   *to attend to, concern oneself with*
sich umsehen nach   *to look around for*
sich verlieben in *(acc.)   to fall in love with*
sich wundern über *(acc.)   to be amazed at*

Ich kann **mich** nicht **an** seinen Namen **erinnern.**	*I can't remember his name.*
Wir **freuen uns auf** deinen Besuch.	*We are looking forward to your visit.*
Sie hat **sich** sehr **auf** unseren Besuch **gefreut**.	*She was very much looking forward to our visit.*
Warum **ärgerst** du **dich** immer **über** ihn?	*Why are you always upset with him?*
Manchmal **wundere** ich **mich** echt **über** deine Dummheiten.	*Sometimes I'm genuinely amazed at the idiotic things you do.*

5. The object of a prepositional phrase after a reflexive verb can also be a reflexive pronoun.

Ich ärgere mich manchmal **über mich.**	*I am annoyed at myself sometimes.*
Sie kümmert sich nur **um sich.**	*She is only concerned about herself.*

6. **Sich** can also be used in certain contexts with a nonacting subject, creating an idea that is expressed in English in the passive voice.

Dein Artikel **liest sich** ganz leicht.	*Your article is easily read/easy to read.*
Diese Struktur **lernt sich** am besten mit vielen Beispielen.	*This structure is best learned with a lot of examples.*
Das **versteht sich** von selbst.	*That's to be understood on its own. (i.e., That's obvious.)*

B. Dative reflexives with verbs

1. Dative reflexive pronouns and accusative direct objects may both appear with nonreflexive verbs when the subject is acting on his/her/its own behalf. When the context is clear, the dative reflexive is optional, as in English.

Kaufst du (**dir**) neue Schuhe?	*Are you buying (yourself) new shoes?*
Ich habe (**mir**) ein Eis bestellt.	*I ordered ice cream (for myself).*

2. Some verbs require dative reflexives to convey particular meanings.

sich etwas anhören   *to listen intentionally to something*
sich etwas ansehen   *to take a look at something*
sich etwas einbilden   *to imagine or think something of oneself that is not true*
sich etwas leisten   *to afford something*
sich etwas merken   *to take note of something*
sich etwas überlegen   *to think something over*
sich etwas vorstellen   *to imagine, conceive of something*

In the expressions above, the **sich** stands for a reflexive pronoun in the dative case, while the **etwas** can be a direct object in the accusative case or information in the form of a clause, either an infinitive clause (see 11.1) or a **dass**-clause (see R.2.3). In the following examples, the reflexive verb is highlighted in bold and the information corresponding to **etwas** is bold italic.

Ein Freund von mir **bildet sich ein**, *ein großer Musiker zu sein.*	*A friend of mine takes himself to be/ thinks of himself as a great musician.*
Aber ich habe **mir** *seine Lieder* genau **angehört.**	*But I've listened carefully to his songs.*
Und ich kann **mir** *etwas Lächerlicheres* gar nicht **vorstellen.**	*And I can't imagine anything more ridiculous.*
Das musst du **dir merken**!	*You have to take note of that/ remember that!*
Wie konnte sie **sich** *einen Plasmafernseher* **leisten**?	*How was she able to afford a plasma-screen TV?*

2. German tends to avoid possessive adjectives when referring to body parts and clothing in conjunction with certain verbs and uses dative reflexives instead to clarify the reference (see 4.5 and 5.5). This usage is so common that such verbs are frequently listed as reflexive verbs: **sich die Zähne putzen**. But if the context is clear, the reflexive "dative of reference" is optional.

Später zog ich (**mir**) den Pulli aus.	*Later, I took off my sweater.*
Kinder, habt ihr (**euch**) schon die Zähne geputzt?	*Kids, have you already brushed your teeth?*

3. With **anziehen, waschen,** and related verbs, an accusative reflexive is normally used when referring to the activity in general (such as *getting dressed* or *washing*), but the reflexive is dative when a direct object is specified.

COMPARE:

Zieh **dich** doch an!	*Come on and get dressed!*
Zieh **dir** heute *einen Anzug* an!	*Put on a suit today!*
Du siehst aber aus – wasch **dich** doch!	*You look a sight—go wash up!*
Vor dem Essen solltest du **dir** *die Hände* waschen.	*Before eating you should wash your hands.*

10.3 ▸ SELBST AND SELBER

1. **Selbst** and **selber** both mean *-self;* they are intensifying adverbs, not reflexive pronouns. They can occur either by themselves or in combination with reflexive pronouns.

Hast du dieses Haus **selber/selbst** gebaut?	*Did you build this house yourself?*
Sie hat *sich* **selbst/selber** angezogen.	*She got dressed (by) herself.*

2. With verbs that take a dative object (see 5.5.B), **selbst** or **selber** is often used to emphasize a reflexive pronoun object.

Du musst *dir* **selbst/selber** helfen.	*You will have to help yourself.*
Er hat *sich* **selbst/selber** widersprochen.	*He contradicted himself.*

3. **Selbst** and **selber** can be used interchangeably except in one instance. When **selbst** precedes the words it intensifies, it means *even.* **Selber** cannot be used this way.

Selbst am Mittelmeer hatten wir mieses Wetter.	*Even on the Mediterranean we had lousy weather.*

10.4 ▸ THE RECIPROCAL PRONOUN EINANDER

1. Plural reflexive pronouns can be used to express reciprocal actions, that is, actions done by persons *to each other* or *one another*. This structure, however, may result in ambiguity, which is best eliminated by using **einander** *(each other)*.

Wir kauften **uns** kleine Reiseandenken.	*We bought **each other** little travel souvenirs.* OR: *We bought **ourselves** little travel souvenirs.*
Wir kauften **einander** kleine Reiseandenken.	*We bought **each other** little travel souvenirs.*

2. When used with prepositions, **einander** attaches to the preposition to form one word.

Die Mannschaften spielen jetzt **gegeneinander.**	*The teams are now playing against each other.*
Fürchten sich Geister **voreinander?**	*Are ghosts afraid of one another?*

Wortschatz
Entscheide dich doch!

(sich) entscheiden	eine Entscheidung treffen
sich entschließen	einen Entschluss fassen
beschließen	

---

1. **Entscheiden** means *to decide (for or against)* or *to settle a question intellectually.*

Ein Richter muss diesen Fall **entscheiden.**	*A judge must decide this case.*

2. **Sich entscheiden** means *to decide, make up one's mind,* or *choose among various options.* **Sich entscheiden (für)** means *to decide on one option, to choose.*

Hast du **dich entschieden,** ob du mitfahren willst oder nicht?	*Have you decided whether or not you want to ride along?*
Ich habe **mich** doch **für** den grünen Mantel **entschieden.**	*I decided on the green coat after all.*

3. **Eine Entscheidung treffen** means *to come to a decision.* It is roughly synonymous with **(sich) entscheiden,** though stylistically more emphatic.

Hast du schon **eine Entscheidung getroffen,** wo du studieren möchtest?	*Have you come to a decision as to where you want to study?*

4. **Sich entschließen** means *to decide to take a course of action* or *to make up one's mind to do something.*

Er konnte **sich** nicht (dazu)[3] **entschließen,** ein neues Auto zu kaufen.	*He could not make up his mind to buy a new car.*

---

[3]The anticipatory **dazu** (see 20.2) is optional with **sich entschließen.**

5. **Einen Entschluss fassen** means *to make a decision or resolution*. It is roughly synonymous with **sich entschließen,** but more emphatic.

Sie hat **den Entschluss gefasst,** ein anderes Studium anzufangen.	*She made the decision to begin a different course of study.*

6. **Beschließen** means *to resolve to take a course of action* or *to pass a resolution by virtue of some authority.*

Wir haben **beschlossen,** eine neue Wohnung zu suchen.	*We have decided to look for a new apartment.*
Der Bundestag hat **beschlossen,** das neue Einwanderungsgesetz zu verabschieden.	*The German parliament has resolved to pass the new immigration bill.*

Übungen

A   **Nicht reflexiv → reflexiv.**   Machen Sie die Sätze reflexiv, indem Sie die fett gedruckten Wörter ersetzen.

> **BEISPIEL**   Narzissus sah **Bäume** im Wasserspiegel.
> *Narzissus sah **sich** im Wasserspiegel.*

1. Man sollte **die Sachen** regelmäßig waschen.
2. Ich habe **die Zeitung** auf das Sofa gelegt.
3. Sie zog **ihre Kinder** immer sehr schick an.
4. Zieh **ihm** die Jacke aus.
5. Wir legten **die Decken** in die Sonne.
6. Kinder, seht ihr **das Haus** im Spiegel?
7. Was hat sie **ihm** gekauft?
8. Haben Sie **die Kinder** schon angezogen?
9. Niemand konnte **der Polizei** den Unfall erklären.
10. Der Arzt hat **ihm** den Arm verbunden.

B   **Anders gesagt.**   Drücken Sie die folgenden Sätze mit Hilfe von Reflexivverben in diesem Kapitel anders aus.

> **BEISPIEL**   In fünf Minuten geht's los, und ich bin nocht nicht fertig!
> *Ich muss mich beeilen.*

1. Jetzt muss ich endlich mit ihr sprechen!
2. Die Tür ging langsam auf.
3. Eigentlich sollte das Essen um sieben Uhr beginnen, aber wir kamen erst um Viertel vor acht an.
4. Fünf Jahre nach meinem Abschluss war ich mal wieder auf dem Campus meiner Uni, aber da war inzwischen alles anders.

5. Die Party war furchtbar. Die Musik war doof und niemand wollte mit mir sprechen.

6. Was sagst du ihr denn nun, ja oder nein? Irgendwann musst du ihr ja irgendetwas sagen.

7. Entschuldigung, können Sie mir helfen? Ich muss zum Bahnhof, aber anstatt nach rechts bin ich nach links gelaufen und jetzt weiß ich überhaupt nicht mehr, wo ich bin.

8. Das Theaterstück war toll! Ich habe nie im Leben so viel gelacht!

C **Wer die Wahl (choice) hat, hat die Qual (torment).** Beantworten Sie die folgenden Fragen.

> BEISPIEL Was war die schwerste Entscheidung in Ihrem Leben?
> *Ich musste mich entscheiden, an welcher Universität ich studieren wollte.*

1. Was war die beste/schlechteste Entscheidung, die Sie je getroffen haben?
2. Wann ist es für Sie schwer/leicht, sich zu entscheiden?
3. Haben Sie sich je zu etwas entschlossen, was Sie später bereut (regretted) haben?
4. Haben Sie einmal einen ganz klugen Entschluss gefasst?
5. Wofür würden Sie sich nie entscheiden?

D **Situationen.** Beenden Sie die Sätze. Verwenden Sie die folgenden Verben.

sich amüsieren	sich erkälten	sich bewerben um *(to apply for)*
sich aus·ruhen	sich um·sehen	sich entschuldigen *(to apologize)*
sich beeilen		sich irren *(to be mistaken)*

> BEISPIEL Der Hund von nebenan bellt seit Stunden. Vielleicht sollte Herr Franzen ...
> *Vielleicht sollte Herr Franzen sich bei seinem Nachbarn oder bei der Polizei beschweren.*

1. Lukas lief letzte Woche dauernd ohne Mantel im Regen herum. Kein Wunder also, dass ...
2. Der Schulbus fährt in zehn Minuten und die Kinder ziehen sich noch an. „Kinder, ... !"
3. Lufthansa hat jetzt Stellen frei und Charlotte sucht Arbeit. Vielleicht kann sie ...
4. Die Arbeit im Büro ist wie immer sehr langweilig. In der Pause will sie ...
5. „Es tut mir leid, Raymond, aber das stimmt nicht. Ich glaube, dass ... "
6. Verkäuferin im Kleidungsgeschäft: „Suchen Sie etwas Bestimmtes?" „Nein, ich will ... "
7. Jonas hat seinen Kollegen beleidigt (insulted). Jetzt möchte er ...
8. „Ich bin sehr müde." „Dann solltest du ... "

E   **Früher.**   Machen Sie fünf Aussagen über Ihr vergangenes Leben. Verwenden Sie reflexive Verben mit Präpositionen und Verben aus dem Wortschatz. Beginnen Sie zwei Ihrer Aussagen mit: Ich glaube, dass …

>   **BEISPIEL**   *Früher habe ich mich vor Schlangen gefürchtet.*
>   OR:
>   *Ich glaube, dass ich mich als Kind vor Schlangen gefürchtet habe.*

F   **Akkusativ** $\longrightarrow$ **Dativ.**   Bilden Sie Sätze mit Reflexivpronomen im Dativ.

>   **BEISPIEL**   Du wäschst dich.   (Hände)
>   *Du wäschst dir die Hände.*

1. Zieh dich aus!   (die Schuhe)
2. Habt ihr euch gewaschen?   (die Füße)
3. Ich muss mich abtrocknen *(to dry).*   (die Hände)
4. Sie kämmt sich.   (die Haare)
5. Sie sollen sich anziehen.   (andere Sachen)

G   **Einander.**   Drücken Sie die Sätze anders aus.

>   **BEISPIEL**   Wann habt ihr euch kennen gelernt?
>   *Wann habt ihr **einander** kennengelernt?*

1. Wir haben uns öfter gesehen.
2. Die Schüler helfen sich mit den Hausaufgaben.
3. Habt ihr euch nicht geschrieben?
4. Julia und Leon machen sich oft kleine Geschenke.

H   **Selbst Supermann könnte nicht …**   Niemand kann alles tun oder schaffen. Wählen Sie 5 Personen von der Liste – alle haben schon sehr viel gemacht und sind dafür bekannt – und sagen Sie, was selbst *diese* Personen nicht schaffen oder immer noch schwierig finden. Gehört die Person einer anderen Epoche an, dann müssen Sie den Satz im Präteritum bilden. (Und wenn Sie über andere bekannte Leute sprechen wollen, dann geht das natürlich auch!)

>   **BEISPIEL**   Bill Gates
>   *Selbst Bill Gates muss sich morgens anziehen und die Zähne putzen.*

Angela Merkel	Michael Jordan
Charles Lindbergh	Napoleon Bonaparte
Cleopatra	Oprah Winfrey
die „Spinne" *(Spider-Man)*	St. Nikolaus
Mahatma Gandhi	Venus Williams

Anwendung

A   **Beim Aufstehen und vor dem Schlafengehen.**   Erzählen Sie jemandem im Kurs, wie Sie sich morgens nach dem Aufstehen und abends zum Schlafengehen fertig machen. Was machen Sie zuerst? Was kommt danach? Was machen Sie zuletzt? Was machen Sie nicht? Berichten Sie dann, was jemand Ihnen erzählt hat.

VOKABELVORSCHLÄGE

sich an·ziehen/aus·ziehen
(sich) duschen
sich die Haare kämmen
sich rasieren
sich Kleider aus·suchen *(to pick out clothes)*
sich strecken *(stretch)*
sich schminken *(put on makeup)*
sich ab·trocknen
sich waschen
Kleider auf·hängen

B   **Gefühle, Interessen und Reaktionen.**   Erkundigen Sie sich bei jemandem nach der folgenden Information, dann berichten Sie darüber.

Fragen Sie ...

1. wann sie/er sich besonders ärgert.
2. wovor sie/er sich fürchtet.
3. wofür sie/er sich besonders interessiert.
4. woran sie/er sich (un)gern erinnert.
5. worauf sie/er sich ganz besonders freut.
6. worüber sie/er sich ganz besonders freut.

C   **Na und? (So?)**   Egal, was Ihre Partnerin/Ihr Partner gesehen, gedacht oder gekauft hat, Sie haben's besser gemacht! Bilden Sie Sätze und benutzen Sie dabei die folgenden Verben: **sich etwas an·sehen, sich entschließen, sich erinnern an, sich etwas kaufen** und **sich etwas leisten.** Mit wie vielen Aussagen können Sie Ihre Partnerin/Ihren Partner übertrumpfen?

BEISPIEL   A: *Du, ich war letzten Sommer in Deutschland und habe mir das Schloss in Heidelberg angesehen.*
     B: *Na und? Ich war ja auch in Heidelberg und habe mir das Schloss gekauft! Dann habe ich ein Glas Wein getrunken.*

Schriftliche Themen

<table>
<tr>
<td>**Tipps zum Schreiben**</td>
<td>

Using Process Writing in German

To write effectively in a foreign language requires a thoughtful approach to the process of gathering, organizing, and expressing your thoughts. Here's one way of doing that: Once you've decided on your topic, make a list of German verbs that you associate with it. Then write short statements about the topic with these verbs, using a basic subject-verb-object or subject-verb-prepositional phrase format. Next, expand these statements by adding descriptive or qualifying adjectives (see Chapter 13), adverbs (see Chapter 14), or prepositional phrases (see Chapter 6). Finally, read what you have written to see where you can improve the style of your composition by putting elements other than subjects in the front field of main clauses.

</td>
</tr>
</table>

A   Nacherzählung.   Erzählen Sie die folgende Bildgeschichte *in der Vergangenheit* nach. Gebrauchen Sie Verben mit Reflexivpronomen.

VOKABELVORSCHLÄGE

die Straßenbahn
die Werbung, -en *(advertisement)*
sich vor·stellen
sich kaufen/holen
sich waschen
sich im Spiegel an·schauen

sich das Gesicht ein·reiben
sich die Zähne putzen
sich freuen (auf)
sich interessieren (für)
sich fragen

B **Selber gemacht!**   Haben Sie in Ihrem Leben etwas ohne Hilfe von jemand getan oder gemacht? Vielleicht etwas gebaut, erfunden, geschrieben oder komponiert? Schreiben Sie darüber!

> BEISPIEL   *Als ich 8 Jahre alt war, habe ich ein Lied selber komponiert. Nun, ich war nicht Mozart und das Lied war nichts Besonderes, aber ich war stolz darauf, dass ich es selbst gemacht hatte ...*

C **Menschenbeschreibung.**   Kennen Sie jemanden, der sehr begabt, exzentrisch oder eigenartig ist? Beschreiben Sie diesen Menschen. Womit beschäftigt sie/er sich? Wie verhält sie/er sich? Wofür interessiert sie/er sich? Worüber ärgert sie/er sich?

> BEISPIEL   *Mein Freund David ist sehr exzentrisch. Er langweilt sich nie, denn dauernd beschäftigt er sich mit Fragen, die ich mir nicht einmal vorstellen kann. Er hat z.B. einmal ausgerechnet, dass ein Mensch sich im Laufe seines Lebens mehr als hundertmal erkältet. Obwohl er sich einbildet, ... usw.*

Zusammenfassung

Rules to Remember

1 A reflexive pronoun is an object pronoun, either accusative or dative, that refers to the sentence subject.

2 The dative and accusative reflexive form of all third-person pronouns and **Sie** is **sich.** COMPARE: **Er sieht sie.** *(He sees her.)* **Er sieht sich.** *(He sees himself.)*

3 Some German verbs always require a reflexive pronoun, even though the English equivalent may not: **Ich erinnere mich.** *(I remember.)*

4 Many reflexive verbs complete their meaning with a prepositional complement: **Ich erinnere mich an ihn.** *(I remember him.)*

At a Glance

Reflexive pronouns		
Nom.	**Acc.**	**Dat.**
ich	mich	mir
du	dich	dir
er sie es	sich	
wir	uns	
ihr	euch	
sie Sie	sich	

Reflexive verbs + prepositional complements
sich ärgern + über *(acc.)* sich beschäftigen + mit *(dat.)* sich erinnern + an *(acc.)* sich freuen + auf/über *(acc.)* sich fürchten + vor *(dat.)* sich interessieren + für *(acc.)* sich kümmern + um *(acc.)* sich um·sehen + nach *(dat.)* sich verlieben + in *(acc.)* sich wundern + über *(acc.)*

11

Infinitives

zum Beispiel

Loriot: Fußball — ein Spiel für Intellektuelle

Wum: Ich habe einige wichtige Fragen …

Wim: Na dann schieß los[1] … neinnein … ich meine: Nun frag schon!

Wum: Wim, wie viele Männer gehören eigentlich zu einer Fußballmannschaft?

Wim: Elf.

Wum: Und wie viel Bälle haben die?

Wim: Einen.

Wum: Einen? Das ist ja wahnsinnig unergiebig°!   *unproductive, useless*

Wim: Du, die haben aber 'ne Menge° zu tun! Die müssen den Ball   *a lot*
doch ins Tor° kriegen!   *goal*

Wum: Na und?

Wim: Na, da stehen doch die anderen davor …

Wum: Welche anderen?

Wim: Die andern elf.

Wum: Haben die auch 'n Ball?

Wim: Nein!

Wum: Aber womit spielen die denn? Das ist doch alles völlig sinnlos°!   *pointless, senseless*

Wim: Neinnein, die müssen den Ball ja *auch* ins Tor schießen.

Wum: Wieso? Ich denke, die haben keinen Ball!?

Wim: Das ist doch derselbe, Mensch[2]!!

Wum: Derselbe Mensch?

Wim: Derselbe Ball!

Wum: Na, 22 erwachsene° Männer werden doch wohl den einen   *grown, adult*
lumpigen° Ball in dieses blöde Tor schießen können!   *paltry*, here: *stupid*

Wim: In zwei, Wum, in zwei Tore!

Wum: Aber man kann doch nicht einen Ball gleichzeitig in zwei Tore schießen!

Wim: Neinnein, die einen wollen ja auch nur, dass der Ball in das andere Tor geht!

Wum: Und wissen die einen, dass die anderen den Ball in das eine
Tor schießen wollen, während die anderen vermuten°, dass   *assume*
die einen den Ball im anderen Tor benötigen°?   *need (to get)*

Wim: So ist es!

Wum: Siehst du, das ist wieder so ein kompliziertes Spiel für
Intellektuelle!

In: Daniel Kampa and Winfried Stephan (eds.), *Früher waren mehr Tore* (Zürich: Diogenes Verlag, 2008), pp. 12–13.

---

[1]**schieß los:** "*shoot!*" is a pun: here: *to start*; but also: *to shoot a gun; to shoot a goal*

[2]**Mensch:** here: *interjection of exasperation* (e.g., "*for crying out loud!*")

Grammatik

11.1   INFINITIVES WITH *ZU*

1. An infinitive clause can be as basic as two words: **zu** + infinitive.

Fußball ist doch leicht **zu verstehen**.	*Soccer is actually easy to understand.*

    But it can also include various objects and modifiers that precede **zu** and follow the word order rules of the middle field (see 1.1.C).

Fußball ist die Kunst, **mit 44 krummen Beinen eine luftgefüllte Lederkugel in zwei große Netze zu dreschen**.[3]	*Soccer is the art of slamming an air-filled leather sphere into two nets by means of 44 crooked legs.*

    Notice in the examples above that in English, the infinitive follows closely on the heels of the word or phrase that introduces it *(easy to understand/art of slamming . . .)*, with connected objects and modifiers trailing behind; while in German, the infinitive comes at the very end of its own clause, following any such elements, and is always preceded by **zu**. Notice also that German infinitive structures sometimes translate into English with *to ___*, and sometimes with an *-ing* construction.

2. In the case of separable-prefix verbs (see R.5.1), **zu** is inserted between the prefix and the stem verb, forming one word.

Ein Team versucht, das andere **anzugreifen** und **zu überlisten**.	*One team tries to attack and outsmart the other.*

3. When an infinitive clause includes a verbal complement (see 1.1.C), **zu** is placed between the complement and the infinitive.

Es ist nicht einfach, eine solche Niederlage **in Kauf zu nehmen**.	*It's not easy to accept a defeat like that.*

    This also applies to modal verbs with dependent infinitives, such as **gewinnen können** = *to be able to win.*

FC Bayern München hofft, die Meisterschaft wieder **gewinnen zu können**.	*FC Bayern Munich hopes to be able to win the championship game again.*

4. An infinitive clause usually follows the main clause, rather than being framed by it, though a small number of verbs (**anfangen** and **versprechen,** for example) allow for embedding.

Alle Spieler *fingen* gleichzeitig **zu streiten** *an*.	*All the players began arguing at the same time.*

---

[3]This sentence is actually the title of a popular book about soccer in Germany, by Funcke and Schneider (Tomus Verlag, München).

Podolski *hat* dem Stürmer **zu helfen versprochen**.	*Podolski promised to help the striker.*

If the infinitive clause functions as the subject of the sentence, it precedes the main clause.

In die zweite Bundesliga abzusteigen, wäre für Hamburg eine große Blamage.	*To drop down into the second-tier league would be a huge embarrassment for the Hamburg team.*
Ein Eigentor zu schießen, kann manchmal gefährlich sein, wie ein kolombianischer Spieler 1994 erfuhr.	*To score a goal in your own net can sometimes be dangerous, as a player from Colombia found out in 1994.*

5. A comma is used to separate the main and infinitive clauses in the following situations:

   a. If the infinitive clause is linked to a noun in the introductory clause.

   b. If the infinitive clause begins with **als, außer, ohne, statt** or **um** (see 11.2 below).

   c. If the introductory clause contains an anticipatory **da**-compound or **es** (see 20.2–3).

   d. If the sentence could be misunderstood without the comma.

WITH COMMA:

Der Spieler ignorierte meinen Rat, etwas vorsichtiger **zu schießen.**	*The player ignored my advice to shoot more carefully.*
Es gibt nichts Besseres, **als** im entscheidenden Moment einen Fallrückzieher **zu sehen.**	*There's nothing better than seeing a bicycle kick at a decisive moment.*
Ich freue mich jedes Wochenende **darauf,** Ronaldo bei Real Madrid spielen **zu sehen.**	*I look forward every weekend to seeing Ronaldo playing with Real Madrid.*
Sie lief etwas langsamer, **um** ein Abseits zu vermeiden.	*She ran a bit more slowly in order to avoid being offsides.*

WITHOUT COMMA:

Er entschied sich nur **zu sitzen** und **zuzuschauen.**	*He decided just to sit and watch.*

6. Some English infinitive constructions require an altogether different construction in German.

   a. English statements containing *like to* ___ are usually expressed in German with **gern:** *Every fan **likes to** wear his team's colors* = **Jeder Fan *trägt gern* die Farben seiner Mannschaft** (see 9.2.F and Chapter 9 **Wortschatz**).

   b. Constructions in English such as *We want them to win* cannot be expressed in German with an infinitive; instead, they require **wollen, dass ...** with a subject and a conjugated verb (see 9.2.E): *We **want** Schalke to win this year* = **Wir *wollen, dass* Schalke dieses Jahr gewinnt.**

7. In English, an infinitive clause often follows a predicate adjective, completing the idea conveyed by the adjective about the subject of the main clause: *The sight was <u>terrible</u> **to behold**.* *That idea is <u>bound</u> **to fail**.* German uses this construction only if the verb in the infinitive clause takes a direct object (that is, it cannot be a dative verb), and only with a small number of adjectives: **einfach, interessant, leicht, schwer,** and **schwierig.**

*Brazil's playing style is **interesting to observe**.*	Der Spielstil Brasiliens ist **interessant zu beobachten.**
*An offsides is a little **difficult to explain**.*	Ein Abseits ist etwas **schwer zu erklären.**
BUT:	
*Their defense wasn't **easy to avoid**.*	Es war nicht **einfach**, ihrer Verteidigung **auszuweichen**. (*avoid* = **ausweichen** + Dativ)

11.2   ADVERBIAL PHRASES WITH *UM … ZU, OHNE … ZU,* AND *(AN)STATT … ZU*

To express English *in order to* ____, *without* ___-*ing,* and *instead of* __-*ing,* German uses infinitive clauses beginning with **um, ohne,** or **(an)statt.** (Note: In **(an)statt,** the **an** is optional; adding it renders the word slightly more formal.) In each case, the clause begins with the preposition, followed by an optional middle field with any additional information, and finally **zu** + infinitive. A comma always separates these clauses from the main clause.

Keine Mannschaft kann gewinnen, **ohne zu trainieren**.	*No team can win without training.*
(An)statt den Ball **zu schießen**, hat er sich entschieden weiterzudribbeln.	*Instead of shooting the ball, he decided to keep on dribbling.*

11.3   INFINITIVES WITHOUT *ZU*

1. Infinitives accompanying modal verbs, as in *I want to . . .* (see 9.1) and the future auxiliary **werden,** as in *I am going to . . .* (see 24.1), do not take a preceding **zu.**

2. The verbs of perception **fühlen, hören, sehen, spüren** (*to perceive, feel*), as well as the verbs **heißen** (here: *to bid* or *command*) and **lassen** (see 11.4), can function like modal verbs as V$_1$ of the verbal bracket, and in this use can be considered *semi-modals.* Infinitives accompanying them function as V$_2$, without **zu.**

Der Verteidiger **hat** den Schiedsrichter **pfeifen** *hören*.	*The defender heard the referee blow his whistle.*
Der Schiedsrichter **sah** den Verteidiger im Strafraum ein Foul *begehen*.	*The referee saw the defender committing a foul in the penalty area.*

3. Infinitives accompanying the semi-modals **helfen, lehren,** and **lernen** can occur either with or without **zu.**

Bei einem Eckstoß **helfen** die Spieler dem Torwart, das Tor **zu verteidigen**.

OR:

Bei einem Eckstoß **helfen** die Spieler dem Torwart das Tor **verteidigen**.

On a corner kick, the players help the goalie defend the goal.

4. With **fühlen, hören, sehen, spüren,** and also with **lernen** and **lehren,** a subordinate clause is often used instead of an accompanying infinitive clause.

Der Stürmer **fühlte**, wie der Verteidiger das ganze Feld entlang hinter ihm **herlief**.

The striker felt how the defender ran right behind him the length of the whole field.

INSTEAD OF:

Der Stürmer **fühlte** den Verteidiger das ganze Feld entlang hinter ihm **herlaufen**.

The striker felt the defender running right behind him the length of the whole field.

Alle **sahen**, dass sie ein Foul **beging**.

Everyone saw that she committed a foul.

INSTEAD OF:

Alle **sahen** sie ein Foul **begehen**.

Everyone saw her commit a foul.

5. The verb **gehen** is also often used with a following infinitive without **zu.**

Vor dem Spiel **gehen** viele Fans für Schals, Fahnen und Trikots **einkaufen**.

Before the game, many fans go shopping for scarves, flags, and jerseys.

11.4 ▸ *LASSEN + INFINITIVE*

1. **Lassen** has numerous meanings, depending on the objects and infinitives to which it is (or is not) attached. These include:

to leave: **Ich lasse den Ball hier** (see the **Wortschatz** in this chapter)
to let someone do something: **Lässt er mich endlich spielen?**
to have something done: **Ich lasse meine Fußball-Klamotten waschen.**

2. When **lassen** is connected with an infinitive, its meaning is determined by the use of direct objects in the clause and by context. Here are the most common meanings and their configuration.

a. *to let/have someone do something*

■ **lassen** + direct object (person) + infinitive

Der Trainer **lässt** den jungen Spieler endlich **spielen**.

The coach is finally letting/having the young player play.

- **lassen** + direct object (person) + direct object + infinitive

Der Torwart **ließ** die Gegner das letzte Tor **kriegen**.	*The keeper **let** the opposing team **get** the final goal. [Note: "has" is not appropriate here because it changes the meaning]*
Mit einer zweiten Gelben Karte **ließ** der Schiedsrichter den Spieler den Platz **verlassen**.	*With a second yellow card, the referee **had** the player **leave** the field. [Note: "let" is not appropriate here because it changes the meaning]*

b. *to let/have something (be) done*

- **lassen** + direct object + infinitive

Vor dem Spiel **lassen** wir den Spielplatz nochmal **mähen**.	*Before the game we're having the field mowed again.*
Ich **lasse** auch die Stadionuhr nochmal **kontrollieren**.	*I'll have the stadium clock checked again too.*

3. A "dative of reference" (see 5.5) is sometimes used with **lassen** to indicate *to whom* or *for whom* an action is done.

Der Teamarzt **ließ** *dem verletzten Spieler* einen Krankenwagen rufen.	
OR:	*The team doctor had an ambulance called for the injured player.*
Der Teamarzt **ließ** *für den verletzten Spieler* einen Krankenwagen rufen.	

4. The dative reflexive pronoun (see 10.1) is commonly used with **lassen**.

Einige Fans **lassen** *sich* einen Ball oder ein Programm **unterschreiben**.	*Some fans have a ball or a program autographed (for themselves).*
Hat Beckham *sich* noch einmal die Haare schneiden **lassen**?	*Has Beckham gotten his hair cut yet again?*

11.5   INFINITIVES AS NOUNS

Virtually any German infinitive can be capitalized and used as a neuter noun. Such nouns usually correspond to English gerunds (the *-ing* form).

Das Verteidigen ist manchmal noch anstrengender als **das Angreifen**.	***Defending** is sometimes more demanding than **attacking**.*
Ich wünschte, der Schiedsrichter würde **mit seinem Pfeifen** aufhören.	*I wish the referee would stop **his whistling**!*

11.6	**DOUBLE INFINITIVES**

A. Double infinitives with the perfect tenses

1. Like modal verbs, **fühlen, hören, sehen, spüren,** and **lassen** generally form the perfect tenses with a so-called *double infinitive* construction rather than with a past participle (see 9.3).[4]

   COMPARE:

   Beim Einwurf **hat** eine Spielerin den Ball gar nicht **gesehen.**

   At the throw-in, one player didn't see the ball at all.

   Beim Einwurf **hat** eine Spielerin den Ball gar nicht **kommen sehen.**

   At the throw-in, one player didn't see the ball coming at all.

   Der Torwart **hat** den Ball nicht in den Strafraum **gelassen.**

   The goalie didn't let the ball into the penalty area.

   Der Torwart **hat** den Ball nicht in den Strafraum **rollen lassen.**

   The goalie didn't let the ball roll into the penalty area.

2. The verb **helfen** can also form its perfect tense with a double infinitive. However, the tendency among German speakers is to use the past participle in combination with an infinitive clause including **zu.**

   POSSIBLE:

   Bei einem gefährlichen Eckball haben zwei Spieler ihrem Torwart das Tor **verteidigen helfen.**

   PREFERRED:

   Bei einem gefährlichen Eckball haben zwei Spieler ihrem Torwart geholfen, **das Tor zu verteidigen.**

   On one dangerous corner kick, two players helped their goalie defend the goal.

3. German speakers often avoid a double infinitive construction by using the simple past tense instead.

   Den Ball **ließ** der Schiedsrichter dort **liegen,** wo er das Foul gesehen hatte.

   The referee left the ball lying where he had seen the foul.

   Und natürlich **sah** er nur unser Team ein Foul **begehen,** nicht unsere Gegner.

   And of course he only saw our team commit a foul, not our opponents.

4. In dependent clauses, the auxiliary verb comes before a double infinitive.

---

[4]When using the verbs of perception (**fühlen, hören, sehen,** and **spüren**) in the perfect tense, some native German speakers use an infinitive + participle construction in subordinate clauses (**Wir haben ihn kommen** *gehört***),** but this usage is considered substandard.

B. Double infinitives with the future tense

The future tense of all verbs accompanied by infinitives without **zu** (that is, modals and semi-modals) results in a double infinitive construction, with **werden** as V_1 and the double infinitive as V_2. In dependent clauses, **werden** precedes the double infinitive (see 24.1.A).

Wird sich der Fußball in den USA als Volkssport **durchsetzen können?**	*Will soccer be able to gain acceptance in the United States as a national sport?*
Vielleicht kommt es darauf an, welche Spieler die Teams *werden* anstellen **können.**	*Maybe it depends on which players the teams will be able to hire.*

Wortschatz
Wer hat wen verlassen?

lassen	verlassen	weg·gehen

1. **Lassen** followed by a noun or pronoun object but no subsequent infinitive means *to leave someone or something in a place or condition.*

„**Lass** den Ball, wo er ist!" rief der Schiedsrichter.	*"Leave the ball where it is!" shouted the referee.*

2. **Verlassen** means *to leave or depart from a person, place, or activity,* and always takes a direct object.

Es wurde chaotisch, als 80 000 Fans anfingen, das Stadion zu **verlassen.**	*Things became chaotic as 80,000 fans began to leave the stadium.*
Jeder war überrascht, als Ronaldo Brasilien **verlassen** hat.	*Everyone was surprised when Ronaldo left Brazil.*

Verlassen can also connote emotional (and by implication, long-term) separation.

„Ich **verlasse** dich nie", hatte Ollie Kahn[5] zu Simone gesagt. Dann traf er Verena.	*"I'll never leave you," Ollie Kahn[5] had said to Simone. Then he met Verena.*

COMPARE:

Ich **verlasse** dich!	*I'm leaving you!* (implied: *forever*)
Ich **lasse** dich auf der Tribüne.	*I'll leave you here in the stands.* (implied: *I'll come back for you*)

---

[5]**Ollie Kahn** is a sports celebrity in Germany, having been named **Fußballer des Jahres** in Germany twice and **Torhüter** *(goalie)* **des Jahres** in Germany six times during his career, with a World Cup title and multiple national and European titles to his credit.

3. **Weg·gehen** means to *leave, depart,* or *go away.* This verb cannot be used with a direct object.

„Wir **gehen** nicht **weg**, bis wir ein Autogramm kriegen!"	*"We're not leaving till we get an autograph!"*
Geht doch **weg**", sagte der Spieler den Reportern mürrisch nach der peinlichen Niederlage.	*"Go away," said the player sullenly to the reporters after the embarrassing defeat.*

COMPARE:

Leave!	**Gehen** Sie **weg!**
Leave this room at once!	**Verlassen** Sie sofort *dieses Zimmer!*
Leave me here while you shop!	**Lass** *mich* hier, während du einkaufen gehst!

Übungen

A **Ich habe vor...**   Beenden Sie die Sätze einmal mit **zu** plus Infinitiv und einmal mit einer längeren Infinitivgruppe.

> **BEISPIEL** Ich habe vor ...   (arbeiten)
> *Ich habe vor zu arbeiten.*
> *Ich habe vor, im Sommer zu arbeiten.*

1. Die Touristen haben die Absicht (*intention*) ...   (weiterfahren)
2. Wann fängst du an ...?   (übersetzen)
3. Die Feuerwehrleute haben vor...   (retten: *to save*)
4. Es scheint jetzt ...   (regnen)
5. Mein Nachbar versucht ...   (singen)
6. Vergiss auch nicht ...   (schreiben)

B **Treiben Sie auch Sport?**   Erzählen Sie von Ihren Erfahrungen *(experiences)* mit Fußball oder einer anderen Sportart (positiv oder negativ!), indem Sie die Satzteile unten mit Infinitivgruppen ergänzen.

1. Ich war _____ Jahre alt, als ich zum ersten Mal versuchte, ... zu ...
2. Es machte mir [großen/keinen] Spaß, ... zu ...
3. Bei dieser Sportart (*particular sport*) ist das Ziel, ... zu ...
4. Dabei ist es sehr wichtig, ... zu ...
5. Und man muss aufpassen, ... zu ...
6. Alle Spieler versuchen, ... zu ...
7. Es ist bei dieser Sportart besonders schwer, ... zu ...
8. Einmal gelang es mir (*I succeeded in*), ... zu ...

C   *Lassen, verlassen* **oder** *weggehen*? Ergänzen Sie die Sätze durch passende Verben.

1. Die Frau hat ihren Ehemann und ihre Kinder _____.
2. Frau Engler hat ihre Kinder für ein paar Tage in Bern _____.
3. Herr Weber hat sein Handy *(cell phone)* im Büro _____.
4. Tut mir leid, aber es wird spät und ich muss _____.
5. Ach, warum hat sie mich nur _____?
6. Eines Tages wird Peter von hier _____.

D   **Anders ausdrücken.**   Drücken Sie die Sätze anders aus. Verwenden Sie die Präpositionen **um, ohne** und **(an)statt** mit Infinitiven.

> BEISPIEL   Ich lerne Deutsch, weil ich es mit meinen Verwandten sprechen will.
> *Ich lerne Deutsch, um es mit meinen Verwandten zu sprechen.*

1. Manche Menschen denken nicht, wenn sie reden.
2. Ich verlasse dich nicht, ich bleibe bei dir.
3. Die meisten Menschen arbeiten, damit sie essen können.
4. Wie kann man im Ausland studieren, wenn man die Sprache des Landes nicht versteht?
5. Heute schreiben alle Studenten ihre Arbeiten am Computer und benutzen keine Schreibmaschine.
6. Viele Touristen reisen ins Ausland, weil sie andere Länder und andere Menschen kennenlernen wollen.

E   **Aussagen.**   Machen Sie mit den Präpositionen **um, ohne** und **(an)statt** und einer Infinitivgruppe jeweils eine Aussage über sich selbst oder andere Menschen, die Sie kennen.

> BEISPIEL   *Meine Schwester redet manchmal, ohne zu denken.*

F   **Sätze mit Infinitiven.**   Machen Sie aus zwei Sätzen einen Satz.

> BEISPIEL   Mark spielt. Ich sehe es.
> *Ich sehe Mark spielen.*

1. Celina kocht das Essen. Niemand hilft ihr.
2. Ihr Herz schlägt kräftig *(heavily)*. Sie fühlt es.
3. Jemand klopft an die Tür. Ich höre es.
4. Der Baum fiel im Sturm um. Niemand sah es.
5. Markus lernt gern. Er lernt, wie man Schach spielt.
6. Ein Mann im Bus liest *kicker*.[6] Die anderen Passagiere sehen ihn.
7. Sie macht einen Fehler. Niemand hört es.
8. Maya ließ ihre Schlüssel im Auto. Tobias sah es.

Schreiben Sie Ihre Sätze jetzt im Präteritum.

> BEISPIEL   *Ich sah Mark spielen.*

---

[6]**kicker** is the best-selling sports magazine in Germany. Published since 1920, it covers all sports, but as the title suggests, it focuses on soccer. You can find it online at **www.kicker.de**.

G   **Einiges über mich.**   Ergänzen Sie die Aussagen. Verwenden Sie Infinitive.

> **BEISPIEL**   Morgens höre ich ...
> *Morgens höre ich meine Eltern frühstücken.*

1. Ich sehe gern ...
2. Wenn ich morgens aufwache, höre ich als erstes ...
3. Als ich noch ganz klein war, lehrte mich jemand ...
4. Gestern habe ich ... (sehen/hören)
5. Ich würde gern ... lernen.

H   **Anders ausdrücken.**   Drücken Sie Ihre Aussagen in **Übung G** durch den Gebrauch von Nebensätzen *(subordinate clauses)* anders aus.

> **BEISPIEL**   *Morgens höre ich, wie meine Eltern frühstücken.*

I   **Man kann doch nicht alles selber machen.**   Beantworten Sie die Fragen. Verwenden Sie das Verb **lassen.**

1. Was machen Sie, wenn Ihre Haare zu lang sind?
2. Was muss man machen, wenn eine Festplatte *(hard-drive)* kaputt geht?
3. Was haben Sie in der letzten Woche machen lassen?
4. Was ließen Ihre Eltern Sie früher nicht machen?
5. Was lassen Sie gern machen?
6. Was würden Sie gern machen lassen?
7. Was würden Sie nie machen lassen?

Anwendung

A   **Ungewöhnliche Erfahrungen und Erlebnisse.**   Tauschen Sie *(exchange)* ungewöhnliche Erfahrungen mit anderen Studenten im Kurs aus. Wer hat das Ungewöhnlichste gesehen oder gehört?

> **REDEMITTEL**
>
> Ja, weißt du, dass ich einmal ... habe [tun] sehen?
> Das ist interessant, aber einmal sah/hörte ich ... [tun].
> Das ist doch gar nichts. Ich habe sogar ... [machen] sehen/hören.
> [X] hat erzählt, dass sie/er einmal ... hat [machen] sehen.

B   Zeit oder keine Zeit? Spaß oder kein Spaß?   Was meint Ihre Partnerin/Ihr Partner zu diesen Fragen? Sie/Er soll mit Infinitivgruppen darauf antworten.

1. Wofür hast du immer Zeit?
2. Wofür hast du keine Zeit?
3. Wofür möchtest du mehr Zeit haben?
4. Wofür brauchst du keine Zeit?
5. Welche Hobbys machen dir Spaß?
6. Was macht dir überhaupt keinen Spaß?
7. Was würde dir dieses Wochenende viel Spaß machen?

Schriftliche Themen

Tipps zum Schreiben	**Expressing Your Own Views**
	To let readers know that you are expressing your opinions rather than indisputable facts, use phrases such as the following:
	ich finde, (dass)
	ich glaube, (dass)
	meiner Meinung/Ansicht nach
	ich halte es für [wichtig/notwendig/möglich/wahrscheinlich], …

A   Verpflichtungen (obligations).   Was wollen oder sagen andere Leute (z.B. Ihre Eltern oder Lehrer), dass Sie machen sollen? Macht es Ihnen Spaß, das zu machen? Tun Sie es ungern? Was lassen Ihre Eltern Sie nicht tun? Verwenden Sie in Ihrem Aufsatz grammatische Strukturen aus diesem Kapitel.

BEISPIEL   *Meine Eltern sagen immer, dass ich ihnen mehr helfen soll. OK, sie lassen mich die Aufgaben selber aussuchen, die ich machen will, aber trotzdem gefällt es mir nicht immer. Nun, ich finde es schön, zum Haushalt etwas beizutragen (contribute), aber ich habe keine Lust, das jeden Tag zu tun. Schließlich will ich mein eigenes Leben führen, und ich lasse mir nicht gern sagen, …*

B   Was man ungern tut.   Müssen Sie manchmal etwas machen, was Sie als besonders schwierig oder unangenehm empfinden? Erzählen Sie davon.

BEISPIEL   *Ich finde es besonders unangenehm, in eine neue Wohnung umzuziehen. Natürlich versuche ich Leute zu finden, die mir dabei helfen, aber wenn meine Freunde mich kommen sehen … usw.*

Zusammenfassung

Rules to Remember

1 Infinitive clauses are formed by placing **zu** before the infinitive, before the final element of a compound infinitive, or by inserting **zu** between a separable prefix and its root verb infinitive.

2 The **zu** + infinitive structure is always at the end of an infinitive clause, preceded by any modifiers or objects the clause may contain.

3 Infinitive clauses usually follow the main clause, rather than being embedded in it.

4 Infinitives used in conjunction with modal verbs (**können, wollen,** etc.) and semi-modal verbs such as **fühlen, heißen, hören, lassen, sehen,** and **spüren** function as V_2 in the verbal bracket, with no preceding **zu.**

5 Infinitives used in combination with semi-modal verbs such as **helfen, lehren,** and **lernen** can either form an infinitive clause with **zu** or function as V_2 in the verbal bracket, with no preceding **zu.**

6 **Fühlen, hören, sehen, spüren,** and **lassen** used in combination with other verbs normally form the present perfect tense with an infinitive rather than a participle: Das habe ich *kommen sehen* (NOT: *gesehen*).

At a Glance

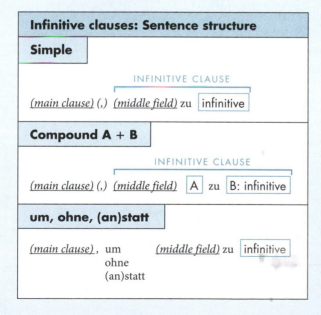

Infinitive clauses: Sentence structure

Simple

INFINITIVE CLAUSE

(main clause) (,) *(middle field)* zu [infinitive]

Compound A + B

INFINITIVE CLAUSE

(main clause) (,) *(middle field)* [A] zu [B: infinitive]

um, ohne, (an)statt

(main clause) , um _____ *(middle field)* zu [infinitive]
                  ohne
                  (an)statt

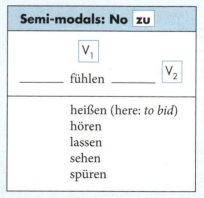

Semi-modals: No [zu]

[V_1]

_____ fühlen _____ [V_2]

heißen (here: *to bid*)
hören
lassen
sehen
spüren

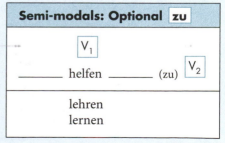

Semi-modals: Optional [zu]

[V_1]

_____ helfen _____ (zu) [V_2]

lehren
lernen

12

Passive voice

Grammatik

A. Formation

1. German expresses the passive as a process, as something "becoming" done (**das Vorgangspassiv**). Thus the passive voice is formed with the verb **werden** *(to become)* + a past participle.

Ich würde gern mitkommen, aber mein Fahrrad **wird** gerade **repariert**.	*I'd love to come along, but my bike is being repaired.*

Present tense		
ich **werde ...**	geschickt	*I am sent/being sent*
du **wirst ...**	geschickt	*you are sent/being sent*
er/sie/es **wird ...**	geschickt	*he/she/it is sent/being sent*
wir **werden ...**	geschickt	*we are sent/being sent*
ihr **werdet ...**	geschickt	*you are sent/being sent*
sie/Sie **werden ...**	geschickt	*they/you are sent/being sent*
Simple past tense		
ich **wurde ...**	geschickt	*I was sent/was being sent*
du **wurdest ...**	geschickt	*you were sent/were being sent*
etc.		

Present perfect tense	
ich **bin ...** geschickt **worden**[1]	*I was sent/have been sent*
du **bist ...** geschickt **worden**	*you were sent/have been sent*
etc.	

Past perfect tense	
ich **war ...** geschickt **worden**	*I had been sent*
du **warst ...** geschickt **worden**	*you had been sent*
etc.	

Future tense	
ich **werde ...** geschickt **werden**	*I will be sent*
du **wirst ...** geschickt **werden**	*you will be sent*
etc.	

2. Notice in the chart above that V_1 goes through considerable changes, reflecting the shifts in conjugation and tense of **werden** (e.g., **werde, wirst, wird, wurde**), while the past participle of the verb (V_2) remains constant—just as in English.

    Notice also that V_2 does not always consist of a past participle alone. As the preceding chart indicates, there are three different V_2 configurations possible in a passive sentence, all of which involve the past participle.

    ■ *a past participle,* standing alone: $\longrightarrow$ **geschickt** *sent*

    ■ *a passive participle,* formed with the past participle + **worden,** with **sein** as its auxiliary: $\longrightarrow$ **geschickt worden** *been sent*

    ■ *a passive infinitive,* formed with the past participle + **werden** (see D.1 below): $\longrightarrow$ **geschickt werden** *be sent*

    Whichever one of these three is used, V_1 is inflected to show number, tense, and mood, but V_2 does not change.

3. In main clauses, V_1 stands, as usual, in second position and V_2 is positioned at the end of the clause. In subordinate clauses, V_1 follows V_2 as the final element.

…, dass er *geschickt* **wird**	*that he's being sent*
…, dass er *geschickt worden* **ist**	*that he has been sent*
…, dass er *geschickt werden* **wird**	*that he will be sent*

---

[1] **worden:** a shortened form of the past participle **geworden,** which only appears in passive constructions.

4. Placing various sentence elements in first position (even V₂ itself, which is not possible in English but can occur in German) changes the emphasis in a passive sentence.

Nichts **wurde** von der Regierung über den Vorfall **gesagt.**	*Nothing was said by the government about the incident.* (front field = subject)
Von der Regierung **wurde** über den Vorfall nichts **gesagt.**	*On the part of the government, nothing was said about the incident.* (front field = agent)
Über den Vorfall **wurde** von der Regierung nichts **gesagt.**	*Regarding the incident, nothing was said by the government.* (front field = prepositional complement)
Gesagt **wurde** von der Regierung über den Vorfall nichts.	*As far as something being said by the government about the incident— nothing.* (front field = V₂)
Kaum zu glauben, dass von der Regierung über den Vorfall nichts **gesagt wurde.**	*Hard to believe that nothing was said by the government about the incident.* (passive in a subordinate clause)

B. Use

1. Using the passive voice allows a speaker or writer to refer to an action without identifying who or what performs it. This makes the passive particularly useful when the agent is unknown or irrelevant, or when the speaker or writer simply does not want to mention the agent.

Ihr Antrag wird bearbeitet.	*Your request is being processed.*
Übers Wochenende ist ein neues Computer-Virus entdeckt worden.	*Over the weekend a new computer virus was discovered.*
In diesem Job wird viel Einsatz erwartet.	*In this job a lot of dedication is expected.*
Beim Zugunfall wurden nur zwei Passagiere verletzt.	*In the train accident, only two passengers were injured.*

2. Passive and active constructions are linked by the relation of subject to object. The (nominative) subjects in the passive sentences above are the (accusative) direct objects of equivalent sentences in the active voice below.

- X bearbeitet **Ihren Antrag.**

- X hat ein **Computer-Virus** entdeckt.

- X erwartet **viel Einsatz** in diesem Job.

- X verletzte **zwei Passagiere** beim Zugunfall.

In the first example, X stands for a machine (in this case, an ATM), so that the agent is irrelevant. In the second example, the agent is either unidentifiable or irrelevant; and in the third and fourth examples there is no particular "doer" or agent that one can identify. It makes sense, therefore, to frame these sentences as passive constructions.

The object of the action becomes the passive subject, making it structurally unnecessary to mention the agent. It follows that sentences like these can only be formed with verbs that take accusative objects (i.e., transitive verbs).[2]

3. In fact, the *only* permissible subject in a passive sentence is the element that would be the accusative object of an equivalent active sentence. This has important consequences when transferring meanings from English to German.

   a. *When indirect objects function as subjects in the passive.* English allows the indirect object in *Someone gave **her** roses yesterday* to become the subject of a passive sentence: ***She** was given roses yesterday.* But in German, since only an *accusative* object can become the subject of a passive sentence, the indirect object remains in the dative.

   COMPARE:

   active: Jemand schenkte **ihr** gestern ***Rosen**.*
   passive: ***Rosen** wurden **ihr** gestern geschenkt.*

   These elements can shift position depending on the emphasis desired by the speaker (see 12.1.A):

   Gestern wurden **ihr *Rosen*** geschenkt. (**Rosen** is the only emphasized element of the two.)

   Ihr wurden gestern ***Rosen*** geschenkt. (Both **ihr** and **Rosen** are now emphasized.)

   This last example may seem odd to an English speaker who thinks of **ihr** as *she* in this context and therefore expects a singular verb, as in *She was given roses.* But the verb agrees with the plural subject **Rosen,** not the dative object **ihr.** An impersonal **es** can be used as a "place holder" to begin the sentence and thereby move other elements into the middle field, but the verb remains plural, to agree with the subject.

   Es wurden **ihr *Rosen*** geschenkt.   *She was given roses.*

   b. *German dative verbs.* English verbs such as *to help, to answer,* or *to congratulate* take objects and can easily be reconstructed as passives in English. However, their German equivalents take *dative* objects (jemand half **dem Kind;** man gratulierte **den Leuten;** see 5.5.B), which cannot become passive subjects. As with the indirect objects in section 3.a above, the dative objects of such verbs remain in the dative. But here there are no accusative objects to become passive subjects, which means

---

[2]While most transitive German verbs can be expressed in the passive, there are a few exceptions. Verbs such as **bekommen** (and its synonym **erhalten**), **besitzen** *(to own),* **haben,** and **wissen** do not form the passive, even though they take accusative objects and can be expressed by passive constructions in English. To translate English passive sentences with these verbs into German requires either the active voice or an altogether different expression.

That **wasn't known** at the time.	Man hat das damals nicht gewusst.
A good time **was had** by all.	Alle amüsierten sich.
For years, the property **had been owned** by her family.	Seit Jahren hatte das Grundstück ihrer Familie gehört.

that *a passive sentence formed with a dative verb will have no grammatical subject.* In this case, the verb defaults to the third-person singular, and the dative object routinely takes first position.

Dem Kind wurde geholfen.	*The child was helped.*
Den Leuten wurde gratuliert.	*The people were congratulated.*

If the first example does not seem awkward to an English speaker, the second most likely does, for the same reasons discussed in section 3.a above. **Dem Kind wurde geholfen** begins with a singular noun in what English speakers think of as the "subject" position, followed by a singular verb, so that there appears to be subject-verb agreement. But in the second example, **den Leuten** is plural, followed by singular **wurde,** which seems to violate that rule. In fact, neither sentence has subject-verb agreement, since there is no subject. The verb in both examples is third-person singular by default, regardless of what precedes it. As in other passive constructions, an impersonal **es** can be used as a "place holder" in first position, moving the dative object into the middle field, but **es** is not the subject and has no influence on how the verb is conjugated.

Es wurde **dem Kind** geholfen.	*The child was helped.*
Es wurde **den Leuten** gratuliert.	*The people were congratulated.*

C. Agents with the passive

1. Though it is not necessary to do so, the agent of the action in a passive construction can be expressed by a prepositional phrase, usually introduced by **von** or **durch,** and sometimes **mit.**

2. **Von** *(by)* + dative is used to indicate the agent(s) or performer(s) of an action—most often a person—but sometimes an inanimate agent, carrying out an action.

Der Fehler im Computercode wurde **von einer Studentin** entdeckt.	*The mistake in the computer code was discovered by a student.*
2009 wurde Daniel Schuhmacher als Sieger von „Deutschland sucht den Superstar" **vom Fernsehpublikum** gewählt.	*In 2009, Daniel Schuhmacher was chosen by the TV audience as the winner of "Deutschland sucht den Superstar" (German version of "American Idol").*
Ich bin heute **von einem Auto** überfahren worden. Und wie geht's dir?	*I was run over by a car today. And how are you?*

3. **Durch** *(by, by means of, through)* is used to indicate the process or means by which something happens; it often expresses an involuntary cause and is generally less

personal or volitional than **von;** it is used with people only when they are acting as intermediaries.

Die Innenstadt Dresdens wurde **durch Bomben** schwer beschädigt.	*The city center of Dresden was severely damaged by (means of) bombs.*
Durch ständiges Fernsehen wird die Einbildungskraft geschädigt.	*The imagination is damaged by (means of) constant TV viewing.*
Wir wurden vom Konsulat **durch eine E-Mail** über die Gefahr benachrichtigt.	*We were notified of the danger by the consulate through an e-mail.*

4. **Mit** *(with)* is used to indicate the instrument or tool with which an action is carried out; it involves an agent, which may or may not be specified.

Die Tür wurde **mit einem Stück Holz** aufgehalten.	*The door was kept open with a piece of wood.*

D. Passives with modal verbs

1. While modal verbs themselves are rarely formed into passives, they combine easily and frequently with passive structures, using the conventional format of modal auxiliary + infinitive (see 9.1).

Das **muss** heute noch *gemacht werden.*	*That must be done today.*

The important difference here is that the infinitive is no longer the familiar active infinitive **(machen),** but rather a *passive infinitive,* formed by joining a past participle with **werden: gemacht werden.** Passive infinitives always appear in this form, and these components cannot be changed or separated.

gespielt werden	*(to) be played*
erreicht werden	*(to) be reached*
aufgemacht werden	*(to) be opened*
benachrichtigt werden	*(to) be informed*

2. As in any modal verb construction, the modal verb serves as V_1, with the passive infinitive as V_2. And as always, it is the modal verb rather than the infinitive that undergoes changes to indicate variations in number, tense, and mood.

Das Chopin-Stück **darf** nicht so schnell **gespielt werden.** *(present indicative; singular)*	*The Chopin piece must not be played so fast.*
Die Frau **konnte** nicht **erreicht werden.** *(simple past indicative; singular)*	*The woman could not be reached.*
Könnten die Fenster **aufgemacht werden?** *(present subjunctive; plural)*	*Could the windows be opened?*

3. The future passive tense makes use of the same structure, with **werden** as V_1 and a passive infinitive as V_2.

Sie **werden** darüber **benachrichtigt werden.**	*You will be informed about it.*

4   When passive constructions with modal verbs occur in compound tenses, such as the perfect, past perfect, future, or past subjunctive, they follow the same rules as all compound modal structures: auxiliary + infinitive + modal (infinitive) (see 9.3–4; 21.4.C). The only difference is that an active infinitive (e.g., **machen**) is replaced by a passive infinitive (e.g., **gemacht werden**).

COMPARE:

Active

Er **hat** das schnell *machen* **müssen**.	*He had to do that quickly.* (perfect tense)
Wir **werden** sie später *erreichen* **können**.	*We will be able to reach them later.* (future tense)
Das **hättest** du gestern *abgeben* **sollen**!	*You should have turned that in yesterday.* (past subjunctive mood)

Passive

Das **hat** schnell *gemacht werden* **müssen**.	*That had to be done quickly.* (perfect tense)
Sie **werden** später *erreicht werden* **können**.	*They will be able to be reached later.* (future tense)
Das **hätte** gestern *abgegeben werden* **sollen**!	*That should have been turned in yesterday!* (past subjunctive mood)

E. Passives with no subjects

German passive constructions do not require a grammatical subject, as explained in the case of dative verbs in section 1.B above. In fact, there are several additional contexts in which passives use no subject.

1.   *With prepositional complements.* German verbs that take prepositional phrase complements (see R.3), rather than direct objects, can form passives. The conjugated verb in such sentences defaults to third-person singular. In some cases, English translates these verbs with a direct object, which then becomes the passive subject in the English equivalent.

Über die Einzelheiten muss noch diskutiert werden.	*The details still have to be discussed.*
Warum wurde nicht früher **daran** gedacht?	*Why wasn't that thought of earlier?*
Für die Garderobe wird nicht gehaftet.	*No responsibility taken for belongings.* (seen on restaurant coat racks)
Mit dem Busfahrer darf nicht gesprochen werden.	*No talking with the bus driver.*

2. *With verbs, both transitive and intransitive, that denote an activity in general.* This construction capitalizes on the anonymity of a subjectless sentence to express an activity *per se,* with no reference to who or what performs it or "receives" the action. In this case, V_1 can be either **werden** or a modal verb, conjugated in any tense in the default third-person singular. Verbs used in this construction either take no object (i.e., they are intransitive, like **schlafen**), or can function without an object (i.e., transitive verbs used intransitively, such as **rauchen**). There is no equivalent structure for this in English, though English has ways of conveying similar meanings.

Hier **wird** nicht **geraucht.**	*No smoking here.*
In der Deutschstunde **wird** nicht **geschlafen!**	*No sleeping in German class!*
Nebenan **wurde geplaudert,** während wir Karten spielten.	*The people next to us chatted/There was chatting next to us while we played cards.*
Heute Abend **wird** im Club **getanzt.**	*There's dancing tonight at the club.*

12.2   TRUE PASSIVE VS. STATAL PASSIVE

German has constructions that resemble the passive, but in fact they are different in meaning and form.

COMPARE:

Mein Laptop wird **repariert.**	*My laptop is being repaired.* (process)
Mein Laptop ist **repariert.**	*My laptop is repaired.* (result)

The first example uses the verb **werden** and expresses the *process* of an action, in this case repair work. The second example uses **sein** instead of **werden** and is known as a statal passive **(das Zustandspassiv).** It indicates the *result* of an action with reference to the subject, and the participle functions here as an adjective. This distinction between *process* and *result* is clear enough in the present tense—in the true passive, the process is ongoing (and consequently I cannot use the laptop); in the statal passive, the result implies that it is finished (so I can use it now)—but the boundary can begin to blur in past tense usage.

COMPARE:

Mein Computer war **repariert.**	*My computer was repaired.*
Mein Computer **wurde repariert.**	*My computer was (being) repaired.*

From the speaker's perspective, the repairs are over and done with in both sentences, and the computer can (presumably) be used. But the first sentence, as a statal passive, focuses on the "finishedness" of the repair work: at a particular point in time, the computer could be described as "repaired," just as it might be described as "fast" or "obsolete." The second sentence, on the other hand, with its past-tense passive, denotes a set of actions performed over time, while still implying that the eventual result was a repaired computer.

12.3   SUBSTITUTES FOR THE PASSIVE VOICE

Since repeated use of the passive voice is considered poor style, one of several active-voice equivalents is often substituted.

A. *Man*

Man is a common alternative to the passive when no specific subject performs the action.

Hier raucht **man** nicht. (Hier wird nicht geraucht.)	*There is no smoking here.*
Wie macht **man** das? (Wie wird das gemacht?)	*How is that done? How does one do that?*

B. Reflexive verbs

Reflexive constructions are used occasionally in place of the passive (see 10.2.A6).

Das **lernt sich** leicht. (Das wird leicht gelernt.)	*That is easily learned.*
Wie **schreibt sich** das? (Wie wird das geschrieben?)	*How is that spelled? How do you spell that?*

C. *Sich lassen*

The use of reflexive **sich lassen** with an infinitive expresses the idea that something can be done or that someone lets something be done (see **lassen,** 11.4).

Dieser Satz **lässt sich** nicht leicht **übersetzen.** (Dieser Satz kann nicht leicht übersetzt werden.)	*This sentence cannot be easily translated.* (lit., *it does not let itself be easily translated*)
Wir **lassen uns** nicht wieder **überlisten.**	*We are not letting ourselves be outwitted again.*

D. *Sein ... zu* + infinitive

Sein ... zu + an infinitive can replace the passive to express that something can or must be done.

Das Spiel **ist** vielleicht noch **zu gewinnen.**
(Das Spiel kann vielleicht noch gewonnen werden.)
The game can perhaps still be won. (lit., *The game is perhaps still to be won.*)

Diese Filme **sind** nur gegen eine Gebühr **herunterzuladen.**
(Diese Filme dürfen nur gegen eine Gebühr heruntergeladen werden.)
These films may only be downloaded for a fee. (lit., *These films are to be downloaded for a fee.*)

Wortschatz
Endlich geschafft!

---

schaffen, schaffte, geschafft
schaffen, schuf, geschaffen

---

1. As a weak verb, **schaffen (schaffte, hat geschafft)** means *to manage to do* or *accomplish* a task, often with considerable effort.

   Sie wollten die Arbeit bis sechs
   Uhr beenden, und sie haben es
   geschafft.

   They wanted to finish the work by six o'clock, and they managed to do so.

   Wir haben's **geschafft!**

   We did it!

   Schaffen can also mean *to work (hard).*

   Sie hat ihr ganzes Leben lang (schwer)
   geschafft.

   She worked (hard) her whole life.

   Schaffen sometimes means *to bring* or *get* an object to a particular place.

   Der Gepäckträger hat die vielen Koffer
   in den Zug **geschafft.**

   The porter got the many suitcases into the train.

2. When used as a strong verb, **schaffen (schuf, hat geschaffen)** means *to create, make,* or *bring about.*

   Gott soll die Welt in sechs Tagen
   geschaffen haben.

   God is said to have created the world in six days.

   In sechs Tagen kann ich nicht einmal
   Ordnung im eigenen Zimmer **schaffen.**

   In six days I can't even create order in my own room.

3. The strong participle **geschaffen** occurs often as an adjective meaning *made* or *cut out for* something.

   Sie ist für diese Rolle wie **geschaffen.**

   She was made for this role. (i.e., it is the ideal role for her)

Übungen

A **Das Passiv kann manipuliert werden!** Nehmen Sie den Mustersatz *(model sentence)* und bilden Sie damit Passivsätze mit den angegebenen Zeiten und Elementen.

> Mein Zimmer wird verwüstet. *My room is being trashed.*

> **BEISPIEL** nächstes Semester *(Futur)*
> *Nächstes Semester wird mein Zimmer verwüstet werden.*

1. letztes Jahr *(Imperfekt)*
2. meine Mitbewohner machen das *(von wem)*
3. es könnte sein *(mit einem Modalverb im Konjunktiv)*
4. jemand hat es letztes Wochenende gemacht *(Perfekt)*
5. durch _____ *(wie)*
6. wie oft? warum?
7. mit einem Modalverb

B *Geschaffen oder geschafft?* Ergänzen Sie die Sätze durch das richtige Partizip.

1. Wir hatten für das Examen zwei Stunden Zeit. Hast du es ge-_____?
2. Haben die Kinder den Schnee vor der Haustür weg-_____?
3. Diese Diskussion hat eine gute Atmosphäre ge-_____.
4. Dieser Posten ist wie für ihn ge-_____.
5. Ludwig van Beethoven hat viele unsterbliche Werke ge-_____.

C **Selber geschafft.** Was haben Sie bisher in Ihrem Leben **geschaffen** und **geschafft**? Machen Sie zwei Aussagen mit jedem Partizip.

> **BEISPIELE** *Ich habe mehr Ruhe in meinem Leben* **geschaffen.**
> *Ich habe es gerade noch* (just barely) **geschafft,** *alle meine Prüfungen im vergangenen Semester zu bestehen* (pass).

D **Kleinanzeigen.** Erklären Sie die Kleinanzeigen *(short advertisements)* im Passiv Präsens.

> **BEISPIEL** Autoreparatur – billig!
> *Autos werden billig repariert.*

1. Neuer Plasmafernseher? Wir installieren!
2. Alter VW Käfer *(Beetle)* zu verkaufen!
3. Ankauf *(purchase)* von Antiquitäten!
4. Fahrradverleih! (verleihen = *to rent*)
5. Mensa stellt Koch ein! (ein·stellen = *to hire*)
6. Studienprobleme? Wir beraten dich! (beraten = *to advise*)
7. Zimmervermittlung! (vermitteln = *to locate, find*)

E **Große Leistungen (accomplishments).** Was wurde von wem gemacht? Antworten Sie im Passiv. Verwenden Sie die Verben im Kasten.

BEISPIEL   das Dynamit
Das Dynamit wurde im Jahre 1867 von Alfred Nobel erfunden.

beschreiben	besiegen	besteigen	brechen	entdecken
erfinden	erreichen	gründen	komponieren	verfassen

Was?	**Von wem?**
1. das *Kommunistische Manifest* (1848)	Henri Dunant
2. das *Weihnachts-Oratorium* (1734)	Michael Phelps
3. die Buchdruckerkunst (1445)	Roald Amundsen
4. der Südpol (1911)	Karl Marx
5. das Rote Kreuz (1864)	Jane Goodall
6. der Mount Everest (1953)	J. S. Bach
7. der Tuberkel-Bazillus (1882)	Johannes Gutenberg
8. die Römer im Teutoburger Wald (9 nach Chr.)	Robert Koch
	Hermann der Cherusker (Arminius)
9. Weltrekord *(m.)* für Goldmedaillen bei den Olympischen Spielen 2008	Edmund Hillary und Tenzing Norgay
10. das Leben von Schimpansen *(chimpanzees)* (seit 1960)	

F **Historisches.** Wählen Sie aus fünf verschiedenen Jahrhunderten jeweils ein Jahr, in dem ein historisches Ereignis stattfand. Erzählen Sie im Präteritum davon.

BEISPIELE   1066: *England wurde im Jahre 1066 von den Normannen erobert (conquered).*

1914: *Der Erzherzog (Archduke) Franz Ferdinand von Österreich wurde 1914 in Sarajevo erschossen.*

G **Veränderungen.** Erzählen Sie im Perfekt von drei oder vier Veränderungen der letzten paar Jahre, die die Lebensqualität in Ihrer Heimatstadt oder an Ihrer Universität oder Schule verbessert oder verschlechtert haben.

BEISPIELE   *Viele neue Häuser sind gebaut worden.*
Mein Studentenwohnheim ist renoviert worden.

Welche Veränderungen sind für die Zukunft geplant? Machen Sie bitte Aussagen im Futur oder mit Modalverben.

BEISPIELE   *Ich glaube, dass ein neues Einkaufszentrum bald gebaut werden wird.*
Es soll auch ein neues Parkhaus eröffnet werden.
Ich weiß nicht, was sonst noch gemacht werden wird.

H   **Was alles gemacht werden musste.**   Stellen Sie sich mal vor *(just imagine)*, einige Studenten fanden eine ziemlich heruntergekommene *(run-down)* Wohnung. Was musste alles gemacht werden, bevor sie einziehen konnten? Verwenden Sie das Passiv der Vergangenheit mit oder ohne **es**.

> **BEISPIELE**   Fenster ersetzen
> *Zwei kaputte Fenster mussten ersetzt werden.*
>
> Vorhänge *(curtains)* aufhängen
> *Es mussten auch Vorhänge aufgehängt werden.*

1. die Küche sauber machen
2. die Gardinen *(drapes)* reinigen
3. das Badezimmer putzen
4. eine Tür reparieren
5. den Keller auf·räumen

I   **Das müsste bald gemacht werden.**   Wie sieht es in Ihrer Wohnung oder in Ihrem Haus aus? Was könnte oder müsste *(would have to)* dort bald gemacht werden?

> **BEISPIEL**   *Die Wände müssten bald gestrichen werden.*

J   **Was wird dort gemacht?**   Beschreiben Sie, was gemacht wird. Benutzen Sie das Passiv, mit oder ohne Subjekt.

> **BEISPIELE**   in einer Bibliothek
> *Dort werden Bücher ausgeliehen.*
> *Dort wird gelesen.*

1. an einem Kiosk *(newsstand)*
2. in einer Vorlesung um 9 Uhr morgens
3. in einer Autowerkstatt *(car repair shop)*
4. in einem Kino
5. an einer Tankstelle *(gas station)*
6. auf Webseiten wie Facebook, StudiVZ oder meinVZ
7. in einer Sporthalle
8. in einem Restaurant

K   **Passiv mit dem Dativ.**   Drücken Sie die Sätze mit dem Passiv anders aus.

> **BEISPIEL**   Man hat der alten Frau geholfen.
> *Der alten Frau ist geholfen worden.*
> OR: *Es ist der alten Frau geholfen worden.*

1. Man erzählte den Kindern nichts davon.
2. Man hat den Gastgebern *(hosts)* gedankt.
3. Uns empfiehlt man dieses Buch.
4. Mir haben viele Leute zum Geburtstag gratuliert.
5. Man wird ihr wahrscheinlich raten, nichts zu sagen.

L **Anders ausdrücken.** Drücken Sie die Sätze durch andere Konstruktionen aus.

BEISPIELE Das kann man nicht mit Sicherheit sagen.
Das lässt sich nicht mit Sicherheit sagen.
OR: *Das kann nicht mit Sicherheit gesagt werden.*
OR: *Man kann das nicht mit Sicherheit sagen.*

1. Wie schreibt man dieses Wort?
2. Auto fahren ist leicht zu lernen.
3. Es konnte festgestellt (*ascertained*) werden, dass ...
4. Solche Behauptungen (*assertions*) lassen sich nicht so einfach beweisen (*prove*).
5. Änderungen an der chemischen Verbindung (*compound*) waren nicht zu erkennen (*recognize*).
6. Das Wasser muss mindestens zwanzig Minuten gekocht werden.

Anwendung

Klischeevorstellungen. Über fast jedes Volk und jedes Land auf der Welt gibt es Klischees. In China z.B. soll angeblich (*supposedly*) immer gearbeitet werden, in Amerika wird Energie verschwendet (*wasted*), in Deutschland wird viel Bier getrunken usw. An welche Klischees denken Sie? Welche Klischees halten Sie für richtig, welche für falsch? Diskutieren Sie mit anderen Personen darüber. Konzentrieren Sie sich dabei auf das Passiv und auch auf das Pronomen **man** als Ersatz für das Passiv.

REDEMITTEL

Es wird behauptet, dass in Amerika/Deutschland ... [gemacht] wird.
Manche meinen, es wird in der Schweiz/in Deutschland ... [gemacht].
Es wird ja oft gesagt, dass ...
In Österreich/Deutschland soll angeblich (*supposedly*) viel ... [gemacht] werden.
Man kann nicht behaupten, dass ...

REAKTIONEN

Da kann ich nur zustimmen (*agree*).
Das halte ich für nicht ganz richtig/falsch.
Das finde ich (nicht) richtig.
Das ist ja Unsinn!
Das lässt sich nicht einfach so behaupten.
Das kann man auch anders sehen.

Schriftliche Themen

<table>
<tr>
<td>

Tipps zum Schreiben

</td>
<td>

Practicing the Passive

The traditional wisdom that one should fundamentally avoid the passive is not always the best advice. When the agent of an action is not known or not important, or if the action is meant to be described in general rather than in a specific application, then the passive voice is preferred, in both English and German. In addition, German regularly uses the passive to express ideas such as *There was dancing and singing* with **Es wurde getanzt und gesungen.**

    At this point in your writing, you should use the passive whenever you think it might fit, since English-speaking learners, faced with the complexities of German passive constructions, often shy away from employing them even when they would be appropriate. Practice forming passives in various tenses, moods, and with modal verbs. For even more effective writing in German, you should use the various alternatives to the passive (see 12.3), which provide good stylistic variation. In any case, pay attention to German writers and speakers to see how the passive is actually used.

</td>
</tr>
</table>

A **Eine interessante Veranstaltung *(organized event).***   Erzählen Sie von einer Veranstaltung, bei der Sie einmal mitgemacht haben. Sie sollen nicht so sehr davon erzählen, **wer** was getan hat, sondern lieber davon, **was** geschah oder gemacht wurde.

> BEISPIEL   *Einmal nahm ich an einer Protestaktion teil. Am Anfang organisierte man ... Es wurden Transparente* (banners) *verteilt* (distributed) *... Es wurde viel geredet ... Gegen Ende der Aktion marschierte man ... Zum Schluss mussten alle Demonstranten ... zurückgebracht werden.*

B **Bessere Lebensqualität.**   Was könnte oder müsste getan werden, um die Atmosphäre und die Lebensqualität an Ihrer Universität oder in Ihrer Stadt attraktiver zu machen?

> BEISPIEL   *Meiner Meinung nach könnte die Lebensqualität an dieser Universität durch renovierte Unterrichtsräume erheblich* (substantially) *verbessert werden. Man müsste auch mehr Räume einrichten* (set up), *in denen man sich auch außerhalb der Unterrichtszeit treffen könnte. Vielleicht sollten auch mehr Parkplätze geschaffen werden, damit ...*

Zusammenfassung

Rules to Remember

1 The passive voice is used mainly to express occurrences and actions where no agent is to be specified.

2 The passive voice is formed with variations of **werden** + past participle.

3 Agents of a passive action are expressed with the preposition **von** + the agent (**von der Polizei**). The means or processes through which an action is accomplished are expressed with **durch** + noun (**durch einen Blitzschlag**). The instrument used to accomplish an action is shown with **mit** + noun (**mit einem Messer**).

4 The passive expresses a process (**Das Haus** *wird* **verkauft**); the so-called statal passive describes a condition (**Das Haus** *ist* **verkauft**).

At a Glance

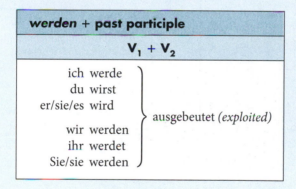

werden + past participle
V₁ + V₂

ich	werde	
du	wirst	
er/sie/es	wird	
		ausgebeutet *(exploited)*
wir	werden	
ihr	werdet	
Sie/sie	werden	

Passive: Tenses

Present

Wir **werden** schamlos **manipuliert** *(manipulated)*!

Simple past

Wir **wurden manipuliert**!

Present perfect

Wir **sind manipuliert worden**!

Past perfect

Wir **waren manipuliert worden**!

Future

Wir **werden manipuliert werden**!

Subjunctive: Present

Wir **würden manipuliert (werden)**!

Subjunctive: Past

Wir **wären manipuliert worden**!

Passive with modals

Present

Das Gebäude *muss* besetzt werden *(occupied)*!

Simple past

Das Gebäude *musste* besetzt werden!

Present perfect

Das Gebäude *hat* besetzt werden *müssen*!

Past perfect

Das Gebäude *hatte* besetzt werden *müssen*!

Future

Das Gebäude *wird* besetzt werden *müssen*!

Subjunctive: Present

Das Gebäude *müsste* besetzt werden!

Subjunctive: Past

Das Gebäude *hätte* besetzt werden *müssen*!

Adjectives

Grammatik

13.1 ADJECTIVES WITHOUT ENDINGS

1. Adjectives (**das Adjektiv, -e**) provide additional information about nouns and pronouns. When they provide this information via linking verbs such as **sein, werden, bleiben**, and **gelten** [+ **als**] (see 5.3.C) as *predicate adjectives,* they do not have endings.

Die Stadt Rosenheim *ist* **klein.**	*The city of Rosenheim is small.*
Dieses Problem *wird* jetzt **kompliziert.**	*This problem is now becoming complicated.*
Die neue Chefin *gilt als* sehr **kompetent.**	*The new boss is considered [to be] very competent.*

2. In German, many adjectives can also be used without endings as adverbs.

Der Schnee fiel **leise.**	*The snow fell softly.*
Du musst **fleißig** lernen.	*You must study diligently.*

13.2 ADJECTIVES WITH ENDINGS

When adjectives precede the nouns they modify, they are called *attributive adjectives* and require endings. Just which ending is needed depends on whether the accompanying article in the noun phrase provides the required grammatical information. Definite articles (**der/die/das**) and related words (**dieser/jeder/welcher**) always provide it; indefinite articles (**ein/eine**) and related words (**mein/ihr/sein/kein**) sometimes do, but sometimes don't. Of course if there is no article, no grammatical information can be given. German has developed two sets of adjective endings to cover these contingencies: *weak endings* for contexts in which the information is already provided by the article; and *strong endings* for contexts when the article does not supply it, or when there is no article in the noun phrase. The two sets are presented below in chart format, and the discussion that follows explains how these two sets are applied to the three basic configurations of adjectives in noun phrases: adjectives following **der**-words; adjectives following **ein**-words, and adjectives with no preceding article.

Weak endings

	Masc.	Fem.	Neut.	Pl.
Nom.			-e	
Acc.				-en
Dat.			-en	
Gen.				

Strong endings

	Masc.	Fem.	Neut.	Pl.
Nom.	-er	-e	-es	-e
Acc.	-en	-e	-es	-e
Dat.	-em	-er	-em	-en
Gen.	-en	-er	-en	-er

A. Adjectives after *der*-words

Since **der**-words supply the maximum amount of grammatical information possible, adjectives following **der**-words require only a weak ending. This is true for all **der**-words—the definite articles, as well as **dieser, jeder, jener, mancher, solcher,** and **welcher** (see 4.3)—in all cases.

	Singular		
	Masc.	**Fem.**	**Neut.**
Nom.	der junge Zauberer[1]	die weiße Eule[2]	das magische Schwert[3]
Acc.	den jungen Zauberer	die weiße Eule	das magische Schwert
Dat.	dem jungen Zauberer	der weißen Eule	dem magischen Schwert
Gen.	des jungen Zauberers	der weißen Eule	des magischen Schwerts

---

[1]*wizard, magician*
[2]*owl*
[3]*sword*

Plural	
Nom.	**die** eifrigen[4] Hauselfen
Acc.	**die** eifrigen Hauselfen
Dat.	**den** eifrigen Hauselfen
Gen.	**der** eifrigen Hauselfen

B. Adjectives following *ein*-words

Adjectives after **ein**-words—**ein** and **kein**, as well as **mein, dein, sein, ihr, unser, euer, ihr,** and **Ihr** (see 4.4)—are not as straightforward, since these words vary in the amount of grammatical information they supply. You know that **ein**-words make no distinction between masculine and neuter nominative (e.g., **dein** Freund ist nett *vs.* **dein** Buch kostet zu viel), whereas **der**-words do (e.g., **dies<u>er</u>** Freund ist nett *vs.* **dies<u>es</u>** Buch kostet zu viel). Since German tries to clarify this gender distinction wherever possible, adjectives following **ein, dein,** and **mein** and the other **ein**-words require the strong endings. After words such as **ein<u>em</u>** and **ein<u>er</u>**, however, whose endings already exhibit grammatical information, the weak endings are sufficient. Notice in the chart below how these noun phrases make use of both the weak and strong endings.

Singular		
Masc.	**Fem.**	**Neut.**
Nom. **ein** schneller Besen[5]	**eine** schreckliche Kammer[6]	**ein** verzaubertes[7] Tagebuch[8]
Acc. **einen** schnellen Besen	**eine** schreckliche Kammer	**ein** verzaubertes Tagebuch
Dat. **einem** schnellen Besen	**einer** schrecklichen Kammer	**einem** verzauberten Tagebuch
Gen. **eines** schnellen Besens	**einer** schrecklichen Kammer	**eines** verzauberten Tagebuchs

Plural	
Nom.	**keine** guten Horkruxen
Acc.	**keine** guten Horkruxen
Dat.	**keinen** guten Horkruxen
Gen.	**keiner** guten Horkruxen

As the chart shows, the only instances in which an **ein**-word does *not* provide sufficient information are the three cases where **ein**-words in the singular have no endings to distinguish gender: *masculine nominative, neuter nominative* and *neuter accusative.* Except for these three instances, **ein**-words, like **der**-words, take *weak endings.*

---

[4]*diligent, eager*
[5]*broom*
[6]*chamber*
[7]*enchanted*
[8]*diary*

C. Adjectives with no preceding articles

When a noun phrase consists solely of one or more adjectives and nouns—that is, without an article—then the adjective ending takes on the function of an article. Indeed, the strong endings clearly resemble the definite articles (-**er** for **der**, -**es** for **das**, -**em** for **dem**, etc.). The only apparent exceptions to this pattern are the endings for *masculine* and *neuter genitive singular*, which are -**en** instead of the expected -**es**. But even these conform to principle: Since genitive masculine and neuter nouns show number and case with the -**(e)s** ending on the noun itself, the adjectives preceding them do not need to emphasize this information, as in **ein Zeichen besonderen Mutes** (*a sign of particular courage*). Notice in the following examples how the adjective endings stand in for the article that would be appropriate if an article were included.

Nominative:	der Mut (*courage*):	groß**er** Mut
Nominative/Accusative:	die Angst:	lähmend**e** (*paralyzing*) Angst
	Zaubertränke (*potions, pl.*):	giftig**e** Zaubertränke
Dative:	das Interesse:	mit wachsend**em** (*growing*) Interesse
	die Freundschaft:	aus alt**er** Freundschaft
	Häuser (*pl.*):	in verschieden**en** Häusern

D. Summary of adjective endings

At least one modifier before a noun—either an article or an adjective—must show information regarding number, gender, and case. Compare the following examples, and notice the similarity of articles and endings.

	Singular		
	der-word	*ein*-word	No article
Nom.	dies**er** neue Mut	sein neu**er** Mut	neu**er** Mut
Nom.	d**as** echte Glück (*luck*)	ein echt**es** Glück	echt**es** Glück
Nom./Acc.	jed**e** große Macht (*power*)	ihr**e** große Macht	groß**e** Macht
Dat.	(mit) d**er** neuen Kraft (*strength*)	sein**er** neuen Kraft	neu**er** Kraft
	Plural		
Nom.	dies**e** starken Feinde (*enemies*)	ihr**e** starken Feinde	stark**e** Feinde
Dat.	(mit) d**en** treuen Freunden	ihr**en** treuen Freunden	treu**en** Freunden
Gen.	(wegen) d**er** großen Gefahr (*danger*)	ihr**er** großen Gefahr	groß**er** Gefahr

E. Additional rules

1. All adjectives in a series take the same ending.

   Du hast schön**e** blau**e** Augen.   *You have beautiful blue eyes.*

   Ich mag deine schön**en** blau**en** Augen.   *I like your beautiful blue eyes.*

2. Adjective stems ending in **-er** and **-el** drop the stem **e** when they have adjective endings.

   teuer: ein teu**res** Auto
   dunkel: eine dun**kle** Farbe

3. The adjective **hoch** drops the **c** when it has an adjective ending.

   hoch: ein **hoher** Berg

4. The adjectives **beige, lila** *(lilac),* **orange, rosa** *(pink),* and **prima** *(great)* are invariable; they do not take endings.

   ein **rosa** Kleid
   ohne den **lila** Pulli
   mit einer **prima** Idee

5. The adjectives **halb** and **ganz** do not take endings before names of towns, countries, and continents, unless the name requires an article (see 4.1).

   halb Europa *(half of Europe)*
   ganz Österreich *(all of Austria)*

   BUT:

   die **halbe** Schweiz *(half of Switzerland)*
   die **ganze** Türkei *(all of Turkey)*
   die **ganzen** USA *(the whole U.S.)*

6. Adjectives of nationality behave like other descriptive adjectives (EXCEPT **die Schweiz,** see below). They are capitalized only when used in proper names.

   deutsche Kultur   **französische** Städte   **russischer** Wodka

   BUT:

   die **Deutsche** Bank   die **Französischen** Eisenbahnen

7. Adjectives based on the names of cities or towns take no endings and are formed by adding the suffix **-er** to the noun. All capitalization is retained. The adjective of nationality based on **die Schweiz** also follows this rule.

   Dieser Zug fährt zum **Frankfurter** Flughafen.

   Eines Tages möchte ich den **Kölner** Dom besichtigen.

   Er hat ein **Schweizer** Bankkonto.

13.3 LIMITING ADJECTIVES

A. *Wenig, etwas, genug, viel*

The singular limiting adjectives **wenig** *(little)*, **etwas** *(some)*, **genug** *(enough)*, and **viel** *(much, a lot of)* are used only with singular nouns. Since these words take no endings themselves,[9] the adjectives following them require *strong* endings.

Sie machte ein Sandwich mit **etwas frischem** Brot.	*She made a sandwich with some fresh bread.*
Im Sommer trinke ich **viel kaltes** Wasser.	*In the summer I drink a lot of cold water.*

B. *Ein paar*

The plural limiting phrase **ein paar** *(a few, a couple of)*, used with plural nouns, likewise takes no ending, so that any following adjectives require *strong* endings.

Sie hatte **ein paar gute** Freunde.	*She had a couple of good friends.*
Sie sprach mit **ein paar guten** Freunden.	*She spoke with a couple of good friends.*

C. *Wenige, andere, einige, mehrere, viele*

1. Other plural limiting adjectives, such as **wenige** *(few)*, **andere** *(other)*, **einige** *(some, several)*, **mehrere** *(several, a number of)*, and **viele** *(many)*, function as adjectives themselves. Like all adjectives, their endings depend on the preceding article or (as is often the case with these words) the absence of an article. All subsequent adjectives take the same ending.

Ich kenne **einige deutsche** Studenten hier.	*I know some German students here.*
Dort findet man **viele interessante** Geschäfte.	*One finds many interesting stores there.*
Hast du seine **vielen interessanten** Briefmarken gesehen?	*Have you seen his many interesting postage stamps?*

2. Notice that in English, *a lot* can apply to both singular and plural nouns: *a lot of time/a lot of books.* In German, by contrast, the singular meaning can only be expressed with **viel,** which normally takes no endings; and the plural meaning must be expressed with **viele,** which requires adjective endings.

viel Zeit	$\rightarrow$	mit **viel** Zeit
viele Bücher	$\rightarrow$	mit **vielen** Büchern

---

[9]Occasionally **viel** and **wenig** do occur in the accusative and dative with optional endings: **mit viel (vielem)** Ärger *(with much aggravation)*; **nach wenig (wenigem)** Erfolg *(after little success)*. The ending is not optional in the expression **vielen Dank.**

D. *All-*

1. In the plural, **all-** functions like a **der**-word (see 4.3); any adjectives following **all-** take the weak ending -**en.**

Alle großen Geschäfte haben jetzt Sommerschlussverkauf.	*All (the) large stores are now having summer sales.*

2. When **all-** precedes an article or possessive adjective, its ending is often omitted— usually when **all-** is plural, and always when **all-** is singular. In the plural, any **der**-words or possessive adjectives following **all-** take the same endings added to **all-**; if no endings are added to **all-**, any **der**-words or possessive modifiers preceding the noun still require normal endings.

Hast du **all(e) die komischen** Bilder gesehen?	*Did you see all the strange pictures?*
Er hat die Namen **all(er) seiner neuen** Schüler aufgeschrieben.	*He wrote down the names of all his new pupils.*
All mein Geld ist weg!	*All (of) my money is gone!*

E. *Ganz* instead of *all-*

Instead of **all-** (singular and plural), German sometimes uses an article or possessive pronoun followed by **ganz-** *(all, whole, complete).* In this usage, **ganz-** functions like any other adjective and takes weak and strong endings. Note, however, that **all-** and **ganz-** are not simply interchangeable, and do not correspond directly to English usage with *all* and *whole.*

In the singular, German prefers **ganz-**, while *all* and *whole* are equally acceptable in English, at least in most cases. When **all-** occurs in the singular, it takes no ending and is followed by an article or possessive adjective.

Ich habe **die ganze** Nacht geschlafen.	*I slept all night/the whole night.*
Sie arbeitete **den ganzen** Tag.	*She worked all day/the whole day.*
Mein ganzes Leben habe ich auf dich gewartet.	*I've been waiting for you all my life/my whole life.*

BUT:

Ich habe **mein ganzes** Geld für dieses Auto ausgegeben.	*I spent all my money on this car.*
Ich habe **all mein** Geld für dieses Auto ausgegeben.	

In plural usage, German allows either **all-** or **ganz-**, whereas English only allows *all*.

All(e) meine Freunde machen mit.

Meine ganz**en** Freunde machen mit.

} *All my friends are participating.*

Wir haben **all(e) unsere nassen** Sachen draußen gelassen.

Wir haben **unsere** ganz**en** nass**en** Sachen draußen gelassen.

} *We left all our wet things outside.*

13.4 ADJECTIVES GOVERNING CASES

A. Adjectives with the dative or with *für* + accusative

1. The following adjectives normally require a noun or pronoun object in the dative when used as predicate adjectives. The adjective is positioned at the end of the middle field (see 1.1.C).

(un)ähnlich	*(dis)similar, (un)like*	(un)klar	*(un)clear*
(un)bekannt	*(un)known*	nahe	*near, close*
(un)bequem	*(un)comfortable*	schuldig	*in debt (to owe)*
(un)bewusst	*(un)aware*	teuer	*expensive, valuable*
(un)dankbar	*(un)grateful*	überlegen	*superior*
fremd	*strange, alien*	wert	*worth, of value*
gehorsam	*obedient*		

Sie ist *ihrer Mutter* sehr **ähnlich.**	*She is very much like her mother.*
Sie war *ihrem Mann* in vielen Dingen **überlegen.**	*She was superior to her husband in many things.*
Deine Hilfe ist *mir* viel **wert.**	*Your help is worth a lot to me.*

2. Some common adjectives can be used either with the dative or with **für** + the accusative.

(un)angenehm	*(un)pleasant*	nützlich	*useful*
leicht	*easy*	peinlich	*embarrassing*
(un)möglich	*(im)possible*	(un)wichtig	*(un)important*

Dein Besuch war *ihm/für ihn* recht **angenehm.**	*Your visit was quite pleasant for him.*
Sein Benehmen ist *der Familie/für die Familie* sehr **peinlich.**	*His behavior is very embarrassing to/ for the family.*
Es ist *mir/für mich* sehr **wichtig** zu wissen, ob sie mitmacht.	*It is very important to/for me to know whether she is participating.*

B. Adjectives with the genitive

Another group of adjectives normally requires a genitive noun or pronoun when they are used as predicate adjectives. The adjective follows the noun or pronoun. The three adjectives marked with an asterisk are also used with the dative, but with slightly different meanings (see A, above). Like other uses of the genitive, this structure conveys a relatively formal, elevated tone.

*sich *(dat.)* bewusst   *conscious of, aware of*   *(un)schuldig   *(not) guilty of*
gewiss   *certain of, sure of*   *wert   *worth, worthy of*
müde   *tired of*

Ich war mir **der Folgen** einer solchen
   Tat **bewusst.**

*I was aware of the consequences of
   such an action.*

Die Mannschaft war **ihres Sieges gewiss.**

The team was sure of its victory.

Der Plan war **unserer Unterstützung wert.**[10]

The plan was worth our support.

13.5 ADJECTIVES WITH PREPOSITIONAL COMPLEMENTS

1. Some adjectives occur in combination with a complementing prepositional phrase, which may come before or after the adjective. Since the German preposition is often different from what one might expect in English (COMPARE: **sicher *vor*** = *safe **from***), it should be learned along with the adjective to convey the phrase's special meaning.

arm/reich an *(dat.)*   *poor/rich in*
gewöhnt an *(acc.)*   *accustomed to*
interessiert an *(dat.)*   *interested in*

böse auf *(acc.)*   *angry at*
gespannt auf *(acc.)*   *in suspense about*
neidisch auf *(acc.)*   *envious of*
neugierig auf *(acc.)*   *curious about*
stolz auf *(acc.)*   *proud of*
verrückt auf *(acc.)*   *crazy about (something)*
wütend auf *(acc.)*   *furious at*

durstig/hungrig nach   *thirsty/hungry for*
verrückt nach   *crazy about (someone)*

abhängig von   *dependent on*
begeistert von   *enthusiastic about*
überzeugt von   *convinced of*

blass vor *(dat.)*   *pale from/with*
sicher vor *(dat.)*   *safe from*

bereit zu   *ready to do*
fähig zu   *capable of (doing)*

---

[10]The genitive formation is acceptable, but most German speakers prefer to use the accusative with **wert: Berlin ist *eine* Reise wert** = *Berlin is worth a trip.*

| Manche Leute sind **verrückt auf** Sport. | *Many people are crazy about sports.* |
| Die Regierung war **von** ihrer Politik **überzeugt.** | *The government was convinced of its policy.* |

2. Many of these adjectives can also be used with an anticipatory **da**-construction (see 20.2). Note that the **da**-compound is often optional.

| Bist du **(dazu)** bereit, uns zu helfen? | *Are you ready to help us?* |
| Ich bin **(darauf)** gespannt, was morgen geschehen wird. | *I am anxious to know what will happen tomorrow.* |

13.6 SUFFIXES THAT FORM ADJECTIVES

Many descriptive adjectives are formed by adding suffixes to noun stems (and sometimes verb stems). Each suffix allows some quality or aspect of the stem word to function descriptively. Knowing these suffixes can help you determine the meanings of adjectives. Keep in mind that these suffixes are part of the adjective, and not endings. Adjectives formed with these suffixes must still be declined with endings according to their grammatical context, as discussed above.

A. The suffixes *-ig, -lich, -isch*

These three suffixes denote *having the quality* expressed by the noun stem. Some nouns used with these suffixes require an umlaut.

1. **-ig** often corresponds to English *-y*.

das Blut	**blutig**	*bloody*
der Hunger	**hungrig**	*hungry*
die Lust	**lustig**	*funny*
der Schatten	**schattig**	*shadowy*
der Schlaf	**schläfrig**	*sleepy*

2. **-lich** indicates that the adjective has the quality or appearance denoted by the noun stem.

der Ärger	**ärgerlich**	*annoying*
der Frieden	**friedlich**	*peaceful*
die Gefahr	**gefährlich**	*dangerous*
die Natur	**natürlich**	*natural*

COMPARE:

der Geist: **geist<u>lich</u>** *spiritual*　　　　**geist<u>ig</u>** *intellectual*

3. **-isch** often corresponds to English *-cal, -ish,* or *-ic*. It is also commonly used with nationalities and religions.

die Chemie	**chemisch**	*chemical*
der Narr	**närrisch**	*foolish*
der Franzose	**französisch**	*French*
der Jude	**jüdisch**	*Jewish*
der Katholik	**katholisch**	*Catholic*

COMPARE:

das Kind **kind<u>isch</u>** *childish* **kind<u>lich</u>** *childlike*

B. Other common suffixes

1. **-bar** corresponds to English *-ful*, *-ible*, or *-able*. It is often added to nouns or verb stems.

der Dank	**dankbar**	*thankful*
die Sicht	**sichtbar**	*visible*
lesen	**lesbar**	*legible*
tragen	**tragbar**	*portable, bearable*
trinken	**trinkbar**	*drinkable*

2. **-(e)n** and **-ern** are used to create adjectives from nouns for materials, such as wood, metal, or cloth. Some of these nouns require an umlaut in the adjective form.[11]

das Glas	**gläsern**	*of glass*
das Holz	**hölzern**	*wooden*
das Silber	**silbern**	*silver(y)*
der Stahl	**stählern**	*of steel*
die Wolle	**wollen**	*woolen*

3. **-haft** (*from* **haben**) denotes *having the quality or nature* of the stem noun.

der Meister	**meisterhaft**	*masterful/masterly*
die Fabel	**fabelhaft**	*fabulous*
die Tugend	**tugendhaft**	*virtuous*

4. **-los** indicates a *complete lack* of the quality expressed by the stem. It corresponds to English *-less*.

die Hoffnung	**hoffnungslos**	*hopeless*
die Kraft	**kraftlos**	*powerless*

5. **-reich** and **-voll** mean *full of* the quality expressed by the stem.

die Hilfe	**hilfreich**	*helpful*
die Lehre	**lehrreich**	*instructive*
die Liebe	**liebevoll**	*loving*
der Wert	**wertvoll**	*valuable*

6. **-sam** sometimes corresponds to English *-some*. It normally indicates a tendency to do the action expressed by a verb or noun stem.

biegen	**biegsam**	*flexible, pliable*
die Mühe	**mühsam**	*tiresome, laborious*
sparen	**sparsam**	*thrifty, frugal*

---

[11]With some materials, German speakers often prefer a compound word to an adjective + noun.

> **ein Glasauge** (*instead of* **ein gläsernes Auge**)
> **ein Holzbein** (*instead of* **ein hölzernes Bein**).

Wortschatz
Gut und schlecht

1. The following adjectives and adverbs describe very positive reactions and emotions. The cues in parentheses are indications of register (formal to informal), and like all such indications, are subjective and highly dependent on social context.

   ausgezeichnet   excellent
   erstklassig   first-rate
   fabelhaft   fabulous, marvelous
   fantastisch   fantastic
   genial   brilliant *(used for ideas, but also currently akin to the slang word "awesome")*
   glänzend   splendid, magnificent, brilliant *(relatively formal;* **glänzend gespielt***)*
   großartig   splendid, magnificent, wonderful
   herrlich   splendid, magnificent, lovely *(relatively formal)*
   klasse   great
   prächtig   splendid, magnificent, sumptuous *(formal; often an adverb:* **gedeiht prächtig***)*
   prima   great, first-rate
   toll   fantastic, incredible, terrific *(relatively informal)*
   vorzüglich   exquisite, superior, excellent *(very formal)*
   wunderbar   splendid, wonderful, marvelous

2. The following adjectives and adverbs describe very negative reactions and emotions.

   abscheulich   disgusting, revolting, repulsive
   armselig   poor, pitiful, wretched, miserable *(relatively literary)*
   böse   bad, evil, wicked *(also:* angry*)*
   entsetzlich, fürchterlich, furchtbar, schrecklich   dreadful, frightful, horrible, awful, terrible
   erbarmlich   pitiful, miserable, wretched *(relatively literary)*
   gehässig   spiteful, hateful, malicious
   grässlich/grauenhaft   dreadful, ghastly, hideous
   grausig   ghastly, gruesome, horrid
   hässlich   ugly, nasty, hideous
   lächerlich   ridiculous, ludicrous, absurd
   scheußlich   abominable, revolting, foul
   widerlich   disgusting, repugnant, repulsive, nauseating

Übungen

A   **Welche Endung fehlt?**   Ergänzen Sie die Adjektive durch die fehlenden Endungen.

1. der jung ____ Nachbar; unser toll ____ Lehrer; ein erstklassig ____ Musiker
2. aus einem voll ____ Glas; aus der leer ____ Flasche; aus warm ____ Milch
3. durch ein groß ____ Feld; durch das hoh ____ Gras; durch tief ____ Wasser
4. trotz des heiß ____ Wetters; trotz eines klein ____ Sturms; trotz entsetzlich ____ Kälte *(f.)*
5. die reich ____ Familien; ihre verwöhnt ____ *(spoiled)* Kinder; gehässig ____ Leute
6. während der lang ____ Nächte; keine warm ____ Nachmittage; herrlich ____ Wintertage
7. ein braun ____ Tisch; sein rot ____ Buch; neu ____ Schuhe

B   **Anders ausdrücken.**   Beenden Sie die Sätze. Verwenden Sie Adjektive ohne Artikelwörter.

BEISPIEL   Der Wein, den er trinkt, ist sehr herb. Er trinkt ...
Er trinkt herben Wein.

1. Das Wetter ist heute fabelhaft. Wir haben heute ...
2. Die Blumen in meinem Garten sind sehr schön. In meinem Garten wachsen ...
3. Die Leute, bei denen er wohnt, sind sehr freundlich. Er wohnt bei ...
4. Der Schnee vor dem Haus ist sehr hoch. Vor dem Haus liegt ...
5. Ihre Familie ist sehr gut. Sie kommt aus ...
6. Wenn das Wetter schlecht ist, wandern wir nicht. Wir wandern nicht bei ...

C   **Kluge Sprüche.**   Die folgenden Sprüche sind noch nicht ganz richtig. Berichtigen Sie die Sprüche, indem Sie passende Adjektive aus der Liste einsetzen.

BEISPIEL   Liebe rostet nicht.
Alte Liebe rostet nicht.

alt	kurz
geschenkt *(given as a gift)*	still
gut	voll

1. Ein Bauch *(m.; belly)* studiert nicht gern.
2. Rat *(m.; advice)* ist teuer.
3. Lügen haben Beine.
4. Einem Gaul *(m.; horse)* schaut man nicht ins Maul.
5. Wasser sind tief.

D **Nützliche Ausdrücke.** Ergänzen Sie die Ausdrücke durch passende Adjektive aus der Liste.

BEISPIEL Freunde haben
nette Freunde haben

best-	gut	laut	offen
falsch	hoch	nett	schön
groß	lang	niedrig	zweit-

1. ein Gesicht machen
2. Schulden *(debts)* machen
3. Menschen kennenlernen
4. einen Nachmittag verbringen
5. mit Stimme schreien
6. in den Jahren sein
7. wegen des Preises kaufen
8. mit Karten spielen
9. eine Note bekommen
10. die Geige spielen
11. aufs Pferd setzen
12. Lärm *(noise)* machen

E **Ein toller Mensch.** Drücken Sie die Sätze viel stärker aus.

BEISPIEL Sie ist ein netter Mensch.
*Sie ist ein **großartiger** Mensch.*

1. Sie wohnt in einem schönen Haus mit einem hübschen Garten.
2. Sie fährt auch einen guten Wagen.
3. Sie schreibt interessante Bücher.
4. Sie hat einen angenehmen Ehemann.
5. Sie kann auch gut Klavier spielen.

Wie können Sie diese Frau in einigen weiteren Sätzen beschreiben?

F **Altersstufen.** Wie geht's weiter? Verwenden Sie Adjektive mit oder ohne Artikelwörter.

BEISPIEL Mit fünf Jahren spielt man mit …
Mit fünf Jahren spielt man mit vielen Spielsachen.

1. Mit zehn Jahren freut man sich auf *(acc.)* …
2. Zwanzig kommt, und man träumt von …
3. Dreißigjährige hoffen auf *(acc.)* …
4. Vierzig ist man und plant …
5. Mit fünfzig Jahren kann man …
6. Mit sechzig genießt man …
7. Was hat man mit siebzig schon alles gesehen! Zum Beispiel, …
8. Achtzig Jahre zählt man und denkt an *(acc.)* …
9. Wer neunzig wird, freut sich über …

G **Ein prima Leben.** Für Angelika gibt es immer nur das Beste. Ergänzen Sie die Sätze mit Adjektiven aus dem Wortschatzkasten.

> **BEISPIEL** Ihre Kleidung kommt direkt aus Paris. Sie trägt _____ Kleidung.
> *Sie trägt **Pariser** Kleidung.*

ganz	hoch	holländisch	lila	Paris	prima	Schweizer	teuer

1. Ihr Geld hat sie auf einem _____ Sparkonto in Zürich.
2. Sie trägt Schuhe von _____ Qualität.
3. Für Kleidung gibt sie sehr viel Geld aus. Selbstverständlich trägt sie einen _____ Ledermantel.
4. Der Käse, den sie kauft, kommt aus Holland, denn sie isst _____ Käse besonders gern.
5. Letzte Woche war sie in Frankreich und hat *Die Zauberflöte* in der _____ Oper gesehen.
6. Sie fährt einen _____ BMW.
7. Auf ihren Einkaufstouren reist sie jedes Jahr durch _____ Europa.
8. Angelika führt ein _____ Leben!

H **Ob *viel* oder *wenig*, Graz hat's!** Ergänzen Sie die Endungen.

> In der Grazer Altstadt gibt es viel _____ sehr gut _____ Restaurants. Dort kann man vor allem im Sommer einig _____ nett _____ Stunden im Freien sitzen und mit Leuten plaudern. Abends sucht man vielleicht am besten einig _____ der nicht wenig _____ gemütlich _____ Studentenkneipen auf, wo eine gut _____ Stimmung herrscht *(prevails)*. Die viel _____ Touristen, die nach Graz kommen, können die Landeshauptstadt der Steiermark mit wenig _____ Geld aber viel _____ Zeit schon richtig genießen.

I **Alles** und **ganz.** Machen Sie fünf Aussagen mit **all-** + Possessivpronomen (**mein-**, **dein-** usw.). Dann drücken Sie Ihre Aussagen durch den Gebrauch von **ganz-** anders aus.

> **BEISPIELE** *Ich habe **mein ganzes** Geld für dieses Semester schon ausgegeben.*
> ***Alle meine** Freunde sehen Reality-TV.*
> ***Meine ganzen** Freunde sehen Reality-TV.*

J **Dativ oder Genitiv?** Drücken Sie die Sätze durch den Gebrauch von Adjektiven aus dem Wortschatzkasten anders aus. Einige Adjektive müssen Sie mehr als einmal benutzen.

> **BEISPIEL** Dieser Vorschlag hilft den Leuten wenig.
> *Dieser Vorschlag ist den Leuten nicht sehr nützlich.*

(un)bekannt	dankbar	fremd	gewiss	müde	nützlich	(nicht) schuldig	wert

1. Von den finanziellen Schwierigkeiten unseres Nachbarn wussten wir nichts.
2. Der Angeklagte *(defendant)* konnte beweisen, dass er den Mord nicht begangen *(committed)* hatte.
3. Er muss einem Sportgeschäft noch viel Geld zahlen.

4. Wir sind sehr froh, dass du uns geholfen hast.

5. Deine Ausreden *(excuses)* möchten wir uns nicht mehr anhören.

6. Ihr Verständnis für seine Probleme bedeutete ihm viel.

7. An eine solche Arbeitsweise war die Frau nicht gewöhnt.

8. Sie zweifelte nicht an ihrem Erfolg.

9. Sein neuer Roman verdient *(merits)* unsere Aufmerksamkeit.

K   **Welche Präposition?**   Schreiben Sie Modellsätze mit den folgenden Adjektiven +
Präposition.

> **BEISPIEL**   interessiert
> *Ich bin **an** der europäischen Politik interessiert.*

1. neugierig	5. gewöhnt
2. verrückt	6. begeistert
3. überzeugt	7. wütend
4. stolz	8. gespannt

L   **Exportdefizite.**   Welche ausländischen Produkte kaufen oder benutzen Sie und Ihre
Familie? Machen Sie fünf Aussagen.

> **BEISPIELE**   *Wir haben einen japanischen Fernseher.*
> *Zu Hause essen wir gern holländischen Käse.*

M   **Was ist das?**   Suchen Sie eine passende Aussage aus der zweiten Spalte *(column)*.

> **BEISPIEL**   ein schweigsamer Mensch
> *Er spricht nicht viel.*

1. sparsame Menschen	a. Vorsicht!
2. eine friedliche Epoche	b. Das Leben ist immer schön.
3. ein lehrreicher Satz	c. 25 Jahre!
4. ein bissiger Hund	d. Davon kann man etwas lernen.
5. traumhafter Schnee	e. Sie sind sicher nicht faul.
6. eine lustige Person	f. Endlich keine Kriege mehr!
7. ein sportlicher Mensch	g. Wer den Pfennig nicht ehrt …
8. sorgenlose Kinder	h. Es gibt immer etwas zu lachen.
9. arbeitsame Menschen	i. Er ist fit und gesund.
10. silberne Hochzeit	j. Ja, Pulver bis zu den Knien!

N   **Anders ausdrücken.**   Wiederholen Sie die neuen Vokabeln in 13.6, dann drücken Sie
den Inhalt der Sätze mit Adjektiven anders aus.

> **BEISPIELE**   Manche Wörter kann man nicht übersetzen.
> *Manche Wörter sind nicht **übersetzbar**.*
>
> Meine Eltern sparen viel.
> *Meine Eltern sind sehr **sparsam**.*

1. Man kann dieses Radio leicht tragen.

2. Es hat keinen Sinn, mehr Atomwaffen zu produzieren.

3. Die Zahl 12 kann man durch 2, 3, 4 und 6 teilen.
4. Während einer Rezession haben manche Menschen keine Arbeit.
5. Ein gutes Medikament wirkt sofort.
6. Die Kuppel *(dome)* vom renovierten Reichstagsgebäude in Berlin ist aus Glas.
7. Wir fuhren gestern auf einer Bergstraße mit vielen Kurven.
8. Gedanken kann man nicht sehen, aber man kann sie denken.

Anwendung

A **Alles verrückt!** Vielleicht kennen Sie die Geschichte auf Englisch, die so beginnt: *There was a crooked man and he went a crooked mile.* Erzählen Sie eine solche Geschichte mündlich und mit dem Adjektiv *verrückt* oder mit einem anderen Adjektiv, das Ihnen besonders gefällt.

BEISPIEL *Es waren einmal ein verrückter Mann und eine verrückte Frau. Sie wohnten in einem verrückten Haus und hatten verrückte Kinder. Ihre verrückten Kinder gingen in eine verrückte Schule, wo sie mit anderen verrückten Kindern spielten. Sie trugen auch ...*

B **Sich etwas genau merken.** Arbeiten Sie mit einer Partnerin/einem Partner. Sie/Er zeigt Ihnen etwa zehn Sekunden lang ein Bild. Was können Sie mit Adjektiven noch genau beschreiben, wenn Sie das Bild nicht mehr sehen?

C **Von der guten (oder schlechten) Seite sehen.** Diskutieren Sie mit anderen Leuten im Kurs über die guten oder schlechten Seiten Ihrer Universität/Schule und der Stadt, in der Sie jetzt leben. Betonen Sie positive *und* negative Aspekte und verwenden Sie viele Adjektive.

REDEMITTEL

Positiv	Negativ
Ich finde, die Stadt hat ...	Das meinst du, aber ich sehe das anders.
Besonders [schön] finde ich ...	Aber andererseits gibt es nur wenig/wenige ...
Die vielen ... finde ich [genial]	Besonders deprimierend *(depressing)* finde ich ...
Mir gefällt/gefallen hier vor allem ...	Vor allem stört/stören mich ...
Man darf auch ... nicht vergessen.	Die vielen ... finde ich [schrecklich]
Warst du schon in ... ?	Man darf aber nicht übersehen, dass ...

D   **Ach, die schöne Schweiz!**   Wählen Sie ein Land und teilen Sie Ihrer Partnerin/Ihrem Partner mit, welches Land Sie gewählt haben. Ihre Partnerin/Ihr Partner bildet dann vier oder fünf kurze Wortverbindungen mit Adjektiven, die sie/er mit diesem Land assoziiert.

> BEISPIEL   A: die Schweiz
> B: *hohe Berge, viel weißer Schnee, viele alte Städte, guter Käse, ein schöner Urlaub* ... usw.

E   **Freunde.**   Beschreiben Sie für jemand eine gute Freundin/einen guten Freund von Ihnen und verwenden Sie dabei so viele Adjektive aus dem Wortschatz wie möglich! Denken Sie an das Aussehen *(appearance),* aber auch an Hobbys, Kleidung, Familie, Meinungen, besondere Talente usw. Wie lang können Sie über sie/ihn sprechen?

Schriftliche Themen

Tipps zum Schreiben	**Making Writing More Vivid with Adjectives** A text with just nouns and verbs is like a picture in black and white; adjectives can help turn it into color. With adjectives you can convey *how* you view or react to the persons, things, or events you write about. When beginning these compositions, write the first draft without adjectives. Next, check to see that all articles and nouns are in the proper cases. Then add the adjectives that best describe your topics and situations.

A   **Werbung.**   Sie studieren ein Jahr an einer deutschsprachigen Universität und organisieren eine Ferienreise für interessierte Studenten. Sie müssen eine kurze Werbeschrift *(prospectus)* zusammenstellen. Beschreiben Sie das Ferienziel so positiv wie möglich.

> BEISPIEL   *Wir fliegen im April nach Menorca! Unser preiswertes Hotel – selbstverständlich mit Vollpension! – liegt an einem traumhaft schönen Strand in der Nähe des sonnigen Städtchens Ciutadela. Tag und Nacht bietet das Hotel ein reiches Angebot an Sport- und Unterhaltungsmöglichkeiten. Auch für seine vorzügliche Küche ist das Hotel weit und breit bekannt ... usw.*

B **Ein merkwürdiger *(odd, strange)* Traum.**   Beschreiben Sie einen merkwürdigen Traum, den Sie einmal hatten. Wenn Sie sich an keinen Ihrer Träume erinnern, können Sie vielleicht einen tollen Traum erfinden.

> BEISPIEL   *Einmal hatte ich einen ganz merkwürdigen Traum. Ich fuhr an einem warmen Sommerabend in einem kleinen Boot auf einem dunklen See. Um den See herum waren hohe Berge und im Westen ging die Sonne gerade hinter den Bergen unter—aber die Sonne war grün statt rot. Wie ich nun dort saß, erschien* (appeared) *plötzlich über mir ein riesiger* (gigantic) *schwarzer Vogel mit ... usw.*

C **Bildhaft beschreiben.**   Gehen Sie an einen Ort, der Ihnen gut gefällt. Nehmen Sie Papier und etwas zum Schreiben mit. Beschreiben Sie diesen Ort. Beginnen Sie Ihre Beschreibung mit *einem* Gegenstand an diesem Ort. Erweitern Sie dann Ihr Blickfeld allmählich *(gradually),* bis Sie in die Ferne blicken. Nennen Sie erst im letzten Satz Ihrer Beschreibung diesen Ort.

> BEISPIEL   *An diesem Ort steht ein kleiner Baum mit graugrünen Nadeln. Der Baum ist so groß wie ein erwachsener Mensch und umgeben von einem breiten Rasen. Hinter dem Rasen ragt ein steinernes Haus mit einem hübschen Blumengarten hervor. Vom Haus aus hat man einen Ausblick auf ... usw.*

Zusammenfassung

Rules to Remember

1 Predicate adjectives do not take endings; attributive adjectives require endings.

2 If an adjective is preceded by an article that shows number, case, and gender (**der**-words in all cases, and most cases of **ein**-words), the adjective takes a *weak* ending.

3 If there is no preceding **der**-word or **ein**-word, or if the **ein**-word does not show gender explicitly (masculine nominative singular/neuter nominative and accusative singular), the adjective takes a *strong* ending.

4 Some adjectives take noun complements in the dative and the genitive case; with some adjectives the noun complement precedes the adjective.

5 An adjective can combine with a complementing prepositional phrase to convey a particular meaning.

At a Glance

Adjectives: Weak endings				
	Masc.	**Fem.**	**Neut.**	**Pl.**
Nom.			-e	-en
Acc.				
Dat.			-en	
Gen.				

Adjectives: Strong endings				
	Masc.	**Fem.**	**Neut.**	**Pl.**
Nom.	-er	-e	-es	-e
Acc.	-en	-e	-es	-e
Dat.	-em	-er	-em	-en
Gen.	-en	-er	-en	-er

Limiting words	
Singular	
wenig **etwas** **genug** **viel**	• No endings • Subsequent adjectives take strong endings
Plural	
ein paar	• No ending • Subsequent adjectives take strong endings
wenige **andere** **einige** **mehrere** **viele**	• Function like adjectives • Subsequent adjectives take same endings
all-	• Singular: no endings • Plural: strong endings; ending is optional if followed by article or possessive adjective • Articles and possessive adjectives following it are unaffected

Grammatik

Adverbs convey information about verbs, adjectives, and other adverbs—how or where an activity takes place, for example, or the particular intensity of a modifier—and can take the form of a single word or a phrase, including a prepositional phrase (see 6.1).

14.1 DESCRIPTIVE ADVERBS

1. A descriptive adverb (**das Adverb, -ien**) looks like a descriptive adjective without an ending. When such an adverb modifies a verb, it often indicates *how, in which manner,* or *to what degree* an activity is done.

   Nach dem Mauerfall tanzten Hunderte von Berlinern **fröhlich** auf diesem Symbol der Trennung.

   After the fall of the [Berlin] wall, hundreds of people in Berlin danced happily on top of this symbol of separation.

   Hupende Trabis fuhren **langsam** in den Westteil der Stadt.

   Honking Trabis[1] drove slowly into the western part of the city.

2. Descriptive adverbs can modify adjectives.

   COMPARE:

   Überall gab es **spontane** Gespräche über die Ereignisse der letzten Tage. *(an adjective—with ending—modifies the noun)*

   There were spontaneous conversations everywhere about the events of recent days.

---

[1]**Trabi:** tiny trademark car of the GDR

Und überall sah man **spontan** organisierte Treffen mit Freunden, Familien, sogar Fremden. *(an adverb—with no ending—modifies the adjective)*	*And everywhere one saw spontaneously organized meetings with friends, families, even strangers.*

3. Adverbs can also modify other adverbs.

Man hatte die Demonstrationen in Leipzig davor ***besonders* ängstlich** angeschaut.	*One had watched the demonstrations in Leipzig before that with particular worry.*
Aber der Mauerfall selbst ist ***erstaunlich friedlich*** verlaufen.	*But the falling of the wall itself proceeded astonishingly peacefully.*

4. Some adverbs of *manner* have no adjective equivalents.

Ich wäre selber **gern** dort gewesen.	*I would have liked to have been there.*
Ich habe es **kaum** geglaubt.	*I hardly believed it.*

5. A few descriptive adverbs conveying attitude or reaction are formed by adding the suffix **-erweise** to descriptive adjectives.

bedauerlicherweise   *regrettably*
dummerweise   *foolishly, stupidly*
erstaunlicherweise   *amazingly*
glücklicherweise   *fortunately*
möglicherweise   *possibly*
überraschenderweise   *surprisingly*

Überraschenderweise hörte man von ganz wenigen Störungen oder Problemen gleich nach dem Mauerfall.	*Surprisingly, one heard of very few complications or problems right after the fall of the wall.*

Some descriptive adverbs are formed by adding the suffix **-weise** to nouns.

fallweise   *case by case*
paarweise   *in pairs*
stückweise   *piece by piece*
teilweise   *partially*

Die Mauer wurde **stückweise** an Millionen verkauft.	*The wall was sold to millions of people piece by piece.*
Man hat sie an ein paar Stellen **teilweise** stehen lassen, um als Erinnerung zu dienen.	*It was left partially standing in a few places, in order to serve as a reminder.*

ADVERBS OF TIME

1. Some adverbs of time tell *when* or *how often* an activity occurs. Some examples are:

ab und zu	*now and then*	nie	*never*
bald	*soon*	oft	*often*
immer	*always*	schon	*already*
manchmal	*sometimes*	wieder	*again*

2. Some adverbs of time indicate *when an activity begins* and are particularly useful for introducing narratives.

anfangs	*in the beginning*	einst	*once* (past); *some day* (future)
damals	*(back) then*	einmal	*one time*
eines Abends	*one evening* (see R.4.3)	neulich/vor kurzem	*recently*
eines Morgens	*one morning*	zuerst/zunächst	*(at) first*
eines Tages	*one day*		

3. Some adverbs of time help establish *sequences within narratives.*

auf einmal/plötzlich	*suddenly*	inzwischen/mittlerweile/unterdessen *meanwhile*	
bald darauf	*soon (thereafter)*		
bis dahin	*up until then; by then*	kurz darauf	*shortly thereafter*
da/dann	*then*	nachher	*afterwards*
danach	*after that*	später	*later*
immer noch	*still*	vorher	*first, beforehand*

Ich erfuhr davon im Fernsehen, und **kurz darauf** rief ich einen Freund in Deutschland an. **Bis dahin,** sagte er, hatte er nur davon geträumt. Und dann **plötzlich** ist es zur Wirklichkeit geworden.	*I heard about it on TV, and shortly afterwards I called up a friend of mine in Germany. Up until then, he said, he had only dreamed about it. And then suddenly it became a reality.*

4. Some adverbs of time indicate the *conclusion of an activity or narrative.*[2]

am Ende/zum Schluss	*finally, in the end, in conclusion*
endlich	*finally, at long last*
schließlich	*finally, in the final analysis*
seitdem/seither	*(ever) since then, (ever) since that time*
zuletzt	*at last, finally; last*

Seitdem denkt er gern an diese Tage zurück, auch wenn die Wiedervereinigung viele Probleme mit sich gebracht hat.	*Ever since then, he likes to think back on those days, even though reunification has brought with it many problems of its own.*

   ---
   [2]See **Wortschatz** in this chapter for further explanation.

14.3 ADVERBS OF PLACE

1. Adverbs of place tell *where*. Some common examples are:

   anderswo/irgendwo anders   *somewhere else*
   da   *there*
   (da) drüben   *over there*
   hier/dort   *here/there*
   innen/außen   *(on the) inside/(on the) outside*
   irgendwo   *somewhere, anywhere*
   links/rechts   *(on the) left/(on the) right*
   nirgends/nirgendwo   *nowhere*
   oben/unten   *above/below*
   überall   *everywhere*
   vorn/hinten   *in front/behind*

   > „**Drüben**" hatte vor 1989 eine ganz   *Before 1989, "over there" had a very*
   >   bestimmte Bedeutung.   *particular meaning.*

2. Some adverbs of place combine with the prefixes **hin-** and **her-** (see R.5.1.) to indicate direction *to* or *from*: **anderswohin** *(to someplace else)*, **überallher** *(from everywhere)*, **irgendwohin** *(to somewhere)*.

3. Some adverbs of place are used with the prepositions **nach** and **von** to indicate *to* or *from where*.

   nach links/rechts   *to the left/right*
   von links/rechts   *from the left/right*
   nach oben   *upward, (to go) upstairs*
   nach unten   *downward, (to go) downstairs*
   nach/von vorn(e)   *to/from the front*
   von oben   *from above*
   von unten   *from below/beneath*

4. The distinction in English between *somewhere* and *anywhere*, which is often clear (e.g., *I must have put it somewhere, but it could be anywhere*) but sometimes quite subtle (e.g., *Did you go anywhere? Did you go somewhere?*) does not correspond neatly with two words in German. German uses **irgendwo(hin)** to refer to generally unspecified or unknown locations or directions (i.e., both *somewhere* and *anywhere*). For references that emphasize a lack of specificity (as in *She could find a job anywhere*), German uses **überall**. Since **überall** can also mean *everywhere*, the context must indicate which meaning is appropriate in a given situation.

*Are you going **anywhere/somewhere?***	Gehst du **irgendwohin?**
*I know it's here **somewhere**.*	Ich weiß, es ist hier **irgendwo**.
*It could be **anywhere**!*	Es könnte ja **überall** sein!
*I looked for it **everywhere**!*	Ich hab's ja **überall** gesucht!

14.4 POSITION OF ADVERBS AND ADVERBIAL PHRASES

1. When adverbial modifiers express *how, when,* or *where,* the default sequence is to place modifiers of time and place (not including verbal complements of direction or position; see 1.1.C) before modifiers of manner.

   Am 9. November 1989 tanzten viele Menschen **stundenlang** [TIME] **oben auf der Mauer.** [PLACE]
   On November 9, 1989, many (people) danced for hours up on top of the wall.

   Pablo Casals hat **an der Mauer** [PLACE] **spontan** [MANNER] Cello gespielt.
   Pablo Casals spontaneously played the cello at the wall.

   Keep in mind, however, that in practice a speaker or writer usually includes these modifiers in response to a question or to emphasize them for some other reason, and that the "emphasis rule" trumps the default sequence: The further to the right in the middle field, the greater the emphasis.

2. General time precedes specific time, which is not always the case in English.

   Erst **an dem Abend** [GEN. TIME] **um 20 Uhr** [SPEC. TIME] konnte ich's im Fernsehen anschauen.
   Not until 8 PM that night was I able to see it on TV.

3. German adverbs and adverbial phrases often appear at the beginning of a sentence; they are not set off by a comma, as they often are in English.

Bedauerlicherweise konnte ich nicht dabei sein.	*Regrettably, I wasn't able to be there.*
Seither wünschte ich mir, ich hätte es persönlich erleben können.	*Ever since then, I've wished I could have experienced it personally.*

14.5 ADVERBIAL CONJUNCTIONS

German has a number of adverbs that link sentences or clauses by signaling additional information, explanation, or contrast. They do not affect word order, as do coordinating or subordinating conjunctions (see R.2.1 and R.2.3); rather, they normally appear as the first element in a main clause, or take their place in the middle field.

außerdem	*moreover, furthermore (additional information)*
daher	
darum	
deshalb	*therefore, thus, for this/that reason (explanation)*
deswegen	
aus diesem Grunde	
dennoch	*nevertheless, yet (contrast)*
stattdessen	*instead (contrast)*
trotzdem	*in spite of this/that*

Mit der geöffneten Grenze zwischen Ungarn und Österreich konnten DDR-Bürger auch so in den Westen, und **darum/deshalb** musste etwas geschehen.	*With the border between Hungary and Austria opened, GDR citizens could get into the West that way as well, and therefore something had to happen.*
Dennoch war es bis zum 9. November 1989 nicht klar, dass die DDR-Regierung den Mauerfall friedlich anerkennen würde.	*Nevertheless, it was not clear until November 9, 1989, that the government of the GDR would recognize the fall of the wall peacefully.*

Wortschatz

Ende gut, alles gut!

am Ende	schließlich
zum Schluss	endlich
zuletzt	

1. **Am Ende** and **zum Schluss** express the idea of conclusion in general terms and are synonymous in most instances.

Erich Honegger war bis dahin der wichtigste Mann der DDR gewesen, aber **am Ende/zum Schluss** verließen ihn auch seine früheren Freunde.	*Up until then, Erich Honegger had been the most important man in the GDR, but in the end, even his former friends left him.*

2. **Zuletzt** usually introduces the final event in a series.

In Leipzig fanden kleine Demonstrationen in den Häusern statt, dann in vielen Kirchen, und **zuletzt** auf dem großen Marktplatz.	*In Leipzig, small demonstrations took place in people's homes, then in many churches, and finally in the large open-air square.*

3. **Schließlich** and **endlich** can both express the idea that after a considerable period of time or series of events, something *finally* happens.

Nach den vielen Jahren konnten Familien **endlich** wieder zusammenkommen, und **schließlich** durfte man reisen, wohin man wollte.	*After all those years, families were finally able to get back together again, and people could finally travel wherever they wanted to go.*

4. **Schließlich** (like **zuletzt**) can mean *finally* when introducing the last element in a discourse such as a speech, sermon, or argument; this meaning derives from **schließen** *(to close)*. **Schließlich** can also mean *in the final analysis* or *after all*.

Schließlich sagte Reagan: „Herr Gorbachev, reißen Sie diese Mauer nieder!"[3]	*Finally, Reagan said: "Mr. Gorbachev, tear down this wall!"*
Dabei haben viele Zuhörer und Zuschauer gespottet. **Schließlich** glaubte kein Mensch, dass die Russen es je zulassen würden.	*Many listeners and viewers scoffed at that. After all, no one believed the Russians would ever permit it.*

5. **Endlich,** when stressed, is stronger than **schließlich** and conveys the idea that something has *finally* or *at (long) last* happened.

Aber im November 1989 war es für die deutsche Einheit **endlich** so weit.	*But in November 1989, the time for German unity had finally come.*

Übungen

A **Zeitadverbien.** Erzählen Sie etwas über sich und verwenden Sie dabei die folgenden Adverbien.

BEISPIEL neulich
Neulich habe ich einen guten Film gesehen.

1. ab und zu
2. bisher *(up until now)*
3. stets *(continually, always)*
4. niemals *(never)*
5. endlich
6. kürzlich/vor kurzem *(recently)*

B **Wie geht es weiter?** Vervollständigen Sie die Sätze. Verwenden Sie adverbiale Ausdrücke aus dem **Wortschatz.**

BEISPIEL Wir arbeiteten den ganzen Tag, doch …
*Wir arbeiteten den ganzen Tag, doch **am Ende** war unser Projekt immer noch nicht fertig.*

1. Wir warten schon seit Stunden, aber jetzt möchte ich …
2. Die Party wird bis Mitternacht gehen, und …
3. Wir sollten uns nicht über ihn ärgern. Er hat uns …
4. Ich habe heute einiges vor. Zuerst muss ich arbeiten, dann muss ich einkaufen, danach muss ich zur Uni, und …
5. Sie dachte, sie würde das Geld für ein Auto nie auftreiben *(come up with)* können, aber …

---

[3]Spoken by Ronald Reagan, then president of the USA, in a speech in front of the Brandenburg Gate in West Berlin on June 12, 1987.

C **Meinungen.** Bilden Sie Aussagen mit den folgenden Adverbien.

> BEISPIEL vergebens *(in vain)*
> *Ich finde, die meisten Menschen suchen **vergebens** nach Glück.*

1. auswendig *(by heart)*
2. sicherlich *(certainly, for sure)*
3. hoffentlich *(hopefully)*
4. glücklicherweise *(fortunately)*
5. leider *(unfortunately)*
6. zufällig *(by chance)*

D **Wortstellung der Adverbien.** Schreiben Sie fünf Sätze, die adverbiale Ausdrücke der Zeit, des Ortes und der Beschreibung enthalten. Schreiben Sie die Sätze noch einmal, indem Sie *einen* adverbialen Ausdruck an eine andere Stelle setzen.

> BEISPIEL Wir gehen oft mit Freunden im Park spazieren.
> ***Mit Freunden** gehen wir oft im Park spazieren.*

E **Adverbiale Konjunktionen.** Machen Sie fünf Aussagen über Aktivitäten, Situationen oder Gedanken und die Folgen *(results)* davon. Verwenden Sie die angegebenen adverbialen Konjunktionen.

> BEISPIELE *Ich habe für meine Deutschprüfung intensiv gelernt, und **deswegen** werde ich eine gute Note bekommen.*
>
> *Sie hatten sich aus großer Not gerettet, aber **trotzdem** starben die Seeleute am Ende.*

aus diesem Grunde   dennoch   deswegen/daher   stattdessen   trotzdem

Anwendung

A **Wann? Wo? Wie?** Sie und eine Partnerin/ein Partner stellen jeweils drei Listen mit je fünf Adverbien (Wörter und Wortverbindungen) zusammen. Machen Sie erst eine Liste für Zeitadverbien (wann), dann eine für adverbiale Ausdrücke des Ortes (wo/wohin) und eine für adverbiale Ausdrücke der Beschreibung (wie). Tauschen Sie dann Ihre Listen miteinander aus und bilden Sie einige Sätze mit Elementen aus allen drei Listen. Achten Sie auf die richtige Wortstellung und seien Sie so kreativ wie möglich!

B **Es kam aber ganz anders.** Erzählen Sie von einem Ereignis oder Unternehmen *(undertaking)* aus Ihrem Leben, das anders verlief als geplant. Verwenden Sie Zeitadverbien und Adverbien, die Ihre Reaktionen zum Ausdruck bringen.

REDEMITTEL

Einmal wollte ich …	Da kam zufällig …
Ich habe zuerst gedacht …	Glücklicherweise hat niemand gemerkt …
Leider war es so, dass …	Wir mussten dann schließlich …
Wir konnten aber trotzdem …	

C **Das mache ich so.** Beschreiben Sie, in welcher zeitlichen Folge Sie etwas machen oder sich auf etwas vorbereiten *(prepare)*.

THEMENVORSCHLÄGE

eine schwere Prüfung	eine Wohnung suchen
eine schriftliche Arbeit für einen Kurs	eine Ferienreise planen
ein Auto suchen und kaufen	

> **BEISPIEL**   eine schwere Prüfung
> *Zuerst frage ich die Professorin, was ich für die Prüfung lernen muss. Dann lese ich das alles noch einmal durch. Danach wiederhole ich die Kapitel, die ich für besonders wichtig halte, und zum Schluss überlege ich mir Fragen, die man in der Prüfung stellen könnte, und versuche diese Fragen zu beantworten.*

D **Wie komme ich … ?** Beschreiben Sie für eine Partnerin/einen Partner, wie man von Punkt A nach Punkt B kommt. Ein paar Vorschläge: Von Ihrem Zimmer im Studentenheim zur Mensa; von dem Eingang Ihres Hauses zu Ihrem Schlafzimmer; von dem Zimmer, wo Sie jetzt sind, zu der nächsten Toilette. Verwenden Sie dabei so viele von den folgenden Adverbien wie möglich.

nach links • nach oben • geradeaus • nach draußen *(outside)* • da drüben • durch eine Tür • um ein Gebäude • durch ein Zimmer • vorsichtig *(carefully)* • dann • nachher

Schriftliche Themen

Tipps zum Schreiben	**Establishing a Sequence of Events** To establish a chronology of events from one sentence or clause to another, you should use adverbs of time. Remember that time expressions normally precede expressions of manner and place and can also begin a sentence. You can also use adverbial conjunctions to establish logical links of explanation or contrast between sentences and clauses.

A   **Der Verlauf eines wichtigen Ereignisses _(event)._**   Berichten Sie über ein wichtiges historisches Ereignis (z.B. eine politische Wende, eine Katastrophe, einen Unfall, die Karriere eines berühmten Menschen). Verwenden Sie dabei einige Adverbien, die den chronologischen Verlauf dieses Ereignisses verdeutlichen und die Folgen davon klar zum Ausdruck bringen.

> **BEISPIEL**   _Im Jahre 1906 ereignete sich in San Francisco ein schreckliches Erdbeben. Anfangs spürte man nur leichte Erschütterungen_ (tremors)_, aber kurz darauf kam die große Katastrophe, die vieles zerstörte und auch viele Menschen das Leben kostete. Besonders schlimm war es dann, als ... Dennoch konnten viele Leute ..._

B   **Aus meinem Leben**   Erzählen Sie von einem merkwürdigen Erlebnis _(experience)_ aus Ihrem Leben. Wie sind Sie zu diesem Erlebnis gekommen? Wie verlief es? Was waren die Folgen davon?

Zusammenfassung

Rules to Remember

1   A descriptive adverb looks like an adjective without an ending (**schnell, fleißig**).

2   In addition to descriptive adverbs, the most common adverbs are of time (**heute, oft**) or place (**hier, überall**).

3   Adverbial modifiers in the middle field:

- When no emphasis is intended, modifiers of time and place (not including verbal complements of position and direction) usually precede modifiers of manner.

- When emphasis is intended, that modifier appears as far as possible toward the end of the middle field.

4   A few adverbs (**deshalb, trotzdem,** etc.) function like conjunctions and link thoughts in two separate clauses or sentences.

At a Glance

Adverbs: Word order in the middle field

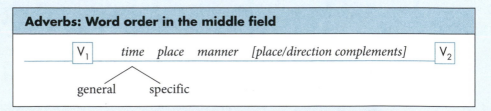

Adverbial conjunctions: Word order with clauses

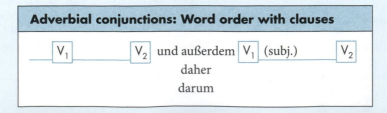

Comparative and superlative

zum Beispiel

Mittagspause

Sie sitzt im Straßencafé. Sie schlägt sofort die Beine übereinander°. | *crosses*
Sie hat wenig Zeit. Sie blättert in einem Modejournal. Die Eltern wissen, dass sie schön ist. Sie sehen es nicht gern. Zum Beispiel. Sie hat Freunde. Trotzdem sagt sie nicht, das ist mein bester Freund, wenn sie zu Hause einen Freund vorstellt.

Zum Beispiel. Die Männer lachen und schauen herüber° und stellen | *look over*
sich ihr Gesicht ohne Sonnenbrille vor.

Das Straßencafé ist überfüllt. Sie weiß genau, was sie will. Auch am Nebentisch sitzt ein Mädchen mit Beinen.

Sie hasst Lippenstift. Sie bestellt einen Kaffee. Manchmal denkt sie an Filme und denkt an Liebesfilme. Alles muss schnell gehen.

Freitags reicht° die Zeit, um einen Cognac zum Kaffee zu bestellen. | *is sufficient*
Aber freitags regnet es oft.

Mit einer Sonnenbrille ist es einfacher, nicht rot zu werden. Mit Zigaretten wäre es noch einfacher. Sie bedauert°, dass sie keine Lungen- | *regrets*
züge° kann. | *inhale deeply*

Die Mittagspause ist ein Spielzeug. Wenn sie nicht angesprochen° wird, | *spoken to*
stellt sie sich vor, wie es wäre, wenn sie ein Mann ansprechen würde.
Sie würde lachen. Sie würde eine ausweichende° Antwort geben. Viel- | *evasive*
leicht würde sie sagen, dass der Stuhl neben ihr besetzt sei. Gestern

wurde sie angesprochen. Gestern war der Stuhl frei. Gestern war sie
froh, dass in der Mittagspause alles sehr schnell geht.

Beim Abendessen sprechen die Eltern davon, dass sie auch einmal
jung waren. Vater sagt, er meine es nur gut. Mutter sagt sogar, sie habe
eigentlich Angst. Sie antwortet, die Mittagspause ist ungefährlich°.   *not dangerous*

Sie hat mittlerweile° gelernt, sich nicht zu entscheiden. Sie ist ein Mäd-   *in the meantime*
chen wie andere Mädchen. Sie beantwortet eine Frage mit einer Frage.

Obwohl sie regelmäßig° im Straßencafé sitzt, ist die Mittagspause an-   *regularly*
strengender° als Briefeschreiben. Sie wird von allen Seiten beobachtet.   *demanding*
Sie spürt° sofort, dass sie Hände hat.   *feels, senses*

Der Rock ist nicht zu übersehen. Hauptsache°, sie ist pünktlich.   *the main thing is . . .*

Im Straßencafé gibt es keine Betrunkenen. Sie spielt mit der
Handtasche°. Sie kauft jetzt keine Zeitung.   *purse*

Es ist schön, dass in jeder Mittagspause eine Katastrophe passieren
könnte. Sie könnte sich sehr verspäten. Sie könnte sich sehr verlieben.
Wenn keine Bedienung kommt, geht sie hinein und bezahlt den Kaffee
an der Theke°.   *counter*

An der Schreibmaschine hat sie viel Zeit, an Katastrophen zu denken.

Katastrophe ist ihr Lieblingswort. Ohne das Lieblingswort wäre die
Mittagspause langweilig.

Wolf Wondratschek, „Mittagspause"

Grammatik

15.1   COMPARATIVE AND SUPERLATIVE FORMS

A. Regular forms

1. In German, almost all adjectives and adverbs, regardless of length, add **-er** to form the
   comparative and **-(e)st** to form the superlative.

2. German does *not* have forms equivalent to English *more* and *most* used with adjectives
   and adverbs of more than two syllables.

   lächerlich   *ridiculous*
   lächerlich**er**   *more ridiculous*
   lächerlich**st-**   *most ridiculous*

3. German does occasionally use the comparative **weniger** + adjective, which corresponds to English *less*.

Sie ist **weniger gelangweilt,** wenn sie an Katastrophen denkt.

She's less bored when she thinks about catastrophes.

4. Adjectives and adverbs ending in -**e** add only an **r** in the comparative, while adjectives and adverbs ending in -**el** or -**er** drop the interior **e** in the comparative, but not in the superlative.

leise	*quiet(ly), soft(ly)*	dunkel	*dark*	teuer	*expensive*
leise**r**		dunk**ler**		teure**r**	
leise**st**-		dunk**elst**-		teuer**st**-	

5. Monosyllabic adjectives and adverbs ending in -**d**, -**t**, -**s**, -**ß**, -**z**, or -**sch** generally add an **e** before the -**st** superlative suffix

wild	*wild*	wild**est**-	stolz	*proud*	stolz**est**-
laut	*loud*	laut**est**-	hübsch	*pretty*	hübsch**est**-
heiß	*hot*	heiß**est**-			

6. Adjectives and adverbs ending in -**d**, -**t**, or -**sch** do *not* add an **e** before the -**st** suffix if they have more than one syllable and the final syllable is unstressed.

spannend	*exciting*	spannend**st**-
altmodisch	*old-fashioned*	altmodisch**st**-
komisch	*funny (strange)*	komisch**st**-

B. Umlauted and irregular forms

1. A limited number of short adjectives and adverbs take an umlaut in the comparative and superlative.

alt	*old*	älter	ältest-
arm	*poor*	ärmer	ärmst-
dumm	*dumb*	dümmer	dümmst-
gesund	*healthy*	gesünder[1]	gesündest-
grob	*coarse, rough*	gröber	gröbst-
hart	*hard*	härter	härtest-
jung	*young*	jünger	jüngst-
kalt	*cold*	kälter	kältest-
klug	*smart*	klüger	klügst-
krank	*sick*	kränker	kränkst-
kurz	*short*	kürzer	kürzest-
lang	*long*	länger	längst-
scharf	*sharp*	schärfer	schärfst-
schwach	*weak*	schwächer	schwächst-
schwarz	*black*	schwärzer	schwärzest-
stark	*strong*	stärker	stärkst-
warm	*warm*	wärmer	wärmst-

[1]**Gesund** can also take the forms **gesunder/gesundest**- (without umlaut), but these are less common than the umlauted forms.

2. Several adjectives have alternate comparative and superlative forms, with or without an umlaut, and both versions are acceptable.

blass	*pale*	blässer/blasser	blässest-/blassest-
krumm	*crooked, bent*	krümmer/krummer	krümmst-/krummst-
nass	*wet*	nässer/nasser	nässest-/nassest-
rot	*red*	röter/roter	rötest-/rotest-
schmal	*narrow*	schmäler/schmaler	schmälst-/schmalst-

3. Several adjectives and adverbs have an irregular comparative or superlative or use different forms altogether.

bald	*soon*	**eher**	**ehest-**
groß	*big, large*	größer	**größt-**
gut	*good; well*	**besser**	**best-**
hoch	*high*	**höher**	höchst-
nahe	*near*	näher	**nächst-**
viel	*much*	**mehr**	meist-

4. The adverb **gern** (used with verbs to express the idea of liking to do something; see **Wortschatz,** Chapter 9) has a comparative and a superlative derived from the adjective **lieb** (*dear*).

gern	*gladly*	**lieber**	**am liebsten**

Sie denkt **gern** an Liebesgeschichten, aber noch **lieber** an Katastrophen.	*She likes to think about love stories, but even more about catastrophes.*
Sie bringt einen Freund **gern** nach Hause, aber ihre Eltern möchten **lieber** einen Mann sehen und **am liebsten** einige Enkelkinder.	*She likes bringing a friend home, but her parents would prefer to see a husband, and most of all some grandchildren.*

15.2 ▶ USES OF THE COMPARATIVE AND SUPERLATIVE

A. Comparative of adjectives and adverbs

1. Comparative forms of adverbs and predicate adjectives do not take endings.

Die Zeit vergeht dort **schneller** als an der Schreibmaschine im Büro. (*adverb*)	*The time passes more quickly there than (sitting) at the typewriter in the office.*
Ihr Rock ist **schicker** als der des andern Mädchens. (*predicate adjective*)	*Her skirt is more fashionable than that of the other girl.*

2. Comparative adjectives used attributively, that is, before nouns, take the same weak or strong endings as any other adjective (see 13.2).

Sie hofft, sie hat ein **schöneres** Gesicht als das Mädchen am Nebentisch.	*She hopes she has a prettier face than the girl at the next table.*
Sie trägt zumindest einen **kürzeren** Rock.	*At least she's wearing a shorter skirt.*

3. **Mehr** and **weniger** do not take adjective endings.

Freitags hat sie **mehr** Zeit, aber wenn es regnet, hat sie **weniger** Chancen.	*On Fridays she has more time, but if it rains she has fewer opportunities.*

B. Superlative of adjectives

1. Attributive adjectives in the superlative take the same weak or strong endings as any other adjective (see 13.2).

Sie liest die **neuesten** Modejournals.	*She reads the latest fashion magazines.*
Sie muss ja die **schickste** Kleidung tragen.	*After all, she has to wear the most fashionable clothes.*

2. If the noun after an adjective in the superlative is omitted but understood, the adjective still requires an ending.

Alle im Café haben einen Job, aber sie denkt, sie hat wohl den **langweiligsten.**	*Everyone in the café has a job, but she thinks she probably has the most boring (one).*

3. The prefix **aller-** *(of all)* can be added to superlatives for emphasis without any comparison necessarily implied.

Gestern hat sie der **allerverrückteste** Mann angesprochen.	*Yesterday the craziest man came up and spoke to her.*

4. The superlative adjective **meist-** requires a definite article in situations where English *most* does not.

Sie hat **die meisten** Männer im Café schon kritisch betrachtet.	*She's already looked with a critical eye at most (of the) men in the café.*

C. Superlative of adverbs and predicate adjectives

1. Adverbs in the superlative require the prepositional construction **am [-]sten.**

Der eine am Fenster sieht sie **am neugierigsten** an.	*The one by the window looks at her the most inquisitively.*
Der andere neben ihm trinkt seinen Kaffee **am langsamsten.**	*The other man next to him drinks his coffee the slowest.*

2. When an adverb in the superlative (or comparative, for that matter) modifies an adjective, it takes the normal superlative or comparative forms and is embedded in the noun phrase like any other element:

der **schicker** gekleidete Mann	*the more stylishly dressed man*
der **am schicksten** gekleidete Mann	*the most stylishly dressed man*

The endings used with the adverbs here (**schicker, schicksten**) are independent of the adjective endings (**der … gekleidete Mann**), and the use of the **am [-]sten** construction is only permissible because it is a superlative *adverb*, not a superlative *adjective*, that follows the article. Superlative adjectives following an article must use the attributive construction with appropriate endings.

COMPARE:

der **schönste** Mann	*the most handsome man*
der **am schönsten** gekleidete Mann	*the most handsomely dressed man*

3. The **am [-]sten** construction is also used with predicate adjectives in the superlative, as is the attributive construction. Notice that adjectives in the **am [-]sten** construction are never capitalized.

Der Mann in der Ecke ist **am charmantesten.**	*The man in the corner is the most charming.*
Der Mann in der Ecke ist **der charmanteste.**	*The man in the corner is the most charming (one).*

4. Whether to use **am [-]sten** or the article + **[-]st-** construction in the predicate depends on the following rules:

a. If the comparison is reflective (*at its most _____*), or if there is no clearly implied noun, the **am [-]sten** construction is used.

Sie findet, Männer sind in der Mittagspause **am interessantesten.**	*She finds that men are at their most interesting during the midday break.*
Sie könnte selber einen ansprechen, aber das wäre ja **am gefährlichsten.**	*She could go up and speak to one herself, but that would of course be the most dangerous (thing to do).*

b. If a noun is implied after the adjective, then either construction is acceptable.

Wer von ihnen ist **am schönsten?**	*Which of them is most attractive?*
Wer von ihnen ist **der/die Schönste?**	*Which of them is the most attractive (one)?*
Wer von uns ist **der/die Schönste?**	*Which of us is the most attractive (one)?*

Notice how the attributive construction requires a gender distinction (**der** Schönste/ **die** Schönste), unlike **am [-]sten.**

c. If a noun is not merely implied but in fact follows the superlative, the article + **[-]st-** construction must be used.

Der Typ in der Ecke ist bestimmt **der reichste** der fünf Männer.	*The guy in the corner is definitely the richest of the five men.*

5. Why is **der Schönste** (in 4.b) capitalized, while **der reichste** (in 4.c) is not? It all depends on the presence or absence of a reference noun in the sentence. If the context includes such a noun (such as **Männer** in 4.c above), the adjective in an attributive construction is not capitalized; if the context includes no reference noun, as in **Wer**

von ihnen ist … ?, then the adjective following the article must be capitalized. This applies to comparative as well as superlative adjectives.

Und von den zwei Männern neben der Theke ist der große **der sportlichere.**	*And of the two men next to the bar, the tall one is the more athletic (one).*
„Von allen Eltern sind meine zweifellos **die altmodischsten.**"	*"Of all parents, mine are without doubt the most old-fashioned."*

BUT:

Ihre Mutter ist **die Konservativere** der beiden.	*Her mother is the more conservative of the two.*
Sie sagt, sie will nur **das Beste** für ihre Tochter.	*She says she only wants what's best for her daughter.*

D. Absolute comparatives and superlatives

1. Comparatives can be used with no explicit comparison implied, and in some cases do not translate with a comparative form in English.

Ihr Vater ist ein etwas **älterer** Mann.	*Her father is a somewhat older man.*
Sie hatten ein **längeres** Gespräch darüber.	*They had a lengthy conversation about it.*

Notice that in such cases, the comparative form paradoxically means *less than* the positive form: **ein älterer Mann** is younger than **ein alter Mann,** and **ein längeres Gespräch** shorter than **ein langes Gespräch.**

2. Superlatives can be used to express an intense subjective reaction, with no objective comparison implied.

Das andere Mädchen trägt die **schrecklichste** Kleidung.	*The other girl is wearing the most awful clothes.*
Und sie erzählt dem Mann am Nebentisch die **lächerlichsten** Dinge.	*And she's telling the man at the next table the silliest things.*

E. Comparison with *als*

1. German makes comparisons by combining the comparative with **als** *(than).*

Eine Stunde im Café ist viel **aufregender als** eine Stunde im Büro.	*An hour in the café is much more exciting than an hour in the office.*
Und freitags geht alles **schneller als** an anderen Wochentagen.	*And on Fridays, everything goes faster than on other weekdays.*

2. In comparisons, the **als** phrase normally comes after all middle field and V$_2$ elements, and after infinitive phrases (see 1.1.E and 11.1).

Sieht die Frau nebenan wirklich besser aus **als** sie?	*Is the woman (seated) nearby really more attractive than she (is)?*
Es ist einfacher, eine Sonnenbrille zu tragen **als** die Leute direkt anzusehen.	*It's easier to wear sunglasses than to look at people directly.*

F. Comparisons with *so ... wie, immer, je ... desto*

1. German makes comparisons *without* the comparative by using **(nicht) so ... wie** (*[not] as/so . . . as*).

Sie findet, sie ist **so** schön **wie** das Mädchen am Nebentisch.	*She thinks she's just as pretty as the girl at the next table.*

   This type of comparison can be modified by other adverbs such as **ebenso, genauso, fast, nicht ganz so, zweimal so,** etc.

Warum ist der Alltag **nie ganz so** aufregend **wie** die Mittagspause?	*Why is everyday life never quite as exciting as the midday break?*

2. German expresses the equivalent of English phrases like *better and better, more and more, faster and faster* with **immer** + an adjective or adverb in the comparative.

Es wird **immer später.**	*It's getting later and later.*
Sie hat **immer höhere** Erwartungen.	*She has higher and higher expectations.*

3. German uses **je** + the comparative, followed by **desto** or **umso** and another comparative to express comparisons of the type: *"The more the better"* or *"The bigger they are, the harder they fall."*

Je höher die Erwartungen, **desto/umso** größer die Enttäuschung.	*The higher the expectations, the bigger the disappointment.*

   The **je**-clause in such comparisons is a dependent clause; any conjugated verb in this clause is in final position. The verb in the follow-up clause comes immediately after **desto/umso** + comparative.

Je mehr sie daran *denkt,* **desto wichtiger** *wird* ihr das Wort „Katastrophe."	*The more she thinks about it, the more important to her the word "catastrophe" becomes.*

15.3   **COMPARISONS WITH COMPOUND ADJECTIVES**

German has a number of adjectives that consist of an adverbial modifier and a participial adjective, similar to *good-looking* or *long-standing* in English. English normally treats the first element in a compound adjective as a separate word, and changes it as needed to produce comparative and superlative forms: *better looking, longer-standing.* But the recent spelling reform has made this problematic in German, since "split" forms, as well as "fused" (one-word) forms, are now allowed for many of these compounds.[2]

---

[2] The examples and rules below conform to the 2006 revision of the *Rechtschreibreform.* But the rules for deciding which compound adjectives can be fused or split (or both) are quite detailed, and users are advised to consult the latest edition of *Duden: Die deutsche Rechtschreibung* (Dudenverlag) in the case of compound adjectives besides the ones listed here.

gut aussehend – gutaussehend	*good-looking*
gut bezahlt – gutbezahlt	*well-paid*
hoch industrialisiert – hochindustrialisiert	*highly industrialized*
hoch qualifiziert – hochqualifiziert	*highly qualified*
tief greifend – tiefgreifend	*profound, extensive*
viel sagend – vielsagend	*significant, telling*
viel versprechend – vielversprechend	*promising, encouraging*
weit reichend – weitreichend	*far-reaching, extensive*

1. Producing the comparative and superlative forms of these adjectives depends on the first element in the compound.

   a. If the first element requires no changes other than the addition of **-er** and **-(e)st** to create its comparative and superlative forms (e.g., **weit** ⟶ **weiter/weitest-**), then two different sets of comparative and superlative forms are possible, one with an inflected first element for the split version, and one with an inflected fused form.

      Positive: weit reichend – weitreichend
      Comparative: weit**er** reichend – weitreichend**er**
      Superlative: am weite**sten** reichend – am weitreichend**sten**

      Positive: tief greifend – tiefgreifend
      Comparative: tief**er** greifend – tiefgreifend**er**
      Superlative: am tief**sten** greifend – am tiefgreifend**sten**

   b. If the first element in the compound requires more than just the addition of **-er** or **-est** to form the comparative or superlative (e.g., **gut** ⟶ **besser** or **hoch** ⟶ **höher**), only the split version can be used to form the comparative and superlative forms, with one important exception.

      Positive: gut aussehend – gutaussehend
      Comparative: **besser** aussehend
      Superlative: **am besten** aussehend

      Positive: hoch qualifiziert – hochqualifiziert
      Comparative: **höher** qualifiziert
      Superlative: **am höchsten** qualifiziert

      EXCEPTION:

      When **viel** is the first element in a compound adjective, only the fused version can be used for the comparative and superlative forms.

      Positive: viel sagend – vielsagend
      Comparative: **vielsagender**
      Superlative: **am vielsagendsten**

      Positive: viel versprechend – vielversprechend
      Comparative: **vielversprechender**
      Superlative: **am vielversprechendsten**

Sie hatte einen **noch vielsprechenderen** Vorschlag.	*She had an even more promising suggestion.*

2. Since the first element of a compound adjective is an adverb, not an adjective, it takes no adjective endings when the split form is used. The participial adjective modified by that adverb, however, declines like any other adjective according to its grammatical context (see 13.2). If the fused form is used, it declines just as any other adjective in that context.

Positive: für eine **tief greifende** / **tiefgreifende** Perspektive
Comparative: für eine **tiefer greifende** / **tiefgreifendere** Perspektive
Superlative: für die **am tiefsten greifende** / **tiefgreifendste** Perspektive

Positive: mit den **viel versprechenden** / **vielversprechenden** Reformen
Comparative: mit den **vielsprechenderen** Reformen
Superlative: mit den **vielsprechendensten** Reformen

Gleich nach dem Wahlsieg hat sie mit ihren **vielsprechendensten** Reformen angefangen.	*Right after the election victory, she began with her most promising reforms.*

15.4   OTHER SUPERLATIVE CONSTRUCTIONS

1. The following superlative adverbs occur frequently in German:

frühestens   *at the earliest*
höchstens   *at (the) most*
meistens/meist   *mostly*
mindestens   *at least (with amounts)*
möglichst   *as . . . as possible*
spätestens   *at the latest*
wenigstens/zumindest   *at (the very) least*

Tipps für die Mittagspause:

✔ **spätestens** um 12 Uhr ankommen   *arrive at 12 noon at the latest*

✔ **höchstens** zwei Tassen Kaffee bestellen   *order two cups of coffee at most*

✔ **wenigstens** ein Modejournal und einen Liebesroman zum Lesen mitbringen   *bring along at least one fashion magazine and a romance novel to read*

✔ **möglichst** oft aufschauen und gelangweilt tun   *look up and act bored as often as* possible

2. The adverb **mindestens** is used with amounts only; **wenigstens** (or **zumindest**) is used in all other contexts.

COMPARE:

Sie könnte **mindestens** *einmal* in der Woche bei uns essen, sagt sich die Mutter.

She could eat with us at least once during the week, the mother says to herself.

Sie könnte **wenigstens** einmal in der Woche bei uns *essen*, denkt der Vater.

She could at least eat with us once a week, thinks the father.

3. The adverbs **äußerst** (*extremely, most*) and **höchst** (*highly*) add superlative emphasis to the base forms of adjectives, but are used mostly in writing, and sound stilted in spoken language.

Es war ihr **äußerst** peinlich, als ein Arbeitskollege sie im Café angesprochen hat.

It was extremely embarrassing for her when a colleague from work came up and spoke to her in the café.

Wortschatz

Höhen und Tiefen

A number of common German feminine nouns ending in **-e** are derived from adjectives. Most of these nouns indicate dimension, size, strength, or personal quality.

breit	wide, broad	**die Breite**	width, breadth
flach	flat, level	**die Fläche**	surface
groß	large, great	**die Größe**	size, greatness
gut	good	**die Güte**	goodness
hart	hard	**die Härte**	hardness
hoch	high	**die Höhe**	height
kalt	cold	**die Kälte**	cold
kurz	short	**die Kürze**	shortness, brevity
lang	long	**die Länge**	length
nah	near	**die Nähe**	nearness, proximity
schwach	weak	**die Schwäche**	weakness
stark	strong	**die Stärke**	strength
tief	deep	**die Tiefe**	depth
warm	warm	**die Wärme**	warmth
weit	far, wide	**die Weite**	distance, width

Übungen

A   **Formen üben.**   Setzen Sie die Ausdrücke zuerst in den Komparativ, dann in den Superlativ.

> **BEISPIELE**   ein alter Freund sein
> *ein **älterer** Freund sein; **der älteste** Freund sein*
>
> schnell laufen
> ***schneller** laufen; **am schnellsten** laufen*

1. leise sprechen
2. mit großem Interesse zu·hören
3. teure Kleidung tragen
4. starken Kaffee trinken
5. gern bleiben
6. viel verdienen
7. spannende Bücher lesen
8. vielsagende Details erwähnen *(mention)*
9. in einem schönen Haus wohnen
10. fleißig arbeiten

B   **Aussagen.**   Machen Sie wahre Aussagen mit mindestens acht Substantiven aus dem Wortschatz.

> **BEISPIELE**   *Ich habe eine **Schwäche** für komische Klingeltöne (ring tones).*
> *Das Matterhorn hat eine **Höhe** von mehr als 4.000 Metern.*
> *In der **Kürze** liegt die Würze (spice). (= Brevity is the soul of wit.)*

C   **Vergleiche.**   Machen Sie jeweils **zwei** vergleichende Aussagen, eine mit **(nicht) so ... wie** und eine mit **als** + Komparativ. Verwenden Sie die angegebenen Kategorien!

> **BEISPIEL**   zwei Tiere
> *Ein Nilpferd ist **nicht so groß wie** ein Elefant.*
> *Eine Spinne hat **mehr** Beine **als** eine Biene.*

1. zwei Tiere
2. zwei Automarken *(makes of car)*
3. zwei Filmschauspieler(innen)
4. zwei Politiker(innen)
5. zwei Sportler(innen)
6. zwei Menschen, die Sie kennen
7. zwei Reality-Shows
8. zwei Kurse, die Sie belegt haben

D   **Mehr Vergleiche.**   Bilden Sie **fünf** Aussagen mit attributiven Adjektiven im Komparativ. Verwenden Sie dabei immer ein anderes Verb.

> **BEISPIELE**   *Wir fahren ein **größeres** Auto als unsere Nachbarn.*
> *Meine Mutter verdient **mehr** Geld als mein Vater.*

E **Anders ausdrücken.** Drücken Sie die Sätze anders aus, indem Sie die Adjektive mit Substantiven aus dem **Wortschatz** ersetzen.

> BEISPIEL   Dieser Brunnen *(well)* ist fünf Meter **tief.**
> *Dieser Brunnen hat eine **Tiefe** von fünf Metern.*

1. Er wohnt ganz **nah** bei einem Supermarkt.
2. Das Paket darf höchstens 60 cm **breit** sein.
3. Wir mögen es nicht, wenn es so **kalt** ist.
4. Ein Diamant ist unglaublich **hart.**
5. Wir haben kein Hemd, das für Sie **groß** genug ist.

F **Unsere moderne Welt.** Die Welt ändert sich! Wird sie **immer besser** oder **immer schlechter?** Geben Sie drei Argumente für jeden Standpunkt.

> BEISPIEL   Besser: *Die Menschen leben jetzt immer länger.*
> Schlechter: *Aber immer mehr Menschen werden ärmer.*

G **Sprüche machen.** Wie geht der Spruch weiter?

> BEISPIEL   Je älter ...
> *Je älter man wird, desto mehr weiß man.*

1. Je größer ...
2. Je mehr man ...
3. Je länger ...
4. Je weniger ...
5. ein Spruch, der **Sie** besonders gut charakterisiert
6. ein Spruch, der eine Bekannte oder einen Bekannten von Ihnen treffend *(accurately)* charakterisiert
7. ein Spruch, der Ihre Professorin/Ihren Professor gut charakterisiert

H **Eine Welt der Superlative.** Machen Sie mindestens acht Aussagen. Verwenden Sie kein Adjektiv und kein Adverb mehr als einmal.

> BEISPIELE   *Mount Everest ist **der höchste** Berg der Welt.*
> *Der Jaguar läuft **am schnellsten,** aber der Elefant hat **den längsten** Rüssel (trunk).*

> **THEMENVORSCHLÄGE**
>
> Edelsteine und Metalle: der Diamant, das Gold, das Platin usw.
> Tiere: der Elefant, der Strauß *(ostrich)*, der Walfisch *(whale)* usw.
> Geografie: Berge, Seen, Länder, Flüsse, Meere, Wüsten *(deserts)* usw.

I **Möglichst viele!** Machen Sie mindestens fünf wahre Aussagen mit Adverbien im Superlativ (siehe 15.4).

> BEISPIELE   *Ich stehe am Wochenende **meistens** erst sehr spät auf.*
> *Ich finde, man sollte **mindestens** eine Fremdsprache lernen.*

Anwendung

A **Enthusiastischer Bericht.**   Haben Sie kürzlich etwas besonders Schönes oder Interessantes erlebt? Erzählen Sie jemandem davon. Übertreiben *(exaggerate)* Sie ruhig ein bisschen, indem Sie Komparative und Superlative verwenden! Je enthusiastischer, desto besser! (Siehe auch den **Wortschatz.**)

> **BEISPIEL**   *Du, ich habe einen ganz interessanten Tag erlebt! Wir waren in den tollsten Geschäften und haben die schönsten Sachen gesehen. Es war alles noch viel schöner, als ich es mir vorher vorgestellt hatte. Das Beste habe ich aber noch gar nicht erwähnt ... usw.*

THEMENVORSCHLÄGE

eine Person	ein Film	eine Reise
ein Ort	eine Party	eine Anschaffung *(purchase)*

B **Eine bessere Alternative.**   Versuchen Sie jemanden im Kurs von einem Vorhaben *(plan of action)* abzubringen, indem Sie „eine bessere Alternative" vorschlagen.

THEMENVORSCHLÄGE

ein bestimmtes *(particular)* Auto kaufen
an einer bestimmten Universität studieren
eine bestimmte Fremdsprache lernen
in einer bestimmten Stadt wohnen
eine bestimmte Reise machen
Urlaub in einem bestimmten Land machen
ein Buch über ein bestimmtes Thema schreiben
eine Beziehung mit einer bestimmten Person ein·gehen *(enter into)*

REDEMITTEL

Ich finde ... viel schöner/interessanter/usw. als ...
Ich glaube, das ist nicht so ... wie ...
Würdest du nicht lieber ... ?
Allerdings hat ... schönere/nettere/interessantere/usw. ...
Eigentlich ist ... besser/schöner/usw.

KONZESSIONEN UND GEGENARGUMENTE

Das mag wohl richtig sein, aber ...
Na gut, aber meinst du nicht, dass ... ?
Das schon *(well yes, that's true)*, aber du musst auch ...

C **Wer hat's am besten?** Sprechen Sie mit einer Partnerin/einem Partner und entscheiden Sie, (1) wer von Ihnen das bessere (oder das schlechtere) Zimmer hat. Vergleichen Sie die Größe der Zimmer, die Nähe zu wichtigen Gebäuden auf dem Campus, die Möbel usw. mit so vielen Komparativen wie möglich; und dann (2) wer von Ihnen dieses Semester die besseren Kurse belegt hat (außer Deutsch, natürlich!). Diskutieren Sie mit Komparativen und Superlativen über die Stärken und Schwächen Ihrer Kurse.

D **Unvergleichlich!** Sie und eine Partnerin/ein Partner schreiben für sich mindestens fünf Gegenstände und Personen auf, die mit dem gleichen Buchstaben beginnen – aber Sie sagen einander nicht, welchen Buchstaben Sie gewählt haben. Sie schreiben z.B. **Ei, Elvis, Elefant** usw. Ihre Partnerin/Ihr Partner schreibt aber Wörter, die alle mit „M" beginnen: **Maus, München, Milch** usw. Dann lesen Sie einander je ein Wort von der Liste vor (z.B. **Ei + Maus**) und vergleichen die zwei Wörter mit Komparativen. Je verrückter, desto besser!

BEISPIEL　　Ei + Maus
Ein Ei schmeckt besser als eine Maus.
Ein Ei ist härter als eine Maus.
Eine Maus hat mehr Haare als ein Ei.
usw.

Schriftliche Themen

Tipps zum Schreiben	**Comparing and Contrasting** There are various ways to point out similarities and contrasts between objects of comparison. You can alternate between them, sentence by sentence, showing how they match up and how they differ. Or you can choose to deal first with one object at more length and then switch to the second object, thereby dividing your paragraph or composition into two contrasting halves. In both methods, you can use the comparative of adjectives and adverbs to measure and contrast two objects with respect to each other. When such comparisons express your opinion rather than absolute fact, then you should indicate this situation with phrases such as **ich finde, meiner Meinung nach,** or **mir scheint es.**

A **Größer oder kleiner?** Möchten Sie lieber an einer großen oder einer kleinen Universität studieren? Führen Sie überzeugende *(convincing)* Argumente an. Verwenden Sie den Komparativ und den Superlativ.

> BEISPIEL *Ich würde lieber an einer größeren Universität studieren, denn je größer die Universität, desto breiter das Angebot an interessanten Kursen und Programmen. Auf einem großen Campus findet man ... Auf einem kleineren Campus dagegen* (on the other hand) *... usw.*

B **Lieber Tierfreund!** Schreiben Sie eine E-Mail an die Zeitschrift *Der Tierfreund,* in der Sie erzählen, warum sich Ihrer Meinung nach ein bestimmtes Tier (z.B. eine Katze) als Haustier besser eignet *(is suited)* als ein anderes (z.B. ein Hund).

> BEISPIEL *Lieber Tierfreund,*
> *meiner Meinung nach sind Fische die besten Haustiere, denn sie sind viel ruhiger als Hunde, sie miauen nicht so laut wie Katzen und fressen weniger als die meisten anderen Haustiere. Außerdem* (moreover) *sind Fische besonders ... Aus diesem Grunde empfehle ich ... usw.*

C **Heute und früher.** Ist Ihr Leben oder das Leben überhaupt im Laufe der letzten Jahre besser, schlechter, einfacher, komplizierter usw. geworden? Begründen Sie Ihre Antwort mit Vergleichen.

> BEISPIEL *Ich glaube, dass es mir im Vergleich zu früher jetzt viel besser geht. Mir macht das Studium mehr Spaß als die Jahre in der Schule und ich lerne interessantere Menschen kennen. Allerdings muss ich jetzt viel intensiver lernen und ich habe weniger Freizeit. Im großen und ganzen aber finde ich ... usw.*

Zusammenfassung

Rules to Remember

1 The comparative is formed by adding **-er** to the stem of an adjective or adverb (**klar, klarer**).

2 The superlative is formed by adding **-(e)st** to the stem of an adjective or adverb (**klar-, klarst-**).

3 The comparative and superlative forms of adjectives take adjective endings according to the normal adjective ending rules.

4 Adverbs must use the **am** [-]**sten** construction in the superlative (**am ältesten**). Predicate adjectives may use this construction as well.

5 Compound adjectives that can be written in split or fused versions form their comparatives and superlatives on the basis of the first element in the compound.

At a Glance

Comparative and superlative: Normal formation			
	Positive	**Comparative**	**Superlative**
Adjective	interessant	interessant**er**	am interessante**sten** der die $\Big\}$ interessante**ste** das
Adverb	schnell	schnell**er**	am schnell**sten**

Comparative and superlative: Add umlaut			Optional umlaut
alt	jung	scharf	blass
arm	kalt	schwach	krumm
dumm	klug	schwarz	nass
gesund	krank	stark	rot
grob	kurz	warm	schmal
hart	lang		

Comparative/Superlative: Irregular forms
bald   → **eher/ehest-**
groß   → größer/**größt-**
gut   → **besser/best-**
hoch → **höher**/höchst-
nahe → näher/**nächst-**
viel   → **mehr/meist-**

Capitalization
• Reference noun included in context: NO CAPITALIZATION   Von allen Cafés ist dieses wohl **das gemütlichste**.
• No reference noun included in context: CAPITALIZATION   Was ist **das Gemütlichste**, was du dir vorstellen kannst?

Superlative predicate of adjectives/adverbs: *am [-]sten or (der) [-]st-*		
Adverbs	All contexts	am [-]sten
Adjectives	• Implied noun	am [-]sten *or* der [-]st-
	• No implied noun • Reflective comparison	am [-]sten
	• Subsequent noun	der [-]st-

Compound adjectives: Comparative and superlative forms		
First element	**Comparative form**	**Superlative form**
tief weit	tiefer gehend / tiefgehender weiter reichend / weitreichender	am tiefsten gehend / am tiefgehendsten am weitesten reichend / am weitreichendsten
gut hoch	besser aussehend höher bezahlt	am besten aussehend am höchsten bezahlt
viel	vielsagender	am vielsagendsten

Adjectival nouns · Participial modifiers

Grammatik

ADJECTIVAL NOUNS

A. Masculine and feminine adjectival nouns

1. Masculine and feminine nouns designating persons are sometimes formed from adjectives or from participles used as adjectives. Such nouns are capitalized and require the same weak or strong endings that they would have as adjectives (see 13.2).

	Masc.	Fem.	Pl. *(preceded/unpreceded)*
Nom.	der Deutsche (ein Deutscher)	die Deutsche (eine Deutsche)	die Deutschen/Deutsche (keine Deutschen)
Acc.	den Deutschen	die Deutsche	die Deutschen/Deutsche
Dat.	dem Deutschen	der Deutschen	den Deutschen/Deutschen
Gen.	des Deutschen	der Deutschen	der Deutschen/Deutscher

Ein Franzose, ein Italiener und **ein Deutscher** trafen sich in einer Bar ...

A Frenchman, an Italian, and a German met in a bar . . .

Die Deutschen, die ich kenne, ...

The Germans whom I know . . .

Die Schweiz ist ein beliebtes Reiseziel **vieler Deutschen**.

Switzerland is a popular travel destination of/for many Germans.

2. While many adjectives and participles can be used in this construction, the following adjectival nouns have become the preferred means for certain references:

Adjectives

alt *(old)*	→	**der/die Alte** *(old person)*
blind *(blind)*	→	**der/die Blinde** *(blind person)*
deutsch *(German)*	→	**der/die Deutsche** *(German person)*
fremd *(strange, foreign)*	→	**der/die Fremde** *(foreigner, stranger)*
krank *(sick)*	→	**der/die Kranke** *(sick person)*
tot *(dead)*	→	**der/die Tote** *(dead person)*

Participles (past and present)[1]

angestellt *(employed)*	→	**der/die Angestellte** *(employee)*
bekannt *(well-known)*	→	**der/die Bekannte** *(acquaintance)*
erwachsen *(grown)*	→	**der/die Erwachsene** *(grown-up, adult)*
reisend- *(traveling)*	→	**der/die Reisende** *(traveler)*
studierend- *(studying)*	→	**die Studierenden** *(students; usually in the plural)*
verlobt *(engaged)*	→	**der Verlobte** *(fiancé)*/**die Verlobte** *(fiancée)*
verwandt *(related)*	→	**der/die Verwandte** *(relative)*
vorgesetzt *(placed in front of)*	→	**der/die Vorgesetzte** *(supervisor, superior)*

3. In the case of **der Beamte** *(tenured civil servant),* which derives from the participial form **beamtet** *(given permanent civil service status),* only the masculine form functions as an adjectival noun. The feminine singular form **(die Beamtin)** is fixed, and has no endings; the feminine plural form is **Beamtinnen.**

B. Neuter adjective nouns

1. The adjectival nouns in section A above all refer to people. But adjectives can become neuter nouns as well, referring to ideas, collective concepts, or abstractions. To do so, they combine with neuter definite and indefinite articles in the singular and take the corresponding weak and strong adjective endings, or, in contexts where no article is needed, they simply take strong adjective endings. The resulting nouns and noun phrases (for example, **gut**) can translate in various ways into English: *good, the good, the good thing, what is good.*

	Neuter		
Nom.	das Gute	ein Gutes	Gutes
Acc.	das Gute	ein Gutes	Gutes
Dat.	dem Guten	einem Guten	Gutem
Gen.	des Guten	eines Guten	——

---

[1]See 16.2 on p. 254.

Sie sucht immer **das Gute** im Menschen.	*She always looks for the good in humanity/people.*
Tue **Gutes**, damit dir **Gutes** getan wird.	*Do what's good, so that good will be done to you.*
Du verwechselst **das Angenehme** mit **dem Guten.**	*You're confusing what's enjoyable with what's good.*
Es war einfach zu viel **des Guten!**	*It was simply too much of a good thing!*
Ich versuche immer, **das Richtige** zu sagen, aber ...	*I always try to say the right thing, but . . .*
Du verstehst **das Ganze** einfach nicht.	*You just don't understand the whole thing.*
Das Interessante daran ist die Mischung von ganz verschiedenen Stilrichtungen.	*The interesting thing about it is the mixture of totally different styles.*

2. Sometimes neuter nouns are formed using comparative or superlative forms of adjectives (see 15.1).

Sie tat **ihr Bestes,** ihn zu überzeugen.	*She tried her best to convince him.*
Eigentlich habe ich **Größeres** von dir erwartet.	*Actually, I was expecting greater things from you.*

3. Adjectives following **etwas, nichts, viel,** or **wenig** become neuter nouns with endings. Notice that in some contexts, the English equivalent uses a plural form in place of the German singular.

Nom.	etwas Nett**es**
Acc.	etwas Nett**es**
Dat.	etwas Nett**em**
Gen.	——

Tun Sie was Gutes.

Meine Freundin hat morgen Geburtstag, und ich bin auf der Suche nach **etwas Nettem** als Geschenk.	*It's my girlfriend's birthday tomorrow, and I'm looking for something nice as a gift.*
Niemand ist zu alt, um **etwas Neues** zu versuchen.	*No one is too old to try something new.*
„Es gibt **nichts Schöneres** im Leben als die Freundschaft." [Ambrosius von Mailand]	*"There is nothing more wonderful in life than friendship." [Ambrose of Milan]*
Im Vortrag haben wir **viel Interessantes** über die Geschichte der Stadt erfahren.	*In the talk, we heard a lot of interesting things about the history of the city.*
Aber es gab **wenig Interessantes** über aktuelle Probleme.	*But there was little of interest concerning current problems.*

4. The adjective **ander-** *(other)* is often used as a neuter adjectival noun, but it is usually not capitalized.

Das Geschirr spülen wir jetzt und **das andere** erledigen wir später.	*We'll wash the dishes now and take care of the other (stuff) later.*

It can also be used with **etwas** in the sense of *something else.*

Willst du lieber **etwas anderes** machen, dann mach das doch!	*If you'd rather do something else, then do it!*
Warst du erkältet oder war es **etwas anderes?**	*Did you have a cold or was it something else?*

5. After the declinable pronoun **alles** *(everything),* adjective nouns take weak neuter endings.

Nom.	alles Mögliche
Acc.	alles Mögliche
Dat.	allem Möglichen
Gen.	alles Möglichen

In seinem Blog lässt er sich täglich über **alles Mögliche** aus.	*In his blog, he rants and raves every day about all sorts of things.*

16.2   PARTICIPLES AS MODIFIERS

A. Present participle modifiers

The present participle (**das Partizip Präsens**) is formed by adding **-d** to the infinitive; the resulting **-(e)nd** ending corresponds to English *-ing.* A present participle can stand alone to describe actions taking place at the same time as the main verb, or it can function as an attributive adjective (with appropriate endings), or as an adverb.

Schweigend und in Gedanken versunken, verließ sie langsam den Hörsaal.	*Not saying a word and lost in thought, she slowly left the lecture hall.*
Es war ein lebendiges Stadtviertel mit kleinen Geschäften, **hupenden Autos** und überfüllten Cafés an jeder Straßenecke.	*It was a lively part of the city, with small shops, honking cars, and crowded cafés on every street corner.*
Die Antwort auf seine Frage kam **überraschend** schnell.	*The answer to his question came surprisingly fast.*

B. Past participle modifiers

1. Past participles (**das Partizip Perfekt;** see 3.1) describe a *completed action* and occur often as predicate adjectives.

Der Tisch war zum Abendessen **gedeckt.**	*The table was set for supper.*
Schon nach 10 Minuten war mir das neue Hemd vollkommen **zerknittert.**	*After just 10 minutes, my new shirt was totally wrinkled.*

2. Past participles can also be used attributively to modify nouns.

der **gedeckte** Tisch	*the set table*
ein **zerknittertes** Hemd	*a wrinkled shirt*
das **frisch gestrichene Haus**	*the freshly painted house*
eine gut **durchdachte** Meinung	*a well thought-out opinion*
unberührtes Essen	*untouched food*

16.3 ▶ EXTENDED MODIFIERS

A. Extended participial modifiers

1. An extended participial modifier (**die erweiterte Partizipialkonstruktion**) is a noun phrase consisting of a participial adjective (past or present) with secondary modifiers that extend *to the left* of the adjective back toward the article that begins the phrase, if in fact an article is used. While this may sound like an odd way to describe the linear development of a text, it shows how an English speaker perceives this construction: Whereas English adds these modifiers after a noun, German places them all in front of it. Compare the German and English accrual of modifiers in an actual book title, and note how in English the participial adjective itself could come before the noun if it were by itself; but as more modifiers are added, English and German deviate from right to left.

eine **Forschungsreise**	*a research trip*
eine ausgeführte **Forschungsreise**	*a research trip undertaken*
eine in den Jahren 1904–06 ausgeführte **Forschungsreise**	*a research trip undertaken in the years 1904–06*
eine im Auftrag der Humboldt-Stiftung in den Jahren 1904–06 ausgeführte **Forschungsreise**[2]	*a research trip undertaken in the years 1904–06 on behalf of the Humboldt Foundation*

Note the following factors:

a. The basic noun phrase (**eine Forschungsreise**) consists of an article and a noun.

---

[2]In fact, the complete title of this work is: ***Eine** im Auftrag der Humboldt-Stiftung der Königlichen Preussischen Akademie der Wissenschaften zu Berlin in den Jahren 1904–06 ausgeführte **Forschungsreise.***

b. The adjective ending added to the participial adjective (**ausgeführte**) is dictated by the article (**eine**), regardless of how far the article and the participle are separated from each other, and regardless of any other cases and endings that may appear in the intervening phrases.

c. The modifiers that come between the article (**eine**) and the primary modifier (**ausgeführt**) provide additional information about that modifier—in the case just cited, to explain *when* and *on whose behalf* the trip was *undertaken*. English shows this relationship by placing the primary modifier after the noun, with the secondary modifiers trailing behind it, using virtually the same word order as a relative clause. German reverses that order in these constructions.

d. As a result, extended modifiers are most easily *read*—and they are almost always read, since they appear very rarely in spoken German—by starting with the basic noun phrase and then working backwards, first to the participial adjective and from there sequentially through the modifiers, all the way back to the modifier closest to the article.

Here is another example from an actual text:[3]

„... **die** wegen des Verfalls der Milchpreise zeitweise vor dem Kanzleramt campieren- den und hungerstreikenden **Bäuerinnen** ...“

Core phrase:	**die Bäuerinnen** (*female farmers*)
Participles:	**campierenden, hungerstreikenden** (*camping, engaging in hunger strikes*)
Secondary modifiers:	**vor dem Kanzleramt** (*in front of the Office of the Chancellor*)
	zeitweise (*periodically, from time to time*)
	wegen des Verfalls der Milchpreise (*because of the drop in milk prices*)

".. . *the female farmers who have periodically been camping and engaging in hunger strikes in front of the chancellor's office because of the drop in milk prices . . .*"

2. Extended modifiers are not always as long as the examples above. In fact, they may consist of only one secondary modifier connected to the participial adjective. It is not primarily their length that sets them apart—English noun phrases may be packed with just as many adverbs and adjectives—but rather the presence of prepositional phrases, and thus other nouns and pronouns, in front of the main noun that makes these German constructions distinctive. For English-speaking readers, the juxtaposition of an *article* and a *preposition* is the clearest indication that an extended modifier is present in a German text.

ein *vor* einem Jahr erschienener **Artikel**	*an article that appeared one year ago*
das *von* Ihnen geschickte **Paket**	*the package sent by you*
eine *für* seine Zukunftspläne entscheidende **Prüfung**	*a test that is decisive for his future plans*

---

[3]Source: www.spiegel.de/politik/deutschland

3. A participial modifier may appear with no article in the noun phrase, making it particularly difficult to read for novice readers, since the "signal" of article + preposition is missing.

durch Armut und Krankheit geplagte **Kinder**	*children plagued by poverty and disease*
mit viel Liebe zubereitetes **Essen**	*food prepared with a lot of love*

4. Extended modifiers can also have regular (i.e., nonparticipial) adjectives as the primary modifiers before the noun, though this is less common.

der zur Überwindung dieses Problems *nötige* **Mut**	*the courage necessary for overcoming this problem*

5. As mentioned above, the use of extended modifiers is generally restricted to writing, particularly journalistic prose, academic writing, and legal documents, and the longer the modifier, the more elevated the register. Compare the effect of extended modifiers to more informal, spoken registers while expressing similar information:

INFORMAL,

Fast 30 Jahre lang hat die Mauer die Stadt geteilt, aber jetzt ist das beendet.

MORE FORMAL,

Der Mauerfall endete die Teilung der Stadt – eine Teilung, die fast 30 Jahre bestanden (*existed*) hat.

MOST FORMAL,

Der Mauerfall endete die fast 30 Jahre bestehende Teilung der Stadt.

B. Extended modifiers with *zu* + present participle

In formal contexts, one finds extended modifiers that make use of the **sein** + **zu** + infinitive structure (see 12.3.D), which translates into an English passive. As part of an extended modifier, the infinitive following **zu** becomes a present participle with appropriate adjective endings, and **sein** disappears.

COMPARE:

Construction with *sein* + *zu*

Die Reaktion der Zuschauer auf das Stück **war zu erwarten.**	*The spectators' reaction to the play was to be expected.*

As an extended modifier

Man konnte **die zu erwartende Reaktion** auf das Stück im schwachen Applaus sehen.	*In the weak applause, one could see the expected reaction to the play.*

Wortschatz
Neues entdecken!

---

lernen	entdecken
erfahren	fest·stellen
heraus·finden	

---

1. **Lernen** (see also **Wortschatz,** Chapter 2) means *to acquire knowledge or ability* through study or experience.

Hast du in der Schule fleißig **gelernt?**	*Did you study hard in school?*
Nach und nach **lernt** man, solche Leute zu ignorieren.	*Gradually, one learns to ignore people like that.*

2. **Erfahren** means *to learn* or *find out* without any study or searching necessarily implied.

Von einer Nachbarin habe ich gerade **erfahren,** dass du krank bist.	*I just heard from a neighbor that you've been sick.*
Hoffentlich **erfahren** meine Eltern nicht alles, was gestern Abend passierte.	*I hope my parents don't find out about everything that happened last night.*

3. **Heraus·finden** means *to learn, find out,* or *discover* through effort or inquiry.

Hast du **herausgefunden**, wie man mit diesem Programm Texte analysiert?	*Have you found out/figured out how to analyze texts with this program?*
Irgendwie haben die Behörden **herausgefunden,** dass ich diese ganzen Lieder heruntergeladen habe.	*Somehow the authorities found out that I downloaded all these songs.*

4. **Entdecken** means *to discover.*

Neulich habe ich bei uns ein Buch **entdeckt**, in dem ein sehr altes Foto von meinen Großeltern ist.	*Recently I discovered a book at my house that contains a very old photograph of my grandparents.*

5. **Fest·stellen** has several meanings related to *finding out* and *understanding.* When information is acquired through directed effort or inquiry, **fest·stellen** takes the relatively formal meaning of *to ascertain* or *determine.* But it can also be used to express the more informal *to realize,* in the sense of becoming aware of something by means of insight.

Was für eine Krankheit haben die Ärzte in seinem Fall **festgestellt?**	*What sort of a disease did the doctors determine/diagnose in his case?*

Für dieses Stipendium muss man zuerst **fest·stellen,** wie viel Geld einem zur Verfügung steht.	*For this scholarship, one must first ascertain how much money one has at one's disposal.*
Erst am Ende des Semesters **stellte** ich **fest,** wie viel ich gelernt hatte.	*Not until the end of the semester did I realize how much I'd learned.*

Übungen

A **Adjektiv → Substantiv.** Ergänzen Sie die Sätze durch passende Adjektivsubstantive. Achten Sie dabei auf die Adjektivendungen!

> **BEISPIEL** In unseren Großstädten gibt es viele _____.
> *In unseren Großstädten gibt es viele **Arme**.*

> angestellt   arm   beamt-   blind   erwachsen   reich   tot   verliebt *(in love)*
> verlobt   verwandt

1. Kennen Sie den Kultfilm „Nacht der lebenden *(living)* _____?"
2. Er hat kürzlich erfahren, dass ein paar seiner _____ aus Deutschland sind.
3. Ein Tourist bewundert *(admires)* das große Rathaus und fragt einen Passanten *(pass-erby)* „Sagen Sie mal, wie viele _____ arbeiten dort?" Da antwortet der Passant zynisch *(cynically):* „Ungefähr die Hälfte von ihnen."
4. Robin Hood nahm Geld von den _____ und gab es den _____.
5. Will sie wirklich das Geld von der Bank_____ stehlen?
6. Sie gingen ins Restaurant als _____ und kamen als _____ heraus.
7. Dem _____ half ein netter Junge die Straße überqueren.
8. Solche Bücher gefallen sowohl _____ als auch Kindern.

B **Anders ausdrücken.** Verwenden Sie Adjektive als Substantive im Neutrum.

> **BEISPIEL** Er hat etwas gesagt, was sehr gut war.
> *Er hat etwas **sehr Gutes** gesagt.*

1. Wir wünschen, dass euch nur gute Dinge passieren.
2. Auf unserer Reise durch die Schweiz haben wir viele interessante Dinge gesehen.
3. Alles, was wichtig ist, wird dir der Chef erklären.
4. Der Politiker spricht von nichts, was neu ist.
5. Die Tagesschau *(evening TV news)* brachte wenige neue Nachrichten.
6. Was machst du jetzt?—Nichts, was besonders wäre.
7. Für sie ist etwas nur schön, wenn es teuer ist.
8. Hoffentlich habe ich mich richtig verhalten.

C   **Das passende Verb.**   Welche Verben aus dem **Wortschatz** könnte man mit den folgenden Wörtern oder Ausdrücken verwenden?

>   **BEISPIEL**   ein neues Videospiel
>   *ein neues Videospiel entdecken*

1. etwas Neues über Computer
2. einen Fehler im Softwareprogramm
3. woher der Fehler im Softwareprogramm kommt
4. wo man Computer am günstigsten reparieren lässt
5. dass es meistens zu viel kostet, einen älteren Computer reparieren zu lassen
6. wie man einen Computer selbst repariert

D   **Was passt am besten?**   Ergänzen Sie die Substantive durch passende Partizipien des Präsens.

>   **BEISPIEL**   die Sonne
>   *die **aufgehende** Sonne*

1. die Temperatur
2. ein Wald
3. viele Kinder
4. alle Zuschauer
5. das Schiff
6. Blumen

E   **Länger und noch länger machen.**   Erweitern Sie die Ausdrücke in **Übung D** zuerst durch einen adverbialen Ausdruck, dann durch mehrere Wörter.

>   **BEISPIEL**   die aufgehende Sonne
>   *die **am Morgen** aufgehende Sonne*
>   *die **ganz früh am Morgen im Osten** aufgehende Sonne*

F   **Partizip Präsens → Partizip Perfekt.**   Nehmen Sie die folgenden Wortverbindungen mit dem Partizip Präsens und bilden Sie Wortverbindungen im Partizip Perfekt.

>   **BEISPIEL**   die abfallenden Blätter
>   *die **abgefallenen** Blätter*

1. ein abbrechender Ast *(branch)*
2. wachsende Städte
3. aussterbende Kulturen
4. die aufgehende Sonne
5. ein inspirierender Mensch
6. eine motivierende Lehrerin

G   **Länger machen.**   Erweitern Sie die Wortverbindungen aus **Übung F** (sowohl mit dem Partizip Präsens als auch mit dem Partizip Perfekt) durch weitere Elemente.

>   **BEISPIELE**   die abfallenden Blätter
>   *die **schnell** abfallenden Blätter*
>
>   die abgefallenen Blätter
>   *die **während des Sturms** abgefallenen Blätter*

H **Partizipialkonstruktionen.** Drücken Sie die Relativkonstruktionen durch Partizipial-konstruktionen (entweder Partizip Präsens oder Partizip Perfekt) anders aus.

> **BEISPIELE** der Zug, der schnell abfährt
> *der schnell abfahrende Zug*
>
> ein Bus, der schon abgefahren ist
> *ein schon abgefahrener Bus*

1. die Theorie, die von Einstein aufgestellt wurde
2. die Steuern *(taxes),* die dauernd steigen
3. der Preis, der rasch gesunken war
4. der Brief von einer Professorin, die in Dresden arbeitet
5. in einem Auto, das gerade repariert wurde
6. eine Autorin, die von Millionen gelesen wird

I **Erweiterte Partizipialkonstruktionen.** Analysieren Sie die folgenden Sätze: Wo stehen die Partizipialkonstruktionen? Aus welchen Elementen bestehen sie? Versuchen Sie, einige von den Konstruktionen mit Relativsätzen umzuschreiben.

> **BEISPIEL** Die in Rostock geborene Langstreckenschwimmerin *(long-distance swimmer)* nimmt den Wettkampf bereits zum fünften Mal in Angriff, Lampenfieber *(jitters)* vor den bis zu neuneinhalb Stunden langen Rennen *(races)* in den Flüssen hat sie deshalb nicht. [Aus: *Der Spiegel*]
>
> *Partizipialkonstruktionen: Die ... Langstreckenschwimmerin/vor den ... Rennen*
> *Elemente: in Rostock geborene/bis zu neuneinhalb Stunden lang*
> *Relativsätze: Die Langstreckenschwimmerin, die in Rostock geboren ist/vor den Rennen, die bis zu neuneinhalb Stunden lang sind*

1. Endlich rief das seit Jahren brutal unterdrückte *(suppressed)* Volk zur Revolution auf.
2. Der wegen mehrerer Schneelawinen *(avalanches)* vorübergehend *(temporarily)* geschlossene Sankt-Gotthard-Pass soll heute Abend gegen 18 Uhr für den Verkehr wieder freigegeben werden.
3. „[Gregor Samsa] sah, wenn er den Kopf ein wenig hob, seinen gewölbten, braunen, von bogenförmigen Versteifungen geteilten Bauch ..." [aus Kafkas *Verwandlung*]
4. „Seine vielen, im Vergleich zu seinem sonstigen Umfang kläglich dünnen Beine flimmerten ihm hilflos vor den Augen." [aus Kafkas *Verwandlung*]
5. Achtung, Achtung, eine Durchsage! Der Intercity-Zug 511 wird wegen in der Nähe von Prag noch nicht abgeschlossener Gleisreparaturen *(track repairs)* mit zwanzigminütiger Verspätung auf Gleis 7 ankommen.
6. Am Ende seiner Vorlesung *(lecture)* fasste der Professor die wichtigsten, dennoch von mehreren Forschern *(researchers)* in Frage gestellten Ergebnisse *(results)* seiner Untersuchungen zusammen und wies auf einige noch durchzuführende *(to be carried out)* Experimente hin.

Anwendung

A **Sind Sie neugierig *(curious)*?**   Was möchten Sie über Ihre Schule oder Uni herausfinden? Wählen Sie fünf Punkte aus, und bilden Sie damit Sätze. Die anderen in der Gruppe
lesen dann ihre Sätze vor. Vielleicht weiß jemand, was Sie wissen wollen!

BEISPIEL   *Ich möchte herausfinden, wie viel Geld die Präsidentin/der Präsident dieser
Uni verdient. Ich möchte auch gerne wissen, wo unsere Deutschprofessorin/
unser Deutschprofessor geboren und aufgewachsen ist.*

B **Eigene Erfahrungen.**   Was haben Sie in diesem Semester erfahren, herausgefunden,
entdeckt oder festgestellt? Machen Sie eine Aussage mit jedem Verb.

BEISPIEL   *Ich habe festgestellt, dass Deutsch nicht immer leicht ist.*

C **Partizipialkonstruktionen im Gebrauch.**   Suchen Sie aus Zeitungen, Zeitschriften
oder anderen Quellen *(sources)* drei bis fünf erweiterte Partizipialkonstruktionen heraus.
Stellen Sie diese Konstruktionen im Kurs vor.

Schriftliche Themen

Tipps zum Schreiben	**Using Extended Modifiers**
	Lengthy extended modifiers are usually found only in very official documents and reports. Shorter extended modifiers, however, can be used to good effect even in slightly less formal writing to avoid short relative clauses that might interrupt the flow of a sentence. From a German point of view, the phrase **der von Gleis fünf abfahrende Intercity-Zug** is simply more to the point than the relative clause construction **der Intercity-Zug, der von Gleis fünf abfährt,** particularly when additional information is still to come. Perhaps this is why extended modifiers occur frequently in official announcements, especially when written.

A **Eine Mitteilung *(notification)*.** Sie arbeiten für ein Studentenreisebüro und schreiben eine Mitteilung auf Amtsdeutsch *("officialese")* über eine geplante Reise an die Adria *(Adriatic Sea)*, die aus verschiedenen Gründen nicht mehr stattfinden kann.

DIE INFORMATIONEN

Eine Ferienreise an die Adria war geplant.
Diese Reise kann nicht mehr stattfinden.
Man konnte nicht alle Hotelzimmer buchen, die nötig waren.
Hinzu *(in addition)* kamen auch einige Schwierigkeiten bei der Buchung des Fluges.
Diese Schwierigkeiten waren unerwartet.
Deswegen hat Ihr Reisebüro die Reise abgesagt *(cancelled)*.
Für die Reise nach Kreta [Griechenland] sind noch einige Plätze frei.
Diese Reise findet auch zu Ostern statt.

B **Eine Meldung *(announcement)*.** Schreiben Sie auf Amtsdeutsch eine Meldung über Ihren Deutschkurs oder über Ihre Schule/Universität. Benutzen Sie dabei ruhig ein bisschen Humor.

BEISPIEL *Unser von allen Studenten bewunderter und geliebter Deutschprofessor wird in Zukunft seinen mit Arbeit überlasteten* (overburdened) *Studenten keine schweren Prüfungen mehr geben. Er hat außerdem mitgeteilt, dass ... usw.*

Zusammenfassung

Rules to Remember

1 Many adjectives and participles can be capitalized and made into nouns.

2 Masculine adjectival nouns always refer to male persons, female adjectival nouns to female persons, and neuter adjectival nouns to abstractions: **der Reisende** *(traveler, male);* **die Reisende** *(traveler, female);* **das Seltsame** *(the strange thing, what's strange, that which is strange).*

3 Adjectival nouns take the same weak or strong endings they would as adjectives.

4 Present and past participles can function as adjectives: **die weinende Mutter, der unausgesprochene Wunsch.**

5 Most extended modifiers contain either a present participle or a past participle that stands immediately before the modified noun.

6 The modifiers within an extended modifier construction follow normal word order rules for the middle field, with the participle (functioning as predicate adjective) in final position before the noun: **die von der Professorin korrigierten Arbeiten** *(research papers);* **der in Wut** *(rage)* **geratene Chef.**

At a Glance

Adjectival nouns: Masculine and feminine			
	Masc.	**Fem.**	**Pl.**
Nom.	der Fremde (ein Fremder)	die Fremde (eine Fremde)	die Fremden/Fremde
Acc.	den Fremden	die Fremde	die Fremden/Fremde
Dat.	dem Fremden	der Fremden	der Fremden/Fremder
Gen.	des Fremden	der Fremden	der Fremden/Fremden

Adjectival nouns: Neuter			
Nom.	das Gute	ein Gutes	Gutes
Acc.	das Gute	ein Gutes	Gutes
Dat.	dem Guten	einem Guten	Gutem
Gen.	des Guten	eines Guten	——

***etwas, nichts, viel, wenig* + adjective**
Nom. etwas Schreckliches
Acc. etwas Schreckliches
Dat. etwas Schrecklichem
Gen. ——

***alles* + adjective**
Nom. alles Denkbare
Acc. alles Denkbare
Dat. allem Denkbaren
Gen. alles Denkbaren

Present participle: Form
infinitive + **d** (+ ending)

Personal, indefinite, and demonstrative pronouns

Grammatik

A. Forms

Personal pronouns (**das Personalpronomen**, -) have four cases.

	Nom.	Acc.	Dat.	Gen.[1]
1st pers. sing.	ich	mich	mir	(meiner)
2nd pers. sing.	du	dich	dir	(deiner)
3rd pers. sing.	er	ihn	ihm	(seiner)
	sie	sie	ihr	(ihrer)
	es	es	ihm	(seiner)
1st pers. pl.	wir	uns	uns	(unser)
2nd pers. pl.	ihr	euch	euch	(euer)
3rd pers. pl.	sie	sie	ihnen	(ihrer)
2nd pers. formal, sing. & pl.	Sie	Sie	Ihnen	(Ihrer)

---

[1]Although genitive case pronoun forms have become archaic, they do form the basis for the possessive adjectives (see 4.4).

B. Use

Sie and **du**: *"You can say 'you' to me . . ."* This literal translation of **Du kannst „du" zu mir sagen**—cited in English by Germans as a joke—points out the lack of distinctions in English for the pronoun *you* compared with German. But the choice of which pronoun to use when addressing a German—**du, ihr,** or **Sie**—is anything but humorous. At best, a mistake here is regarded by Germans as touristic fumbling; at worst, it can be perceived as an ethnic slur. The use of second-person pronouns has shifted over the years in German-speaking countries, often in differing degrees within various subcultures, so that sometimes even native speakers are unsure of what is correct in unfamiliar social contexts. Thus the following guidelines are by no means exhaustive, but they will point you in the right direction. In any case, it is wise to listen very carefully for native speaker cues and to let a German speaker take the lead in determining the correct form of address in a given situation.

1. **du**

   a. On one level, **du** signals inclusion in a group of social equals, with attendant over-tones of affection, intimacy, and solidarity. It is used in this sense with family members, close friends, fellow schoolmates and students (acquainted or not), members of a club, or colleagues with whom one has explicitly agreed to use **du.** A special case of this sense is its appropriateness when speaking to God, based on biblical language.

   b. Outside of such contexts, its use connotes condescension. Thus it is considered appropriate when addressing children under 14 or so (as strangers), inanimate objects, and animals. But the same condescension can be perceived as profound rudeness in contexts where lack of familiarity dictates **Sie** rather than **du.**

   c. Using **du** correlates in most cases with using a person's first name. A German who states as part of a greeting, **Ich heiße Wolfgang,** is indirectly conveying the message *Let's use "du" with each other.* One shouldn't expect this often from older adults: Germans use first names much more selectively than do Americans, and it is not uncommon for co-workers who have spent years in the same office to remain on a last-name (and therefore **Sie**) basis. In schools, it has become common for teachers to use **Sie** with pupils over age 14 or 15 but to continue addressing them by their first name—an asymmetrical arrangement that still requires the pupils to use **Sie** and the teacher's last name in response. University students routinely use **du** and first names in introductions; however, beyond the university the social guidelines for **du** become more ambiguous.

2. **ihr**

   a. **Ihr** is the plural form of **du,** used when addressing a group consisting of people with whom one would use **du** on an individual basis.

   b. If a group is "mixed," comprising people one would address with both **du** and **Sie,** then **ihr** can be used to cover both cases. Since it is both familiar and plural, it avoids the pompousness that **Sie** would convey to friends, as well the inappropriately familiar overtones of a misdirected **du.** This is the pronoun you would use, for example, when addressing a gathering that included your classmates from school (with whom you would use **du** individually and **ihr** in a group) along with their parents (with whom you would most likely use **Sie**).

„Also, ich möchte **euch** alle recht herzlich grüßen und bin sehr froh, dass **ihr** heute Abend …"

c. **Ihr** can be used instead of **Sie** when referring to people as representatives of a group rather than individuals.

Wie macht **ihr** Schweizer das? *How do you Swiss do that?*

3. **Sie**

a. **Sie** is used for all social situations in which **du/ihr** would be inappropriate. Thus it is the default mode of address among adults who meet for the first time (beyond university), and conveys a respect for privacy and social position by implying a polite distance.

b. While **Sie** is grammatically plural, it is used to address one person as well as a group. If a distinction must be made (addressing only one person within a group, for example), other cues are necessary, such as mention of the addressee's name or extra-linguistic cues. The plural can be stressed through the addition of **alle.**

Sie wissen **alle,** was ich meine. *You all know what I mean.*

c. Just as **du** correlates in most cases with first-name use, **Sie** is associated with the last name. As long as a German speaker addresses you as **Frau** _____ or **Herr** _____, the implication is clear: **Wir sind per Sie** (*We should use "Sie" with each other*). In some circles, adults will use first names and **Sie,** perhaps indicating a compromise between relaxed attitudes toward formality and a desire nonetheless for some social distance.

4. The third-person pronouns **er, sie,** and **es** can refer to persons. However, they also substitute for all **der-, die-,** and **das-**nouns respectively, whether persons or things. Thus, depending upon the noun, **er, sie,** or **es** can all be equivalent to English *it.* (For other uses of **es,** see 20.3.)

Woher hast du den Ring? *Where did you get the ring?*
—Ich habe **ihn** in Ulm gekauft. **Er** —*I bought it in Ulm. It wasn't all that*
war gar nicht so teuer. *expensive.*

Hast du deine Jacke dabei? *Do you have your jacket with you?*
—Nein, ich habe **sie** vergessen. —*No, I forgot it.*

5. Pronouns used after prepositions are subject to the same case rules as nouns. However, if a third-person pronoun refers to something other than a person, German generally requires a **da-**construction instead of the preposition + pronoun structure (see 20.1).

COMPARE:

Er ist mein Freund. Ich arbeite **mit ihm.** *He is my friend. I work with him.*
Das ist mein Computer. Ich arbeite **damit.** *That is my computer. I work with it.*

17.2   INDEFINITE PRONOUNS

A. Forms

The following indefinite personal pronouns (**das Indefinitpronomen,** -) are masculine in form, but they refer to persons of either sex. Their possessive is **sein,** their reflexive **sich.** For **jedermann, jemand,** and **niemand,** the relative pronoun is the masculine **der** (see 18.2).

	man (one)	**jedermann** (everyone)	**jemand** (someone)	**niemand** (no one)
Nom.	man (einer)	jedermann (jeder)	jemand	niemand
Acc.	(einen)	jedermann (jeden)	jemand(en)	niemand(en)
Dat.	(einem)	jedermann (jedem)	jemand(em)	niemand(em)
Gen.	(_____)	jedermanns (_____)	jemands	niemands

B. Use

1. **Man** is normally used where English uses *one, you, they,* or *people* in general. It often occurs as a substitute for the passive voice (see 12.3.A). **Man** is a subject form only; in other cases the pronoun forms **einen** (accusative) or **einem** (dative) must be used.

   Man weiß nie, was **einem** passieren kann.   *You/One never know(s) what can happen to you/one.*

2. When **man** is used in a sentence, it cannot be subsequently replaced by **er.**

   Wenn **man** nichts zu sagen hat, soll **man** (*not:* **er**) schweigen.   *If you have nothing to say, you should remain silent.*

3. **Jedermann** (*everyone, everybody*) and **jeder** are interchangeable in general statements, although **jeder** is more common.

   Jedermann/Jeder, der Zeit hat, sollte mitkommen.   *Everyone who has time should come along.*

4. When referring to women, German speakers sometimes avoid **jedermann** and instead use **jede** (feminine) with the possessive **ihr-** or the relative pronoun **die.**[2] This makes the reference specific rather than general.

   Jede, *die* Zeit hat, soll *ihre* Arbeit heute Abend schreiben.   *Everyone (feminine) who has time is to write her paper this evening.*

---

[2]**Jemand** and **niemand** are also used occasionally with the feminine possessive **ihr-** and the feminine relative pronoun **die** (instead of the masculine **der**).

5. **Jemand** (*somebody, someone, anybody, anyone*) and **niemand** (*nobody, no one*) can be used with or without endings in the accusative and dative. They take no endings when followed by forms of **anders.**

Sie sagte **niemand(em)** die Wahrheit.	*She told no one the truth.*
Wir haben dich gestern mit **jemand anders** gesehen.	*We saw you yesterday with someone else.*

6. The word **irgend** (*any, some*) is often combined with **jemand** to stress the latter's indefiniteness (compare with **irgendwo** and **irgendwohin**, 14.3).

Irgendjemand muss doch zu Hause sein.	*Well, somebody (or other) must be home.*
Kann mir nicht **irgendjemand** helfen?	*Can't anybody (at all) help me?*

7. **Irgend** is also used alone and in the following combinations.

Bitte mach das, wenn **irgend** möglich!	*Please do that if it's at all possible!*
Irgendetwas stimmt hier nicht.	*Something (or other) isn't right here.*
Hast du **irgendeine** Idee, wie viel das kostet?	*Do you have any idea at all how much that costs?*
Irgendwann musst du mich mal besuchen.	*Sometime or other you'll just have to visit me.*
Hast du auf der Party **irgendwen** gesehen?	*Did you see anyone at all at the party?*
Meine Schlüssel müssen ja **irgendwo** herumliegen.	*My keys must be lying around somewhere or other.*

17.3 ▸ DEMONSTRATIVE PRONOUNS

A. Forms

The demonstrative pronoun (**das Demonstrativpronomen**, -) is essentially a definite article used as a pronoun. Only the forms of the genitive and the dative plural differ slightly from those of the definite article, and in fact are identical with the relative pronouns (see 18.2).

	Masc.	Fem.	Neut.	Pl.
Nom.	der	die	das	die
Acc.	den	die	das	die
Dat.	dem	der	dem	**denen**
Gen.	**dessen**	**deren**	**dessen**	**deren**

B. Use

1. Demonstrative pronouns are used instead of personal pronouns to indicate stress or emphasis. German speakers often use them when pointing out someone or something, frequently with intonational emphasis or in combination with a strengthening **da** or **hier.**

Ich suche einen Computer. Darf ich **den da** probieren?	*I am looking for a computer. May I try that one there?*
Du, nimm die andere Tasse.	*Hey, take the other cup.*
—Welche?	*—Which one?*
—**Die hier.**	*—This one here.*

2. Demonstratives are also used in informal, colloquial contexts to indicate familiarity with specific persons or things. In such instances, they are often in the front field of a sentence—a position of relative emphasis that is generally inappropriate for pronoun objects unless they are stressed or are accompanied by other elements, such as prepositions (see 1.1.A).

COMPARE:

Kennst du Eva Schmidt?	*Do you know Eva Schmidt?*
—Ja, ich kenne **sie** gut.	*—Yes, I know her well.*
Kennst du Eva Schmidt?	*Do you know Eva Schmidt?*
—**Die** kenne ich aber gut.	*—[That woman] I know really well.*

BUT:

Siehst du Udo und Gabi oft?	*Do you see Udo and Gabi much?*
—Ja, mit **denen** bin ich viel zusammen.	*—Yes, I'm with them a lot.*

OR:

—Ja, mit **ihnen** bin ich viel zusammen.	*—Yes, I'm with them a lot.*

3. The genitive demonstratives **dessen** *(his)* and **deren** *(her)* are used mainly to eliminate the ambiguity of **sein** or **ihr** when they could refer to either of two preceding nouns of the same gender. **Dessen** and **deren** refer only to the last previously mentioned masculine noun or feminine noun.

Alex hat Sebastian mit **seiner** neuen Freundin gesehen.	*Alex saw Sebastian with his (Alex's? Sebastian's?) new girlfriend.*
Alex hat Sebastian mit **dessen**[3] neuer Freundin gesehen.	*Alex saw Sebastian with his (Sebastian's) new girlfriend.*
Sarah hörte Emily **ihre** neue Geige spielen.	*Sarah heard Emily playing her (Sarah's? Emily's?) new violin.*
Sarah hörte Emily **deren** neue Geige spielen.	*Sarah heard Emily playing her (Emily's) new violin.*

---

[3]Literally, **dessen Freundin** means *the girlfriend of that one,* that is, the latter-mentioned person.

C. The demonstrative *derselbe*

1. The demonstrative pronoun **derselbe** *(the same one[s])* consists of two parts: the first part **(der-/die-/das-)** declines as a definite article, the second part **(selb-)** and any subsequent adjectives take weak adjective endings (see 13.2).

	Masc.	**Fem.**	**Neut.**	**Pl.**
Nom.	derselbe	dieselbe	dasselbe	dieselben
Acc.	denselben	dieselbe	dasselbe	dieselben
Dat.	demselben	derselben	demselben	denselben
Gen.	desselben	derselben	desselben	derselben

Hast du meine Bilder von der Party gesehen?
—Sind das **dieselben,** die gestern auf deiner Facebook-Seite waren?

Have you seen my pictures from the party?
—*Are they the same ones that were on your Facebook page yesterday?*

2. **Derselbe** is used adjectivally (as if it were *article + adjective*) to mean *the very same* _____. **Der gleiche,** by contrast, means *one that is similar*. Both are declined according to the noun(s) they modify. Strictly speaking, **derselb-** and **der gleich-** are different in meaning: **derselb-** refers to one entity, while **der gleich-** shows similarity between two or more entities. But colloquially, German speakers often use **derselb-** to cover both meanings. You should be aware of the distinction and observe it at least in writing.

Nick und Klara wohnen in **demselben** Wohnblock.

Nick and Klara live in the same apartment building.

Sie fahren **den gleichen** Wagen.

They drive the same car. (i.e., the same make of car = two cars)

BUT:

Sie fahren **denselben** Wagen.

They drive the same car. (= one car)

Wortschatz

Noch eine Prüfung?!

nur	ein ander-
erst	noch ein-

1. **Nur** means *only* in the sense of *that is all there is*.

Er ist **nur** fünf Jahre alt geworden.   *He lived only to the age of 5.*

Wir haben **nur** ein Auto.   *We have only one car.*

2. **Erst** means *only* in the sense of *up until now* or *so far* and implies that more is to come.

Mozart war **erst** 8 Jahre alt, als er seine erste Symphonie schrieb.	*Mozart was only 8 years old when he wrote his first symphony. (implied: he lived longer)*
Wir haben **erst** ein Auto.	*We have only one car (so far).*

Erst can also mean *only* in the sense of *not until.*

Sie ist **erst** gestern angekommen.	*She arrived only yesterday. (i.e., she did not arrive until yesterday)*
Heute Abend essen wir **erst** um 20.00 Uhr.	*This evening we're not eating until 8 PM.*

3. **Ein ander-** and **noch ein-** can both mean *another (an other)*, but **ein ander-** implies *another kind* and **noch ein** an *additional one.*

Wir brauchen **ein anderes** Auto.	*We need another (different) car.*
Wir brauchen **noch ein** Auto.	*We need another (additional) car.*

NOTE: This is an important distinction when asking for more of something to eat or drink.

Ich hätte gern **noch ein** Glas Wein.	*I'd like another (i.e., **additional**) glass of wine. (implied: I like it and want more)*
Ich hätte gern **ein anderes** Glas Wein.	*I'd like another (i.e., **different**) glass of wine. (implied: I don't like the one I have)*

Übungen

A **Welches Pronomen passt?**   Ergänzen Sie durch Personalpronomen.

1. Heinz und Heidi brauchen Hilfe und fragen: „Wer hilft _____?"
2. Daniel fühlt sich missverstanden und lamentiert: „Ach, niemand versteht _____. Und nur meine Mutter ruft _____ an."
3. Lena ist total begeistert von ihrem neuen Freund: „Er liebt _____ und spricht immer nur von _____."
4. Die Kinder fragen: „Wer will mit _____ spielen?"
5. Die Lehrerin fragt: „Kinder, wie geht es _____?"
6. Ich schreibe: „Markus, wir besuchen _____ erst am Wochenende."
7. „Herr Keller, wann kommen _____ uns besuchen?"
8. Ich möchte mit Frau Seidlhofer sprechen: „Frau Seidlhofer, darf ich mit _____ sprechen?"

B **Situationen: *du, ihr oder Sie?*** Welche Anredeform gebrauchen Sie in den folgenden Situationen in einem deutschsprachigen Land?

1. Sie sprechen im Zugabteil *(train compartment)* mit einer Mutter und ihrer kleinen Tochter.
2. Sie sprechen mit einer Verkäuferin im Kaufhaus.
3. Sie sind in ein Studentenheim eingezogen und treffen einige Studentinnen zum ersten Mal.
4. Sie treffen zum ersten Mal die 20-jährige Schwester eines Studienfreundes.
5. Sie spielen Volleyball im Sportverein, aber Sie kennen die anderen Spieler nicht. Es sind Jugendliche und Erwachsene dabei.
6. Sie treffen den Bürgermeister einer Kleinstadt zum ersten Mal.
7. Bei einer Party im Studentenwohnheim wollen Sie sich mit einer Studentin unterhalten *(engage in conversation)*, die Sie noch nicht kennen.
8. Sie sprechen mit den Tieren im Tierpark.
9. Sie treffen ganz unerwartet Ihren Deutschprofessor auf der Straße.
10. Sie sind am Bahnhof und ein Betrunkener, den Sie nicht kennen, redet Sie mit **du** an.

C **Fragen.** Beantworten Sie die folgenden Fragen. Ersetzen Sie in Ihren Antworten die **fett** gedruckten Wörter durch Pronomen oder Demonstrativpronomen.

> **BEISPIEL** Kennen Sie **die Romane von Ian Fleming?**
> *Ja, ich kenne sie./Ja, die kenne ich.*

1. Wie hieß **der erste Star-Trek Film?**
2. Haben Sie **diesen Film** gesehen?
3. Kennen Sie einen James-Bond Film mit **Sean Connery?**
4. Lesen Sie oft **Filmrezensionen** *(film reviews)?*
5. Wie heißt **Ihre Lieblingsband?**
6. Haben Sie **diese Band** im Konzert gesehen?
7. Haben Sie Lieder von **dieser Band** heruntergeladen *(downloaded)?*

D **Personalpronomen.** Machen Sie über jeden Gegenstand <u>eine</u> Aussage mit einem Pronomen im Nominativ und <u>eine</u> mit einem Pronomen im Akkusativ.

> **BEISPIEL** mein Computer
> *Er ist drei Jahre alt.*
> *Ich finde ihn noch ganz gut.*

1. mein Bett im Studentenwohnheim
2. mein Lieblingshemd
3. meine Armbanduhr
4. mein Handy (das)
5. die Schuhe, die ich im Moment trage
6. mein Studentenwohnheim

E **Was bedeuten diese Sprüche?**   Können Sie die Sprichwörter erklären oder anders ausdrücken? Verwenden Sie Strukturen mit **man, jemand** oder **niemand**.

> BEISPIEL   Morgenstund 'hat Gold im Mund'.
> *Wenn man früh aufsteht, kann man den Tag besser nutzen.*

1. Wer im Glashaus sitzt, soll nicht mit Steinen werfen.
2. Wie man sich bettet, so liegt man.
3. Es ist noch kein Meister vom Himmel gefallen.
4. In der Kürze liegt die Würze.
5. Kleider machen Leute.
6. Zu viele Köche verderben *(ruin)* den Brei *(porridge)*.
7. Einem geschenkten Gaul *(horse)* schaut man nicht ins Maul *(mouth)*.
8. Wer die Wahl *(choice)* hat, hat die Qual *(torment)*.

F *Erst* **oder** *nur?*   Welches Wort passt in die Lücke?

1. Tut mir leid, aber das Essen ist noch nicht fertig. Wir können _____ um halb zwei essen.
2. Beeile dich doch! Wir haben _____ zwanzig Minuten, bis es zu spät ist!
3. Das Buch gefällt mir überhaupt nicht … Ich habe zwar _____ das erste Kapitel gelesen, aber das hat mir voll gereicht.
4. Was, heute schon ein Test darüber? Aber wir haben doch _____ gestern damit angefangen!
5. Kannst du mir etwas Geld leihen? Ich muss einkaufen und habe _____ zwei Dollar bei mir.
6. Naomi und Jessica wohnen _____ seit drei Wochen in dieser Wohnung.

G **Wer ist gemeint?**   Ändern Sie die Sätze so, dass klar wird, dass mit dem Possessivpronomen die zuletzt genannte Person gemeint ist.

> BEISPIEL   Sie fuhren mit Freunden in ihrem Auto.
> *Sie fuhren mit Freunden in* **deren** *Auto.*

1. Annette saß mit Monika in ihrem Zimmer.
2. Die Kinder sahen zwei fremde Kinder mit ihrem Spielzeug spielen.
3. Herr Rubin rief seinen Nachbarn an und sprach mit seiner Tochter.
4. Johanna sprach mit ihrer Mutter in ihrem Schlafzimmer.
5. Eberhard sprach mit Detlev über seine Kinder.

H **Ich auch.**   Felix macht und erlebt immer dasselbe, was andere machen und erleben. Das sagt er jedenfalls immer. Was sagt er, wenn er Folgendes hört?

> BEISPIEL   Sandra hat gute Noten bekommen.
> *Ich habe* **dieselben** *guten Noten bekommen.*

1. Alexander hat einen dummen Fehler gemacht.
2. Nicole hat von einer interessanten Frau erzählt.
3. Micha hat die Frau eines berühmten Schauspielers gesehen.
4. Wir haben heute nette Leute aus Österreich kennengelernt.
5. Das sage ich ja immer.

I **Ein ander- oder *noch ein-?*** Was sagen Sie in den folgenden Situationen?

> BEISPIEL In der Kleiderabteilung probieren Sie ein Hemd an, aber der Schnitt *(cut)*
> des Hemdes gefällt Ihnen nicht.
> *Ich möchte bitte **ein anderes** Hemd anprobieren.*

1. Ein Stück Kuchen hat so gut geschmeckt, dass Sie Lust auf ein zweites Stück haben.
2. Sie haben für vier Eintrittskarten bezahlt, aber nur drei Karten bekommen.
3. Sie wollen in den zoologischen Garten gehen, aber man hat Ihnen eine Karte für das Aquarium gegeben.
4. Ihr Zimmer ist für Sie zu klein geworden.

Anwendung

A **Das habe ich mitgebracht.** Bringen Sie etwas (oder ein Foto davon) mit, was Sie im Kurs gern zeigen würden. Erklären Sie anderen Studenten diesen Gegenstand, und stellen Sie Fragen über die Gegenstände anderer Studenten.

> **REDEMITTEL**
>
> Ich möchte dir/euch mein- … zeigen/vorstellen.
> Er/Sie/Es ist/kann …
> Sein-/Ihr- … sind aus Holz/Metall/usw.
> Ich habe ihn/sie/es … bekommen/gekauft/gebaut/usw.
> Hast du auch … ?
> Wie sieht dein … aus? Hast du ihn/sie/es auch dabei?
> Und nun möchte ich dir/euch etwas anderes zeigen.

B **So macht man das.** Suchen Sie jemanden im Kurs, der etwas nicht macht oder machen kann, was Sie können. Geben Sie Ihrer Partnerin/Ihrem Partner eine genaue Anleitung *(instruction)* für diese Tätigkeit *(activity)*.

> **THEMENVORSCHLÄGE**
>
> | ein Karten- oder Brettspiel | Videos herunterladen *(download)* | ein Sport |
> | eine Reise planen | ein Videospiel | ein Hobby |

> **REDEMITTEL**
>
> Wenn man/jemand … will, dann muss man/er …
> Man macht das so: Jemand muss …
> Jeder/Jedermann versucht … [zu tun].
> Niemand darf …
> Wenn man gewinnt/verliert, muss man …

C   **Was ist es?**   Jede Partnerin/Jeder Partner macht Aussagen über einen Gegenstand mit passenden **der**-Wörtern, aber sagt nicht direkt, was „es" ist. Die andere Partnerin/Der andere Partner muss erraten, welcher Gegenstand gemeint ist.

> BEISPIEL   *Er ist klein. Er ist lang und dünn. Man benutzt ihn zum Schreiben, aber er ist normalerweise nicht aus Holz …*

D   **Könnt ihr mir sagen...?**   Bilden Sie Gruppen mit drei oder mehr Studentinnen und Studenten. Stellen Sie einander Fragen und benutzen Sie dabei die Pronomen *ihr* und *euch* so oft wie möglich.

> BEISPIELE   *Wo wohnt ihr? Wie gefällt euch das Leben hier auf dem Campus? Was für Kurse habt ihr dieses Semester belegt?*

Schriftliche Themen

Tipps zum Schreiben	**Using Pronouns in German**
	Germans generally use the indefinite pronoun **man** instead of the editorial *we* or *you* characteristic of English (*If you want to succeed, you have to . . .*). Remember, however, that if you use **man** in a sentence, you cannot shift to **er** or to **du/Sie** later on in the same sentence.
	Keep in mind too that other general reference words that could be used here (such as **jeder** or **jemand**) are masculine, and that German requires consistency in number and gender distinctions. This means that the colloquial English trick of avoiding sexist possessive pronouns (*Everyone has their own goals*) will not work in German, since the only appropriate possessive pronoun for **jeder, jemand,** or **man** is the masculine **sein,** and the pronoun is **er.** If you find this usage awkward or restrictive, you can avoid it by using plural reference words such as **Menschen: Wenn** *Menschen* **erfolgreich sein wollen, müssen** *sie* **fleißig arbeiten.**

A **Kommentar.** Äußern Sie sich im Allgemeinen *(in general)* zu einer Tätigkeit, einer Handlung oder einer Handlungsweise

Menschen, die immer …
die Politik einer Regierung
Fremdsprachen lernen
gesund/ungesund leben
umweltbewusst leben
wie man Glück im Leben findet

BEISPIEL *Wer dauernd vorm Fernseher hockt* (colloquial: sits) *und Kartoffelchips isst, lebt ungesund. Aber leben Menschen, die täglich joggen und so ihre Knie ruinieren, auch nicht genauso ungesund? Zwar behauptet man, dass Joggen gesund ist, aber dasselbe könnte man vielleicht auch vom ständigen* (constant) *Fernsehen sagen. Jedenfalls kenne ich niemanden, der sich beim Fernsehen die Knie verletzt hat oder von einem Hund gebissen wurde. Irgendjemand hat einmal geschrieben, dass … usw.*

B **Das sollte man nicht tun.** Erklären Sie, warum man gewisse Dinge lieber nicht machen soll. Begründen Sie, warum.

BEISPIEL *Ich glaube, man sollte nicht Fallschirm* (parachute) *springen. Wenn jemand aus einem Flugzeug abspringt und der Fallschirm sich nicht öffnet, hat er großes Pech gehabt. Es kann aber auch passieren, dass man sich beim Landen verletzt* (injures) *und … usw.*

Zusammenfassung

Rules to Remember

1 **Du** (*you,* sing.) and **ihr** (*you,* pl.) are informal; **Sie** (*you,* sing. and pl.) is formal and always takes a plural verb form.

2 The pronouns **er, sie,** and **es** refer to **der-, die-,** and **das**-nouns respectively; **sie** refers to all plural nouns.

3 The pronoun **man** refers to persons in general without gender distinction; its subsequent use in a sentence cannot be replaced by **er.** **Man** does, however, use **sein** as its possessive pronoun.

4 The demonstrative pronouns **der, die, das,** and **die** are often used instead of the personal pronouns **er, sie, es,** and **sie** when referring to persons and things with which one is familiar.

At a Glance

Personal pronouns					
Singular			**Plural**		
Nom.	**Acc.**	**Dat.**	**Nom.**	**Acc.**	**Dat.**
ich	mich	mir	wir	uns	uns
du	dich	dir	ihr	euch	euch
er	ihm	ihm	sie	sie	ihnen
sie	sie	ihr	Sie	Sie	Ihnen
es	es	ihm			

Indefinite pronouns				
	man	**jedermann**	**jemand**	**niemand**
Nom.	man	jedermann (jeder)	jemand	niemand
Acc.	einen	jedermann (jeden)	jemand(en)	niemand(en)
Dat.	einem	jedermann (jedem)	jemand(em)	niemand(em)
Gen.	_____	jedermanns	jemands	niemands

Demonstrative pronouns				
	Masc.	**Fem.**	**Neut.**	**Pl.**
Nom.	der	die	das	die
Acc.	den	die	das	die
Dat.	dem	der	dem	**denen**
Gen.	**dessen**	**deren**	**dessen**	**deren**

Derselbe / dieselbe / dasselbe				
	Masc.	**Fem.**	**Neut.**	**Pl.**
Nom.	derselbe	dieselbe	dasselbe	dieselben
Acc.	denselben	dieselbe	dasselbe	dieselben
Dat.	demselben	derselben	demselben	denselben
Gen.	desselben	derselben	desselben	derselben

18

Relative pronouns

zum Beispiel

Tatort[1]

[1] **Tatort** *(crime scene)* is Germany's longest running and most popular TV crime series. Beginning in 1970, it now includes well over 700 episodes. Its uniqueness lies in the concept of having each regional branch of ARD—the sponsoring channel—produce its own episodes, with its own settings, stories, and team of detectives, which are then shown nationwide over the course of each season, airing on Sunday nights at 8:15 PM for over 40 years.

Grammatik

18.1 ▶ RELATIVE CLAUSES

Relative clauses (**der Relativsatz, ¨e**), like adjectives and prepositional phrases, are modifiers. What distinguishes them from other modifiers is the inclusion of a conjugated verb; and while it is true that a relative clause can provide more descriptive information than adjectives and adverbial phrases because of its potential length, it is primarily the verb itself that makes a relative clause necessary to convey certain information.

> COMPARE:
>
> die Frau
> die **junge** Frau *(the new information is expressed with an adjective)*
> die Frau **mit zwei Kindern** *(the new information involves a noun, hence a phrase is necessary)*
> die Frau, **die bei der Polizei arbeitet** *(the new information revolves around a verb, and thus requires a relative clause)*

18.2 ▶ RELATIVE PRONOUNS

A. Foms

A relative clause in German is introduced by a pronoun (**das Relativpronomen, -**) that shows number, gender, and case. The relative pronouns are nearly identical in form to the definite articles, except for the dative plural and the genitive forms;[2] they are in fact identical to the demonstrative pronouns (see 17.3).

	Masc.	**Fem.**	**Neut.**	**Pl.**
Nom.	der	die	das	die
Acc.	den	die	das	die
Dat.	dem	der	dem	**denen**
Gen.	**dessen**	**deren**	**dessen**	**deren**

---

[2]German sometimes uses the declined forms of **welch-** as relative pronouns to avoid repetition: **Ich meine die, welche** (instead of another **die**) **noch nichts gesagt haben.** But this usage is relatively rare, especially in current spoken German.

B. Use

1. Relative clauses provide information about the preceding clause and usually about a specific noun or pronoun in that clause, called the *antecedent*.

*That's the man **who** is investigating the crime.*	(**who** refers to the antecedent noun "*man*")
*Where is the knife **that** was on the table?*	(**that** refers to the antecedent noun "*knife*")
*The inspector worked tirelessly with those **who** needed her help.*	(**who** refers to the antecedent demonstrative pronoun "*those*")

In German, the bond between the relative pronoun and its antecedent consists of *number* and *gender*; the relative pronoun must show whether the antecedent is plural or singular, and, if singular, whether it is masculine, feminine, or neuter.

Das ist der Mann, **der *das Verbrechen ermittelt*.**	(**der** reflects the masculine singular **Mann**)
Wo ist das Messer, **das *auf dem Tisch war*?**	(**das** reflects the neuter singular **Messer**)
Die Kommissarin arbeitete unermüdlich mit denen, **die *ihre Hilfe benötigten*.**	(**die** reflects the plural **denen**)

If there are multiple antecedents separated by **oder,** the relative pronoun takes the number and gender of the final antecedent.

War es **der Mann** oder **die Frau,** *die* ihn angelogen hat?	*Was it the man or the woman who lied to him?*

2. But *number* and *gender* provide only part of the information that determines which relative pronoun should be used. The additional factor is *case,* and here it is the relative clause itself, rather than the antecedent, that is decisive: *the case of the relative pronoun depends on its grammatical function within its own clause, not on the case of the antecedent.* The relative pronoun may be the subject (as in all the examples above), or a direct or indirect object, or the object of a preposition, or a genitive, and its case must indicate that function. German relative pronouns are very precise, and English speakers must be careful to avoid the common mistake of defaulting to **das**—a handy translation of English *that*—as an all-purpose connector.

3. The examples in the chart on page 282 show how antecedent and grammatical function determine which relative pronoun is correct in a given context. The "function" column makes use of demonstrative pronouns (which are identical to relative pronouns, as stated above) to show how each pronoun would appear in a main clause to serve that particular function.

Antecedent	Relative clause	Function of relative pronoun
ein Mann, ...[3]	**der** in Hamburg lebt **den** die Polizei verdächtigt (suspects) **dem** nicht alles gelingt **dessen** Identität ein Geheimnis bleibt	*subject:* **Der** lebt in Hamburg. *direct object:* Die Polizei verdächtigt **den**. *dative object of* **gelingen:** Nicht alles gelingt **dem** ... **Identität** is the subject, and **dessen** indicates possession (*whose*): **Seine** Identität bleibt ...
eine Frau, ...	**die** nicht viel sagt **die** der Kommissar nur als Nachbarin kennt **der** er nur ab und zu begegnet mit **deren** Verschwiegenheit (discretion) er rechnet	*subject:* **Die** sagt nicht viel. *direct object:* Er kennt **die** nur als Nachbarin. *dative object of* **begegnen:** Er begegnet **der** nur ab und zu. *genitive:* Er rechnet mit **deren** (her) Verschwiegenheit.
ein Thema, ...	**das** jahrelang tabu war **das** man jetzt darstellen (portray) kann vor **dem** die Autoren keine Angst haben **dessen** Möglichkeiten groß sind	*subject:* **Das** war jahrelang tabu. *direct object:* Man kann **das** jetzt darstellen. *dative object of* **vor:** Die Autoren haben keine Angst vor dem. *genitive:* **Seine** (its) Möglichkeiten sind groß.
viele Polizisten, ...	**die** von seiner Aufgabe keine Ahnung haben **die** man nur flüchtig (briefly) sieht **denen** man diese Aufgabe nie geben würde **deren** Jobs nicht so gefährlich sind wie seiner	*subject:* **Die** haben von seiner Aufgabe keine Ahnung. *direct object of* **sehen:** Man sieht **die** nur flüchtig. *dative object of* **geben:** Man würde **denen** diese Aufgabe nie geben. *genitive:* **Deren** (their) Jobs ...

4. The examples above demonstrate two important structural features of relative clauses: first, the conjugated verb (V_1) moves to the end of the clause, as it normally does in subordinate clauses; and second, relative clauses are set off from other clauses by commas. Notice, too, that relative clauses are placed as close as possible to their antecedents; in most cases, the only intervening elements are V_2 structures (modal infinitives, past participles) and separated verb prefixes that would sound awkward if left dangling by themselves.

Hast du die **Episode** gesehen, von **der** ich dir gerade erzählte?

Did you see the episode I just told you about?

Die Sendung fängt mit einem **Bild** an, **das** sich seit 40 Jahren nicht verändert hat.

The show begins with a picture that hasn't changed in 40 years.

---

[3]The examples in this chart derive from a 2008 episode of *Tatort,* entitled **Auf der Sonnenseite,** which won critical acclaim for its handling of German-Turkish issues, including the portrayal of a chief inspector with a German-Turkish background.

5. Relative pronoun or no relative pronoun? The difference between the German and the English in the two examples above points to a recurrent problem for English speakers. Because English allows the relative pronoun in a clause to be dropped if it functions as an object, English speakers sometimes forget to include relative pronouns in German. In other words, English speakers who might say *the TV show **about which** I told you,* or (more likely), *the TV show **that** I told you **about**,* can just as well say, *the TV show I told you **about**,* and hardly notice that the relative pronoun has evaporated into thin air. In German, however, relative pronouns *must* be included, whether subject or object.

... die Sendung, **die** abends kommt	*the TV show **that** comes in the evening*
... die Sendung, **die** ich gestern sah	*the TV show (**that**) I saw yesterday*
... die Sendung, von **der** ich dir erzählte	*the TV show (**that**) I told you about*

To take another example, in a sentence such as *Here is the present I bought you,* the clause *I bought you* consists of a Subject–Verb–Indirect Object structure, with a dropped direct-object pronoun. In the German equivalent of that sentence, that pronoun must be restored: **Hier ist das Geschenk, <u>das</u> ich dir gekauft habe.**

6. When a preposition is used in conjunction with a relative pronoun (**... der Fall (*case*), an dem er arbeitet),** the preposition must precede the pronoun and take its place as the first element in the relative clause. This poses a problem for some English speakers, to whom *the case that he's working **on*** sounds more acceptable (or at least less stilted) than *the case **on** which he's working,* and who are therefore tempted to place **an** in final position in German. But German allows no variation here: In a relative clause, the preposition *must* precede the relative pronoun, which in turn cannot be dropped, as discussed above.

der Fall, **an dem** er arbeitet
{
*the case **on which** he's working*
*the case **that** he's working **on***
*the case he's working **on***
}

7. When a preposition precedes a genitive relative pronoun, the preposition determines the case of only the following *noun* (and any associated adjectives), not the relative pronoun. The relative pronoun will be **deren** or **dessen,** depending on the number and gender of the antecedent, and will remain a fixed form in the relative clause, regardless of the case surrounding it or the gender of the noun following it.

der türkische Geschäftsmann, ohne **dessen** Neffen der Kommissar keine Information hätte	*the Turkish businessman without whose nephew the inspector would have no information*
eine Straftat, von **deren** schrecklich**em** Ausgang wir erst später erfahren	*an offense whose horrible outcome we don't find out about until later*

A. *Was*

1. **Was** is used as a relative pronoun to refer to the indefinite antecedents **etwas, nichts, alles, viel(es), wenig(es), manches, einiges,** and the demonstratives **das** and **dasselbe**.

Es gibt fast **nichts**, *was* ihn überrascht.	*There is almost nothing that surprises him.*
Er tut **dasselbe**, *was* die anderen tun.	*He does the same thing (that) the others do.*

2. **Was** is used to refer to neuter adjectival nouns (see 16.1.B), usually in the superlative, and to neuter ordinal numbers.

Das ist **das Beste**, *was* der Drehbuchautor je geschrieben hat.	*That is the best thing (that) the screenplay author has ever written.*
Das Erste, *was* der Kommissar tun muss, ist Folgendes: ...	*The first thing (that) the inspector must do is the following: . . .*

3. **Was** is used when the "antecedent" is not merely a noun or pronoun, but the information conveyed by the entire preceding clause.

COMPARE:

Jemand hat ein Verbrechen begangen, das zu erwarten war.	*Someone committed a crime that was to be expected. (i.e., the crime itself was to be expected)*
Jemand hat ein Verbrechen begangen, **was** zu erwarten war.	*Someone committed a crime, which was to be expected. (i.e., the committing of the crime was to be expected)*

B. *Wo*-compounds

1. If the *preposition + relative pronoun* structure is called for, and **was** is the appropriate relative pronoun, then **wo**-compounds (**worauf, wodurch, womit,** etc.; see 19.2.B) are used in place of *preposition + was*.

Einige Episoden sind im Kino gelaufen, **worauf** die Produzenten sehr stolz sein müssen.	*Several episodes have appeared in movie theaters, which the producers must be very proud of.* (**auf + was = worauf**)
Das Erste, **woran** man denkt, ist die psychologische Komplexität der Handlungen.	*The first thing (that) one thinks about is the psychological complexity of the plots.* (**an + was = woran**)

2. A **wo**-compound may also be used in place of the *preposition + relative pronoun* structure when the antecedent is not a person. However, the *preposition + relative pronoun* structure is generally preferred.

    ACCEPTABLE:

    Hier ist die Flasche, **woraus** er getrunken hat.

    PREFERABLE:

    Hier ist die Flasche, **aus der** er getrunken hat.

3. Neither **da**-compounds (see 20.1) nor **wo**-compounds can be used when the antecedent is a person.

18.4 ▸ **THE INDEFINITE RELATIVE PRONOUNS *WER* AND *WAS***

A. *Wer* and *was* (who/what)

1. The indefinite relative pronoun **wer (wen, wem, wessen)** meaning *who (whom, whose)* is used when there is no antecedent referring to a specific person.

Niemand kann entscheiden, **wer** der Sache nachgehen sollte. (*nominative*)	*No one can decide **who** should pursue the matter.*
Wir wissen nicht, **wen** sie liebt oder hasst. (*accusative*)	*We don't know **who(m)** she loves or hates.*
Ist dir klar, **mit wem** er am Telefon spricht? (*dative*)	*Is it clear to you **who** he's talking with on the phone?*
Die Polizei konnte nicht feststellen, **wessen** Auto gestohlen wurde. (*genitive*)	*The police were not able to determine **whose** car had been stolen.*

2. **Was** functions like **wer** but refers to things or concepts.

Er sagt nie direkt, **was** er wirklich denkt oder vermutet.	*He never says directly what he really thinks or suspects.*

B. *Wer* and *was* (whoever/whatever)

1. **Wer** and **was** can also be used to mean *whoever (he/she who)* and *whatever* respectively. In this usage, the first clause begins with **wer** or **was,** and the second clause generally begins with an optional demonstrative pronoun (see 17.3).

Wer ihm hilft, **(der)** bekommt später Probleme.	*Whoever helps him will have problems later.*

2. The demonstrative pronoun must be used if it is not in the same case as **wer.**

Wer mich um Hilfe bittet, **dem** werde ich helfen.	*Whoever asks me for help, I will help (that person).*

3. Both **wer** and **was** occur frequently in proverbs and sayings.

Was ich nicht weiß, **(das)** macht mich nicht heiß.	*What I don't know won't hurt me. (Ignorance is bliss.)*

18.5   OTHER FORMS OF RELATIVIZATION

1. When the antecedent is a place, the subsequent relative clause can begin with **in** _____ (formal) or **wo** (less formal). But in either case, some form of connection is required, even where English allows such connectors to disappear.

Das Lokal, **in dem** er die Frau trifft, ...	*The bar in which he meets the woman ...*
Das Lokal, **wo** er die Frau trifft ...	*The bar he met the woman in ...*
	The bar where he met the woman ...

2. When the antecedent involves a time reference, written German often uses prepositions with relative pronouns, and **als** or **wenn** (depending on tense) as more colloquial alternatives.

    Sie wollte den Tag nie vergessen, **an dem/als** sie ihn zum ersten Mal sah.

    She never wanted to forget the day (when) she saw him for the first time.

    Wo can be used similarly, but is considered very colloquial.

    Und der Tag, **wo** sie sich kennenlernten, war noch schöner.

    And the day (when) they got acquainted was even more wonderful.

3. To express relativization of manner, as in English *the way (in which) this happened,* German uses **die Art + wie**.

    Die Art, wie er sie anmachte, war peinlich.

    The way (that) he flirted with her was embarrassing.

Wortschatz
Kategorien

The following words designate general categories of nouns. They are useful when classifying or defining items.

der Apparat, -e/das Gerät, -e apparatus, tool, device, piece of equipment

die Einrichtung, -en layout, setup, contrivance; furnishings

das Fahrzeug, -e vehicle

das Gebäude, - building

der Gegenstand, ̈-e object, thing, item

das Instrument, -e instrument

die Krankheit, -en illness

die Maschine, -n machine

das Medikament, -e medicine, drug

das Mittel, - means, medium

das Möbel, - (piece of) furniture

das Spiel, -e game

das Brettspiel, -e board game

das Kartenspiel, -e card game

das Spielzeug, -e toy

der Stoff, -e material, cloth, fabric

das Transportmittel, - means of transportation

das Werkzeug, -e tool, implement

Übungen

A   **Am Rhein.**   Verbinden Sie die beiden Sätze durch Relativpronomen.

> **BEISPIEL**   Der Rhein ist ein Fluss. Er fließt durch mehrere Länder.
> *Der Rhein ist ein Fluss, der durch mehrere Länder fließt.*

1. Am Rhein stehen viele alte Burgen *(castles)*. Sie stammen aus dem frühen Mittelalter.
2. Hoch oben auf einem Rheinfels *(cliff)* sitzt eine Frau. Sie heißt Lorelei. Sie singt ein altes Lied.
3. Auf beiden Seiten des Rheins wächst der Wein. Den trinken die Rheinländer so gern.
4. Der Rhein fließt durch einige große Städte. In ihnen gibt es jetzt viel Industrie und auch viel Umweltverschmutzung *(pollution)*.
5. Die Mosel mündet *(empties)* bei der Stadt Koblenz in den Rhein. Sie ist über zweitausend Jahre alt.
6. Touristen können mit Schiffen auf dem Rhein fahren. Sie wollen die Romantik dieses Flusses erleben.

B   **Eine gute Wanderausrüstung.**   Sie und ein paar Freunde wollen eine Woche in den Bergen wandern. Sie sprechen mit dem Verkäufer im Sportgeschäft.

> **BEISPIEL**   Wir brauchen Anoraks *(parkas)*, _____ wasserdicht sind.
> *Wir brauchen Anoraks, **die** wasserdicht sind.*

1. Wir brauchen Bergschuhe, _____ aus Leder sind.
2. Wir suchen Rucksäcke, _____ leicht sind und in _____ man viel tragen kann.
3. Gibt es Medikamente, _____ bei Höhenkrankheit *(altitude sickness)* helfen?
4. Wir möchten eine Wanderkarte, auf _____ auch schwierige Touren eingezeichnet *(marked)* sind.
5. Es wäre auch eine gute Idee, ein paar Kartenspiele mitzunehmen, mit _____ wir uns abends die Zeit vertreiben *(pass the time)* können.
6. Ein Kompass *(m.)*, _____ man auch im Dunkeln lesen kann, wäre auch ganz praktisch.
7. Es gibt bestimmt ein paar Werkzeuge, _____ wir noch brauchen.
8. Haben Sie ein Zelt, in _____ drei Personen schlafen können?
9. Wir müssen auch alle eine Brille tragen, _____ unsere Augen vor der Höhensonne schützt *(protects)*.

C **Personenbeschreibung.** Was erfahren wir über Julia und Daniel? Verwenden Sie Relativpronomen.

Julia

> BEISPIEL Sie kann mehrere Sprachen.
> *Sie ist eine Frau, die mehrere Sprachen kann.* [oder]
> *Sie ist eine Person, die mehrere Sprachen kann.*

1. Alle Leute mögen sie.
2. Sie spricht gern über Politik.
3. Sie treibt viel Sport.
4. Zu ihr kann man kommen, wenn man Probleme hat.
5. Daniel könnte ohne sie nicht glücklich sein.
6. Ihr Lachen ist ansteckend *(contagious)*.

Daniel

> BEISPIEL Er arbeitet sehr fleißig.
> *Er ist ein Mann, der sehr fleißig arbeitet.* [oder]
> *Er ist jemand, der sehr fleißig arbeitet.*

1. Alle Leute mögen ihn.
2. Mit ihm kann man sich gut unterhalten *(engage in conversation)*.
3. Er arbeitet gern an seiner Website.
4. Man hört über ihn nur Positives.
5. Seine Freunde texten ihm 100-mal jeden Tag.
6. Sein Englisch ist recht gut.

Beschreiben Sie jetzt jemanden, den Sie kennen. Schreiben Sie fünf bis sechs Sätze mit verschiedenen Relativpronomen.

D **Gerümpel *(junk)* oder Schätze *(treasures)*?** In Ihrer Garage gibt es noch viel altes Gerümpel, das Sie gern loswerden möchten. Versuchen Sie andere Leute zum Kauf dieser Dinge zu überreden *(persuade)*.

> BEISPIELE *Hier ist ein Fahrrad, **das** noch gut fährt.*
> *Hier sind ein paar alte Hobby-Zeitschriften, **in denen** interessante Artikel stehen.*

1. ein Kinderwagen mit nur drei Rädern
2. Plakate *(posters)*
3. ein leeres Aquarium
4. verrostete Werkzeuge
5. Autoreifen *(tires)*
6. ein altes Spielzeug aus Holz
7. ein künstlicher *(artificial)* Weihnachtsbaum
8. ein kleines U-Boot aus Kunststoff *(plastic)*

Und was für andere unwiderstehliche *(irresistible)* Dinge haben Sie denn noch so in Ihrer Garage?

E   **Tolle Dinge erfinden.**   Welche fünf Dinge möchten Sie erfinden? Je toller (oder verrück-ter), desto besser!

> BEISPIELE   *Ich möchte einen Hut erfinden, **der** sich automatisch vom Kopf hebt, wenn sein Besitzer „Guten Tag" sagt.*
> *Ich möchte eine Brille erfinden, **die** Scheibenwischer hat.*

F   **Was ist das?**   Schreiben Sie Definitionen. Verwenden Sie Relativsätze oder substanti-vierte Infinitive (siehe 11.5) mit Vokabeln aus dem **Wortschatz**.

> BEISPIELE   das Klavier
> *Ein Klavier ist ein (Musik)instrument, das 88 Tasten (keys) hat.*
>
> die Schere *(scissors)*
> *Eine Schere ist ein Werkzeug zum Schneiden.*

1. die Kirche
2. das Penizillin
3. (das) Poker
4. die Uhr
5. das Spiel „Wii"
6. (die) Baumwolle *(cotton)*
7. die Schlaftablette
8. eine Erkältung
9. die Bibliothek
10. eine Säge *(saw)*

Schreiben Sie fünf weitere Definitionen für Gegenstände aus fünf verschiedenen Kategorien.

G   **Ein Handy? Das ist ein Gerät, mit dem man ...**   Stellen Sie sich vor, Sie treffen jemand, der die Erfindungen *(inventions)*, Geräte *(gadgets)* und vor allem die Kommu-nikationsmittel der letzten 30 Jahre gar nicht kennt, und viele Fragen darüber hat. Wie würden Sie diesem Menschen alles erklären? Benutzen Sie dabei die Kategorien aus dem Wortschatz und Relativpronomen, wie in dem Beispiel.

> BEISPIEL   Was ist ein Handy?
> *Das ist ein Gerät, **mit dem** man drahtlos (without a wire, cord) telefonieren kann.*

1. Was ist ein „Laptop?"
2. Was ist „Twitter?" Und wie „twittert" man?
3. Und ein „MP3-Spieler?"
4. Ich habe etwas über einen „iPod" gelesen. Was ist das denn?
5. Ich habe natürlich einen Fernseher – aber was ist ein „Plasmafernseher?"
6. Ich habe Hunderte von Langspielplatten *(33 rpm records)*, aber keine Ahnung, was eine „CD" ist.
7. Neulich habe ich jemand von einem „Hybrid-Auto" erzählen hören. Was für ein Auto ist das?
8. Was für ein Gebäude ist ein „grünes" Gebäude?

H **Tipps für Europabesucher.** Machen Sie aus zwei Sätzen einen Satz mit Relativpronomen im Genitiv.

> BEISPIEL   Auf dem Land gibt es viele Pensionen. Ihre Zimmer sind nicht so teuer.
> *Auf dem Land gibt es viele Pensionen, **deren** Zimmer nicht so teuer sind.*

1. Im Herbst fahren viele Touristen in den Kaiserstuhl (Weingebiet in Südbaden). Seine Weine genießen einen besonders guten Ruf.
2. Man muss unbedingt auf den Dachstein (im Land Salzburg) hinauffahren. Von seinem Gipfel *(summit)* aus hat man einen herrlichen Panoramablick auf die umliegende Alpenwelt.
3. Im Sommer pilgern viele Touristen zum Kitzsteinhorn (einem Berg in Österreich). Auf seinen Gletschern *(glaciers)* kann man sogar im Sommer Skilaufen.
4. Zu den großen Natursehenswürdigkeiten *(natural attractions)* Europas gehört die Adelsberger Grotte in Slowenien. Ihre Tropfsteine *(stalactites)* bewundern Tausende von Besuchern jedes Jahr.
5. Besonders beliebt sind die Kurorte *(health resorts)* im Alpengebiet. Ihre Bergluft ist besonders gesund.

Gibt es denn auch in Ihrem Land oder in anderen Ländern, die Sie kennen, Sehenswürdigkeiten, die man unbedingt besuchen sollte? Schreiben Sie bitte drei Sätze mit **dessen** oder **deren**.

I ***Der, die, das, was oder wo?*** Beenden Sie die Sätze mit passenden Relativsätzen.

> BEISPIELE   Ich habe eine Arbeit, ...
> *Ich habe eine Arbeit, **die** nächste Woche fällig* (due) *ist.*
>
> Ich mache alles, ...
> *Ich mache alles, **was** ich will.*

1. Ich möchte etwas machen, ...
2. Ameisen *(ants)* sind Insekten, ...
3. Ich kenne Menschen, ...
4. Deutsch ist eine Sprache, ...
5. Liechtenstein ist ein Land, ...
6. Es gibt viele Dinge, ...
7. Ich lese heutzutage viel, ...
8. Eine schwere Krankheit wäre das Schlimmste, ...
9. Ein Mercedes ist ein Auto, ...
10. Ich möchte an einen Ort reisen, ...

J **Was ich alles möchte.** Ergänzen Sie die Sätze. Verwenden Sie entweder Präpositionen aus dem Kasten mit Relativpronomen oder **wo** plus Präposition.

> BEISPIELE Ich brauche einen Freund, …
> *Ich brauche einen Freund, **mit dem** ich über alles sprechen kann.*
>
> Ich möchte nichts tun, …
> *Ich möchte nichts tun, **wofür** ich mich später schämen müsste.*

> an   bei   durch   für   in   mit   über   von   zu

1. Ich möchte Professoren haben, …
2. Ich möchte etwas studieren, …
3. Ich möchte gern ein Buch schreiben, …
4. Ich würde gern einen Beruf erlernen, …
5. Ich möchte eine Wohnung finden, …
6. Ich möchte später viel(es) sehen, …
7. Ich möchte später in einer Stadt wohnen, …
8. Ich hätte gern ein Haustier *(pet)*, …

K **Was die Eltern nicht wissen …** Es gibt bestimmt einiges, was Ihre Eltern über Sie nicht wissen. Erzählen Sie in etwa fünf Sätzen davon. Verwenden Sie **was** und Formen von **wer**.

> BEISPIEL Meine Eltern wissen nicht, …
> *Meine Eltern wissen nicht, **wer** meine feste Freundin/mein fester Freund ist.*
> ***mit wem** ich jeden Tag zu Mittag esse.*
> ***was** ich abends mache, wenn ich keine Hausaufgaben habe.*

L **Sprüche und Antisprüche.** Was bedeuten diese bekannten Sprüche? Erfinden Sie eigene Varianten (Antisprüche!) dazu. Je lustiger, desto besser!

> BEISPIEL Wer im Glashaus sitzt, soll nicht mit Steinen werfen.
> *Wer im Glashaus sitzt, **(der)** soll keinen Krach (noise, racket) machen.*
> ***den** sieht jeder.*
> ***(der)** braucht gute Vorhänge (curtains).*

1. Wer *a* sagt, muss auch *b* sagen.
2. Wer den Pfennig *(penny)* nicht ehrt *(respects)*, ist des Talers[4] nicht wert.
3. Wer nichts wagt *(dares)*, gewinnt nichts.
4. Wer zuletzt lacht, lacht am besten.
5. Was Hänschen *("little Hans")* nicht lernt, lernt Hans nimmermehr *(never)*.
6. Was man nicht im Kopf hat, muss man in den Beinen haben.

Erfinden Sie ein paar „weise" Sprüche dieser Art!

---

[4]**Taler:** older unit of German currency, cognate with *dollar*

Anwendung

A **Fotos.** Bringen Sie ein paar Fotos oder Videos von einer Reise oder einer Episode aus Ihrem Leben zur Unterrichtsstunde mit. Erklären Sie die Orte und Menschen auf Ihren Bildern. Sie sollen dabei selbstverständlich Relativpronomen verwenden!

REDEMITTEL

Hier seht ihr ..., die/das/der ...
Die Leute auf diesem Bild ..., die ...
Links/Rechts im Bild sind die ..., die wir ...
Das war in einem [Hotel], in dem/wo ...

B **Gut und nicht so gut.** Was für Dinge (Menschen, Gegenstände, Ideen usw.) finden Sie gut oder nicht so gut? Diskutieren Sie mit anderen Studenten darüber. Verwenden Sie Relativpronomen.

REDEMITTEL

Gut finde ich die [Kurse], die/in denen ...
Nicht so gut finde ich das, was ...
Ich halte viel/nichts von [Menschen], die ...
Ich mag [Städte] (nicht), wo/in denen ...

C **Zukunftswünsche.** Diskutieren Sie mit anderen Studenten über ihre Wünsche für die Zukunft.

REDEMITTEL

Ich suche vor allem einen Beruf, ...
Natürlich möchte ich Kollegen haben, ...
Vielleicht kann ich in einer Stadt/in einer Gegend wohnen, wo ...
Hoffentlich lerne ich eine Frau/einen Mann kennen, ...
Ich möchte auch noch eine Familie haben, ...
Ich möchte übrigens auch nichts/etwas erleben, was ...

D **Eindrücke und Meinungen.** Fragen Sie andere in Ihrem Kurs, was sie von bestimmten bekannten oder berühmten Persönlichkeiten halten. Diskutieren Sie darüber.

REDEMITTEL

Was denkst du (denken Sie)/hältst du (halten Sie) von ... ?
Was ist dein/Ihr Eindruck von ... ?
Ich halte sie/ihn für eine Person, die/der/deren ...
Nun, (ich finde,) das ist ein Mensch, der/den/dem/dessen ...
Sie/Er kommt mir vor wie jemand, die/der ...
Meiner Meinung nach hat sie/er etwas gemacht, was ...
Nun, wer so etwas macht, der/den/dem ...

Schriftliche Themen

Tipps zum Schreiben

Using and Avoiding Relative Clauses

Relative clauses work well in all kinds of writing; they enrich your prose by providing additional information about the persons and things you wish to discuss. However, since relative clauses tend to interrupt the flow of a sentence, you should use them carefully, particularly in fast-paced narratives or in compositions where the emphasis is on action(s) rather than explanation. Often a descriptive prepositional phrase can convey the same information (see **Tipps zum Schreiben,** Chapter 10). For example, **die Familie, die in der nächsten Straße wohnt,** is expressed more succinctly by **die Familie in der nächsten Straße.** A relative clause with **haben** (for example, **die Studentin, die das Buch hatte**) can usually be replaced by a simpler prepositional phrase (**die Studentin mit dem Buch**). Relative clauses with the verb **sein** (**die Preise, die sehr hoch waren**) are even less desirable, since an adjective construction (**die sehr hohen Preise**) usually supplies the same information. (See also **Tipps zum Schreiben** in Chapter 16.)

A   **Zurück in die Zukunft.**   Was für technische Erfindungen *(inventions)* des 20. oder 21. Jahrhunderts würde jemand aus dem 18. Jahrhundert gar nicht verstehen? Wie könnte man solche Erfindungen erklären? Verwenden Sie dabei die Kategorien aus dem **Wortschatz**, wie bei **Übung G.**

> BEISPIEL   das Surfbrett
> *Ein Surfbrett ist ein Stück Holz oder Kunststoff, **mit dem** man im Stehen (while standing) auf den Wasserwellen im Meer herumgleiten (glide) kann.*

VORSCHLÄGE

das Auto, -s
der Fernseher, -
das Flugzeug, -e
die Glühbirne, -n *(light bulb)*
das Penizillin
die Rolltreppe, -n *(escalator)*
der Satellit, -en *(weak noun, see R.1.3)*
die Spülmaschine, -n *(dishwasher)*
das Telefon, -
die U-Bahn, -en

B   **Charakterbeschreibung.**   Beschreiben Sie eine Person, die Sie kennen, oder einen unvergesslichen Charakter aus einem Buch oder einem Film.

> BEISPIEL   *Oskar ist ein Mensch, der die Welt anders sieht als andere Menschen. Er redet auch dauernd von Dingen, die andere Menschen überhaupt nicht interessieren. Wenn er z.B. ...*

C   **Der Mensch.**   Schreiben Sie einen Aufsatz mit diesem Titel. Vielleicht gibt Ihnen der folgende Textauszug *(excerpt)* ein paar Anregungen *(ideas)*.

> BEISPIEL   *Man könnte den Menschen geradezu (frankly) als ein Wesen (being) definieren, das nie zuhört ... Jeder Mensch hat eine Leber, eine Milz (spleen), eine Lunge und eine Fahne[5]... Es soll Menschen ohne Leber, ohne Milz und mit halber Lunge geben; Menschen ohne Fahne gibt es nicht ... Menschen miteinander gibt es nicht. Es gibt nur Menschen, die herrschen (rule), und solche, die beherrscht werden ... Im Übrigen (in other respects) ist der Mensch ein Lebewesen, das klopft, schlechte Musik macht und seinen Hund bellen lässt ... Neben den Menschen gibt es noch Sachsen (Saxons) und Amerikaner, aber die haben wir noch nicht gehabt und bekommen Zoologie erst in der nächsten Klasse. [Kurt Tucholsky, 1890–1935]*

---

[5]**Fahne** = *flag;* but **Er hat eine Fahne** = *You can smell alcohol on his breath.*

Zusammenfassung

Rules to Remember

1 The relative pronouns agree with the word(s) they refer to in *gender* and *number*, but the *case* of the relative pronoun depends on its function within its own clause.

2 A relative clause is a subordinate clause; the conjugated verb (V_1) normally occupies final position.

3 English relative clause usage often omits object pronouns and moves prepositions to final position. German relative clauses must have a relative pronoun or equivalent connector (such as **wo, wie, wenn,** or **als**), and any preposition related to the relative pronoun must precede it: *the film I'm thinking of* = **der Film, <u>an den</u> ich denke.**

4 The neuter relative pronoun **was** is used instead of the relative pronoun **das** to refer to concepts (as opposed to specific objects) and entire clauses (**das Beste, <u>was</u> ... ; sie läuft Ski, <u>was</u> ich auch gern mache**).

5 A **wo**-compound may be used in casual speech instead of a *preposition + relative pronoun* construction to refer to inanimate things (**der Bleistift, <u>womit</u> [or <u>mit dem</u>] ich schreibe**), and always replaces the *preposition + relative pronoun* construction when the pronoun is **was** (**alles, <u>woran</u> ich denke**).

At a Glance

Relative pronouns: Forms

	Masc.	Fem.	Neut.	Pl.
Nom.	der	die	das	die
Acc.	den	die	das	die
Dat.	dem	der	dem	**denen**
Gen.	**dessen**	**deren**	**dessen**	**deren**

Antecedents taking *was* as relative pronoun

etwas	manch(es)	das Beste
nichts	einiges	das Erste, Zweite, ...
alles	das	*[entire preceding clause]*
viel(es)	dasselbe	

Relative pronouns: Structure

$$\underline{\qquad \boxed{\text{A}}\ (V_2),\ (\text{prep})\ \boxed{\text{RP}} \qquad\qquad} V_1$$

A = antecedent
prep = preposition
RP = relative pronoun

19

Questions and interrogatives

Grammatik

1. Questions intended to elicit a *yes* or *no* answer begin with the conjugated verb (V_1), with the rest of the sentence following normal word order rules for subjects in the middle field (see 1.1.C).

   ■ Subject pronouns follow V_1 directly.

Hat **er** sich entschieden?	*Has he decided?*

   ■ Subject nouns often follow V_1 directly, but are preceded by reflexive pronouns, and can be located after other elements as well if the subject is to be emphasized.

Hat *sich* **der Mann** entschieden?	*Has the man decided?*
Ist denn gestern endlich **etwas** passiert?	*Did something finally happen yesterday?*

2. In conversation, yes-no questions are frequently posed as statements followed by **nicht wahr?, nicht?,** or **oder?** *(right?, isn't it?, don't you?, haven't they?, etc.).*[1]

Liechtenstein liegt südlich von Deutschland, **nicht (wahr)?**	*Liechtenstein is south of Germany, isn't it?*

---

[1]In southern Germany and Austria, **gelt?** or **gell?** are often used instead of **nicht wahr?**—but these are restricted to casual, spoken language and are considered highly regional elsewhere.

Du kommst morgen, **gell?**	*You're coming tomorrow, aren't you?*

3. German uses the particle **doch** (see R.6.2.E) to provide a *yes* answer to a question posed negatively.

Verstehst du denn gar nichts?	*Don't you understand anything?*
—**Doch!**	*—Of course I do!*

19.2   INTERROGATIVE WORDS

Questions intended to elicit content information begin with an interrogative word, followed immediately by the conjugated verb (V_1). The rest of the question, including the subject and any subsequent middle field or V_2 elements, follows normal word order as described above.

Wer *geht* mit mir ins Kino?	*Who's going with me to the movies?*
Wann *bist* du gestern Abend *zurückgekommen*?	*When did you get back last night?*
Wie *hat* dir der Film *gefallen*?	*How did you like the film?*

A. Wer and was

1. The interrogative pronoun **wer** *(who)* has masculine case forms only, but it refers to people of either gender. **Was** *(what)* has only one form, which is both nominative and accusative. Its use with prepositions is limited to the genitive prepositions and a few prepositions governing the accusative and dative cases (**außer, hinter, ohne, seit, zwischen**), but with most accusative and dative prepositions it is replaced by a **wo**-compound, as discussed in 19.2.B below.

	Persons		**Objects or ideas**	
Nom.	wer?	*who?*	was?	*what?*
Acc.	wen?	*who(m)?*	was?	*what?*
Dat.	wem?	*(to) who(m)?*	(mit) was?	*(with) what?*
Gen.	wessen?	*whose?*	(wegen) was?	*(on account of) what?*

Wer kann uns helfen? *(subject → nominative)*	*Who can help us?*
Wen habt ihr im Restaurant getroffen? *(direct object → accusative)*	*Whom did you meet in the restaurant?*
Wem hat er die Theaterkarten gegeben? *(indirect object → dative)*	*To whom did he give the theater tickets?*
Wessen Buch liegt auf dem Boden? *(possessive → genitive)*	*Whose book is lying on the floor?*
Was macht so viel Lärm? *(subject → nominative)*	*What is making so much noise?*
Was siehst du? *(direct object → accusative)*	*What do you see?*

2. **Wer** and **was** are used with either singular or plural forms of the verb **sein,** depending upon whether the subsequent subject is singular or plural.

Wer *war* Konrad Adenauer?	*Who was Konrad Adenauer?*
Wer/Was *sind* die Grünen?	*Who/What are the Greens (German environmental party)?*

3. Prepositions are placed directly before the forms of **wer.** They cannot occur at the end of the sentence in interrogatives, as frequently happens in colloquial English.

An wen denkst du?	*Who(m) are you thinking about?*
Von wem hast du heute einen Brief bekommen?	*Who(m) did you get a letter from today?*

4. **Wessen** is a genitive form, but the noun following it is not necessarily genitive. That noun's case is determined, as always, by its function in the sentence (subject, direct object, indirect object, or object of a preposition), independent of **wessen.**

Subject: Wessen **Moral** gilt in diesem Fall als maßgebend?	*Whose morality is considered authoritative in this case?*
Direct object: Wessen **Standard** muss man berücksichtigen?	*Whose norm must one take into consideration?*
Object of preposition: Nach wessen **Gerechtigkeitsprinzip** sollte man Gesetze schreiben?	*According to whose principle of justice should one write laws?*

Adjectives following **wessen** must be declined to agree with the noun they modify, not **wessen.**

Wessen **religiöse Moral** gilt in diesem Fall als maßgebend?	*Whose religious morality is considered authoritative in this case?*
Wessen **ethischen Standard** muss man berücksichtigen?	*Whose ethical norm must one take into consideration?*
Nach wessen **kulturellem Gerechtigkeitsprinzip** sollte man Gesetze schreiben?	*According to whose cultural principle of justice should one write laws?*

In current spoken language, **wessen** is considered relatively stilted, and most German speakers prefer a paraphrase that uses other interrogative words—a paraphrase that often sounds (ironically) more stilted in English than the form with *whose.*

Wessen Jacke liegt hier auf dem Sofa?	*Whose jacket is lying here on the sofa?*

PREFERRED:

Wem gehört die Jacke hier auf dem Sofa?	*To whom does the jacket here on the sofa belong?*

B. *Wo-*compounds

1. When a question begins with **was** as the object of a preposition (*"About what . . . ?"* or *"With what . . . ?"*), German often uses a prepositional **wo(r)**[2]-compound as the interrogative element in first position. Like **da(r)**-compounds (see 20.1), **wo(r)**-compounds refer to things and ideas, not to people; in other words, the **wo(r)** element translates as **was**, not **wen** or **wem**. Occasionally, one hears a preposition with **was** in place of a **wo(r)**-compound, but this is considered highly colloquial.

Woran denkst du? (*very colloquial* = **An was** denkst du?)	*What are you thinking about?*
Worüber sprecht ihr? (*very colloquial* = **Über was** sprecht ihr?)	*What are you talking about?*

BUT:

Über wen sprecht ihr?	*Whom are you talking about?*

2. **Außer, hinter, ohne, seit, zwischen,** and the genitive prepositions cannot be used in **wo**-compounds. On the rare occasion when one might wish to pose a question with one of these prepositions, **was** should be used instead.

Ohne was bist du in die Schule gegangen?	*You went to school without what?*

C. *Welch-*

The interrogative article **welch-** *(which, what)* is a **der**-word and declines like the definite article (see 4.3.B) to indicate gender, number, and case.

Welche Zeitung möchtest du lesen?	*Which newspaper would you like to read?*
Mit welchen Leuten haben Sie gesprochen?	*With which people did you speak? Which people did you speak with?*

D. *Was für (ein)*

1. The preposition **für** in **was für (ein)** *(what kind of [a])* does not affect the case of a following article and noun; their case is determined by their function within the sentence. Notice that in its use with singular nouns, **was für** requires the article **ein-**, whereas in English, the corresponding *a* can be optional.

Was für ein Mann war er? (*subject*)	*What kind of (a) man was he?*
Was für einen Wagen willst du kaufen? (*direct object*)	*What kind of (a) car do you want to buy?*
In was für einem Haus wohnt ihr? (*object of preposition*)	*What kind of (a) house do you live in?*
Was für Leuten hat Mutter Teresa geholfen? (*dative plural*)	*What kind(s) of people did Mother Teresa help?*

---

[2]When the preposition begins with a vowel, an **-r-** is inserted for pronunciation purposes: wo + an = **woran.**

2. When **was für** is the initial interrogative element in a question (that is, not following a preposition), **was** and **für** are sometimes separated, as long as the meaning is clear. This often occurs in spoken German, and occasionally in written language as well.

Was für eine Wohnung hast du?

Was hast du **für** eine Wohnung?

> What kind **of** apartment do you have?

Was für einen Fehler hat er diesmal gemacht?

Was hat er diesmal **für** einen Fehler gemacht?

> What kind **of** mistake did he make this time?

This separation also occurs when **was für** is used in exclamatory statements of the type *What a nice day!*

Aber Großmutter, **was für** große Ohren du hast!

Aber Großmutter, **was** hast du **für** große Ohren!

> But Grandma, what big ears you have!

E. Adverbs

The following adverbs are commonly used as interrogative elements.

wann   *when*
wo   *where*
wohin; woher   *to where; from where*
warum, weshalb   *why*
wie   *how*
wie lange   *how long*
wieso   *how is it that/why is it that*
wie viel   *how much*
wie viele   *how many*

Wohin gehen Sie? (*colloquial* = **Wo** gehen Sie **hin?**)

> *Where are you going (to)?*

Woher kommen diese Leute? (*colloquial* = **Wo** kommen diese Leute **her?**)

> *Where do these people come from?*

Wieso verstehst du meine Frage nicht?

> *How is it that you don't understand my question?*

19.3   INDIRECT QUESTIONS

1. An indirect question is a direct question embedded in a main clause. If an information question is embedded, the interrogative word functions as a subordinating conjunction (see R.2.3) that transforms the direct question into a subordinate clause. As in all subordinate clauses, the conjugated verb (V_1) is normally in final position. The clause in which the direct question is embedded can be either a statement clause or a question clause, as illustrated in the examples on page 301.

COMPARE:

Direct: Wo hat er das gelernt?
  (information question)

Where did he learn that?

Indirect: <u>Ich möchte gern wissen</u>,
  wo er das gelernt **hat.** *(statement)*

I would like to know where he learned that.

Indirect: <u>Weißt du</u>, **wo** er das
  gelernt **hat**? *(question)*

Do you know where he learned that?

2. If a yes-no question is embedded, **ob** *(if, whether)* is required as a subordinate conjunction.

COMPARE:

Direct: Ist sie schon gegangen?
  (yes-no question)

Has she already gone?

Indirect: Ich möchte gern wissen, **ob** sie
  schon gegangen **ist.** *(statement)*

I would like to know if she's already gone.

Indirect: Weißt du, **ob** sie schon
  gegangen **ist**? *(question)*

Do you know whether she's already gone?

Wortschatz

Hör doch auf!

halten	auf·hören
an·halten	stehen bleiben
auf·halten	stoppen

1. **Halten** *(intransitive)* means *to come to a stop* (persons or vehicles).

Hier wollen wir lieber nicht **halten.**

We'd rather not stop here.

Wissen Sie, ob der Bus hier **hält**?

Do you know whether the bus stops here?

2. **An·halten** is used with persons or vehicles and means *to come to a brief or temporary stop (intransitive)* or *to bring something to a brief or temporary stop (transitive)*. In the case of vehicles, such a stop is usually unscheduled.

Während der Fahrt haben wir mehrmals
  angehalten. *(intransitive)*

During the drive we stopped several times.

Weil Kühe auf der Straße standen, **hielt**
  der Fahrer den Wagen **an.** *(transitive)*

Because cows were standing in the road, the driver stopped the car.

3. **Auf·halten** (*transitive*) means *to stop* or *hold up someone or something temporarily.*

Ich will dich nicht länger **auf·halten.**	*I do not want to hold you up any longer.*
Die Katastrophe war nicht länger **aufzuhalten.**	*The catastrophe could not be stopped any longer.*

4. **Auf·hören (mit etwas)** (*intransitive only*) means *to stop (doing something), cease.* If *someone* or *something* is stopping, this becomes the subject of a clause with **auf·hören** as the verb, either V$_1$ or V$_2$. If the *stopping* is connected with a verb and its modifiers, the infinitive clause format is required, and all of these elements are grouped together into the clause (see 11.1).

Wann **hört** dieser Lärm endlich **auf?**	*When is this noise finally going to stop?*
Diese Meckerei muss sofort **auf·hören**!	*This grumbling has to stop right away!*
Du musst **auf·hören**, in deinen Vorlesungen ständig <u>zu texten</u>.	*You've got to stop constantly texting in your lectures.*

If an *activity* is stopping, the verb expressing the activity becomes an infinitival noun and the object of **mit** (as in **mit dem Laufen**); or the verb is put into an infinitive clause, as described above.

Ich habe mit **dem Rauchen** endlich aufgehört.	*I have finally stopped smoking.*
Ich habe endlich aufgehört **zu rauchen.**	

5. **Stehen bleiben** (also **stehen·bleiben**) means *to (come to a) stop*, and is always intransitive. When used with vehicles and machinery, **stehen·bleiben** can imply that the stopping occurs for mechanical reasons.

Das Mädchen lief ins Haus und **blieb** vor dem Spiegel **stehen.**	*The girl ran into the house and stopped in front of the mirror.*
Das Auto **ist** direkt vor der Tankstelle **stehen geblieben/stehengeblieben.**	*The car came to a stop right in front of the gas station.*

6. **Stoppen** (*intransitive*) means *to come to a stop* and is synonymous with **(an)·halten**. **Stoppen** (*transitive*) means *to bring someone or something to a stop.*

Der Autofahrer **stoppte** kurz vor der Kreuzung.	*The driver stopped just before the intersection.*
Die Grenzpolizei **stoppte** mehrere Autos an der Grenze.	*The border police stopped several cars at the border.*
Der Arzt musste zuerst den Blutverlust **stoppen.**	*The doctor first had to stop the loss of blood.*

Übungen

A   *Ja, nein oder doch?*   Beantworten Sie diese Fragen. Vorsicht, manchmal ist mehr als eine Antwort möglich. Es kommt darauf an, wie Sie die Fragen verstehen und was Sie sagen wollen.

1. Lebt Ihr Großvater nicht mehr?
2. Wissen Sie nicht, wie die Hauptstadt von Togo heißt?
3. Trinken Sie gewöhnlich keinen Wein zum Abendessen?
4. Hat Goethe nicht das Drama *Wilhelm Tell* geschrieben?
5. Hat Mozart nicht *Die Zauberflöte* komponiert?
6. Würden Sie Ihre Kinder in den Ferien nach Cancun reisen lassen?
7. Halten Sie nie bei McDonald's an?
8. Finden Sie diese Aufgabe nicht lustig?

B   **Fragen.**   Ergänzen Sie die Fragen durch passende **wer**-Formen (**wer, wen, wem, wessen**).

BEISPIEL   _____ hat das beste Examen geschrieben?
Wer hat das beste Examen geschrieben?

1. _____ ist da drüben stehen geblieben?
2. _____ stoppt der Polizist gerade?
3. Von _____ haben Sie von diesem Kurs erfahren?
4. Für _____ machen Sie Notizen?
5. _____ Aufsatz hat die Professorin für den besten gehalten?
6. _____ würden Sie in diesem Kurs gern näher kennenlernen?
7. _____ würden Sie diesen Kurs empfehlen?

C   **Situationen.**   Sagen Sie, was Sie in den folgenden Situationen machen. Verwenden Sie Vokabeln aus dem **Wortschatz.**

BEISPIEL   Ein Freund fährt mit Ihnen in Ihrem Wagen. Er möchte an der nächsten Ecke aussteigen.
Ich halte den Wagen an der nächsten Ecke an.

1. Sie arbeiten seit Stunden und sind jetzt sehr müde.
2. Sie fahren in Ihrem Auto. Jemand, den Sie kennen, steht am Straßenrand und winkt Ihnen zu *(waves at you)*.
3. Beim Fußballspiel stehen Sie im Tor. Ein Gegenspieler schießt aufs Tor.
4. Sie gehen im Tiergarten spazieren. Plötzlich ruft ein Affe Ihnen zu: „Na? Wie geht's?"
5. Jemand hat sich tief in den Finger geschnitten und blutet stark.

D   **Bernds Entschluss.**   Sie können das, was Sie gerade über Bernd gehört haben, kaum glauben und fragen noch einmal nach dem fett gedruckten Satzteil.

> **BEISPIELE**   Bernd hört jetzt **mit seinem Studium** auf.
> *Womit hört Bernd jetzt auf?*
>
> Er will **mit seiner Freundin** in eine Kommune ziehen.
> *Mit wem will er in eine Kommune ziehen?*

1. Bernd interessiert sich **für einen radikal neuen Lebensstil.**
2. **Mit seinem Beruf** will er aufhören.
3. Er träumt **von einem idyllischen Leben auf dem Land.**
4. **Von einem Bauern** hat er ein Stück Land gepachtet *(leased)*.
5. Dort möchte er **ohne Stress und Verpflichtungen** *(obligations)* **leben.**
6. Natürlich will er noch Kontakt **zu seinen Freunden** haben.
7. **Über Besuche von Bekannten** wird er sich jederzeit freuen.
8. **Aber von seiner bisherigen** *(previous)* **Lebensweise** nimmt er jetzt Abschied.

E   **Gabis Eltern möchten einiges wissen.**   Gabi kommt während des Semesters auf kurzen Besuch nach Hause. Ihre Eltern möchten einiges wissen. Ergänzen Sie die Fragen ihrer Eltern durch **welch-.**

1. _____ Kurse hast du belegt?
2. _____ Kurs gefällt dir am besten?
3. An _____ Tagen hast du Deutsch?
4. _____ Kurs findest du am schwierigsten?
5. Mit _____ Leuten gehst du mittags ins Café?

F   **Mehr erfahren.**   Sie möchten mehr über jemanden im Kurs wissen. Stellen Sie Fragen.

> **BEISPIEL**   In was für ... (Zimmer/Wohnung)
> *In was für einem Zimmer/einer Wohnung wohnst du?*

1. Was für ...
2. In was für ... (Konzerte, Theaterstücke/gehen)
3. Mit was für ...
4. An was für ... (Interesse/haben)

G   **Fragen zu einem Thema stellen.**   Stellen Sie Fragen an jemanden im Kurs über eine interessante Reise oder schöne Ferien, die sie/er einmal gemacht hat. Verwenden Sie die folgenden Fragewörter.

1. wohin	6. wo-
2. wer	7. wo
3. wen	8. wie lange
4. *Präposition* + wem/wen	9. warum
5. was	10. was für (ein-)

H **Ja, das möchte ich mal wissen.** Beenden Sie die Sätze, so dass die Aussagen für Sie eine Bedeutung haben. Verwenden Sie einige der folgenden Fragewörter. Versuchen Sie dabei, Fragen und Informationen über ein Thema zu bilden, z.B. über Ihre Uni oder Schule; Ihre Lehrerin oder Ihren Lehrer; über die Familie einer Kollegin/eines Kollegen im Kurs.

BEISPIELE Ich möchte wissen, ...
Ich möchte wissen, warum man dieses Grundstück (piece of property)
für den Campus gewählt hat.

Weiß jemand, ...
Weiß jemand, was unsere Professorin/unser Professor am Wochenende macht?

ob	was	wie viele
wann	wie	wer/wen/wem/wessen
warum	wie viel	wo/woher/wohin

1. Ich möchte gern wissen, ...
2. Manchmal frage ich mich, ...
3. Weißt du, ...
4. Wer weiß, ...
5. Ich weiß nicht, ...
6. Ich möchte gar nicht wissen, ...

Anwendung

A **Interview.** Sie sollen für die Studentenzeitung jemanden im Kurs interviewen. Versuchen Sie jetzt im Gespräch einiges über diese Person und ihre Interessen zu erfahren (etwa acht bis zehn Fragen). Gebrauchen Sie möglichst viele verschiedene Fragewörter! Verwenden Sie Redemittel in einigen Fragen und Reaktionen.

REDEMITTEL

Fragen	Reaktionen
Sag mal: ... ?	Das ist aber interessant!
Darf ich fragen, ... ?	Erzähl doch mehr davon!
Ich möchte (gern) fragen/wissen, ...	Wirklich?
Kannst du sagen, ... ?	Echt? *(colloquial: Really?)*
Ich hätte gern gewusst, ...	Ach was! *(Come on, really!)*
(formal: I would very much like to know ...)	Das wusste ich gar nicht!
Stimmt es *(Is it true)*, dass ... ?	

B **Gruppenarbeit: Fragen an Prominente.** Sie wollen in einem Brief einige Fragen an eine prominente Person stellen. Wem wollen Sie schreiben? Einigen Sie sich mit drei oder vier anderen Personen in einer Gruppe über acht bis zehn Fragen (mit acht bis zehn verschiedenen Fragewörtern!), die Sie an diese Person stellen könnten. Erzählen Sie im Kurs, welche Person Sie ausgewählt (selected) haben und welche Fragen Ihre Gruppe stellen möchte.

VORSCHLÄGE

Politiker	Geschäftsleute	Filmschauspieler
Wissenschaftler	Autoren	Sportler

C **Moment mal!** Als Hausaufgabe bereiten Sie eine kleine Geschichte oder Anekdote vor (prepare), die Sie einer Partnerin/einem Partner erzählen können. Beim Erzählen soll die Partnerin/der Partner Sie nach jedem Satz mit Fragen unterbrechen (interrupt).

> BEISPIEL Sie sagen: „*Gestern habe ich draußen vor meinem Wohnheim einen komischen Mann gesehen.*"
>
> Ihre Partnerin/Ihr Partner fragt: „*Moment mal! Wann war das genau? Wo ist dein Wohnheim? Wie hat dieser Mann ausgesehen? Warum hieltst du ihn für komisch?*" usw.

D **Ab jetzt nicht mehr!** Erzählen Sie, wann Sie in Ihrem bisherigen (up till now) Leben mit etwas Bestimmtem aufgehört haben.

> BEISPIELE *Als ich 12 Jahre alt war, habe ich aufgehört, Geige zu spielen.*
> *Als ich 12 Jahre alt war, habe ich mit dem Geigespielen aufgehört.*

Ein paar Tipps: Windeln (diapers) tragen • Nachmittagsschläfchen machen • Kindersendungen im Fernsehen sehen • in die Grundschule gehen • Sport treiben • ein Musikinstrument spielen • viel Milch trinken • immer vor 11 Uhr nachts ins Bett gehen usw.

Und womit wollen Sie nie im Leben aufhören?

Schriftliche Themen

Tipps zum Schreiben	**Asking Rhetorical Questions**
	When writing expository prose, you will normally formulate statements rather than pose questions. However, sometimes questions can be effective rhetorical devices, as they address readers directly, thus eliciting their involvement or response. With rhetorical questions, you should strive for a stylistic balance between direct and indirect questions.

A **Das möchte ich gern wissen.**   Im Leben gibt es viele Fragen aber wenige Antworten. Was für Fragen haben Sie? Erzählen Sie. Verwenden Sie direkte und indirekte Fragen dabei.

BEISPIEL   *Ich möchte gern wissen, warum die Völker der Erde nicht friedlich zusammenleben können. Wieso müssen sie einander hassen und so oft Krieg gegeneinander führen? Ich verstehe auch nicht, wodurch man diese Situation vielleicht ändern könnte. Wie lange werden wir Menschen ...? usw.*

B **Standpunkt.**   Äußern Sie sich zu einem Problem an Ihrer Universität/Schule, in Ihrer Stadt, in Ihrem Land oder in der Welt, das Sie für besonders dringend *(urgent)* halten. Bringen Sie Ihren Standpunkt durch den Gebrauch von rhetorischen Fragen und Fragen an die Leser ganz deutlich zum Ausdruck.

BEISPIEL   *Ich halte die Kluft* (chasm) *zwischen Arm und Reich in vielen Ländern für ein großes Problem. Warum können wir dieses Problem nicht lösen? Manchmal muss ich mich fragen, ... Stimmt es also doch* (after all), *dass wir ... ? Zum Schluss* (in the end) *bleibt noch die große Frage: „Wann ...?"*

Zusammenfassung

Rules to Remember

1 Yes-no questions begin with a conjugated verb (V_1).

2 Information questions begin with an interrogative word + conjugated verb.

3 The word **doch** is a *yes* answer to a question posed negatively:

Verstehst du kein Deutsch?
—**Doch!** (Ich verstehe Deutsch.)

4 Indirect questions are subordinate clauses; the conjugated verb (V_1) normally comes last.

At a Glance

Forms of *wer?*		
	Persons	**Objects/Ideas**
Nom.	wer?	was?
Acc.	wen?	was?
Dat.	wem?	(mit) was?
Gen.	wessen?	(wegen) was?

Wo-compounds: Objects/Ideas		
wofür	woraus	woran
wodurch	wobei	worauf
wogegen	womit	worin
worum	wonach	woneben
	wovon	worüber
	wozu	wovor

DO NOT combine with *wo*-
außer was?
hinter was?
ohne was?
seit was/wann?
zwischen was und was?

Word order for indirect question clauses

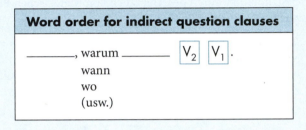

_____, warum _____ V₂ V₁ .
       wann
       wo
       (usw.)

Da-compounds · Uses of es

Grammatik

German pronouns used as subjects and (in)direct objects refer to people, animals, things, and ideas with the same precision of case, number, and gender as do nouns. In the statement **Ich habe *ihn* gesehen,** the direct object pronoun **ihn** can refer to a donkey (**der Esel**), a mountain (**der Berg**), or a suggestion (**der Vorschlag**)—any singular masculine noun—as well as to a person. This is not true, however, when German pronouns are used with prepositions. A pronoun object of a preposition in German refers only to a living being, so that the **ihn** in the statement **Ich denke an ihn** can only signify a male person or an animate being with a masculine-gender name. To refer to inanimate objects or ideas in conjunction with most prepositions, German uses a shortcut known as a **da**-compound.

A. Forms

1. **Da**-compounds are formed like **wo**-compounds (see 19.2.B); the prefix **da(r)**- precedes the preposition. When the preposition begins with a vowel, an **-r-** is inserted to facilitate pronunciation. **Da**-compounds occur with many, but not all prepositions.

da + preposition	*dar*- + preposition	colloquial
dabei	daran	dran
dadurch	darauf	drauf
dafür	daraus	draus
dagegen	darin	drin

da + preposition	*dar-* + preposition	colloquial
damit[1]	darüber	drüber
danach	darum	drum
davon	darunter	drunter
davor		
dazu		
dazwischen		

ALSO:

daher *(from there, from that)*
dahin *(to there)*

2. **Da**-compounds cannot be formed with **außer, gegenüber, ohne, seit,** or with genitive prepositions.

B. Use

1. The **da** in the **da**-compound stands conveniently for whatever is being referred to in conjunction with the preposition, regardless of its gender, case, or number. In the statement **Die Frau wartet darauf,** for example, **da** could mean *a taxi, a rainbow, a promotion,* or *the new contracts,* and the differences of gender and number (*das* **Taxi,** *der* **Regenbogen,** *die* **Beförderung,** *die* **neuen Verträge**), as well as the question of whether to use accusative or dative in this particular case with **auf,** all disappear behind **da.** Remember that this grammatical sleight of hand only applies to *inanimate* prepositional objects; where *animate* beings are concerned, care must be taken to indicate the gender and number of the referent, as well as the case governed by the preposition.

COMPARE:

Hast du den Brief bekommen?
—Nein, ich warte noch **darauf.**

Did you get the letter?
—No, I'm still waiting for it.

Ist Lukas angekommen?
—Nein, ich warte noch **auf ihn.**

Has Lukas arrived?
—No, I'm still waiting for him.

2. Occasionally a **da**-compound may be used to refer to living beings as belonging to a group, although the pronoun forms are usually preferred.

In dieser Klasse sind zwanzig Studenten, **darunter/unter ihnen** einige recht gute.

In this class there are twenty students, among them some very good ones.

---

[1] There is also the *conjunction* **damit,** which means *so that* (see R.2.2).

3. A **da**-compound can also refer to an entire previous clause.

Mein Zimmer muss aufgeräumt werden, aber **daran** möchte ich jetzt nicht denken.	*My room has to be cleaned up, but I don't want to think about that now.*

4. In addition to referring to specific inanimate things, **da**-compounds also appear in various idiomatic phrases and expressions. Here are some common examples.

Ich kann nichts **dafür.**	*It's not my fault. I can't do anything about it.*
Es kommt **darauf** an.	*It all depends.*
Darauf kommt es an.	*That's what counts.*
Dabei bleibt es.	*That's how it's going to be.*
Was sagen Sie **dazu?**	*What do you have to say about that?*
Es ist aus **damit.**	*It's over.*
Heraus **damit!**	*Out with it!*
Was haben wir **davon?**	*What good does it do us?*

20.2 ANTICIPATORY *DA*-COMPOUNDS

1. Many verbs and adjectives make use of prepositional phrases to complete their meanings (see 10.2, 13.5, and R.3).

Ich interessiere mich **für mittelalterliche Geschichte.**	*I'm interested in medieval history.*

2. In some cases, the object of such a preposition is not merely a noun phrase (i.e., a noun with modifiers, such as *medieval history*), but rather an entire clause, including a verb.

*I'm especially interested **in finding out** . . .*

To render this into German requires a special structure, since German prepositions cannot be simply joined to a clause as in English. Instead, a **da**-compound containing the preposition is inserted into the middle field of the main clause, while the information linked to the preposition follows directly after the main clause in the form of an additional clause. In other words, the **da**-compound signals or "anticipates" the clause to follow, alerting the reader or listener that information pertinent to the preposition is forthcoming.

Ich bin besonders **daran** interessiert, **mehr über Friedrich Barbarossa herauszufinden.**	*I'm especially interested in finding out more about Friedrich Barbarossa.*
Neulich habe ich mich **damit** beschäftigt, **wie er die europäische Politik seiner Zeit beeinflusst hat.**	*Recently I've been working on how he influenced the European politics of his time.*

3. The clause following the anticipatory **da**-compound can be an infinitive clause, or a subordinate clause introduced by **dass** or another conjunction, with a subject and a conjugated verb. If the subject of the anticipated clause is different from the subject of the main clause, a subordinate clause (rather than an infinitive clause) is required. The main clause is always separated from the anticipated clause by a comma.

Meine Eltern freuen sich **darauf,** nach Italien **zu** reisen. (*infinitive clause*)	*My parents are looking forward to traveling to Italy.*
Meine Eltern freuen sich auch **darauf, dass** ich sie bald besuche. (*subordinate clause*)	*My parents are also looking forward to my visiting them soon.*
Ich habe mich **daran** gewöhnt, **wie** sie mich verwöhnen. (*subordinate clause*)	*I've gotten used to how they spoil me.*

4. Sometimes an optional anticipatory **da**-compound is added even when the prepositional phrase is not essential for completing the meaning of the verb.

Sie erzählten **(davon),** wie sie ihre Ferien verbracht hatten.	*They told (about) how they had spent their vacation.*

5. The adverbs **dahin** and **daher** are used with **gehen** and **kommen** to anticipate subsequent clauses; they cannot be omitted.

Die Schwierigkeiten kommen **daher,** dass es zu wenig Platz im Studentenwohnheim gibt.	*The difficulties stem from the fact that there is too little room in the dormitory.*
Die Tendenz geht jetzt **dahin,** drei Studenten in einem Zimmer unterzubringen.	*The tendency is now to put three students in one room.*

6. **Da**-compounds can also be used with a number of adjectives that often take prepositional complements (see 13.5).

Wir sind **dazu** bereit, Ihnen eine Stelle anzubieten.	*We are prepared to offer you a position.*

20.3   USES OF *ES*

A. Impersonal *es*

1. Impersonal **es,** like English *it,* can be used to indicate the occurrence of activities without any specific agent or "doer." It occurs frequently in weather and time expressions, as well as with numerous other verbs that in English require an agent as the subject.

Es regnet (blitzt, donnert, friert, hagelt, schneit, stürmt).	*It is raining (lightning, thundering, freezing, hailing, snowing, storming).*
Es ist fünf Uhr.	*It is five o'clock.*
Es riecht (stinkt, duftet).	*It smells (stinks, gives off an aroma).*
Es klopft.	*Someone is knocking at the door. (lit., "it is knocking")*

Es brennt.	*There is a fire. Something is burning.* (lit., *"it is burning"*)
Es zieht.	*There is a draft.* (lit., *"it pulls"*)

2. **Es** also occurs in numerous so-called impersonal expressions in which *it* (**es**) is the subject of the German phrase or sentence but not of its English equivalent.

Wie geht **es?**	*How are you? How's it going?*
Es geht mir gut.	*I am fine.*
Es gelingt mir.	*I succeed.*
Es tut mir leid.	*I am sorry.*
Es fehlt mir an *(dative)* ...	*I am missing/lacking . . .*

In these examples, **es** functions as the subject of the clause and appears whether it is positioned in the front field or not (see 1.1.A)

Es ging mir das ganze Semester gut. Das ganze Semester ging **es** mir gut. }	*I was fine/Things were good the whole semester.*

3. German makes use of **es** along with **sein** or **werden,** a dative of reference (see 5.5.C), and various adjectives to express sensations and feelings:

Es ist *mir* heiß/kalt/schwindlig.	*I am hot/cold/dizzy.*
Es wurde *ihm* übel/schlecht.	*He became/began to feel nauseated/ill.*

In this construction, the **es** is considered merely a placeholder for the front field, not a true subject, and usually does not appear if another element is positioned in the front field.

COMPARE:

Es ist mir gestern Abend ganz übel geworden. Gestern Abend ist **(es)** mir ganz übel geworden. }	*I became/began to feel really nauseated last night.*

4. In main clauses, **es** can introduce a sentence in which the true subject follows the conjugated verb. The verb agrees with this subject, not with **es.** This construction has a somewhat literary flavor. (See also **es** with the passive, 12.1.B.)

Es wohnen drei Familien in diesem Haus.	*There are three families living in this house.*
Es kam ein Brief. *(literary narrative)*	*There came a letter.*

Here too, the impersonal **es** is not used if a different element is positioned in the front field.

COMPARE:

Es blieben nur noch wenige Bücher übrig.	*There were only a few books left over.*
Nur noch wenige Bücher blieben übrig.	*Only a few books were left over.*

B. *Es gibt; es ist/es sind*

1. The expression **es gibt** means *there is* or *there are* and normally refers to the *general existence* of something, to *permanent existence in a specific place*, or to *general consequences*. In this construction, **es** is the subject (not merely a placeholder), the verb form is always singular, and the object of the verb is always in the accusative case.

Glaubst du, **es gibt** einen Gott?	*Do you believe there is a God?*
Solche Möglichkeiten **gab es** damals nicht.	*Such possibilities didn't exist back then.*
In München **gibt es** viele bekannte Museen.	*There are many well-known museums in Munich.*
Wenn du das ihr sagst, **gibt es** Krach, das verspreche ich dir.	*If you tell her that, there's going to be a big fight, I promise.*

2. The expression **es ist** (plural: **es sind**) also means *there is/are*, but **es ist/sind** denotes the presence of things or people in a specific place rather than in general. Since English *there is/are* does not make this distinction, many English speakers overuse **es gibt**, and must take care to consider which meaning of *there is/are* they wish to convey. Like **es gibt, es ist/sind** is used in various tenses.

COMPARE:

Es gibt noch mehr Möglichkeiten.	*There are even more possibilities.*
Auf einmal **gab es** nichts mehr zu diskutieren.	*All of a sudden there was nothing more to discuss.*
Es sind viel zu viele Leute hier – komm, wir gehen in ein anderes Restaurant.	*There are way too many people here— come on, we'll go to another restaurant.*
Ich habe angerufen, aber **es war** niemand zu Hause.	*I called, but there was no one at home.*
Es sind hier zwei Hemden, die dir gut stehen. Welches willst du?	*There are two shirts here that will look good on you. Which do you want?*

Unlike the **es** in **es gibt**, the **es** in **es ist/sind** is a front field placeholder, and does not appear if another element occupies that position. In addition, **es ist/sind** is used only in main clauses rather than subordinate clauses or questions, where the movement of V_1 away from second position makes **es** unnecessary as a placeholder. Remember that the noun following **es gibt**, as the direct object of **gibt**, is always in the accusative, whereas the noun following **es ist/sind**, as the sentence subject, is in the nominative, and determines whether the phrase is singular (**es ist**) or plural (**es sind**).

COMPARE:

Es gibt immer etwas zu tun.	*There's always something to do.*
Gibt es etwas zu tun?	*Is there something to do?*
Warum sagst du immer, dass **es** nichts zu tun **gibt**?	*Why do you always say that there's nothing to do?*

Es war niemand zu Hause.	*There was no one at home.*
War niemand zu Hause?	*Wasn't anyone at home?*
Ich dachte, dass jemand zu Hause **war.**	*I thought that there was someone at home.*

C. Anticipatory *es*

Es can be used to anticipate what will follow in a subsequent clause. It can be either a subject or a direct object and is often optional after a verb. The same usage occurs in English.

Es freut/ärgert mich, dass ... OR: Mich freut/ärgert **(es),** dass ...	*It pleases/annoys me that . . .*
Es macht Spaß, wenn ...	*It is fun when . . .*
Es ist möglich/schade/wichtig, dass ...	*It is possible/too bad/important that . . .*
Wir haben **(es)** gewusst, dass ...	*We knew that . . .*
Ich kann **(es)** nicht glauben, dass ...	*I can't believe (it) that . . .*

Wortschatz

Es geht um „es"

es handelt sich um es geht um	handeln von

1. The expressions **es handelt sich + um** and **es geht + um** are synonymous. They indicate what something *is about* and have a number of English equivalents. The subject of these expressions is always **es,** and they are often used with an anticipatory **da**-compound.

es handelt sich um es geht um	*it is a question of* *it is a matter of* *at issue is* *at stake are* *we are dealing with* *we are talking about* *it concerns*

Es handelt sich um deine Zukunft.	*We are talking about/What is at stake is your future.*
Um was für einen Betrag **handelt es sich** denn?	*Well, what [kind of an] amount are we actually talking about?*
Es geht darum, möglichst schnell zu arbeiten.	*It is a matter of working as quickly as possible.*

2. **Handeln von** is used to express the idea that a book, poem, play, movie, etc. *is about* something.

Dieser Film **handelt von** deutsch-türkischen Beziehungen.	*This film is about German-Turkish relationships.*
Wovon handelt dieser Roman?	*What is this novel about?*

A   **Gegenstände *(objects)* des täglichen Lebens.**   Was kann man mit diesen Gegenständen alles machen? Verwenden Sie Konstruktionen mit **da-**.

> **BEISPIELE**   ein Haus
> *Man kann **darin** wohnen.*
>
> ein Fernseher
> *Man kann **davor** einschlafen.*

1. ein Stück Holz *(wood)*	5. ein Kompass
2. Bleistift und Papier	6. alte Bierflaschen
3. ein Rucksack	7. ein Fußballtor *(goal)*
4. Lebensmittel	8. ein Kühlschrank

Erzählen Sie von weiteren Gegenständen.

B   **Danach? Darüber? Nach ihnen? Über sie?**   Ergänzen Sie die folgenden Sätze mit einer **da**-Konstruktion oder einem Pronomen, je nachdem, mit welchem Wort die Idee anfängt und welche Form (**da**- oder Pronomen) der Situation besser passt. Wenn Sie die Präpositionen für die Verben nicht wissen, können Sie sie bei R.3 nachschlagen *(look up)*.

> **BEISPIEL**   Das Wetter? Viele Leute ärgern sich _____.
> *Das Wetter? Viele Leute ärgern sich **darüber**.*

1. Die kommenden Ferien? Ja, ich denke sehr gern _____.
2. Meine Verwandten? Ich weiß, ich rede vielleicht zu viel _____.
3. Das Geburtstagsgeschenk? Ich habe Tante Isabel schon _____ gedankt.
4. Meine Freunde? Ich kann mich immer _____ verlassen *(depend on)*.
5. Mein Handy? Nein, ich kann nicht _____ verzichten *(do without)*.
6. Mein Aufsatz? Ich muss noch _____ arbeiten.
7. Die Wiedervereinigung? Dieser Film handelt ja _____.
8. Getränke für die Party? Keine Sorge – ich kümmere mich _____.
9. Der blaue Pulli? Nein, die Hose da passt gar nicht _____.
10. Deine Aufrichtigkeit *(sincerity)*? Schade, aber leider muss ich oft _____ zweifeln *(doubt)*.

C **Fragen: Mit oder ohne *da*-Konstruktion?** Antworten Sie bitte mit ganzen Sätzen (und ganz ehrlich!) auf die folgenden Fragen.

> BEISPIELE Sind Sie mit der jetzigen Außenpolitik *(foreign policy)* in Ihrem Land einverstanden?
> *Ja, ich bin **damit** einverstanden.* [oder]
> *Nein, ich bin nicht **damit** einverstanden.*
>
> Haben Sie Respekt vor Anwälten *(lawyers)*?
> *Ja, ich habe Respekt vor **ihnen.*** [oder]
> *Nein, ich habe keinen Respekt vor **ihnen.***

1. Freuen Sie sich über das Glück anderer Menschen?
2. Haben Sie etwas gegen Menschen, die anderer Meinung sind als Sie?
3. Interessieren Sie sich für Theater? Politik? Informatik *(computer programming)*?
4. Haben Sie Angst vor Ihren Professorinnen/Professoren?
5. Zählen Sie sich zu den Leuten, die fast jeden Tag etwas für die Umwelt tun?
6. Wären Sie bereit, ohne ein Auto zu leben?
7. Sind Sie mit Ihrem bisherigen Leben zufrieden?

D **Knapper sagen.** Drücken Sie die Ideen in den folgenden Sätzen knapper *(more succinctly)* und stärker aus. Verwenden Sie Ausdrücke mit **da**-Konstruktionen (**siehe oben, 1.B.4**).

> BEISPIEL Wir haben es so gemacht und wir können es jetzt nicht mehr ändern.
> *Dabei bleibt es.*

1. Ob ich morgen komme? Naja, wenn ich Zeit habe, komme ich vielleicht, aber ich weiß es noch nicht so genau.
2. Du hast meine Meinung gehört und jetzt möchte ich deine wissen.
3. Es hilft nichts, wenn Oliver sagt, es war nicht seine Schuld *(fault)*.
4. Ich bitte Sie jetzt noch einmal: Geben Sie mir die Information!
5. Ich möchte Ihnen helfen, aber ich hatte mit der Entscheidung nichts zu tun.
6. Was für einen Vorteil *(advantage)* soll mir das bringen?
7. Sie haben sich auf unsere Kosten gut amüsiert, aber jetzt hört der Spaß auf.

E **Sätze ergänzen.** Ergänzen Sie die Sätze durch passende **da**-Konstruktionen.

> BEISPIEL Wir freuen uns ... unsere Freunde uns besuchen. (über)
> *Wir freuen uns **darüber, dass** unsere Freunde uns besuchen.*

1. Unsere Professorin ärgert sich ... ein paar Studenten nicht zuhören. (über)
2. Ich erinnere mich ... sie uns geholfen hat. (an)
3. Wir gewöhnen uns ... früh aufzustehen. (an)
4. Er interessiert sich ... Video-Spiele zu entwickeln *(develop)*. (für)
5. Wir sprechen ... wir unsere Sommerferien verbringen wollen. (über)
6. Denk ... viel Spaß das Spiel machen wird. (an)

F **Anders formulieren.**   Drücken Sie die Sätze durch den Gebrauch von **da**-Konstruktionen anders aus.

> BEISPIEL   Du kannst dich auf unsere Hilfe verlassen.
> *Du kannst dich **darauf** verlassen, dass wir dir helfen werden.*

1. Wir möchten uns für eure Hilfe bedanken.
2. Unsere Professorin beklagt sich *(complains)* über unser schlechtes Benehmen.
3. Auswanderer haben oft Angst vor dem Verlust *(loss)* ihrer Muttersprache.
4. Ein Automechaniker hat uns zum Kauf eines neuen Autos geraten.
5. Einige Deutsche ärgern sich über die Arbeitslosigkeit im Nordosten des Landes.

G **Eigene Sätze bilden.**   Bilden Sie wahre Aussagen über sich selbst oder über Menschen, die Sie kennen. Verwenden Sie die angegebenen Verben mit **da**-Konstruktionen. (Erklärungen und Beispielen zu den Verb + Präpositionen finden Sie bei R.3.)

> BEISPIEL   sich freuen auf
> *Ich freue mich **darauf**, nach dem Semester ausschlafen* (to sleep in)
> *zu können.*

1. Angst haben vor *(to be scared of)*
2. sich ärgern über *(to be annoyed at)*
3. überreden zu *(to persuade to do)*
4. sorgen für *(to see to something)*
5. zweifeln an *(to have doubts about)*
6. stimmen für *(to vote for)*
7. achten auf *(to pay attention to)*
8. streben nach *(to strive for)*
9. sich verlieben in *(to fall in love with)*
10. erzählen von *(to tell/talk about)*

H **Was gibt's?**   Drücken Sie die Sätze anders aus. Verwenden Sie die angegebenen Ausdrücke aus dem Kasten.

> BEISPIEL   Man findet im Ruhrgebiet viele Großstädte.
> *Im Ruhrgebiet gibt es viele Großstädte.*

es gibt   es fehlt   es ist/sind   es + [*verb*]

1. Ich habe im Moment leider kein Geld.
2. Ich höre draußen jemanden an die Tür klopfen.
3. In der Maximilianstraße in München befinden sich elegante Geschäfte.
4. Feuer!
5. Dass der Schnee vor morgen kommt, ist höchst unwahrscheinlich.
6. Kein Grund ist vorhanden *(exists)*, die Aussage dieses Polizisten zu bezweifeln.

Anwendung

A **Etwas vorführen *(demonstrate).*** Bringen Sie einen Gegenstand (oder ein Bild von einem Gegenstand) zum Unterricht mit. Erklären Sie, wie dieser Gegenstand funktioniert, was man damit machen kann usw. Verwenden Sie Kombinationen mit **da-**.

VORSCHLÄGE

ein altes Küchengerät *(kitchen utensil)*
Zubehör *(accessory)* für Xbox, Nintendo, Gameboy usw.
ein Gerät aus einem Chemie-/Biologielabor *(-laboratory)*
irgendeine Funktion auf Ihrem Handy
ein musikalisches Instrument, das Sie spielen
Zubehör für eine Sportart *(type of sport)*

REDEMITTEL

Das hier ist ...
Ich möchte euch ein bisschen darüber informieren, wie ...
Damit kann man ...
Ich möchte euch zeigen, wie ...
Habt ihr jetzt Fragen dazu?

B **Räumlich beschreiben.** Erkundigen Sie sich bei jemandem im Kurs danach, wie ein bestimmter Raum (z.B. ein Schlafzimmer, ein Garten, die Küche) bei ihr oder ihm aussieht. Benutzen Sie dabei viele Formen mit **da-**.

BEISPIEL A: *Wie sieht dein Zimmer im Studentenwohnheim aus?*
B: *Mein Zimmer ist recht groß. In einer Ecke steht mein Arbeitstisch.*
Darauf steht mein Laptop und ich mache meine Aufgaben damit.
Links davon ... usw.

C **Wovon handelt es?** Fragen Sie ein paar Studentinnen/Studenten in Ihrer Gruppe, was für Bücher sie in letzter Zeit *(recently)* gelesen oder welche Filme/Fernsehsendungen sie gesehen haben. Wenn Sie einen Titel hören, den Sie nicht kennen, fragen Sie danach: Wovon handelt dieses Buch? Worum geht es in diesem Film? Benutzen Sie in den Antworten Vokabeln aus dem **Wortschatz.**

BEISPIELE *Also, am Anfang geht es hier um einen Jungen, der bei einer armen Familie lebt ...*
Dieser Film handelt von zwei Menschen, die sich gegenseitig nicht ausstehen (stand) *können ...*

Schriftliche Themen

Tipps zum Schreiben	**Avoiding Some Common Pitfalls** Use the first-person singular **ich** sparingly when presenting your views and opinions on a subject in writing. You can occasionally include your reader or other persons in the solutions you propose by using **wir**. Readers can become confused, however, if you shift between the pronouns **ich** and **wir** for no apparent reason. Also, make sure you have not used the neuter or impersonal pronoun **es** to refer to nouns that are masculine (*pronoun* **er**) or feminine (*pronoun* **sie**). After writing a first draft, reread it to see whether the use of an occasional **da**-compound instead of a preposition plus a previously mentioned noun will tighten your text without sacrificing its clarity.

Einen Standpunkt vertreten (represent). Äußern Sie sich schriftlich zu einem Thema, zu dem es unterschiedliche Meinungen gibt. Versuchen Sie Ihre Argumente durch einige der folgenden Wendungen *(expressions)* einzuführen und zu betonen.

REDEMITTEL

Das Problem liegt meiner Meinung nach darin, dass …
Wir müssen uns vor allem darüber klar sein, wie/was/wer/inwiefern …
Ich möchte daran erinnern, dass …
Ich glaube, man kann sich nicht darauf verlassen *(rely upon)*, dass …
Ja, das kommt daher/davon, dass …
Sind wir uns jetzt darüber einig, dass … ?
Ich halte es für wichtig/richtig, dass …
Daher gibt es keinen Grund … zu [tun].

THEMENVORSCHLÄGE

Weltpolitik
Umweltfragen
soziale Probleme
das Gesundheitswesen *(health care)*
Freizeit: lieber digital oder sportlich?
ideologische und politische Konfrontation an der Universität
Wirtschaftspolitik *(economic policy)*

Zusammenfassung

Rules to Remember

1 **Da**-compounds normally refer only to things, not to persons or other animate beings.

2 A **da**-compound is often used to anticipate an infinitive clause or subordinate clause that follows.

3 **Es gibt** refers to general or permanent existence. **Es ist/es sind** refers to more localized, specific presence. The object of **es gibt** *(there is)* is always in the accusative.

4 The impersonal **es** can refer to an action (**es regnet**); it can be a placeholder (**es ist mir übel; mir ist übel**); and it can anticipate a subordinate clause or infinitive clause that follows.

At a Glance

Da-compounds: Sentence structure
_____ darauf (_____), dass _____ V₁
_____ darauf (_____), _____ zu infinitive

Da-compounds: Possible forms	
dabei	daran
dadurch	darauf
dafür	daraus
dagegen	darin
damit	darüber
danach	darum
davon	darunter
davor	
dazu	
dazwischen	

Noncombining prepositions	
außer	*(all genitive prepositions)*
gegenüber	
ohne	
seit	

Uses of *es*	
Impersonal **es**	• weather expressions (e.g., **es regnet**) • time expressions (e.g., **es ist drei Uhr**) • impersonal verbs (e.g., **es brennt, es zieht**) *(**es** is the subject and always appears)*
Impersonal expressions	Wie geht **es?** **Es** tut mir leid. *(see 20.3.A for additional expressions)*
Feeling/sensation	**Es** ist mir kalt/heiß/schwindlig. **Es** ist mir übel/schlecht. *(**es** is a placeholder and appears only in the front field)*
es gibt + *accusative* **es ist/es sind** + *nominative*	= *there is/there are*; refers to general *existence* = *there is/there are*; refers to more specific *presence*
Anticipatory **es**	**Es** _____, dass _____ $\boxed{V_1}$ _____(es) (_____), dass _____ $\boxed{V_1}$

Subjunctive II

Chapters 21 and 22 deal with the subjunctive mood and its role in two very different communicative situations: first, its use in expressing hypothetical (and sometimes "unreal") conditions, stating wishes, and making polite utterances and requests; and second, its use in signaling indirect discourse, in which one speaker wishes to indicate that he or she is conveying information expressed by someone else (and thus cannot vouch for its content). German uses two distinct grammatical forms in these two situations. The more common of these—the verb form used in conditional sentences, wishes, and polite expressions—is based on the second principal part of the verb (the simple past), and is therefore commonly referred to as *Subjunctive II*. The verb form used to signal indirect discourse is based on the first principal part of the verb (the infinitive), and is referred to as *Subjunctive I*; it is discussed in Chapter 22.

Grammatik

21.1   THE SUBJUNCTIVE MOOD

German verbs can be expressed in three different *moods*: the indicative, the imperative (see Chapter 23), and the subjunctive. These moods are used to make distinctions regarding how forcefully or tentatively the speaker or writer stands behind an utterance. The *indicative* is the most commonly used mood—both in everyday speech and in virtually all language registers discussed in this book so far—and simply shows that the speaker/writer wants to "indicate" or formulate an idea or a question. In other words, the speaker or writer wishes to express the comment or question directly. This can be mitigated by a modal verb (see 9.2) or adverbs such as **vielleicht** (*perhaps*) or **vermutlich** (*probably*), but the overall attitude is straightforward. The *imperative* mood is used to express commands, an even more direct (and sometimes even blunt) posture on the part of the speaker or writer.

Indicative

Ich **habe** übermorgen eine Klausur in Mathe.	*I've got a big math test the day after tomorrow.*
Also, ich **kann** wirklich nicht mit dir ins Kino.	*So I really can't go with you tonight to the movies.*
Verstehst du das nicht?	*Don't you understand that?*

Imperative

Ach, **hör auf** mit deinen Ausreden. **Gehen wir!**	*Oh, quit making excuses. Let's go!*

The *subjunctive* mood, on the other hand, signals that the speaker or writer considers a statement or question to be conjecture, imagined, only a hypothetical possibility, a wish (something desired but not true at the moment of utterance), or speculation about what might have been (but did not in fact happen). The subjunctive mood is also used to convey a polite sense of distance, similar to its usage in English. (It is this sense of distance that ties the use of the subjunctive to indirect discourse, as mentioned above and discussed in detail in Chapter 22.)

Es **wäre** schön, wenn ich mitkommen könnte.	*It would be nice if I could come along.* (but it isn't possible)
Wenn ich nicht so viel Arbeit **hätte, würde** ich gern mitkommen.	*If I didn't have so much work, I'd really like to come along.* (but in fact I do, so I won't)
Wenn du nur letzte Woche **gefragt hättest!**	*If only you had asked last week!* (which you didn't do)
Könntest du mich jetzt bitte in Ruhe lassen?	*Now, could you please leave me alone?*

Notice the similarity between these forms (wäre/hätte/würde/könntest) and the second principal part of each verb, the simple past (war/hatte/wurde/konntest), which leads to their designation as *subjunctive II* (**der zweite Konjunktiv**).

21.2   PRESENT SUBJUNCTIVE II FORMS

A. *Würde* + infinitive

The most common subjunctive form in German, at least in spoken language, is **würde** *(would)* + infinitive. In this construction, **würde** functions like a modal verb as V_1, and the infinitive serves as V_2 in the verbal bracket (see 1.1.D). Like all present subjunctive verbs, **würde** is formed by adding the subjunctive endings **-e, -est, -e; -en, -et,** and **-en** to the simple past stem, which in this case is modified with an umlaut (see 2.D below).

ich würd**e**	wir würd**en**
du würd**est**	ihr würd**et**
er/sie/es würd**e**	sie/Sie würd**en**

Wenn du mir nur zuhören **würdest!**	*If only you would listen to me!*
So etwas **würde** ich nie machen.	*I would never do anything like that.*

In the following discussion, **würde** + infinitive forms will be distinguished from present subjunctive II single-word forms (such as **wäre** or **käme**), which likewise can translate as *would* _____.[1]

B. Regular weak verbs

The present subjunctive II of regular weak verbs (such as **lernen, sagen,** and **spielen**; see 3.1.A) is formed by adding the subjunctive endings (**-e, -est, -e; -en, -et, -en**) to the simple past stem. Since these endings are identical to the past-tense endings, the present subjunctive II of regular weak verbs is indistinguishable from the simple past indicative of these verbs, and is therefore almost always replaced with **würde** + infinitive.

lernen	
Subjunctive II	**Simple past**
ich lernt **e**	ich lernte
du lernt **est**	du lerntest
er/sie/es lernt **e**	er/sie/es lernte
wir lernt **en**	wir lernten
ihr lernt **et**	ihr lerntet
sie/Sie lernt **en**	sie/Sie lernten

Wenn ich Deutsch **lernte,** ...
   (less common)

Wenn ich Deutsch **lernen würde,** ...
   (more common)

    If I were to learn/If I learned German, . . .

C. Irregular verbs

1. The present subjunctive II of irregular verbs (see 3.1.C) is also formed by adding the subjunctive endings (**-e, -est, -e; -en, -et, -en**) to the simple past stem, but in addition these verbs alter the vowel of the stem either with an umlaut or by changing **a** to **e,** depending on the verb.

---

[1]Note that *would* _____ is not the only (and sometimes not the preferred) English translation for present subjunctive II forms or for **würde** + infinitive, since English uses a variety of means to express the subjunctive.

Wenn wir Zeit **hätten,** ...
   { *If we had time . . .*
    If we did have time . . .
    If we were to have time . . .

Infinitive	Simple past: er/sie	Subjunctive II: er/sie
brennen	brannte	**brennte**
bringen	brachte	**brächte**
denken	dachte	**dächte**
kennen	kannte	**kennte**
nennen	nannte	**nennte**
rennen	rannte	**rennte**
senden	sendete/sandte	**sendete**
wenden	wendete/wandte	**wendete**
wissen	wusste	**wüsste**

2. With the exception of **wissen** $\longrightarrow$ **wüsste,** these subjunctive forms are almost always replaced by **würde** + infinitive.

Wenn sie bloß schneller **rennen würde,** ...   *If she would just run faster, . . .*

BUT:

Wenn ich *das* **wüsste,** ...   *If I knew that, . . .*

D. Strong verbs

1. The present subjunctive II of strong verbs is formed by adding the subjunctive endings (**-e, -est, -e; -en, -et,** and **-en**) to the simple past stem. In addition, the stem takes an umlaut when the stem vowel is **a, o,** or **u**. The charts below compare the simple past with the subjunctive II forms.

		gehen		*kommen*	
		Simple past	**Subjunctive II**	**Simple past**	**Subjunctive II**
ich		ging	ging **e**	kam	käm **e**
du		gingst	ging **est**	kamst	käm **est**
er/sie/es		ging	ging **e**	kam	käm **e**
wir		gingen	ging **en**	kamen	käm **en**
ihr		gingt	ging **et**	kamt	käm **et**
sie/Sie		gingen	ging **en**	kamen	käm **en**

OTHER EXAMPLES:

Infinitive	Simple past: *er/sie*	Subjunctive II: *er/sie*
bleiben	blieb	**bliebe**
fliegen	flog	**flöge**
schneiden	schnitt	**schnitte**
werden	wurde	**würde**

> Wenn unsere Freunde jetzt **kämen,**   *If our friends came now, we would just*
>   **blieben** wir einfach zu Hause.   *stay at home.*

2. With the exception of very common verbs such as **sein, werden, gehen, kommen,** and
    tun, the present subjunctive II of these verbs occurs mainly in written German. In spo-
    ken German, and even to some extent in written German, there is a strong tendency to
    use **würde** + infinitive.

> Wenn er schneller *führe,* **könnte** er das
>   Rennen **gewinnen.**   *If he drove (would drive, were to drive)*
> Wenn er schneller *fahren würde,* **könnte**   *faster, he could win the race.*
>   er das Rennen **gewinnen.**

3. A number of strong verbs with the simple past stem vowel **a** have alternative subjunc-
    tive forms with **ö** or **ü.** In some instances, **ö** or **ü** are the only forms. These forms are
    now considered obsolete and are normally replaced by **würde** + infinitive.

Infinitive	Simple past: *er/sie*	Subjunctive II: *er/sie*
beginnen	begann	**begönne** (*or* **begänne**)
empfehlen	empfahl	**empföhle** (*or* **empfähle**)
gewinnen	gewann	**gewönne** (*or* **gewänne**)
stehen	stand	**stünde** (*or* **stände**)
helfen	half	**hülfe**
sterben	starb	**stürbe**
werfen	warf	**würfe**

4. Remember that although these subjunctive II forms—weak, irregular, and strong—are
    derived from the simple past stem, they refer to present or future time, not the past.

    COMPARE:

> Das **war** aber schön.   *That was really nice.*
>   (*direct statement; in the past*)
>
> Das **wäre** aber schön.   *That would really be nice.*
>   (*speculation; now or in the future*)
>
> Wenn ich nach Hause **ging,** ...   *Whenever I went home, …*
>   (*direct statement; in the past*)
>
> Wenn ich nach Hause **ginge,** ...   *If I were to go home, …*
>   (*speculation; now or in the future*)

E. Modal verbs

1. Modal verbs with an umlaut in the infinitive take an umlaut in the present subjunctive
    II; only **sollen** and **wollen** do not. The subjunctive forms of these verbs are *not* nor-
    mally replaced by **würde** + infinitive. Note the meanings of the modals in the subjunc-
    tive on the next page.

Infinitive	Simple past: er/sie	Subjunctive II: er/sie	
dürfen	durfte	**dürfte**	*would/might be permitted to*
können	konnte	**könnte**	*could/would be able to*
mögen	mochte	**möchte**	*would like to*
müssen	musste	**müsste**	*would have to*

BUT:

sollen	sollte	**sollte**	*should*
wollen	wollte	**wollte**	*would want to*

2. Recall that **können** can express possibility and **müssen** can express probability (see 9.2). With these verbs, using the subjunctive shows that the inference of probability or uncertainty is itself uncertain. When the reference is to something happening in the *present* or *future*, the subjunctive modal + present infinitive is used; when the reference is to the *past*, a subjunctive modal + perfect infinitive (see 9.1.B and 24.2) is used.

Sie **müsste** eigentlich schon da **sein.**	*She really ought to be there by now.*
So etwas **könnte** schon **passiert sein.**	*Such a thing could actually have happened.*

F. *Haben, sein, werden*

Haben and **sein** (along with **würde**) are the most commonly used present subjunctive verbs and normally take the present subjunctive II form rather than **würde** + infinitive. Notice that they both require an umlaut.

Infinitive	Simple past: er/sie	Subjunctive II: er/sie
haben	hatte	**hätte**
sein	war	**wäre**

G. Summary: Subjunctive II forms vs. *würde* + infinitive

1. In spoken German, only the present subjunctive II forms of **haben, sein, werden, gehen, tun, wissen,** and the modal verbs are preferred over **würde** + infinitive and are commonly used. With most other verbs, **würde** + infinitive is substituted for present subjunctive II forms.

2. In written German, however, present subjunctive II forms appear more often, but even in writing, **würde** + infinitive is gradually replacing these forms. This poses a problem when one wants to avoid using two forms of **würde** back to back, which is especially prone to occur in a conditional sentence:

Wenn er mich mal bitten **würde,** **würde** ich's mir schon überlegen.	*If he'd just ask me, of course I'd consider it.*

The rule of thumb used to be that the **wenn**-clause should end with a present subjunctive II form, in order to avoid this repetition:

Wenn er mich mal **bäte, würde** ich's mir schon überlegen.

But the rule is becoming increasingly difficult to apply as present subjunctive II forms (like **bäte,** for example) fall into disuse. To some German speakers, present subjunctive II forms such as **kennte** and **rennte** are so obsolete that they sound grammatically wrong. Other verbs, like **hülfe** and **stürbe,** are acknowledged to be correct but are considered archaic, while some common verbs (such as **kommen** and **tun**) have present subjunctive II forms (**käme** and **täte**) that can substitute more or less equally for **würde kommen** and **würde tun.** Modal verbs are often the best solution to the problem: Since their subjunctive II forms are almost always acceptable, it is usually wise—when in doubt about a subjunctive II form—to use a **würde** + infinitive structure in one clause, and a modal verb in subjunctive II in the remaining clause.

Wenn er mich mal bitten **würde, könnte** ich's mir schon überlegen.	*If he'd just ask me, of course I could consider it.*

3. In summary: For writing or speaking, present subjunctive II forms are:

- preferred (some would say mandatory) for **haben, sein, werden,** and the modal verbs.

- stylistically proper for frequently used strong verbs such as **finden, gehen, kommen,** and **tun,** and for **wissen.**

- acceptable for weak verbs when the context makes the subjunctive meaning clear (usually in writing).

- almost never used for irregular verbs or the strong verbs listed in section D.3 above.

21.3 USES OF PRESENT SUBJUNCTIVE II

A. Hypothetical conditions and conclusions

1. The present subjunctive II is used to express an unreal or contrary-to-fact condition and its consequence. Such "hypothetical" statements consist of two parts: a **wenn**-clause and a concluding clause. Since the **wenn**-clause is a subordinate clause, the verb (V_1) is placed at the end of this clause (see 1.3 and R.2). The following clause begins either with a conjugated verb or with an optional **dann** or **so** followed by the conjugated verb. The English equivalent is *If . . . , then . . .*

Wenn das eine Foto nicht bei Facebook **wäre,** (dann/so) **würde** er den Job wohl bekommen.	*If that one photo weren't on Facebook, (then) he would probably get the job.*
Wenn sie mehr Zeit **hätte,** (dann/so) **würde** sie uns **besuchen.**	*If she had more time, (then) she would visit us.*

2. The order of the main clause and the **wenn**-clause can be reversed, just as in English, in which case **dann/so** is omitted.

Er würde den Job wohl **bekommen**, wenn das eine Foto nicht bei Facebook **wäre.**	*He would probably get the job if that one photo weren't on Facebook.*

3. Occasionally a **wenn**-clause begins with a verb but no **wenn**. In such instances, the **dann** or **so** in the concluding clause is optional but normally included. In English, this usage is restricted to the verbs *to have* and *to be,* unlike German.

Hätte sie mehr Zeit, (dann/so) würde sie uns besuchen.	*Had she more time, (then) she would visit us.*
Käme er jetzt, (dann/so) könnte er uns helfen.	*If he came now, (then) he could help us.*

B. Conclusions without expressed conditions

Present subjunctives can appear with no condition expressed when the situation is not factually true, when one is speaking speculatively or with reference to a possibility, or when deferential politeness is in order (see also 21.3.D below).

Das **würde** ich nicht **machen.**	*I wouldn't do that.*
Das **wär's** für heute.	*That'll be it for today.*
An deiner Stelle **würde** ich nichts **sagen.**	*If I were you* (lit., *in your place*), I *wouldn't say anything.*
Da **hätte** ich aber meine Bedenken.	*I'd have serious doubts about that.*
Ich **würde** lieber zu Hause bleiben.	*I'd rather stay at home.*
Ich **wüsste** nicht warum.	*I wouldn't know why.*

C. Wishes

1. Since wishes are inherently contrary to fact, they can also be expressed in the subjunctive mood. The intensifying adverb **nur** is added, sometimes in combination with the flavoring particle **doch** (see R.6.2.E).

Wenn er (doch) nur **käme/kommen würde!**	*If only he were coming!* (fact: *he is not coming*)

2. As in conditional statements, **wenn** can be omitted; the verb in first position then expresses the idea of *if.*

Wäre es (doch) nur ein bisschen wärmer!	*If only it were a little warmer!*

3. Like English, German often prefaces contrary-to-fact wishes with the verbs **wollen** or **wünschen**. But unlike English, **wollen** or **wünschen** in this context are also expressed in the subjunctive mood.

Ich **wollte/wünschte,** wir **hätten** mehr Zeit!	*I wish we had more time!*

D. Polite requests

The sense of speculation and potentiality inherent in the subjunctive mood explains its connection with polite requests; by using it, the speaker implicitly suggests that it is up to the person addressed, rather than the speaker, to determine whether the wish will be fulfilled or not.

Wäre es möglich, etwas leiser zu sprechen?	*Would it be possible to speak more quietly?*
Könnten Sie mir bitte helfen?	*Could you please help me?*
Würden Sie das bitte nochmal erklären?	*Would you please explain that again?*

Subjunctive use in the first person similarly renders a sentence more deferential; rather than stating a demand, the speaker refers to something desired and potentially possible.

Ich **hätte** gern etwas Nachtisch.	*I'd like to have some dessert.*

E. After *als (ob)*, *als (wenn)*

1. A clause introduced by the conjunctions **als (ob)** or **als (wenn)** (see R.2) often describes a situation that *appears* to be the case but in the speaker's view may not be true. As long as the **als ob** clause refers to the same time as the main clause, the present subjunctive (subjunctive II or **würde** + infinitive) is used, regardless of the English tense of that verb.

Er tut (so), als ob er uns nicht **kennen würde.**	*He's acting as if he didn't know us.*
Manche Leute tun (so), als ob sie wirklich keine Ahnung **hätten.**	*Some people act as if they really don't have a clue.*
Sie tat (so), als ob sie glücklich **wäre.**	*She acted as if she were happy.*

2. The **ob** or **wenn** in this construction can be omitted, with V_1 placed directly after **als** (see R.2.3.D).

Das Haus sieht aus, **als wohnte** niemand mehr dort.	*The house looks as if no one lives there any more.*
Er tut (so), **als gäbe** es keine Lösung.	*He acts as if there were no solution.*

3. In present time, the indicative is used instead of the subjunctive if in the speaker's view the impression is a correct one.

Er sieht aus, als ob er krank **ist.**	*He looks as if he's sick* (i.e., *he probably **is** sick*).

21.4 PAST SUBJUNCTIVE FORMS AND USE

A. Forms

1. The past-time subjunctive is formed with the subjunctive auxiliary forms **hätte(n)** or **wäre(n)** + past participle.

Ich **hätte gearbeitet.**	*I would have worked.*
Wir **wären gegangen.**	*We would have gone.*

2. Keep in mind that even though forms such as **käme** and **gäbe** are based on past-tense verbs, they refer to the present or future—not the past. Many English speakers mistakenly produce **gäbe,** for example, when trying to express a statement such as *I would have given anything to see that.* They understand that the idea refers to the past (as a past-tense, contrary-to-fact conclusion); and **gäbe** looks very much like **gab,** a past-tense form. But **gäbe** only means *gave* in the sense of *would give* or *were to give* (e.g., *If I gave you $1,000, . . .*)—referring to the present or the future. To express an idea that refers to the past using the subjunctive, one must always use a compound form, with **hätte** or **wäre** as V_1, and a past participle (or variation thereof; see section C below) as V_2: **Ich hätte alles gegeben.**

B. Use

1. The past subjunctive is used to express unreal past conditions and imagined results that are contrary to fact.

   COMPARE:

Wenn sie früher **käme, würde** sie den Zug nicht **verpassen.** *(present)*	*If she came earlier* (hypothetical condition), *she would not miss the train.*
Wenn sie früher **gekommen wäre, hätte** sie den Zug nicht **verpasst.** *(past)*	*If she had come earlier, she would not have missed the train.*

2. Past subjunctive and present subjunctive can be used in the same sentence.

   COMPARE:

   PAST TIME — PAST TIME

   Wenn Mozart länger **gelebt hätte,**   **hätte** er mehr Sinfonien **komponiert.**
   If Mozart had lived longer,   *he would have composed more symphonies.*

   PAST TIME — PRESENT TIME

   Wäre er nicht so jung **gestorben,**   **gäbe** es jetzt noch viel mehr Kompositionen von ihm.

   If he had not died so young,   *there would now be many more compositions by him.*

3. As with conditional sentences in the present, the order of the two clauses in a conditional sentence referring to the past may be reversed.

Vielleicht **wäre** Mozart nicht so jung **gestorben,** wenn er sich mehr **geschont hätte.**

Perhaps Mozart would not have died so young if he had taken better care of himself.

4. The past subjunctive can also be used to describe hypothetical conclusions about the past.

So etwas **hätten** unsere Studenten nie **getan.**

Our students would never have done such a thing.

5. Wishes pertaining to the past require past subjunctive.

Wenn sie nur länger auf Godot **gewartet hätten!**

If only they had waited longer for Godot!

C. Modals in the past subjunctive

1. When no infinitive accompanies a modal verb, the past subjunctive of the modal is formed with the subjunctive auxiliary **hätte(n)** + past participle.

Seine Mutter **hätte** das nicht **gewollt.**

His mother would not have wanted that.

Wir **hätten** es nicht **gekonnt.**

We would not have been able to do it.

2. If an infinitive accompanies the modal verb, the past subjunctive is formed with the auxiliary **hätte(n)** + a double infinitive (see 9.3). The subjunctive double infinitive construction is quite common with the three modals **können, müssen,** and **sollen** but less so with the others.

Common

Sie **hätte gehen können.**   *She could have gone (but didn't).*[2]

Sie **hätte gehen müssen.**   *She would have had to go (but didn't).*

Sie **hätte gehen sollen.**   *She should have gone (but didn't).*

Less common

Sie **hätte gehen dürfen.**   *She would have been permitted to go.*

Sie **hätte** nicht **gehen mögen.** *She would not have liked to go.*

Sie **hätte gehen wollen.**   *She would have wanted to go.*

---

[2]The English sentence *She could have gone* is ambiguous. In the sense *She had the **ability** to go but didn't,* German uses the past subjunctive of the modal verb (since the question of ability lies in the past) with the double infinitive: **Sie hätte gehen können.** But in the sense *It is perhaps **possible** that she has gone,* German uses the present subjunctive of the modal verb (since the uncertain conjecture occurs in the present) and the perfect infinitive: **Sie könnte (schon) gegangen sein.**

3. In main clauses as well as subordinate clauses, *double infinitives always come last*. This means that **hätte** (V_1) precedes the double infinitive (V_2) in subordinate clauses containing past subjunctive modal structures.

COMPARE:

Wer weiß, ob sie die Prüfung *bestanden* **hätte.**	*Who knows whether she would have passed the exam.*
Wer weiß, ob sie die Prüfung **hätte** *bestehen können.*	*Who knows whether she could have passed the exam.*

OTHER EXAMPLES:

Meinst du, dass ich die Antwort **hätte** *wissen sollen?*	*Do you think that I should have known the answer?*
Ich sage nur, dass er die Wahrheit **hätte** *sagen müssen.*	*I'm just saying that he should have had to tell the truth.*

D. After *als (ob)/als (wenn)*

1. The past subjunctive is used after **als (ob)/als (wenn)** if the **als ob** clause refers to a time prior to that of the main clause.

Er tat so, *als ob* er den Chef nicht **verstanden hätte.**	*He acted as if he had not (previously) understood the boss.*
Es war (so), *als wenn* gar nichts **passiert wäre.**	*It was as if nothing had happened.*

2. As with present subjunctive, **als** may stand alone in the subordinate clause, followed immediately by the auxiliary verb **hätte** or **wäre,** with the participle in final position.

Er tat (so), *als* **hätte** er den Chef nicht **verstanden.**

Es war (so), *als* **wäre** gar nichts **passiert.**

Wortschatz
Benimm dich doch mal!

sich benehmen	tun, als ob ...
sich auf·führen	handeln
sich verhalten	

1. **Sich benehmen** means *to act, behave (according to notions of socially good or bad behavior).* It is usually used with adverbs such as **anständig** *(decently),* **gut, schlecht, unmöglich,** etc.

Kinder, **benehmt euch** bitte!	*Children, please behave!*
Auf der Party haben **sich** ein paar Gäste sehr schlecht **benommen.**	*At the party a few guests behaved very badly.*

2. **Sich auf·führen** means *to act, behave,* or *carry on,* in the sense of *conspicuous* behavior. It requires an adverb.

Du hast **dich** aber komisch **aufgeführt.**	*You certainly behaved strangely.*

3. **Sich verhalten** means *to act, react, behave* in a given situation. It suggests *controlled* behavior.

Wie **verhalten sich** Menschen in solchen Stresssituationen?	*How do people behave in such stressful situations?*
Er wartete ab, was kommen sollte, und **verhielt sich** ganz ruhig.	*He waited to see what was to come and acted very calmly.*

4. **Tun, als ob…** means *to act* or *behave as if . . .*

Der Hund **tut** (so), **als ob** er uns verstehen würde.	*The dog is acting as if he understood us.*

5. **Handeln** means *to act, take action.*

Manche Leute **handeln** nur im eigenen Interesse.	*Some people act only in their own interest.*

Übungen

A | **Formen üben.** Sagen Sie es anders.

BEISPIELE er ginge
er würde gehen

sie würde uns schreiben
sie schriebe uns

1. du würdest denken	6. sie würde sich verhalten	11. wir läsen es
2. sie fielen	7. er schnitte sich	12. ich würde mich benehmen
3. er würde sitzen	8. sie fänden uns	13. er würde laufen
4. sie würde stehen	9. ich träfe ihn	14. es würde kalt werden
5. wir trügen es	10. ihr würdet froh sein	15. sie verließe ihn

B   **Formen in der Vergangenheit *(past)*.**   Setzen Sie die Formen in **Übung A** in die Vergangenheit.

> **BEISPIELE**   er ginge
> *er wäre gegangen*
>
> sie würde uns schreiben
> *sie hätte uns geschrieben*

C   **Welche Verben passen?**   Ergänzen Sie die Sätze durch passende Verben aus dem Wortschatz.

1. Während der Operation _____ sich der Patient ganz ruhig.
2. Wenn niemand seine Bitte erhört, dann muss er selber _____.
3. Während des Unterrichts hat sich das Kind unmöglich _____.
4. Du hast dich gestern Abend sehr seltsam _____. Warst du total ausgeflippt?
5. Die anderen Partygäste waren schockiert, weil Maximilian sich so unmöglich _____.
6. Gernot _____ immer sehr schnell, wenn er eine Entscheidung getroffen hat.
7. Sarah weiß nicht alles, sie _____ aber immer so.
8. Das Tier _____ sich ganz still, bis die Gefahr vorüber war.

D   **Wie schön wäre das!**   Leon denkt, wie schön es wäre, wenn er morgen keine Schule hätte. Setzen Sie seine E-Mail an Sofie in den Konjunktiv.

Hallo, Sofie!

Ach, wie schön wäre es, wenn wir morgen keinen Unterricht hätten! Ich **stehe** erst gegen neun Uhr **auf**. Nach dem Frühstück **rufe** ich ein paar Freunde **an**, und wir **gehen** in der Stadt bummeln. Vielleicht **essen** wir zu Mittag in einem Straßencafé. Danach **kaufen** wir bei H&M ein paar neue Klamotten (*slang: clothes*), wenn wir noch genug Geld **haben**. Wenn nicht, dann machen wir etwas anderes. Wir **können** zum Beispiel ins Kino gehen. Du **darfst** mitkommen, wenn du **willst**, aber du **musst** schon um zehn Uhr bei mir sein. **Ist** das nicht ein toller Tag?

> Dein Leon

E   **Wie schön wäre das gewesen!**   Setzen Sie Leons E-Mail von **Übung D** in den Konjunktiv der Vergangenheit.

> **BEISPIEL**   *Ach, wie schön wäre es gewesen, wenn wir **gestern** keinen Unterricht gehabt hätten ...*

F   **Wie wäre es, wenn ... ?**   Erzählen Sie in ein bis zwei Sätzen davon.

> **BEISPIEL**   wenn das Semester schon zu Ende wäre
> *Wenn das Semester schon zu Ende wäre, würde ich nach Hause fahren und arbeiten. Ich würde auch fast jeden Abend mit Freunden ausgehen (ginge ... aus).*

1. wenn Sie mehr Zeit hätten
2. wenn Sie im Lotto viel Geld gewinnen würden

3. wenn Sie die Gelegenheit *(opportunity)* hätten ... [zu tun]
4. wenn Sie sich in einer Vorlesung sehr komisch aufführen würden
5. wenn Ihr Deutsch perfekt wäre

Machen Sie fünf weitere Aussagen dieser Art *(type)* über sich selbst oder über Menschen, die Sie kennen.

G **Situationen.** Erklären Sie, was man in diesen Situationen machen muss oder soll. Es gibt manchmal mehr als nur eine Möglichkeit. Verwenden Sie Verben aus dem **Wortschatz**.

> BEISPIEL Man will einen guten Eindruck machen.
> *Man muss sich höflich (politely) benehmen.*

1. Andere Leute im Bus wollen schlafen.
2. Jemand braucht dringend Hilfe.
3. Man will nicht zeigen, dass man Angst hat.
4. Man will jemand auf einer Party imponieren *(impress)*.
5. Man hat sich um eine Stelle beworben *(applied)* und stellt sich jetzt beim Personalchef einer Firma vor.
6. Man will nicht für einen Dummkopf gehalten werden.

H **Ach, diese Studenten!** Herr Professor Kantzer überlegt, wie sein Kurs im vergangenen Jahr gewesen wäre, wenn die Studenten nur mehr gearbeitet hätten. Was denkt er?

> BEISPIEL Lukas lernte nicht fleißig und bekam deswegen eine schlechte Note.
> *Wenn Lukas fleißig gelernt hätte, hätte er sicher eine gute Note bekommen.*

1. Anna schlief manchmal während der Stunde ein und störte *(disturbed)* den Unterricht dauernd durch lautes Schnarchen *(snoring)*.
2. David hat seine Aufgaben nie rechtzeitig abgegeben *(handed in)* und verlor deswegen Punkte bei der Bewertung seiner Arbeit.
3. Jonas schwänzte *(cut class)* manchmal und machte deswegen oft die falschen Hausaufgaben.
4. Maria hat während der Stunde oft heimlich *(secretly)* getextet und hatte deswegen dauernd keine Ahnung, was gerade passierte.
5. Felix hörte oft nicht zu und wusste deshalb oft nicht, was andere gerade gesagt hatten.

I **Ach, wenn es nur anders wäre!** Denken Sie sich Wünsche zu den folgenden Themen aus. Verwenden Sie möglichst viele verschiedene Verben.

> BEISPIEL zu Ihrem Deutschkurs
> *Ach, wenn es im Deutschkurs nur nicht so viele Prüfungen gäbe!*

1. zu Ihrem Wohnheim oder Ihrer Wohnsituation
2. zu Ihrer Heimatstadt *(hometown)*
3. zu einer Situation an Ihrer Uni oder in Ihrer Schule
4. zu einer Sportmannschaft oder Musik-Band
5. zu den Job-Aussichten für Sie
6. zu Ihrem Hauptfach
7. zu Ihren Freunden oder Bekannten

J **O je.** Haben Sie als Kind manches (nicht) gemacht, was Sie jetzt bereuen *(regret)*? Machen Sie fünf Aussagen.

> BEISPIELE *Ich wünschte, ich hätte meine Eltern nicht so viel geärgert.*
> *Ach, wenn ich mich im Kindergarten nur besser benommen hätte!*

K **Wir bitten höflichst.** Was sagen Sie in diesen Situationen?

> BEISPIEL *Eine Frau, die neben Ihnen auf einer Parkbank sitzt, raucht eine Zigarette nach der anderen. Im Freien (outdoors) ist das Rauchen nicht verboten, aber Sie möchten, dass die Frau damit aufhört. Was sagen Sie ihr?*
> *Könnten Sie bitte so nett sein und jetzt nicht rauchen?* [oder]
> *Dürfte ich Sie bitten, nicht zu rauchen?*

1. Sie essen mit anderen Leuten zusammen und brauchen Salz und Pfeffer vom anderen Ende des Tisches.
2. Sie wollen $20 von Ihrer Freundin/Ihrem Freund borgen.
3. Bei einer Prüfung haben Sie die Anweisungen Ihrer Professorin/Ihres Professors nicht verstanden.
4. Sie bitten am Informationsschalter im Bahnhof um Auskunft.
5. Sie sind in einer Buchhandlung und suchen ein bestimmtes Buch.

L **Berühmte Menschen.** Erzählen Sie, was fünf berühmte Menschen (aus der Gegenwart und der Vergangenheit) vielleicht anders hätten machen können oder sollen.

> BEISPIEL Abraham Lincoln
> *Er hätte an einem anderen Tag ins Theater gehen können* [oder *sollen*].

M **Menschen, die so tun, als (ob)...** Machen Sie fünf Aussagen über Menschen, die Sie kennen und die immer so tun, **als ob**. Machen Sie bitte ein paar Aussagen über die Gegenwart *(present)* und ein paar über die Vergangenheit *(past)*.

> BEISPIELE *Die Frau im Café tut so, **als wäre** sie ganz cool.*
> *Mein Bruder tat immer so, **als ob** er alles besser wüsste als ich.*

Anwendung

A **Ich?! Du!** Die Konjunktivformen lassen sich gut bei einem Streit (z.B. zwischen Zimmerkollegen) verwenden:

BEISPIEL
A: *Ich wäre nicht immer so sauer, wenn du wenigstens ab und zu mal deine Sachen aufräumen würdest.*
B: *Ich?! Tja, wenn du meine Sachen nicht immer tragen würdest, dann wüsste ich wenigstens, wo sie sind.*
A: *Was? Also, wenn du ... usw.*

Wie lange können Sie sich auf diese Weise mit einer Partnerin/einem Partner in so einem Rollenspiel streiten?

B **Was wäre, wenn ...** Diskutieren Sie mit anderen Leuten, wie die Welt und das Leben aussehen würde, wenn gewisse Dinge anders wären.

THEMENVORSCHLÄGE

Wenn es keine Schnell-Imbisse gäbe.
Wenn Sie unsichtbar wären.
Wenn es keinen Strom mehr gäbe.
Wenn an einem Tag überhaupt keine Autos in Ihrer Stadt führen.
Wenn Sie nicht vernetzt (*digitally linked*) wären und Briefe schreiben müssten.
Wenn Facebook versehentlich (*by mistake*) alle Fotos löschen (*delete*) würde.

REDEMITTEL

Wenn (das) so ... wäre, ja dann ...
Ja, erstens würde ich ...
Ich glaube, ich würde ...
Für mich wäre dann die Hauptsache/das Wichtigste ...
Dann müsste/könnte man auch ...
Und schließlich würde man/ich ...

Wenn der Strom nicht wäre.

C   Sagen Sie Ihre Meinung …   Diskutieren Sie mit anderen Studentinnen/Studenten eine Situation im heutigen Leben, die anders werden sollte oder könnte. Sagen Sie Ihre Meinung darüber, wie man diese Situation ändern sollte, könnte oder müsste, damit alles besser wäre oder sein könnte.

THEMENVORSCHLÄGE

Ihr eigenes Leben
das Ausbildungssystem *(educational system)* in Ihrem Land
die Armut *(poverty)* auf der Welt
das Drogenproblem
die Zerstörung *(destruction)* der Umwelt
eine Situation an Ihrer Universität oder in Ihrer Schule
die politische Lage irgendwo auf der Welt

REDEMITTEL

Meiner Meinung/Ansicht nach müsste/könnte/sollte man …
Ich glaube, wir müssten/könnten …
Ich bin der Meinung/Ansicht, dass …
Es wäre besser, wenn …
Ich wünschte, wir könnten …
So wie ich die Sache sehe, müsste man …
Man kann ja auch umgekehrt *(conversely)* argumentieren und sagen, dass …

D   Wenn es anders gekommen wäre.   Sprechen Sie mit anderen Studentinnen/Studenten über ein großes politisches, kulturelles, historisches oder wissenschaftliches Ereignis – oder vielleicht über die Möglichkeit von irgendeinem großen Ereignis. Spekulieren sie darüber, was möglicherweise geschehen wäre, wenn das Ereignis nicht stattgefunden hätte, anders verlaufen oder anders ausgegangen wäre.

THEMENVORSCHLÄGE

Wenn Amerika 1776 den Unabhängigkeitskrieg nicht begonnen hätte.
Wenn Edison die elektrische Glühbirne *(lightbulb)* nicht erfunden hätte.
Wenn niemand das Fernsehen erfunden hätte.
Wenn es keine Rezessionen auf den Weltmärkten gegeben hätte.
Wenn Rosa Parks nicht den Mut gehabt hätte, im Bus sitzen zu bleiben.
Wenn die Beatles in Liverpool geblieben wären.
Wenn der Anschlag *(attack)* am 11. September 2001 nicht gewesen wäre.
Wenn die Mauer 1989 nicht gefallen wäre.

E   Ich hätte viel mehr machen sollen.   Diskutieren Sie mit einer Partnerin/einem Partner über das letzte Jahr oder das letzte Semester: Was hätte sie/er mehr machen sollen? nicht so oft machen sollen? Was hätte diese Zeit besser/interessanter/produktiver/schöner gemacht? Da die Zeit ja schon vorbei ist, müssen Sie darüber im Vergangenheitskonjunktiv sprechen!

Schriftliche Themen

<table>
<tr>
<td>

Tipps zum Schreiben

</td>
<td>

Using the Subjunctive

In speaking or writing, if you are presenting facts, you will use the indicative. If you are conjecturing, you *must* use the subjunctive. In your writing, strive for a stylistic balance between subjunctive forms and the alternate construction with **würde** + infinitive (see 2.G). As a rule, avoid the subjunctive of weak verbs and less commonly used strong verbs (for example, **hülfe, schöbe, löge,** etc.). Also avoid too many **hätte**'s and **wäre**'s since they add little to a composition. Finally, once you have initiated conjecture with a **wenn**-clause, there is no need to keep repeating this condition; continued use of the subjunctive signals continuing conjecture.

Wenn ich eine Uhr *wäre*, dann *würde* ich gern an einer Wand im Bahnhof *hängen*.

Ich *dürfte* (*instead of* würde) nie *schlafen*, denn ich *müsste* (*instead of* würde) die Zeit *messen* und den Menschen *zeigen*, wie spät es ist.

</td>
</tr>
</table>

A **Wenn ich [X] wäre.** Ihre Professorin/Ihr Professor wird Ihnen sagen, was (oder wer) in Ihrem Fall das X sein soll.

B **Mal was anderes.** Erzählen Sie, wie es wäre, wenn Sie einmal aus der Routine Ihres täglichen Alltags ausbrechen könnten. Was würden/könnten Sie anders machen? Wo? Mit wem? Warum?

C **Ein Wunsch.** In was für einer Welt würden Sie gern leben?

BEISPIEL *Ich würde gern in einer Welt leben, in der alle Menschen in Frieden leben und arbeiten dürften. Alle wären glücklich, und niemand müsste sterben, weil er nicht genug zu essen bekäme. In einer solchen Welt gäbe es auch keine Rechtsanwälte* (lawyers), *denn niemand würde gegen andere Menschen einen Prozess führen und ein weiser Richter* (judge) *würde alle Streitfälle* (disputes) *schlichten* (settle) ... *usw.*

D **Ein Bittbrief.** Schreiben Sie einen kurzen aber höflichen Brief (Beispiel auf Seite 342), in dem Sie eine Person, eine Firma, ein Fremdenverkehrsamt *(tourist bureau)* usw. um Auskunft über etwas bitten.

BEISPIEL

Messner-Verlag GmbH
Bismarckstraße 4
D-73765 Neuhausen

Ann Arbor, 1. März

Sehr geehrte Damen und Herren,

ich möchte Sie um Auskunft über ein Praktikum *(internship)* in Ihrer Firma bitten. Vor allem hätte ich gern nähere Informationen über die Tätigkeiten *(activities)*, die damit verbunden sind. Ich wäre Ihnen dankbar, wenn Sie mir ... usw.

Mit freundlichen Grüßen

Ihre/Ihr

[Ihr Name]

Zusammenfassung

Rules to Remember

1 The subjunctive expresses unreal, hypothetical, or contrary-to-fact conditional statements, as well as wishes and polite requests.

2 Subjunctive II has only two tenses: present (to refer to present and future time) and past (to refer to all past-time situations; no distinction is made between simple past, present perfect, and past perfect). **Würde** + infinitive expresses unreal or hypothetical situations only in the present or future.

3 Present subjunctive II forms are derived from the simple past stem: **kommen** ⟶ **kam** ⟶ **käme.**

4 **Würde** + infinitive is used more often than subjunctive II, though subjunctive II forms are preferred for the most commonly used verbs, such as **sein, haben, werden, wissen,** and the modal verbs. Subjunctive II forms can also be used for frequently occurring strong verbs such as **gehen, kommen,** and **tun.** Weak verbs are most often expressed in the subjunctive with **würde** + infinitive, unless the context makes it clear that the form is subjunctive rather than indicative.

5 The past subjunctive II is formed with an auxiliary (**hätte** or **wäre**) and a past participle.

6 Modal verbs with dependent infinitives in past subjunctive use a very distinct form: **hätte ... machen sollen** *(should have . . .)* or **hätte ... machen können** *(could have . . .)*. A modal verb infinitive stands as the second element in a double infinitive structure; the double infinitive itself always stands at the end of a main or subordinate clause.

At a Glance

Würde + **infinitive**		
Main clause		
_____ würde *(middle field)* infinitive		
Subordinate clause		
_____, dass _____ infinitive würde		

Subjunctive II: Present								
	haben	**sein**	**werden**	**lernen**	**wissen**	**kommen**	**können**	**sollen**
ich	hätte	wäre	würde	lernte	wüsste	käme	könnte	sollte
du	hättest	wärest	würdest	lerntest	wüsstest	kämest	könntest	solltest
er/sie/es	hätte	wäre	würde	lernte	wüsste	käme	könnte	sollte
wir	hätten	wären	würden	lernten	wüssten	kämen	könnten	sollten
ihr	hättet	wäret	würdet	lerntet	wüsstet	kämet	könntet	solltet
sie/Sie	hätten	wären	würden	lernten	wüssten	kämen	könnte	sollten

Subjunctive II: Past
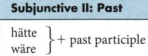

Subjunctive II: Past-tense modals

Past subjunctive: would/could/should have . . .		
I would have helped.	→	Ich **hätte geholfen.**
I could have helped.	→	Ich **hätte helfen können.**
I should have helped.	→	Ich **hätte helfen sollen.**

22
Indirect discourse · Subjunctive I

zum Beispiel

Metropolis[1]

---

[1] *Metropolis* (1927), is a classic science fiction film by Fritz Lang. Like many silent films of its era, *Metropolis* uses intertitles, i.e., text on a black background appearing onscreen between scenes to supply dialogue. Since indirect discourse is the topic of this chapter, the examples throughout are actual quotes from these intertitles.

Grammatik

22.1 INDIRECT DISCOURSE

1. *Direct* discourse is, quite simply, what someone says.

Rotwang sagt[2]: „Endlich **bin ich** mit meiner Arbeit fertig.“	*Rotwang says: "Finally I'm finished with my work."*

   The sentence above consists of two elements: a direct discourse statement („**Endlich bin ich … fertig**"), introduced by a reference clause identifying the speaker (**Rotwang sagt: …**). NOTE: German uses a colon at the end of the reference clause with direct discourse, rather than a comma as in English.

2. *Indirect* discourse, on the other hand, takes direct discourse and weaves it into the perspective of the reporting speaker or writer, while still retaining its informational content.

Rotwang sagt, **dass er** mit seiner Arbeit endlich fertig ist.	*Rotwang says that he is finally finished with his work.*

3. German has three ways to signal indirect discourse:

   a. a shift in pronouns and possessive adjectives (mandatory in the case of first- and second-person references in the direct discourse): **ich** ⟶ **er** and **meiner** ⟶ **seiner**

   b. the optional use of **dass** to introduce the indirectly quoted message

   c. the optional use of the subjunctive voice for the verb(s) in the indirectly quoted message

4. In spoken language, option (a) often suffices. Notice how pronouns can change the reference point.

Rotwang sagt zu Joh: „Von jetzt an brauchen wir die Arbeiter nicht mehr."	Rotwang sagt, **sie** brauchen von jetzt an die Arbeiter nicht mehr.
	Rotwang sagt, **wir** brauchen von jetzt an die Arbeiter nicht mehr.

   Depending on the pronouns used, the perspective in the indirect version becomes either that of someone reporting on the proceedings from outside the group, with everyone mentioned in the third person (*they don't need the workers anymore*); or that of someone who identifies with the group (*we don't need the workers anymore*). In both cases, the direct discourse has been modified to indicate a new speaker, someone who relates the original utterance indirectly to the reader or listener.

---

[2] The plot of *Metropolis* revolves around **Joh,** the elitist leader of a futuristic, dystopic urban world; his son **Freder,** who hopes to mediate between the capitalist caste to which he and his father belong, and the oppressed workers who toil to make their lifestyle possible; **Maria,** a pure-at-heart leader of the workers; and **Rotwang,** a mad scientist in league with Joh who has created an evil robot identical to Maria to sow discord among the workers.

5. As for option (b), the indirect discourse can be introduced by the conjunction **dass,** but need not be. If **dass** is used, the indirect discourse becomes a subordinate clause, with V₁ in final position; if **dass** is not used, the word order remains that of a main clause. In either case, a comma separates the reference clause from the indirect discourse.

Rotwang sagt, **dass** er mit seiner Arbeit endlich fertig **ist.**
Rotwang sagt, er **ist** mit seiner Arbeit endlich fertig.

6. German can also use the subjunctive mood to indicate indirect discourse. This is optional: When speakers or writers have no need or desire to distance themselves from the message being indirectly conveyed, they often use the indicative mood of the verb, as in the examples above, which are typical of spoken language:

Rotwang sagt, er **ist** mit seiner Arbeit endlich fertig.

By using the subjunctive, however, the message bearer can emphasize the indirect nature of the message, as if to say: *"This is not my idea; I'm merely passing along what somebody else said."* German has a subjunctive form that is associated almost exclusively with indirect discourse; this form differs substantially from subjunctive II forms (see 21.2), as well as English subjunctive usage.

Rotwang sagt, er **sei** mit seiner Arbeit endlich fertig.

22.2 SUBJUNCTIVE I FORMS

A. Present subjunctive I

1. Subjunctive forms based on the infinitive (first principal part of the verb) are known collectively as *subjunctive I.* Like subjunctive II[3] they use the subjunctive endings **-e, -est, -e; -en, -et, -en,** but for present subjunctive I verbs, these are attached to the infinitive stem.

Subjunctive I forms					
haben	**werden**	**müssen**	**wissen**	**lernen**	**nehmen**
ich habe	werde	müsse	wisse	lerne	nehme
du habest	werdest	müssest	wissest	lernest	nehmest
er/sie/es habe	werde	müsse	wisse	lerne	nehme
wir haben	werden	müssen	wissen	lernen	nehmen
ihr habet	werdet	müsset	wisset	lernet	nehmet
sie/Sie haben	werden	müssen	wissen	lernen	nehmen

2. The present subjunctive I of **sein** is irregular in the first- and third-person singular.

sein	
ich sei	wir sei **en**
du sei **(e)st**	ihr sei **et**
er/sie/es sei	sie/Sie sei **en**

---

[3] Subjunctive II forms are based on the second principal part of the verb: the simple past.

3. Subjunctive I forms that are identical to the indicative are never used, and even subjunctive I forms that do deviate from the indicative, such as second-person singular and plural, sound stilted and are avoided by German speakers. Thus, aside from modal verbs and the verbs **wissen** and **sein,** only third-person singular forms of subjunctive I occur with any regularity.

Indicative	Subjunctive I	
ich lerne	lerne	*(identical to the indicative)*
du **lernst**	**lernest**	*(uncommon)*
er/sie/es **lernt**	**lerne**	*(subjunctive I used)*
wir lernen	lernen	*(identical to the indicative)*
ihr **lernt**	**lernet**	*(uncommon)*
sie/Sie lernen	lernen	*(identical to the indicative)*

Er sagte, du **hättest** (*not:* **habest**) kein Interesse an den Problemen der Arbeiter, Freder.

He said you had no interest in the problems of the workers, Freder.

B. Review: Present subjunctive II

Present subjunctive II verbs are formed with the stem of the second principal part of the verb (the simple past), followed by the subjunctive endings (see 21.2 and Appendix 3). Strong verbs take an umlaut if the stem vowel is **a, o,** or **u.**

	sein	haben	werden	müssen	wissen	lernen	nehmen
ich wäre		hätte	würde	müsste	wüsste	lernte	nähme
du wärest		hättest	würdest	müsstest	wüsstest	lerntest	nähmest
er/sie/es wäre		hätte	würde	müsste	wüsste	lernte	nähme
wir wären		hätten	würden	müssten	wüssten	lernten	nähmen
ihr wäret		hättet	würdet	müsstet	wüsstet	lerntet	nähmet
sie/Sie wären		hätten	würden	müssten	wüsste	lernten	nähmen

C. Past subjunctive I

To express past time, subjunctive I (like subjunctive II—see 21.4) has only one structure: an auxiliary (**haben** or **sein**) in subjunctive I + the past participle. The most commonly used forms are highlighted below.

For verbs that take *haben*	For verbs that take *sein*
Ich **habe** das nicht gemacht.	Ich **sei** gestern nicht da geblieben.
Du **habest** … gemacht.	Du **sei(e)st** … geblieben.
Er/Sie **habe** … gemacht.	Er/Sie **sei** … geblieben.
Wir **haben** … gemacht.	Wir **seien** … geblieben.
Ihr **habet** … gemacht.	Ihr **seiet** … geblieben.
Sie/sie **haben** … gemacht.	Sie/sie **seien** … geblieben.

22.3 **USING THE SUBJUNCTIVE IN INDIRECT DISCOURSE**

1. Subjunctive I is used almost exclusively for indirect discourse, but the other subjunctive forms (subjunctive II and **würde** + infinitive) can also take on this function. Whichever form one decides to use, *the tense of the subjunctive verb in the indirect discourse corresponds to the verb tense in the direct discourse,* regardless of the verb tense in the reference clause. In other words:

   a. If the direct discourse is in the *present tense,* the indirect-discourse version should use *present subjunctive* (I, II, or **würde** + infinitive).

   Maria sagte: „Heute **will** ich euch eine Legende erzählen.“ *(present)*
   $\longrightarrow$ Maria sagte, dass sie ihnen heute eine Legende erzählen **wolle.** *(present subjunctive I)*

   b. If the direct discourse is in any *past tense* (simple past, perfect, or past perfect), then a *past subjunctive* is necessary (I or II).

   Maria meinte: „Die Menschen **verstanden** sich nicht.“ *(simple past)*
   $\longrightarrow$ Maria meinte, dass die Menschen sich nicht **verstanden hätten.** *(past subjunctive II)*

   Freder sagte zu Maria: „Du **hast** mich **gerufen.**“ *(perfect)*
   $\longrightarrow$ Freder sagte zu Maria, sie **habe** ihn **gerufen.** *(past subjunctive I)*

   c. If the direct discourse is in the *future tense,* a subjunctive form of **werden** (I or II) is used as the auxiliary (V_1) in the indirect version.

   Rotwang versicherte Joh: „Du **wirst** den Rückweg ohne mich **finden.**“ *(future)*
   $\longrightarrow$ Rotwang versicherte Joh, er **werde** den Rückweg ohne ihn **finden.** *(subjunctive I of **werden**)*

   d. If the direct discourse version contains a subjunctive II form, the indirect version must use subjunctive II or **würde** + infinitive.

   Joh sagte: „Ich **möchte** herausbekommen, was meine Arbeiter in den Katakomben zu tun **haben**.“ *(subjunctive II)*
   $\longrightarrow$ Joh sagte, er **möchte** herausbekommen, was seine Arbeiter in den Katakomben zu tun **hätten**.

   Notice that the decision whether or not to use **dass** is unrelated to the tense or mood of the direct discourse.

2. In the examples above, three of the five sentences use subjunctive I forms (rather than subjunctive II or **würde** + infinitive). There are many instances, however, in which the subjunctive I form is identical to the indicative and therefore cannot function as a clear marker of reported speech. Subjunctive II forms can be substituted, but sometimes (as discussed in 21.2) these are archaic and obsolete. And very often, one hears German speakers using **würde**-constructions in indirect discourse where viable subjunctive I or II forms are available. To sort these options out, we will look first at the formal rules and then at current usage.

3. The formal rules for using the subjunctive in indirect discourse are quite simple: (a) Use subjunctive I whenever the form is distinct from the indicative; and (b) when subjunctive I is not distinct, use subjunctive II instead. This effectively restricts subjunctive I use to modal verbs, **wissen, sein,** exceptional forms such as **habest** (which are considered stilted and outdated), and the third-person singular of all other verbs. Under these rules, subjunctive II must be used for all other cases.

Maria erklärte: „Das **sind** eure Brüder.“	Maria erklärte, das **seien** ihre Brüder. (subjunctive I **seien** *is distinct from the indicative here, so it can be used*)
Freder sagte: „Wir **bringen** die Kinder in den *Club der Söhne!*“	Freder sagte, sie **brächten** die Kinder in den *Club der Söhne.* (subjunctive I **bringen** *is not distinct from the indicative, so subjunctive II is used instead*)

    This leads to an additional rule: (c) when subjunctive II forms are archaic or identical to the indicative, use **würde** + infinitive. For many speakers, this applies to **brächten,** so that they would say the following:

    Freder sagte, sie **würden** die Kinder in den *Club der Söhne* **bringen.**

4. These rules are applied most consistently in print media and formal writing, where people are often quoted, where third-person verbs (the most distinctive subjunctive I form) are therefore plentiful, and where journalists must take pains (often for legal reasons) to show that they cannot vouch for the veracity of what someone else has said.

5. In spoken German, however, these rules rarely apply. Instead, one hears a mixture of very occasional subjunctive I forms, some common verbs (**sein, haben, kommen,** etc.) in subjunctive II, routine use of **würde** + infinitive, and very frequently the indicative. Speakers choose subjunctive and indicative forms depending on the distinctiveness of the subjunctive form available (**Sie sagten, sie *haben* keine Zeit** *vs.* **sie *hätten* keine Zeit**), and on the degree of formality, skepticism, or directness they wish to signal.

    COMPARE:

Er sagte, er **hat** keine Zeit.	(implied: *That's what he said, and there's no reason to doubt it.*)
Er sagte, er **hätte** keine Zeit.	(implied: *I'm just telling you what he told me.*)
Er sagte, er **habe** keine Zeit.	(implied: *That's what he said, but I'm skeptical.*)

22.4 ▶ OTHER CONTEXTS FOR INDIRECT DISCOURSE

A. Extended direct discourse

As stated at the outset of the chapter, indirect discourse is usually accompanied by a reference clause that identifies the source of the utterance and includes a verb of speaking or thinking, such as **sagen** or **meinen** (see the **Wortschatz** in this chapter for more possibilities). In English, a reference clause must be provided each time an indirect quote is given—"Maria *remarked* . . . , and then she *added* . . . , and finally she *noted* . . . "—in order to make it clear that these are Maria's statements, and that the author is merely reporting them. In German, however, a writer can simply state the source at the outset, and then proceed to use subjunctive I verb forms (or subjunctive II substitutes when necessary; see 22.3) throughout an extended passage in which no further reference phrases are necessary.

Freder, der zwischen den zwei Welten vermitteln will, behauptet, er **wolle** den Menschen in die Gesichter sehen. Er **glaube** sogar, dass ihre kleinen Kinder seine Brüder und seine Schwestern **seien**. Deswegen **habe** er wissen wollen, wie seine Brüder **aussähen**. Seinem Vater gegenüber meint er, es **seien** ihre Hände gewesen, die die Stadt aufgebaut **hätten**. Was **werde** der Vater tun, wenn sie sich eines Tages gegen ihn wenden **würden**? Und ob der Vater **wisse**, was das **heiße**, von ihm entlassen zu werden?

Freder, who wants to mediate between the two worlds, claims that he wants to look those people in the face. [He says] he believes in fact that their little children are his brothers and sisters. That's why he wants to know [, he explains,] what his brothers look like. To his father he says that it was their hands that had built up the city. What will the father do [, he asks,] if they turn against him someday? [He asks as well] If the father knows what it means to be fired by him?

B. Indirect questions

1. Questions can be reported indirectly *(She wanted to know why he did it),* and can likewise be expressed using the subjunctive. Once again, the question of which subjunctive to use (if any at all) changes according to context and intended level of formality. In writing, subjunctive I forms lend an aura of objectivity and distance.

   Der Vater fragte Freder, was er in den   *The father asked Freder what he had*
   Maschinen-sälen zu suchen gehabt **habe**.   *been looking for in the machine rooms.*

   By contrast, in colloquial speech one often hears the indicative, sometimes a **würde**-construction, and occasionally a subjunctive I or II, especially with modal verbs.

   Freder fragte sich erschöpft: „**Nehmen** zehn Stunden niemals ein Ende?"

   →   Freder fragte sich erschöpft, ob zehn Stunden niemals ein Ende **nehmen würden.**

   Rotwang fragte Joh: „**Willst** du sie sehen?"

   →   Rotwang fragte Joh, ob er sie sehen **wollte/wolle.** *(subjunctive II/I)*

2. The structure of the indirect clause depends on the type of question posed directly. With information questions, the question word is repeated at the beginning of the indirect clause, while yes-no questions are expressed indirectly by using **ob** as a conjunction.

   Joh fragte verzweifelt: „Wo **ist** mein Sohn?"

   →   Joh fragte verzweifelt, **wo** sein Sohn *sei*.

   Rotwang fragte Joh: „**Willst** du nach unten gehen?"

   →   Rotwang fragte Joh, **ob** er nach unten gehen *wolle*.

C. Indirect commands

Commands are reported indirectly by stating what should or must be done, using the modal verb **sollen,** or sometimes **müssen.** In formal contexts, the subjunctive I form of the modal can be used, with less formal renditions using either subjunctive II or the indicative.

Der Maschinen-Mensch sagte den Arbeitern: „**Zerstört** (*destroy*) die Maschinen!"

→ Der Maschinen-Mensch sagte den Arbeitern, sie **sollten** die Maschinen **zerstören.**

22.5 OTHER USES OF SUBJUNCTIVE I

1. Subjunctive I can be used instead of subjunctive II in **als ob/als wenn** clauses (see 21.3.E), though subjunctive II is generally preferred. Here, subjunctive I takes on the role of conveying conjecture and speculation rather than signaling indirect discourse.

   Joh tat, als ob das Ganze ihn nichts **angehe/anginge.**

   Joh tat, als **gehe/ginge** ihn das Ganze nichts an.

   Joh acted as if the whole thing didn't concern him at all.

2. Subjunctive I also functions as the so-called "exhortatory subjunctive," a very formal third-person imperative akin to English *Long live the Queen!* (**Es lebe die Königin!**). It is found mostly in older literature and conveys an elevated style.

   „Zwischen uns **sei** Wahrheit."
   [Goethe, *Iphigenie auf Tauris*]

   "May there be truth between us."

   „Dein Reich **komme,** dein Wille **geschehe** … " [Matthäusevangelium]

   "Thy kingdom come. Thy will be done. . . "
   [The Gospel of Matthew]

Wortschatz

„Sagen" anders sagen

The following verbs of speaking can introduce indirect discourse. Many of them take a dative (indirect) object with people and an accusative (direct) object or a prepositional phrase with things.

an·deuten to indicate

an·kündigen to declare, announce

behaupten to assert, maintain

bekannt geben to announce

bemerken to remark, say

beteuern to assure, swear

betonen to emphasize

etwas ein·wenden (gegen) to raise an objection (to)

entgegnen (auf) to reply (to)

erläutern to elucidate, elaborate

erklären to explain

erwähnen to mention

erwidern (auf) to reply (to)

erzählen (von) to tell (about)	**sagen (von)** to say, tell (about)
fragen (nach) to inquire, ask (about)	**verkünden** to announce, proclaim
informieren to inform	**versichern** to assure
leugnen to deny	**versprechen** to promise
meinen to say, offer one's opinion	**wissen wollen** to want to know
mit·teilen to inform	**zu·geben** to admit, confess
raten to advise	**zusammen·fassen** to summarize
reden (über/von) to talk (about)	

Übungen

A **Indirekte Rede in den Medien.** Folgende Pressemeldungen zeigen typische Beispiele für Verwendung des Konjunktivs. Markieren Sie zuerst **alle** Verben in den Texten: Umkreisen Sie alle Verben im Indikativ, unterstreichen Sie mit einem Einzelstrich alle Verben im Konjunktiv I, und dann mit einem Doppelstrich alle Verben im Konjunktiv II. Dann überlegen Sie in jedem Fall: Warum diese Form für dieses Verb? Und dann achten Sie auf die Vokabeln: Welche einleitenden Verben aus dem **Wortschatz** werden hier verwendet?

A. Im Gespräch mit Til Schweiger⁴. In der neuen Castingshow „Mission Hollywood" (bei RTL) sucht Til Schweiger unter zwölf Kandidatinnen die beste Nachwuchsschauspielerin°. Die Siegerin bekommt eine Rolle in der „Twilight"-Fortsetzung°. Im Interview mit TV DIGITAL erzählt er von seinen eigenen Erfahrungen beim Casting. „Ich bin jedes Mal überrascht°, wenn jemand ins Casting reingeht und locker° sein Ding spielt! Das konnte ich selber nie." Gefragt nach den Gründen dafür, gibt er zu, er sei immer total nervös und angespannt° gewesen. Aber inzwischen sei er in Deutschland so bekannt, dass er nicht mehr zu Castings gehen müsse. In den USA ist das offensichtlich anders: „Da bekommen Schauspieler oft den Text erst beim Vorsprechen°. Das nennen Sie ‚Cold Reading'." Dafür kann er sich nicht begeistern°: „Das finde ich schwachsinnig°." In Deutschland habe man einen Spielpartner, was viel besser sei. Sein letztes Casting war für „King Arthur" bei Jerry Bruckheimer. Wie lief das ab? „Es war der absolute Horror", gibt er zu. Jerry habe da gesessen und keine Miene verzogen°, und Schweiger habe sich dabei furchtbar gefunden. Aber so schlecht kann es doch nicht gewesen sein, denn schließlich hat er ja die Rolle bekommen.

up-and-coming actress
sequel
surprised
relaxed
tense, up tight

audition
be enthusiastic about
stupid, idiotic

showed no reaction

---

⁴ **Til Schweiger** is a well-known actor in mainstream German films (some call him the Brad Pitt of Germany); he has appeared in Hollywood films as well.

B. Interview von Willy Brandt mit dem Zweiten Deutschen Fernsehen am 25. August 1968[5].

deeply moving
non-intervention

Der Interviewer vom ZDF: „Herr Bundesminister, die Nachrichten aus der CSSR sind beeindruckend°, sehr beeindruckend. Die Bundesregierung hat zwar immer wieder betont, dass ihr Standpunkt der einer strikten Nichteinmischung° sei, aber das schließt doch einen persönlichen Kommentar nicht aus?" Als Antwort entgegnete Herr Brandt, er sei für diese erste Frage besonders dankbar: „Nichteinmischung vom Standpunkt

affairs

der Regierung der Bundesrepublik Deutschland aus bedeutete und bedeutet, sich nicht einzumischen in die Verhältnisse° eines anderen Landes." Aber wenn er einmal den Außenminister jetzt außen[6] vorlassen dürfe, dann möchte er sagen, die Deutschen seien voll von

amazement, admiration / dignity / determine

Bewunderung°, Bewunderung, was die Würde° eines Nachbarvolks angehe, das es nicht leicht gehabt habe in der Vergangenheit und das seinen eigenen Weg bestimmen° wolle.

B   **Von direkter Aussage zur indirekten Rede.**   Geben Sie die Aussagen in indirekter Rede wieder.

> **BEISPIEL**   Man lebt heutzutage sehr ungesund.
> Sie meinte, …
> *Sie meinte, man lebe heutzutage sehr ungesund.*

1. Im vergangenen Jahr hatten die Gastronomiebetriebe *(eating establishments)* höhere Besucherzahlen.
   Das Fremdenverkehrsamt *(office of tourism)* gab bekannt, dass …
2. Vermutlich *(presumably)* sind auch in diesem Sommer mehr Touristen zu erwarten.
   Gestern kündigte die Presse an, dass …
3. Es wird nicht mehr lange dauern, bis das Wohnungsproblem gelöst ist.
   Politiker gaben der Hoffnung Ausdruck, es …
4. Wenn man jetzt nichts dagegen tut, wird das Straßenverkehrssystem in der Bundesrepublik Deutschland in wenigen Jahren zusammenbrechen.
   Experten behaupten, …
5. Bleib fit, bleib gesund!
   Überall heißt es jetzt, man …
6. Früher brachten die Zeitungen meist schlechte Nachrichten.
   Viele sind der Meinung, …
7. Die besten Jahre sind jetzt.
   Manche denken, …

---

[5] In this historic interview, Willy Brandt, then Foreign Secretary/Secretary of State of West Germany, responded on national TV to the Soviet invasion of Czechoslovakia, which was meant to crush the Prague Spring uprising. The interview took place four days after the invasion, as Europe saw itself potentially on the brink of another world war.

[6] **außen** is a play on words: **Außenminister** = *"outside" (foreign) minister;* **außen vorlassen** = *to leave outside*

8. Die besten Jahre waren schon.
Andere fragen, ob …

9. Wählervertrauen *(voter trust)* ist ein rohes Ei, man kann es nur einmal in die Pfanne hauen *(toss into the skillet)*.
Der Redner betonte, …

10. Weil in der alten DDR die nötige Finanzierung fehlte, konnte der Staat viele Wohnhäuser nicht renovieren.
Die Sache ließ sich so erklären: …

11. „Man soll den Tag nicht vor dem Abend loben *(praise)*." (Sprichwort)
In einem Sprichwort heißt es, …

12. „Arbeite nur, die Freude kommt von selbst."
Der Dichter Goethe war der Meinung, …

C   **Jeder sagt es anders.**   Drücken Sie den Inhalt der Sätze mit Verben aus dem **Wortschatz** anders und präziser aus.

> **BEISPIEL**   Als er den Vorschlag *(suggestion)* machte, sagte niemand etwas.
> *Auf seinen Vorschlag erwiderte niemand etwas.*

1. Er sagte genau, wie viel Geld er brauchte und wann.
2. Gegen diesen Plan kann ich nichts sagen.
3. Der Chef sagte den Angestellten, dass man 100 Arbeitskräfte würde entlassen müssen.
4. Von ihren Problemen sagte sie nichts.
5. Der Bürgermeister sagte seine Meinung über die städtischen Baupläne.
6. Nachdem sie so viel über die Talente des Kindes gesagt hatte, glaubten am Ende auch alle daran.
7. Der Polizist sagte, dass er mehr über den Unfall herausfinden wollte.

D   **Und dann meinte sie, …**   Lesen Sie die direkten Aussagen unten und bilden Sie dann damit Sätze in der indirekten Rede (im Konjunktiv). Verwenden Sie dabei als Einleitung Verben aus dem **Wortschatz**. Achten Sie auf die Zeitstufe des Verbs in der direkten Rede.

> **BEISPIEL**   „Ich habe gar nichts getrunken!"
> *Benni hat uns **versichert**, er hätte gar nichts getrunken!*

1. „Diese Probleme haben wir wegen der Luftverschmutzung."
2. „Heute Abend um acht bin ich wieder zu Hause!"
3. „Man muss noch etwas Geduld haben."
4. „Als Bundeskanzler werde ich Ihr Vertrauen zurückgewinnen!"
5. „Ich habe *nie* Musik illegal heruntergeladen!"
6. „Unsere zwei Länder müssen besser zusammenarbeiten."
7. „Der Film war einfach zu lang."
8. „Ich habe sie wirklich nur gefragt, ob der Stuhl neben ihr frei ist."

Anwendung

A   **Worte der Woche.**   Geben Sie einige wichtige Zitate der letzten Woche zu politischen Ereignissen in der indirekten Rede wieder.

Neulich habe ich im Internet gelesen, (dass) …
Nach Angaben *(information)* [des Pressesprechers] …
Die [Regierung] gab bekannt, (dass) …
Es heißt/hieß *(is/was said)* auch, (dass) …

B   **Interview.**   Interviewen Sie außerhalb des Kurses jemanden, die/der Deutsch spricht, und zwar über ihre/seine Meinung zu einem aktuellen politischen Ereignis *(event)* oder Thema. Stellen Sie etwa sieben Fragen. Berichten Sie über die Ergebnisse *(results)* Ihres Interviews im Kurs. Sagen Sie, welche Fragen Sie gestellt haben, und geben Sie die Meinung der befragten Person in der indirekten Rede wieder.

Fragen

Was halten Sie von … ?
Wie sehen Sie die Sache … ?
Darf ich Sie fragen, wie Sie zu den
   neuesten Ereignissen stehen?
Und wie beurteilen *(judge)* Sie … ?
Finden Sie es richtig/gut, dass … ?
Was für einen Eindruck hat … auf
   Sie gemacht?

Berichten

Sie/Er ist der Ansicht/Meinung, (dass) …
Sie/Er sagte auch, (dass) …
Bemerkt hat sie/er auch, (dass) …
Allerdings gab sie/er zu, (dass) …
Sie/Er gab der Hoffnung Ausdruck, (dass) …

C   **Ratschläge (*pieces of advice*).**   Sprechen Sie mit einer Partnerin/einem Partner über die besten und die dümmsten Ratschläge, die Sie je bekommen oder gehört haben – von Ihren Eltern, von Freunden, Lehrern, Trainern, Filmstars usw.

BEISPIEL   *Einmal sagte mir eine Freundin, man müsse/müsste sich jeden Tag Zeit nehmen, um an den Blumen zu riechen. Aber in der Stadt, wo wir damals wohnten …*

Schriftliche Themen

<table>
<tr><td>**Tipps zum Schreiben**</td><td>

Using Quotations

Good journalistic prose usually contains a carefully balanced mixture of commentary and quotations (direct and indirect) from knowledgeable, interesting sources. Especially in written German, indirect quotations are routinely rendered with subjunctive forms—the more formal the tone, the more prevalent the use of subjunctive I, as long as those forms are distinctly subjunctive. Remember that subjunctive I can convey the idea of "quotedness" on its own, with no need to mention the quoted speaker in every instance (see 22.4.A). For the sake of style, writers should vary the use of **dass** in indirect quotations and use precise words for *say* to introduce both direct and indirect quotes.

</td></tr>
</table>

A **So steht es geschrieben.**   Lesen Sie einen Blog zu einem Online-Artikel oder Leserbriefe aus einer Zeitung oder Zeitschrift, um zu erfahren, was die Leute zu einem Thema so denken. Dann schreiben Sie einen Bericht über die Meinung dieser Leute, so wie man ihn in den deutschen Medien finden könnte.

BEISPIEL   *Zum Thema „Philosophie als Hauptfach" meint Robert Wohl, ein Student im siebten Semester, dass man von den Studenten mehr fordern* (demand) *müsse, denn …* usw.

B **Lebensansichten *(views on life).***   Ihre Freunde haben bestimmt ein paar Ansichten über das Leben – über Beziehungen und Liebe, Arbeit und Jobs, die Zukunft und Weltpolitik. Sprechen Sie mit zwei oder drei Freunden (egal in welcher Sprache!) und dann schreiben Sie einen Bericht (auf Deutsch, natürlich!) über die Ansichten, die Sie erfahren haben, in der indirekten Rede im Konjunktiv.

BEISPIEL   *Mein Freund Jonas ist der Ansicht, das Leben sei zu kurz, um mit gewissen Leuten zu tanzen. Er wolle sich doch pausenlos amüsieren, erklärt er, und deswegen sei es wichtig, dass …* usw.

Zusammenfassung

Rules to Remember

1 Present subjunctive I is used almost exclusively to express indirect discourse in formal, written settings.

2 Present subjunctive I is formed by attaching the subjunctive endings (**-e, -est, -e; -en, -et, -en**) to the unchanged stem of the infinitive; **sein** does not add **-e (ich sei, er/sie sei).**

3 Past subjunctive I is formed with the auxiliary **haben** or **sein** in subjunctive I + the past participle. Future tense subjunctive I is formed with subjunctive I forms of **werden** + the infinitive.

4 The tense of the subjunctive verb in the indirect discourse corresponds to the verb tense in the direct discourse version, regardless of the verb tense in the reference clause: direct discourse verbs in any past tense (simple past, perfect, or past perfect) become past subjunctive in the indirect discourse; direct discourse verbs in the present tense are rendered in present subjunctive; and future tense verbs in the direct discourse use a subjunctive form of **werden** + infinitive in indirect discourse.

5 The formal rules for choice of subjunctive in indirect discourse are:

a. Use subjunctive I wherever possible, i.e., where subjunctive I forms are distinct from the indicative.

b. Where subjunctive I looks like the indicative, use subjunctive II forms.[7]

6 These rules apply in practice only to formal reporting situations and written prose. In colloquial German, indirect speech is often conveyed with the indicative or, to suggest objectivity or distance between speaker and source, with **würde** + infinitive and subjunctive II for common verbs such as **kommen, tun, wissen,** etc. If subjunctive I forms are used in speaking, they can indicate an ironic or skeptical stance.

7 Subjunctive I can also be used in **als / als ob / als wenn** constructions and in very formal (and rare) "exhortatory" constructions such as **Es lebe die Königin!**

---

[7]An additional rule is used increasingly, even in formal contexts: Whenever these rules lead to an archaic or obsolete verb form, use the **würde** + infinitive construction.

At a Glance

Subjunctive I forms							
	sein	**haben**	**werden**	**müssen**	**wissen**	**lernen**	**nehmen**
ich sei		habe	werde	müsse	wisse	lerne	nehme
du sei(e)st		habest	werdest	müssest	wissest	lernest	nehmest
er/sie/es sei		habe	werde	müsse	wisse	lerne	nehme
wir seien		haben	werden	müssen	wissen	lernen	nehmen
ihr seiet		habet	werdet	müsset	wisset	lernet	nehmet
sie/Sie seien		haben	werden	müssen	wissen	lernen	nehmen

Subjunctive I: Past time
haben
_____, er habe das gesagt
sein
_____, sie sei auch da gewesen

Subjunctive I: Tense agreement		
	Direct	**Indirect**
Present	„Ich singe gern."	Er sagte, { er **singe** gern. / dass er gern **singe**.
Past	„Ich bin eingeschlafen." „Ich schlief ein." „Ich war eingeschlafen."	Sie sagte, { sie **sei** eingeschlafen. / dass sie eingeschlafen **sei**.
Future	„Ich werde das machen."	Er sagte, { er **werde** das machen. / dass er das machen **werde**.

Imperative mood · Commands

Grammatik

THE IMPERATIVE MOOD

German conjugates verbs in three moods to convey various nuances of meaning and speaker intention—the indicative, the subjunctive (chapters 21 and 22), and the imperative. One can connect certain forms of the subjunctive with particular kinds of speech (for example, indirect discourse with subjunctive I, or hypothetical conditionals with subjunctive II). But it would be an oversimplification to equate commands with the imperative mood. A more useful (and sociolinguistically more accurate) approach is to think of commands as a spectrum, ranging from suggestions and polite requests ("*Please pass the butter*") to forceful, blunt orders ("*Get away from the stove this instant!*") and official directives ("*Return all tray tables to their upright and locked position for landing*"), and to think of the imperative mood as one of several options for expressing commands along this spectrum. The goal is not merely to master the forms in German—they pose little difficulty in most cases—but to match the tone they convey with the intention of the command, and to deploy them along with other command-statement options in ways that are contextually appropriate.

A. Formation

1. The imperative mood (**der Imperativ**) has four forms in German, relating to the person or persons being addressed.

   du-form   Familiar, singular: speaking to one friend or family member

   ihr-form   Familiar, plural: speaking to multiple friends or family members

Sie-form   Formal, singular or plural: speaking to one or more persons with whom one uses **Sie** rather than **du**

wir-form   First person plural: speaking to a group that includes oneself, as in *"Let's . . ."*

2. Imperatives are generated from the present tense. The **du**-imperative consists of the present-tense stem + an optional **-e** that is usually omitted, particularly in colloquial German.

Schreib(e) bald!	*Write soon!*
Bring(e) deine Freunde **mit!**	*Bring your friends along!*

The final **-e** is *not* omitted if the infinitive stem ends in **-d, -t, -ig,** or in **-m** or **-n** preceded by a consonant other than **l** or **r**.

Antworte! Entschuldige! Atme!	*Answer! Pardon (me)! Breathe!*

3. Verbs with the present-tense vowel shifts **e ⟶ i** or **e ⟶ ie** (see 2.1.B) also shift in the **du**-imperative, but they do not add an **-e**.

sprechen	du sprichst ⟶ **Sprich!**	*Speak!*
lesen	du liest ⟶ **Lies** bitte schneller!	*Please read more quickly!*
essen	du isst ⟶ **Iss** deinen Teller leer!	*Eat your plate clean!*

EXCEPTION:

werden	du wirst ⟶ Stirb und	*Die and become!*
	werde! [Goethe][1]	

However, verbs with the stem changes **a ⟶ ä, au ⟶ äu,** or **o ⟶ ö** do *not* have vowel shifts in the **du**-imperative and may take the optional **-e**.

tragen	du trägst ⟶ **Trag(e)** es!	*Carry it!*
laufen	du läufst ⟶ **Lauf(e)!**	*Run!*

4. The **ihr**-form imperative is the same as the **ihr**-form of the present tense, but the pronoun is omitted.

Kommt bald **wieder!**	*Come again soon!*
Sprecht deutlicher, ihr zwei!	*Speak more clearly, you two!*

5. German occasionally includes the pronouns **du** and **ihr** with the familiar imperative for emphasis or clarification.

Ich habe dreimal aufgeräumt. **Mach <u>du</u>** es mal! (**Macht <u>ihr</u>** es mal!)	*I have cleaned up three times. You do it for a change! (You all do it for a change!)*

---

[1]This is the crucial line of Goethe's poem "Selige Sehnsucht" in *Westöstlicher Divan,* and it is notoriously difficult to translate. Possible renderings include *Die, and become anew! Die and be born anew! Become by dying!* along with many other versions.

6. The **Sie**-form imperative is the same as the **Sie**-form of the present tense, with the verb in first position followed by the pronoun **Sie.**

Treten Sie bitte näher, meine Damen und Herren!	*Please step closer, ladies and gentlemen!*
Nehmen Sie diese Medikamente und **rufen Sie** mich in drei Tagen **an.**	*Take this medication and call me in three days.*
Herr Ober, **bringen Sie** uns bitte eine Speisekarte.	*Waiter, please bring us a menu.*

7. The **wir**-form imperative is the same as the **wir**-form of the present tense, with the verb in first position followed by the pronoun **wir.**

Gehen wir heute einkaufen!	*Let's go shopping today!*
Nehmen wir nun **an,** dass niemand die Antwort weiß.	*Let's assume now that no one knows the answer.*

8. The imperatives for the verb **sein** are irregular.

Sei **Seid** **Seien Sie**	} vorsichtig!	*Be careful!*
Seien wir	vorsichtig!	*Let's be careful!*

B. Use

1. Traditional usage required an exclamation point for all commands in the imperative mood, much like a question mark is used to signal a question, but in current use the exclamation point is only required if particular emphasis is implied.

COMPARE:

Sag mir doch endlich die Wahrheit!	*Tell me the truth for once!*
Sag mir einfach, wann dein Zug ankommt und ich kann dich abholen.	*Just tell me when your train is arriving and I can pick you up.*

2. Depending on tone of voice and emphasis, the imperative mood can convey anything from a sense of urgency, blunt directive, or a warning, to instruction or merely a suggestion.

Hör doch auf!	(spoken playfully, with emphasis on **auf**) *Oh, come on, stop it!* (spoken sharply) *Stop that immediately!*
Passen Sie auf!	(spoken kindly, with raised pitch on **auf**) *You'd better watch out!* (spoken sharply, with falling intonation overall) *Pay attention [you idiot]!*
Übersetzen Sie die Sätze.	*Translate the sentences.*
Ach, essen wir jetzt.	*Oh, let's go ahead and eat now.*

3. Flavoring particles (see R.6) are often used along with intonation to establish or modify the tone of a command in the imperative mood.

- **Doch** can be used, along with sharp intonation, to intensify a command.

Sag das **doch** nicht!   *Don't <u>say</u> that!*

Doch can also add a sense of impatience or exasperation to imperatives.

Hilf mir **doch!**   *Come on, help me!*

Mach's **doch** einfach!   *Would you just <u>do</u> it!*

- **Mal** can be used in conjunction with relaxed intonation to soften the bluntness of a command in the imperative.

Schreib mir **mal**, wenn du   *[Just] Write me sometime, when you*
   Zeit hast.   *have time.*

With certain verbs, and with raised pitch on the final element in the command, **mal** can add a sense of mild impatience that is best expressed by the English word *just.*

Hört **mal** <u>zu</u>!   *Just <u>listen!</u>*

Seien Sie **mal** <u>ruhig</u>!   *Just be <u>quiet!</u>*

- **Nur** can add a stipulative tone to imperatives, implying that consequences—either good or bad—will result.

Versuchen Sie es **nur!**   *Just try it (and see)!*

- **Bitte**—although strictly speaking not a flavoring particle—is often used with commands to soften the tone and express a degree of deference. When it begins a sentence, it is set off by a comma only when stressed. It also occurs in other positions, but it cannot immediately precede pronouns.

COMPARE:

Bitte, tun Sie das!   *Please—<u>do</u> that!*

Bitte vergesst die Nummer nicht!   *Please don't forget the number!*

Zeig es ihnen **bitte** nicht!   *Please don't show it to them!*

4. Commands in the imperative sometimes include the comparative adverb **lieber** to convey the idea of *instead,* or what would be *preferable,* in response to a question, suggestion, or idea.

Gehen wir heute einkaufen? *Are we going shopping today?*
—Nein, machen wir das **lieber** morgen. *—No, let's do that tomorrow (instead).*
Mama, ich will zu Leon. *Mom, I want to go to Leon's house.*
—Ach, bleib doch **lieber** hier und sag ihm, *—Oh, [I'd prefer if you'd] stay here and tell*
er kann zu uns kommen. *him he can come over to our house.*

23.2 ▸ OTHER OPTIONS FOR EXPRESSING COMMANDS

A. Modals, subjunctives, and questions

1. In many social contexts, using the imperative mood with no modifications (as in **Gib mir die Butter!**) is inappropriately blunt. Inserting **bitte** into the command softens the authoritarian tone somewhat, as stated above, but German speakers often make use of alternatives such as modal verbs (see 9.1.B) and subjunctive forms (see 21.3.D) to convey such requests. With rising intonation, they are perceived as questions (and are thus relatively deferential); with falling intonation, they have the effect of a polite command.

Kannst du mir die Butter geben? *Can you give me the butter?*

Würden Sie mir bitte die Butter geben? *Would you please give me the butter?*

2. In colloquial usage, one often hears such requests in the form of a question with rising intonation, which renders it a polite command.

Gibst du mir bitte die Butter? *Could you please give me the butter?*

B. Impersonal commands

1. Directives for the general public such as signs, announcements, and warnings are often expressed with an infinitive rather than an imperative form, with the infinitive placed at the end of the phrase. The absence of a clearly marked addressee gives these commands an unfocused and therefore general, impersonal tone.

Einfach **ankreuzen**, komplett **ausfüllen** *Simply check off [the desired box],*
und **bestellen!** *fill out [the contact information*
form] completely, and place your
order!

Nicht **hinauslehnen!** *No leaning out [of the train*
compartment window]!

Bitte nicht auf die Wiese **treten.** *Please don't walk on the grass.*

Stehen **bleiben!** *Remain standing!*

Bitte an der Kasse **zahlen.** *Please pay at the cash register.*

2. Instructions, such as those in recipes and technical manuals, are often expressed as infinitives.

Den Kopfsalat **waschen** und die Blätter in kleine Stücke **schneiden**. Die Eier hart **kochen** und **abschrecken**. Die Gurke **enthäuten** und in hauchdünne Scheiben **schneiden** …	*Wash the lettuce and cut the leaves into small pieces. Boil the eggs until hard and chill in cold water. Peel the cucumber and cut into very thin slices . . .*
Den Datastick in den USB-Anschluss-Slot **hineinstecken** und aufs Display **schauen**…	*Insert the data stick into the USB slot and look at the display . . .*

3. A passive construction without a subject (12.1.E) can also carry the force of a command.

Zuerst **wird gearbeitet**, dann erst **wird gespielt**.	*Work first, and then can you play.*
Jetzt **wird** aber **aufgepasst**!	*[You'd better] Pay attention right now!*
Bei Tisch **wird** nicht **gesprochen**.	*Don't talk (No talking) at the dinner table.*

Wortschatz

Simse mir mal!

As you know, the world of technology features frequent use of commands and specialized vocabulary. This **Wortschatz** provides a list of terms that you may run across when dealing with a ubiquitous technical prop of contemporary culture: **das Handy** *(cell phone)*. Note that English equivalents are provided only for noncognate words.

das Netz	*network*
das Festnetz, -e	*landline*
ins Festnetz an·rufen	*to call a landline phone*
das Mobilnetz, -e	*mobile/cell network*
der Apparat	*apparatus, gadget*
der Akku, -s	*rechargeable battery*
das [Touchscreen-] Display	
das Menü	
das Mikrofon, -e	
die Taste, -n	*button, key*
die Raute-Taste	*pound key*
die Sternchen-Taste	*asterisk key*

Was man macht

an·rufen	*to call up*
eine Nummer ein·geben	*to enter a number*
eine Nummer wählen	*to dial a number*
eine SMS senden	*to send a text message*
auf die [Eins, Zwei] drücken	*to press [1, 2]*

die Extras

der Klingelton, ¨e	*ring-tone*
der MP3-Spieler	*MP3 player*
das WLAN	*Wifi/wireless internet*
im Internet surfen	*to surf the internet*
die [Video-]Kamera	*[video] camera*
herunter·laden, downloaden	*to download*
hoch·laden, uploaden	*to upload*

… und dann bezahlen

die Flatrate, -n	*flat-rate service*
die Gebühr, -en	*fee*
der Tarif, -e	*rate, tariff*
unbegrenzt	*unlimited*
der Vertrag	*contract*

Die Bedienung ist ganz einfach: zuerst aufs Menü schauen, dann den Namen oder die Nummer finden, auf diese Taste drücken und dann …

It's easy to use: first look at the menu, find the name or the number, press this key, and then . . .

Übungen

A **Nicht immer so höflich.** Drücken Sie diese Wünsche und Bitten durch den Imperativ der fett gedruckten Verben stärker aus.

BEISPIELE Du sollst lauter **sprechen**.
Sprich lauter!

Würdet ihr uns bitte **helfen?**
Helft uns bitte!

1. Herr Kollege, könnten Sie bitte den Projektor **holen?**
2. Leute, bitte etwas lauter **reden!**
3. Du kannst mich heute Abend zu Hause **anrufen.**
4. Lena, könntest du bitte die Tür **öffnen?**
5. Herr Keller, darf ich Sie bitten, mir zu **helfen?**
6. Kinder, **seid** ihr bitte ruhig?
7. Max, ich hoffe, du **wirst** nicht böse.
8. Herr Professor, Sie sollen sich doch **beruhigen!**
9. Es wäre für uns gut, etwas fleißiger zu **sein.**

B   **Situationen.**   Was sagen Sie in der Situation? Verwenden Sie dabei passende Partikel, wie z.B. **doch, mal, nur, bitte, lieber.**

> BEISPIEL   Ein Freund von Ihnen will Eintrittskarten für ein Rockkonzert kaufen und fragt Sie, ob er Ihnen auch welche kaufen soll.
> *Ja, kauf(e) mir bitte auch eine Karte!*

1. Studenten plaudern *(chat)* neben Ihnen in der Bibliothek, während Sie zu lesen versuchen.
2. Sie haben die Frage Ihrer Deutschprofessorin entweder nicht gehört oder nicht verstanden.
3. Sie wollen mit jemandem irgendwo gemütlich zusammensitzen und plaudern.
4. Sie wollen, dass niemand Sie in Ihrem Zimmer stört, und Sie hängen einen kleinen Zettel an die Tür.
5. Sie haben eine schwierige Hausaufgabe und möchten, dass ein paar Freunde Ihnen dabei helfen.
6. Sie haben Ihre Mutter beim Sprechen unterbrochen und wollen sich entschuldigen.
7. Ihr Hund bellt schon wieder und das wollen Sie sich nicht mehr anhören.
8. Ihre kleine Schwester kommt mit ganz schmutzigen Händen zum Essen.

C   **Beim Anrufen.**   Sie telefonieren gerade mit einem Freund, aber Sie haben dabei ein paar Probleme. Was sagen Sie Ihrem Gesprächspartner in Form eines Befehls?

1. Ihr Freund spricht zu leise.
2. Auf einmal hören Sie gar nichts, und 10 Sekunden später ist alles wieder OK – aber Sie haben nicht gehört, was der Freund in dieser Zeit gesagt hat.
3. Der Akku in Ihrem Handy ist fast leer, und Sie wissen, dass Ihnen ganz wenig Zeit übrigbleibt.
4. Sie wollen Ihrem Freund ein Foto zeigen, das Sie gerade mit Ihrem Handy gemacht haben und ihm jetzt schicken wollen, aber er weiß nicht, wie das beim Handy funktioniert.
5. Sie haben keine Zeit mehr zu sprechen und wollen das Gespräch beenden – aber auf höfliche Weise *(in a polite way)*!

D   **Bitten!**   Was für Bitten haben Sie an die folgenden Personen?

> BEISPIEL   an Ihren Vater
> *„Papa, schick mir bitte mehr Geld!"*

1. an Ihre Eltern
2. an Ihre Geschwister (Schwester/Bruder)
3. an eine Freundin/einen Freund
4. an Ihre Deutschprofessorin/Ihren Deutschprofessor
5. an eine berühmte Person Ihrer Wahl *(of your choice)*

Anwendung

A **Ratschläge** *(pieces of advice).* In diesem Rollenspiel übernimmt eine Partnerin/ein Partner die Rolle einer erfahrenen Studentin oder eines erfahrenen Studenten, und die/der andere die Rolle einer Person, die nächstes Jahr als Erstsemester(in) zur Uni kommt. Die erfahrene Studentin/Der erfahrene Student gibt dieser Person Ratschläge in Form von Imperativen (**du**-Form). Dabei ist es auch wichtig zu erwähnen, was man als Erstsemester(in) *nicht* machen sollte. Die Partnerin/Der Partner kann fragen, was hinter diesen Ratschlägen steckt.

> **BEISPIELE** Belege keine Kurse vor dem Mittagessen!
> *(Don't sign up for any classes before lunch!)*
>
> Lerne deine Kommilitonen gut kennen!
> *(Get to know your fellow students well!)*
>
> Iss auf keinen Fall in der Mensa, wenn es Fisch gibt!
> *(Whatever happens, don't eat in the cafeteria when they're serving fish!)*

B **Wie funktioniert dein Handy?** Nehmen wir an, Sie haben oder Ihr Partner hat ein Handy dabei: Eine Partnerin/Ein Partner tut, als ob sie/er gar nicht wüsste, was ein Handy ist oder wie es funktioniert. Die andere Person in der Gruppe zeigt und erklärt alles und antwortet auf die Fragen der Partnerin/des Partners.

> **TIPPS**
>
> Wozu dient diese Taste?
> Wie viele Telefonnummern kann man darauf speichern *(store)*?
> Was kann man alles im Menü finden?
> Wie lang kann man sprechen?
> Kann man ins Ausland anrufen?
> Wie gibt man eine Nummer ein?
> Kann man Fotos und Musik herunterladen? Wie? Wie viel?
> Wie viel kostet das im Monat?

C **Wer nicht hören will, muss fühlen.** Das folgende Gedicht enthält Befehle *(commands)*, die manche Kinder sicher schon öfter gehört haben. Welche davon (**du**-Imperative) mussten *Sie* sich als Kind anhören? Welche Befehle werden Ihre Kinder später wohl von Ihnen zu hören bekommen? Wie deuten Sie die Zeilen: „Wer nicht hören will, muss fühlen?" Diskutieren Sie mit anderen Studenten darüber.

Erziehung

laß[2] das
komm sofort her
bring das hin
kannst du nicht hören
hol das sofort her
kannst du nicht verstehen
sei ruhig
faß das nicht an
sitz ruhig
nimm das nicht in den Mund
schrei nicht
stell das sofort wieder weg
paß auf
nimm die Finger weg
sitz ruhig
mach dich nicht schmutzig
bring das sofort wieder zurück
schmier dich nicht voll
sei ruhig
laß das
wer nicht hören will
muß fühlen

—Uwe Timm

Schriftliche Themen

Tipps zum Schreiben	**Writing with the Imperative**
	Commands in the imperative mood are always directed at an audience: a friend (**du**); multiple family members (**ihr**); someone whom you address with **Sie**; or a group to which you yourself belong (**wir**). In writing, commands are usually found in correspondence, or perhaps in journalistic writing with a chatty (personal) tone, but only rarely in essays or research papers. If commands or instructions are written, they often take the infinitive-final constructions discussed in 2.B above. If you're writing a formal essay and wish to express something like "*Consider the effects . . . ,*" an imperative used in English in this context, you'll need to paraphrase it in German with a **wir**-imperative or a nonimperative form to make it sound less personal.

[2]This poem retains its original spelling, rather than the spelling of the recent **Rechtschreibreform** (see Appendix 2 for more details).

A **Tipps für neue Schüler/Studenten.** Schreiben Sie 8–10 Tipps für jemand, der im kommenden Jahr an Ihrer Schule oder Uni lernt oder studiert. Dabei können Sie verschiedene Befehlsformen benutzen: **Man soll … / Es ist ganz wichtig, dass du …** / usw. Aber schreiben Sie ein paar Befehle mit dem Imperativ: **Vergiss nicht … / Nimm dir Zeit …** / usw.

B **Wie man schlechte Arbeiten *(research papers)* schreibt.** In einem satirischen Artikel hat ein deutscher Uni-Student beschrieben, wie man am besten ganz schlechte Arbeiten schreibt[3]. Seine Befehle:

- Spät anfangen, die letzte Nacht durcharbeiten und alle Regeln wissenschaftlicher Arbeit ignorieren
- Lassen Sie zunächst einige Wochen der Bearbeitungszeit verstreichen *(pass by)*
- Sprechen Sie niemals mit Ihren Studienkollegen über ihre Arbeiten, schon gar nicht über Ihre eigene.
- Seien Sie nicht zu streng *(hard, strict)* mit sich.
- Verwöhnen Sie Ihren Professor aber ruhig mit sinnfreien E-Mails, gern mit der Anrede „Hallöchen *(Hi!),* Herr Professor!"

Was für Ideen haben Sie noch dazu? Schreiben Sie noch 4–5 Sätze mit Befehlen in verschiedenen Formen (wie in diesem Text), entweder zu diesem Thema oder vielleicht zu einem anderen:

„Wie man bei Prüfungen garantiert durchfällt"

„Wie man Zimmerkollegen/-kolleginnen am besten auf die Nerven gehen kann"

C **Eine Anleitung *(instructions for use).*** Alle wissen ja schon, wie ein Handy funktioniert. Aber Sie kennen bestimmt irgendeinen technischen oder nichttechnischen Vorgang *(process),* den nicht alle Leute kennen. Schreiben Sie einen Text mit einer Anleitung für diesen Prozess – Computerprogramm, Videospiel, Küchenrezept, Sporttraining – mit passenden Befehlen. Sie sollen sich ein Publikum ausdenken (generell, einige Freunde, jemand in Ihrer Familie) und die Befehle auf dieses Publikum zuschneiden *(tailor to fit).* Versuchen Sie dabei, verschiedene Befehlsarten *(types)* zu verwenden!

---

[3]*Der Spiegel,* 20 Februar 2008: Stefan Zimmermann, „Die perfekte Anleitung für schlechte Studienarbeiten." [URL: http://www.spiegel.de/unispiegel/studium/0,1518,534163,00.html]

Zusammenfassung

Rules to Remember

1 There are four imperative verb-forms in German, corresponding to people addressed as **du, ihr, Sie, wir.**

2 The imperative conjugations are based on the *present tense* verb forms corresponding to these pronouns.

3 For the **du**-imperative, vowel shifts from **i** ⟶ **e** and **i** ⟶ **ie** are retained; **a** ⟶ **ä** and **au** ⟶ **äu** shifts are not retained.

4 In most cases, no pronoun is used after **du**- and **ihr**-imperatives: **Komm; Kommt.**

5 Pronouns are always used after **wir**- and **Sie**-imperatives: **Gehen wir; Gehen Sie.**

6 German uses several forms to express commands and requests besides the imperative: modal verbs; subjunctive forms such as **würde/könnte**; impersonal forms (with the infinitive in final position); and no-subject passives.

At a Glance

Imperative forms					
	gehen	**mit·singen**	**antworten**	**sprechen (e ⟶ i)**	**tragen (a ⟶ ä)**
du	Geh(e)	Sing(e) ... mit	Antworte	Sprich	Trag(e)
ihr	Geht	Singt ... mit	Antwortet	Sprecht	Tragt
Sie	Gehen Sie	Singen Sie ... mit	Antworten Sie	Sprechen Sie	Tragen Sie
wir	Gehen wir	Singen wir ... mit	Antworten wir	Sprechen wir	Tragen wir

Future tense · Future perfect tense

zum Beispiel

Herbsttag von Rainer Maria Rilke

Herbsttag

Herr, es ist Zeit. Der Sommer war sehr groß.
Leg deinen Schatten° auf die Sonnenuhren°,   *shadow / sundials*
und auf den Fluren° lass die Winde los.   here: *meadows*

Befiehl° den letzten Früchten, voll zu sein;   *command*
gib ihnen noch zwei südlichere Tage,
dränge° sie zur Vollendung° hin, und jage°   *urge / completion / here: drive*
die letzte Süße° in den schweren Wein.   *sweetness*

Wer jetzt kein Haus hat, baut sich keines mehr.
Wer jetzt allein ist, wird es lange bleiben,
wird wachen°, lesen, lange Briefe schreiben   *stay awake*
und wird in den Alleen° hin und her   *boulevards, tree-lined roads*
unruhig wandern, wenn die Blätter° treiben°.   *leaves / drift about*

—Rainer Maria Rilke [21.9.1902]

Grammatik

A. Formation

1. The future tense **(das Futur)** is formed with the conjugated present tense of the auxiliary **werden** (in this usage: *will*) + a verb infinitive.

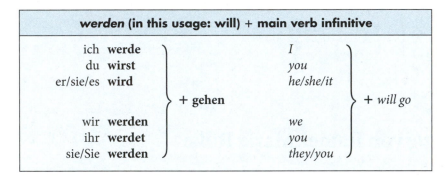

werden (in this usage: will) + main verb infinitive	
ich **werde**	*I*
du **wirst**	*you*
er/sie/es **wird**	*he/she/it*
+ gehen	+ *will go*
wir **werden**	*we*
ihr **werdet**	*you*
sie/Sie **werden**	*they/you*

2. In the future tense, **werden** functions as V$_1$ and the infinitive is at the end of the main clause (V$_2$).

   Hoffentlich **wird** das sonnige Wetter   *I hope the sunny weather will last.*
      andauern.

3. In a dependent clause, **werden** (V$_1$) moves to final position. However, if the dependent clause contains a double infinitive, as is the case with the future tense of modal verbs and some constructions with **lassen** (9.4 and 11.6), **werden** directly precedes the double infinitive.

   Meinst du, dass wir uns nach den   *Do you think we'll see each other after*
      Semesterferien *wiedersehen* **werden?**   *the semester break?*

   BUT:

   Du, ich glaube nicht, dass wir uns   *You know, I really don't think we'll be*
      werden *wiedersehen können.*   *able to see each other again.*

B. Use

1. Like other tenses in German (see 2.2.A; 3.2.C; 8.1.B), the future tense can be translated by multiple forms in English.

Er wird lange Briefe schreiben.
$\begin{cases} \textit{He's going to write long letters.} \\ \textit{He will write long letters.} \end{cases}$

2. German uses the future tense more sparingly than English. Both English and German use the present tense to convey future meaning when adverbial modifiers or other contextual clues make that meaning clear.

Ich **kaufe** den Wein *heute Abend.*   *I'm buying the wine tonight.*

But German much prefers the present tense in such cases, even where English may require a future tense form.

COMPARE:

Ich schreibe dir später.
$\begin{cases} \textit{I'll write to you later.} \\ \textit{I'm going to write to you later.} \end{cases}$

3. There are, however, several situations in which German favors the future tense.

a. To emphasize assumptions or intentions.

Er **wird wachen** und **lesen.**
$\begin{cases} \textit{(I assume) He'll stay up and read.} \\ \textit{He intends to stay up and read.} \end{cases}$

Er **wird** bestimmt kein Haus **bauen.**   *He's definitely not going to build a house.*

b. To refer to states or actions in a relatively distant future.

COMPARE:

Was **macht** er das ganze Wochenende?
$\begin{cases} \textit{What is he doing all weekend?} \\ \textit{What will he do all weekend?} \end{cases}$

Was **wird** er wohl in den kommenden Jahren **machen?**   *What will he do in the coming years?*

c. To distinguish future states or actions from present states or actions.

„Wer jetzt allein **ist, wird** es lange **bleiben.“**   *"Whoever is alone now will remain so for a long time."*

4. The German future tense is also used with the particles **wohl** or **schon** to express *present probability*.

Das **wird** *schon* **stimmen.**   *That's probably right.*

Die Trauben **werden** *wohl* zum Ernten   *The grapes are probably ripe for the*
reif **sein.**   *harvest.*

24.2 FUTURE PERFECT TENSE

A. Formation

The future perfect tense (**Futur II**) is formed like the future tense—that is, with **werden** (V_1) joined to an infinitive (V_2)—except that in the future perfect, the infinitive in question is a *perfect infinitive* (see also 9.1.B) rather than the more commonly used *present infinitive*. The perfect infinitive consists of the past participle and the appropriate auxiliary in present infinitive form.

Present infinitive		Perfect infinitive
tun	→	getan haben *(to have done)*
sagen	→	gesagt haben *(to have said)*
fahren	→	gefahren sein *(to have driven)*
bleiben	→	geblieben sein *(to have stayed)*

Notice how the sense of completion conveyed by the perfect tense characterizes the future perfect tense as well.

Perfect: Er **hat** das Haus **gebaut.**   *He built the house.*

Future perfect: Er **wird** das Haus **gebaut haben.**   *He will have built the house.*

B. Use

1. The future perfect tense can express the idea that something *will have happened* by a specified point in the future, often with an adverbial modifier using **bis.**

Bis Oktober **wird** er sein Haus   *He will have built his house by*
gebaut haben.   *October.*

Und *bis* Ende Oktober **wird** er schon   *And by the end of October he'll have*
umgezogen sein.   *already moved in.*

Bis Ende November **wird** er wohl   *By the end of November he'll probably*
Hunderte von Briefen **geschrieben**   *have written hundreds of letters.*
haben.

2. The future perfect can also be used to express probability concerning something that *has already happened,* often in conjunction with the particles **wohl** or **schon.**

> Er **wird** *wohl* diesen Ort schon mal
>   im Herbst **besucht haben.**
>
> *He's probably already visited this place*
>   *in autumn.*

> **Wird** Rilke *wohl* alles selbst **erfahren**
>   **haben,** was er im Gedicht beschreibt?
>
> *Did Rilke experience everything*
>   *himself that he describes in the poem?*

Wortschatz
Weiter so!

---

weiter·[machen]   **fort·setzen**
fort·fahren

---

1. The most common way of expressing *to continue an activity,* especially in conversational settings, is to use the separable prefix **weiter.**

> **Mach** (nur) **weiter!**
>
> *(Just) keep on going!/Keep on doing it!*

> Danach sind wir **weitergefahren.**
>
> *After that we continued driving.*

> Hör doch auf! Ich will **weiterlesen.**
>
> *Stop that! I want to read some more.*

In this sense, **weiter** is often used without a verb to convey *encouragement to continue.*

> **Weiter** so!
>
> *You're doing great!/Keep on going!*

2. **Weiter** also functions as a comparative adverb, with the meaning of *further* (see R.5.1):

> Rilke ist viel **weiter** gereist als ich.
>
> *Rilke traveled much further than*
>   *I (have).*

3. **Weiter·machen** + **mit** expresses *to continue* + a noun (as in "*She's continuing her project*").

> Nach seinem Bruch mit Rodin **machte**
>   Rilke mit seiner Dichtung **weiter.**
>
> *After parting ways with Rodin, Rilke*
>   *continued with his writing.*

4. The separable-prefix verb **fort·fahren** can be used to express a similar meaning, but is usually found in more formal settings (such as a meeting or lecture). It is intransitive, taking no direct object, but is normally complemented by a clause or phrase.

> Wir **fahren fort,** wo wir gestern
>   aufgehört haben.
>
> *We'll continue where we left off*
>   *yesterday.*

> Er **fuhr** im Gedicht mit dieser
>   Metapher **fort.**
>
> *He continued with this metaphor in the*
>   *poem.*

5. **Fort·setzen** also means *to continue something,* and is similarly formal, but it is transitive, requiring a direct object.

Nach dem Winter hat man die Arbeit am Haus **fortgesetzt.**	*After the winter, they continued the work on the house/working on the house.*

Übungen

A **Lottogewinner!** In einem Fernsehinterview erzählen Herr und Frau Lindemann, was sie mit ihrem Lottogewinn machen werden. Sie sprechen im Präsens. Erzählen Sie **im Futur** von den Plänen der Familie.

HERR UND FRAU LINDEMANN:

Mit unserem Lottogewinn von 500.000 Euro machen wir erst mal eine Reise nach Amerika. Unsere Tochter reist mit. In Boston kaufen wir uns einen Mercedes, denn dort kostet er weniger als bei uns, und wir fahren dann quer durch Amerika nach San Francisco. Wir fliegen nach Deutschland zurück, und wir schenken Michael Schumacher unseren neuen Mercedes. Dann fährt er endlich einen!

B **Morgen.** Was werden Sie morgen tun? Was haben Sie vor zu machen? Ergänzen Sie die Sätze mit Verben im Futur und mit Beispielen von **weiter·[machen, lesen, fahren** usw.**].**

BEISPIELE Am Nachmittag ...
Am Nachmittag werde ich an einem Aufsatz weiterarbeiten.

Um acht Uhr ...
Um acht Uhr werde ich aufstehen.

Um zehn Uhr ...
Um zehn Uhr wird meine Deutschstunde beginnen.

1. Um acht Uhr ...
2. Um halb zehn ...
3. Zu Mittag ...
4. Nach der Mittagspause ...
5. Am späteren Nachmittag ...
6. Am Abend ...

Und jetzt drei weitere Aussagen im Futur. **Sie** sollen einen Zeitpunkt wählen.

7. Ich denke, dass ...
8. Es ist möglich, dass ...
9. Ich weiß noch nicht, ob ...

C **Im Hörsaal: Was wird wohl geschehen sein?** Erklären Sie, warum die Leute sich wohl so benehmen *(behave)*.

> **BEISPIEL** Georg hat heute Morgen einen schweren Kopf.
> *Er **wird wohl** gestern Abend zu viel **gelernt haben.***

1. Jeff ist überglücklich. Er sitzt und strahlt *(beams)* und achtet *(pays attention)* auf gar nichts.
2. Stephanie ist heute bedrückt *(depressed)*. Sie weint leise während der Vorlesung.
3. Olivia döst *(is dozing)* in der letzten Reihe *(row)*, während alle anderen zuhören.
4. John sitzt ganz still auf seinem Platz. Er hat ein blaues Auge.
5. Katie kommt sonst immer pünktlich zur Vorlesung. Heute ist sie aber nicht da.

D **Futur II: Bis dahin.** Was wird bis dahin schon geschehen sein?

> **BEISPIEL** Vor dem Ende dieses Jahres ...
> ***werde** ich mir ein Auto **gekauft haben**.*
> ***wird** die Uni einen neuen Präsidenten **gefunden haben**.*
> ***werden** Freunde von mir nach Europa **gereist sein**.*

1. Bis zum nächsten Freitag ...
2. Vor dem Ende des Semesters ...
3. Bevor ich 30 werde, ...
4. Vor dem Jahre 2020 ...
5. Bis man Krebs *(cancer)* besiegt haben wird, ...

E **Weitermachen.** Beenden Sie die Sätze. Verwenden Sie die folgenden Verben.

> fort·fahren   fort·setzen   weiter·[machen]

1. Es tut mir leid, dass ich Sie beim Lesen stören musste. Sie können jetzt ...
2. Die Stammzellforschung ist kontrovers. Meinen Sie, man sollte ... – oder nicht?
3. Wir werden diese Diskussion morgen ...
4. Wenn Sie zu der Brücke kommen, dann haben Sie den Campingplatz noch nicht erreicht. Sie müssen noch ein paar Kilometer ...
5. Bei der 20. Meile des Marathons konnte ich leider ...

Anwendung

A **Was andere machen werden.** Fragen Sie jemanden im Kurs nach ihren/seinen Plänen und berichten Sie darüber.

> **THEMENVORSCHLÄGE**
>
> nächsten Sommer
> nach dem Studium
> im späteren Leben
> wenn alles nach Plan geht

> **REDEMITTEL**
>
> Weißt du schon, was du machen wirst, wenn … ?
> Hast du dir überlegt *(thought about)*, was … ?
> Was hast du für … vor *(have in mind)*?
> Wenn alles nach Plan geht, dann werde ich …
> Vielleicht wird es mir gelingen *(succeed)*… zu [tun].
> Ich werde wohl …

B **Prognosen für die Zukunft.** Diskutieren Sie mit anderen Studenten, wie die Welt Ihrer Meinung nach in zwei, fünf, 10, 20 oder 30 Jahren aussehen wird. Was wird wohl anders sein als heute? Was wird es (nicht mehr) geben? Beginnen Sie mit einem Thema, und wenn Sie und Ihre Partnerin/Ihr Partner zwei bis drei Meinungen dazu ausgetauscht haben, machen Sie mit mindestens zwei Themen weiter.

> **THEMENVORSCHLÄGE**
>
> Umwelt (Wasserversorgung, globale Erwärmung)
> Medien (Fernsehen, Presse, Internet)
> Technik und Informatik
> Wirtschaft (global und regional)
> Film und Theater
> Sport und Freizeit
> Schule und Universität
> Politik und Gesellschaft *(society)*
> Übervölkerung *(overpopulation)*
> Medizin und Gesundheitsfragen

REDEMITTEL

In ... Jahren wird ...
Höchstwahrscheinlich *(most likely)* werden wir (nicht) ...
Ich denke, es wird wohl so sein: ...
Es ist gut möglich *(quite possible)*, dass ...
Vielleicht werden die Menschen auch ...
Es würde mich (nicht) überraschen, wenn ...
Es kann sein, dass wir in Zukunft[1] ...
Es wird wahrscheinlich (keine) ... (mehr) geben.

C **Voraussagungen** *(predictions)*. Schreiben Sie eine Liste mit zehn bekannten Menschen auf. Dann lesen Sie die Liste einer Partnerin/einem Partner vor, die/der für jeden Namen eine (fiktive) Voraussage fürs Jahr 2020 macht.

BEISPIEL Mick Jagger
Im Jahr 2020 wird Mick Jagger wohl noch einmal mit seiner Band auf Tournee sein, und er wird wohl immer noch herumtanzen, als ob er ein Teenager wäre.

Schriftliche Themen

Tipps zum Schreiben

Qualifying Statements About the Future

There is a saying in English: *"Man proposes, God disposes."* (**Der Mensch denkt, Gott lenkt.**) In other words, things may not always turn out as planned. Thus, when conjecturing about the future or when telling of your own plans, you may want to qualify some of your statements with adverbial expressions such as the following:

eventuell *(possibly, perhaps)*
hoffentlich, unter Umständen *(under certain circumstances)*
unter keinen Umständen *(under no circumstances)*
vielleicht, wohl (schon) *(probably)*
(höchst)wahrscheinlich *([most] likely)*

You can even stress the tentative nature of your future statements by beginning sentences with these qualifiers. Time expressions also work well in first position; they supply the reader with an immediate future context for what is to follow. Remember to use a mixture of present and future tense for the sake of stylistic variety, and be sure to vary your verbs.

---

[1] English speakers can say *in future* or *in the future,* though the latter form is preferred in America. German speakers use both forms as well—**in Zukunft** as well as **in der Zukunft**—but prefer the former.

A *Herbsttag – mal anders.* Werner Schneyder, der österreichische Kabarettist und TV-Kommentator, hat eine Parodie von Rilkes Gedicht geschrieben, und vermittelt dabei ein ziemlich anderes Bild vom Übergang *(transition)* zwischen Sommer und Herbst. Was steht im Mittelpunkt der Sommererfahrungen dieses lyrischen Ichs *(poetic persona)*? Woran denkt er am Ende des Sommers? Schreiben Sie darüber! Oder schreiben Sie …

- einen Vergleich zwischen Rilkes und Scheyders poetischem Ton.
- eine Analyse von Schneyders Vokabeln und Wortspielen.
- über Ihre eigenen Sommererfahrungen und -gedanken: Sind sie denen von Rilke oder von Schneyder ähnlicher?
- mit dem Futur: Was werden *Sie* nach den nächsten Sommerferien machen?

Herbsttag

(Nach° Rainer Maria Rilke)   *here: adapted from*

Herr: es ist Zeit. Der Sommer war sehr groß.
Leg deinen Schatten auf die Sonnenbrände°,   *sunburn*
nach Urlaubsende geht der Wirbel° los.   *hectic pace, craziness*

Befiehl den guten Zöllnern°, mild zu sein;   *customs agents*
gib ihnen noch zwei gütlichere° Tage,   *friendlier*
dränge sie zur Vollendung hin und jage
mich durch den Zoll° mit dem gepanschten° Wein.   *customs / spiked with sugar or other enhancements, i.e., very cheap*

Wer jetzt nach Haus kommt, riecht nach° Mittelmeer°. *smells like / the Mediterranean*
Wer jetzt allein ist, wird es nicht lang bleiben,
wird viel erzählen und in Briefen schreiben,
wie man am Sandstrand° hin und her   *beach*
zu Mädchen wandert, wenn die Triebe° treiben°.   *appetites, urges / compel*

—Werner Schneyder [1985][2]

B **Meine Zukunftspläne.** Erzählen Sie in zehn Sätzen von Ihren Zukunftsplänen.

BEISPIEL *Ich bin jetzt im zweiten Studienjahr. In zwei Jahren werde ich mein Studium als Undergraduate abschließen. Was danach kommt, weiß ich noch nicht so genau. Vielleicht werde ich weiterstudieren. Es kann aber auch sein, dass ich zuerst ein paar Jahre arbeite oder einen Beruf erlerne. Auf jeden Fall werde ich … usw.*

C **Die Zukunft.** Wie sehen Sie die Zukunft Ihres Landes? Ihrer Uni? Ihrer Heimatstadt? Schreiben Sie entweder aus positiver oder negativer Sicht.

---

[2] Aus „Auf weißen Wiesen weiden grüne Schafe." Parodien. Ausgewählt von Karl Riha und Hans Wald. 2001. it 2735. S. 139.

Zusammenfassung

Rules to Remember

1 The future tense (**das Futur**) is formed with **werden** + present infinitive, using the same word order as modal verbs with infinitives.

2 The future perfect tense (**Futur II**) is formed with **werden** + perfect infinitive. Perfect infinitive = past participle + **haben** or **sein**.

3 German prefers the present tense in many cases where English uses the future tense. The future tense is used in German: (a) to emphasize intentions or assumptions, (b) to refer to a relatively distant future, and (c) to distinguish between the present and the future in contexts where this might not be clear.

4 The future perfect tense is used to relate what will have been done by some point in the future, or to speculate (often using **wohl** or **schon**) that something has probably happened or been done in the past.

At a Glance

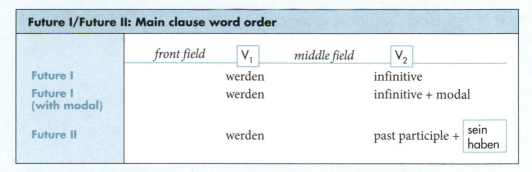

Future I/Future II: Main clause word order				
	front field	V₁	*middle field*	V₂
Future I		werden		infinitive
Future I (with modal)		werden		infinitive + modal
Future II		werden		past participle + sein / haben

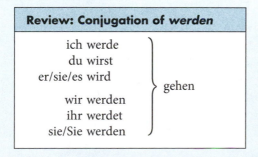

Review: Conjugation of *werden*
ich werde
du wirst
er/sie/es wird } gehen
wir werden
ihr werdet
sie/Sie werden

Reference
Chapters

Reference 1

NOUN GENDERS • NOUN PLURALS • WEAK NOUNS

All German nouns, whether they represent persons, things, or ideas, have a grammatical gender that is indicated by the definite article: masculine **der** (**männlich; das Maskulinum**), feminine **die** (**weiblich; das Femininum**), or neuter **das** (**sächlich; das Neutrum**). While grammatical gender (**das Genus**) overlaps with sexual gender, so that male beings are usually grammatically masculine, and female beings feminine, for the great majority of nouns the designation follows no predictable pattern. Thus a tree (*der* **Baum**) consists of a trunk (*der* **Stamm**), covered with bark (*die* **Rinde**), which emanates into a branch (*der* **Ast**) and eventually a leaf (*das* **Blatt**). There are, however, several general guidelines for determining grammatical gender, based on meaning and characteristics of the word itself (suffixes, for example), and this section lists the most useful of these.

A. Masculine nouns

The following types of nouns are usually masculine:

1. Words designating male beings, their familial relationships, professions, and nationalities

der Mann, ̈er	der Vater, ̈	der Arzt, ̈e	der Engländer, -
der Junge, -n	der Sohn, ̈e	der Koch, ̈e	der Franzose, -n
der Herr, -en	der Bruder, ̈	der Pilot, -en	der Italiener, -
	der Onkel, -	der Professor, -en	der Kanadier, -
	der Vetter, -n		der Amerikaner, -

2. Agent nouns derived from verbs by adding the suffix **-er** to the infinitive stem

   arbeiten ⟶ der Arbeit**er**, -
   fahren ⟶ der Fahr**er**, -
   malen ⟶ der Mal**er**, -
   lehren ⟶ der Lehr**er**, -

3. Days of the week, months of the year, seasons, and most weather elements

(der) Montag	der Frühling	der Regen
(der) Mai	der Herbst	der Schnee

4. Names of cars, when referred to by the manufacturer's name, including foreign carmakers

der BMW	der Ford	der Opel	der Trabi
der Ferrari	der Mercedes	der Skoda	der VW

5. Names of most *non-German* rivers

der Mississippi	der Nil
der Mekong	der Delaware

EXCEPTIONS: die Wolga, die Themse, die Seine

6. Nouns ending in the suffixes **-ig**, **-ling**, **-or**, or **-us**

der Käf**ig**, -e *(cage)*	der Mot**or**, -en
der Hon**ig**, -e	der Fakt**or**, -en
der Lieb**ling**, -e	der Sozialism**us**
der Schwäch**ling**, -e *(weakling)*	der Zirk**us**, -se

7. Most nouns ending in **-en**

der Gart**en**, ¨	der Krag**en**, - *(collar)*	der Ost**en**
der Haf**en**, ¨ *(harbor)*	der Mag**en**, - *(stomach)*	der Süd**en**

B. Feminine nouns

The following types of nouns are usually feminine:

1. Words designating female beings and their familial relationships

die Frau, -en	die Mutter, ¨	die Schwester, -n
die Tochter, ¨	die Tante, -n	die Nichte, -n *(niece)*
die Kusine, -n		

2. Words designating professions and nationalities, using the suffix **-in** with masculine forms

die Ärzt**in**, -nen	die Engländer**in**, -nen
die Köch**in**, -nen	die Französ**in**, -nen
die Pilot**in**, -nen	die Italiener**in**, -nen
die Professor**in**, -nen	die Kanadier**in**, -nen
die Arbeiter**in**, -nen	die Amerikaner**in**, -nen
die Lehrer**in**, -nen	

3. Most nouns ending in **-e** (plural **-n**)

die Krawatt**e**, -n
die Maschin**e**, -n
die Sprach**e**, -n

4. Nouns ending in the suffixes **-anz, -ei, -enz, -ie, -ik, -ion, -heit, -keit, -schaft, -tät, -ung,** or **-ur**

die Disson**anz**, -en	die Mus**ik**	die Land**schaft**, -en
die Kondito**rei**, -en	die Relig**ion**, -en	die Rivali**tät**, -en
die Frequ**enz**, -en	die Dumm**heit**, -en	die Bedeut**ung**, -en
die Demokrat**ie**, -n	die Schwierig**keit**, -en	die Prozed**ur**, -en

EXCEPTION: der Papagei, -en (*parrot*)

5. Names of many rivers in Germany, Austria, and Switzerland

die Donau	die Isar	die Weser
die Elbe	die Mosel	die Oder
die Havel	die Aare	

EXCEPTIONS: der Rhein, der Inn, der Lech, der Main, der Neckar

6. Numerals used as nouns, as with test scores or competition results (see R.4.A)

Ich habe eine Eins bekommen!   *I got a one! ("A" in the American grading system).*

C. Neuter nouns

The following types of nouns are usually neuter:

1. Names of continents, cities, and most countries. However, they only require an article when modified by adjectives.

   COMPARE:

   Berlin ist seit 1990 die neue Hauptstadt. (*no article*)

   Ein vereinigtes Berlin ist seit 1990 die neue Hauptstadt. (*article*)

2. Nouns for names of many metals

das Blei (*lead*)	das Gold	das Silber
das Eisen (*iron*)	das Metall	das Uran

EXCEPTIONS: der Stahl, die Bronze

3. Letters of the alphabet, including designations for musical notes

ein kleines G	das Fis (*F-sharp*)
das große H	das Ges (*G-flat*)[1]
ein hohes C	

---

[1]In German, a sharp note is indicated with the -**is** suffix, a flat note with -**(e)s**. The chromatic scale beginning at C is thus written: C | Cis/Des | D | Dis/Es | E | F | Fis/Ges | G | Gis/As | A | B | H | C. Note that at the end of the scale, *B-flat* in English is named **B** in German, and *B* in English is **H** in German, hence the name of J.S. Bach's masterpiece: *h-Moll-Messe* (*B minor mass*). The **h** is lowercase here to indicate the minor key, as opposed to **H** (B major).

4. Infinitives and other parts of speech when used as nouns

(das) Lesen *(reading)*   das Ich *(ego)*

(das) Schreiben *(writing)*   das Für und Wider *(arguments for and against)*

5. Nouns ending in the suffix **-tum**

das Christen**tum**   das Juden**tum**   das Eigen**tum** *(possession)*

EXCEPTIONS: **der Reichtum, ¨er** *(wealth);* **der Irrtum, ¨er** *(error)*

6. Nouns with the diminutive suffixes **-chen, -lein** (and their dialect variations **-erl, -el, -le, -li**). Also nouns with the suffixes **-ment** and **-(i)um.**

das Mäd**chen,** -   das Experi**ment,** -e
das Büch**lein,** -   das Dat**um,** *pl.* die Daten
das Buss**erl,** - *(kiss, smooch)*   das Mus**eum,** *pl.* die Museen
das Häu**sle,** -   das Medi**um,** *pl.* die Medien

7. Most collective nouns beginning with the prefix **Ge-**

Berge —→ das **Ge**birge   Wolken —→ das **Ge**wölk
Büsche —→ das **Ge**büsch   Schreie —→ das **Ge**schrei *(screaming)*

EXCEPTIONS: der Gedanke *(thought, idea)*
der Gesang *(singing, vocal music)*
der Geschmack *(taste)*
der Gestank *(stench)*
der Gewinn *(profit)*

D. Compound nouns

In compound words, all gender and plural inflections are determined by the last word in the compound.

das Eisen, - *(iron)*

die Eisen**bahn, -en** *(railroad)*

der Eisenbahn**schaffner,** - *(railroad conductor)*

die Eisenbahnschaffner**uniform, -en** *(railroad conductor's uniform)*

E. Nouns with dual gender

1. Some words that look identical have different genders to distinguish their meaning. Here are some common examples:

der Band, ¨e	*volume, i.e., a book*	der Gefallen, -	*favor*
das Band, ¨er	*ribbon, tape*	das Gefallen	*pleasure*
die Band, -s	*band, music group*	der Gehalt, -e	*content(s)*
der Flur, -e	*hallway*	das Gehalt, ¨er	*salary, wages*
die Flur, -en	*meadow, pasture*		

der Kunde, -n	*customer, client*	das Schild, -er	*sign, signboard*
die Kunde	*news, notice, information*	der Schild, -e	*shield*
		der See, -n	*lake*
der Messer, -	*gauge*	die See, -n	*sea*
das Messer, -	*knife*		
		der Tor, -en	*fool*
der Moment, -e	*moment*	das Tor, -e	*gate, portal; soccer goal*
das Moment, -e	*factor*		

2. The word **Teil** (*part, element, share*) can be either masculine or neuter, but the respective meanings differ only slightly.

   ■ It is usually masculine (**der Teil**) when referring in general to a *part* of something (***ein großer Teil** der Bevölkerung* = *a large part of the population*).

   ■ It is neuter (**das Teil**) when referring to *mechanical parts* (**das Autoteil, -e**) or (colloquially) to articles of clothing (**Du, ich hab'** *ein neues Teil* **gekauft!**).

   ■ It can be either masculine or neuter in the more abstract meaning of *share:* **Die Frau hat wirklich** *ihr(en) Teil* **gegeben** = *That woman really did her share.*

   ■ Some compounds using **Teil** are masculine, as in **der Vorteil** (*advantage*) and **der Nachteil** (*disadvantage*); and some are neuter, as in **das Gegenteil** (*opposite*) and **das Urteil** (*verdict, judgment*).

3. **Meter** and its compounds and **Liter** are now usually treated as masculine, although some dictionaries still list neuter as the officially preferred gender (see R.4.2.B).

R.1.2 NOUN PLURALS

There are five basic plural endings for German nouns: **-, -e, -er, -en,** and **-s.** In some instances, the stem vowel of the noun also has an umlaut. In the plural, all nouns take the same article for any given case (i.e., **die** for nominative and accusative, **den** for dative, and **der** for genitive), regardless of the gender of the singular noun. The following guidelines should be considered rules of thumb only, for there are exceptions.

A. No plural ending (- or ¨)

Most masculine and neuter nouns ending in **-el, -en,** or **-er** take no plural ending, though many that are masculine do take an umlaut.

der Sessel, **die Sessel**	der Fahrer, **die Fahrer**
der Mantel, **die Mäntel**	der Vater, **die Väter**
der Wagen, **die Wagen**	das Fenster, **die Fenster**
der Garten, **die Gärten**	
das Kissen (*pillow*), **die Kissen**	

EXCEPTIONS: der Stachel, **die Stacheln** (*thorn, prickle, stinger*)

   der Vetter, **die Vettern** (*male cousin*)

B. Plural ending -*e* or *̈e*

1. A large number of monosyllabic masculine and neuter nouns take an **-e** ending in the plural. Some of these masculine nouns also take an umlaut.

   der Tisch, **die Tische**   der Bach, **die Bäche**
   das Jahr, **die Jahre**   der Stuhl, **die Stühle**

   EXCEPTIONS: der Mann, **die Männer;** der Wald, **die Wälder**

2. About thirty monosyllabic feminine nouns also take the plural ending **-e** and add an umlaut.

   die Angst, **die Ängste**   die Bank, **die Bänke**
   die Hand, **die Hände**   die Wand, **die Wände**

   ALSO:

   die Brust, die Faust *(fist),* die Frucht, die Haut *(skin; hide),* die Kraft *(strength),* die Kuh, die Kunst, die Laus, die Luft, die Macht *(power),* die Maus, die Nacht, die Wand, die Wurst, and a few others.

C. Plural ending -*er* or *̈er*

Many monosyllabic neuter words take an **-er** plural ending and also have an umlaut when possible.

   das Bild, **die Bilder**   das Buch, **die Bücher**
   das Kleid, **die Kleider**   das Dorf, **die Dörfer**

D. Plural ending -(*e*)*n*

1. Almost all feminine nouns, including all those with feminine suffixes, take an **-(e)n** plural ending, but no umlaut.

   die Mauer, **die Mauern**   die Zeitung, **die Zeitungen**
   die Stunde, **die Stunden**   die Universität, **die Universitäten**

2. Nouns with the feminine suffix **-in** double the **-n** before the plural ending.

   die Autorin, **die Autorinnen**   die Polizistin, **die Polizistinnen**

E. Plural endings of foreign words

1. Many foreign words, particularly those ending in the vowels **-a** or **-o,** take an **-s** plural ending.

   das Büro, **die Büros**   die Kamera, **die Kameras**   das Sofa, **die Sofas**

2. German words borrowed from English ending in **-y** that require a vowel change in the English plural form do not normally show this change in their German equivalents:

   das Handy ⟶ **die Handys**
   die Party   ⟶ **die Partys**[2]

---

[2]**Party:** Not to be confused with **die Partie** ⟶ **die Partien,** which denotes a competitive *match,* as in **eine Bridgepartie,** or a *part* in a musical piece, as in **die Geigenpartie** *(violin part).*

3. German words borrowed from Latin with endings such as **-um** and **-us** often use **-en** in the plural.

das Album $\longrightarrow$ die Alb**en**
das Museum $\longrightarrow$ die Muse**en**
der Rhythmus $\longrightarrow$ die Rhythm**en**
das Visum $\longrightarrow$ die Vis**en** (*also:* Visa)
das Universum $\longrightarrow$ die Univers**en**
das Zentrum $\longrightarrow$ die Zentr**en**

F. Nouns without plurals

1. German nouns designating materials such as **Zucker** (*sugar*), **Wolle** (*wool*), and **Stahl** (*steel*), or abstract concepts like **Liebe** (*love*), **Hass** (*hatred*), and **Intelligenz** (*intelligence*) have no plural form.

2. Many collective nouns beginning with **Ge-** appear most often in the singular. Their English translations are often plural.

das Gebirge (*mountains*)
das Gebüsch (*bushes*)
das Geschirr (*dishes*)
das Gewölk (*clouds*)

3. Certain English nouns always take a plural form, whereas their German equivalents have both singular and plural forms like most nouns.

eyeglasses $\longrightarrow$ die Brille (*one pair*); **die Brillen** (*multiple pairs*)
scissors $\longrightarrow$ die Schere (*one pair*); **die Scheren** (*multiple pairs*)

G. Nonstandard plural formations

A small number of nouns in both German and English have no plural form as such, yet the language has contrived a way to refer to multiple cases by manipulating or adding to the word, as in *jewelry* $\longrightarrow$ *pieces of jewelry*, which parallels the German **der Schmuck** $\longrightarrow$ **die Schmuckstücke.** As in English, the German word used for such plurals sometimes has a singular form of its own as well (for example, **das Schmuckstück**).

das Alter (*age*)		**die Altersstufen**
der Betrug (*deception*)		**die Betrügereien**
die Furcht (*fear*)		**die Ängste**
der Kaufmann (*businessman*)	}	**die Kaufleute**
die Kauffrau (*businesswoman*)		
der Kummer (*anxiety*)		**die Kümmernisse**
der Rat (*advice*)		**die Ratschläge**
der Streit (*quarrel*)		**die Streitereien**

R.1.3 WEAK NOUN DECLENSIONS

1. A particular group of masculine nouns adds -**(e)n** to all cases singular and plural except the nominative singular. Except for a very small number of such nouns (see 3.d below), the -**(e)n** ending takes the place of the genitive singular -**(e)s** ending.

	Singular	Plural
Nom.	der Mensch	die Menschen
Acc.	den Menschen	die Menschen
Dat.	dem Menschen	des Menschen
Gen.	des Menschen	der Menschen

2. The -**(e)n** suffix is required when the noun takes on any function other than the subject or predicate nominative of a sentence clause.

Unser **Nachbar** hat entweder keinen Rasenmäher oder keine Zeit zum Rasenmähen.

Our neighbor has either no lawn mower or no time to mow the lawn.

Kennst du den **Nachbarn**, den ich meine?

Do you know the neighbor I mean?

Ich muss mit diesem **Nachbarn** sprechen.

I must speak with this neighbor.

3. Nouns of this type include:

a. Some nouns denoting male beings in general

der Bauer *(farmer)*   der Knabe *(boy)*
der Bote *(messenger)*   der Kunde *(customer)*
der Experte   der Nachbar
der Herr[3]   der Riese *(giant)*
der Junge

b. A number of nouns indicating nationality or religious affiliation

der Chinese   der Buddhist
der Grieche   der Jude
der Russe   der Katholik
der Türke   der Protestant

---

[3]**Herr** takes -**n** in the singular (**dem Herrn, des Herrn,** etc.), but -**en** in the plural (**den Herren, der Herren,** etc.).

c. All nouns designating male beings and ending in the foreign suffixes -**ant**, -**arch**, -**ast**, -**ege**, -**ent**, -**ist**, -**oge**, -**om**, -**oph**, -**ot**

der Komödi**ant**	der Poliz**ist**
der Mon**arch**	der Psychol**oge**
der Enthusi**ast**	der Astron**om**
der Koll**ege**	der Philos**oph**
der Stud**ent**	der Pil**ot**

d. A few weak nouns have a genitive singular ending in -**ens**.

	Singular	Plural
Nom.	der Name	die Namen
Acc.	den Nam**en**	die Namen
Dat.	dem Nam**en**	den Namen
Gen.	des Nam**ens**	der Namen

Other common nouns of this type include:

der Friede(n) *(peace)*
der Gedanke *(thought)*
der Glaube *(belief)*
der Wille *(will)*

e. The weak neuter noun **das Herz** is irregular in the singular.

	Singular	Plural
Nom.	das Herz	die Herzen
Acc.	das Herz	die Herzen
Dat.	dem Herz**en**	den Herzen
Gen.	des Herz**ens**	der Herzen

Since this suffix is identical to the plural form (except for **Herr**, see above), it is not added to the noun if the noun appears with no article or other modifier that can show case endings, in order to avoid confusion with the plural form of the noun.

COMPARE:

Mit dem Kopf versteht er das, **mit dem Herzen** aber nicht.	*He understands it with his head, but not with his heart.*
Sie hat die Rolle **mit viel Herz** gespielt.	*She played the role with a lot of heart.*

Übersicht

NOUN GENDERS • NOUN PLURALS • WEAK NOUNS

Masculine suffixes

-ig	der Honig
-ling	der Schwächling
-or	der Motor
-us	der Zirkus

Suffixes of weak masculine nouns

-ant	der Komödiant
-arch	der Patriarch
-ast	der Enthusiast
-ege	der Kollege
-ent	der Präsident
-ist	der Komponist
-oge	der Meteorologe
-om	der Astronom
-oph	der Philosoph
-ot	der Pilot

Neuter suffixes

-chen	das Mädchen
-lein	das Tischlein
-ment	das Testament
-um, -ium	das Datum
	das Studium
-erl	
-el	
-le	*(dialect variants)*
-li	

Feminine suffixes

-anz	die Toleranz
-ei	die Partei
-enz	die Frequenz
-ie	die Aristokratie
-ik	die Grammatik
-ion	die Religion
-heit	die Schönheit
-keit	die Freundlichkeit
-schaft	die Freundschaft
-tät	die Universität
-ung	die Vorlesung
-ur	die Prozedur

Plural formations

- *or* ¨	Fenster ⟶ **Fenster**
	Garten ⟶ **Gärten**
-e *or* ¨e	Tisch ⟶ **Tische**
	Stuhl ⟶ **Stühle**
-er *or* ¨er	Bild ⟶ **Bilder**
	Buch ⟶ **Bücher**
-(e)n	Tür ⟶ **Türen**
	Mauer ⟶ **Mauern**
-s	Büro ⟶ **Büros**

Reference 2
CONJUNCTIONS

A. Forms

German has five coordinating conjunctions.

aber	*but, however*
denn	*for, because*
oder	*or*
sondern	*but rather*
und	*and*

B. Use

1. A coordinating conjunction (**die koordinierende Konjunktion, -en**) links words, phrases, or independent clauses by adding information (**und**), or by showing a contrast (**aber, sondern**), a reason (**denn**), or an alternative (**oder**). As far as word order goes, a coordinating conjunction is not considered part of the clauses or phrases that it connects. This means that main clauses following the conjunction show regular word order, with V_1 in second position—i.e., the conjunction is followed by a first element, then the conjugated verb. Dependent clauses after a conjunction likewise follow their usual order, with V_1 in final position.

Vor kurzem haben *Wer war's?* **und** *Stone Age* den deutschen Spiele-Preis gewonnen.	*Recently,* Who was it? *and* Stone Age *won the German "Games Prize."*
Viele Freunde von mir sind *Funkenschlag*-Fans, **aber** ich stehe eher auf *Die Siedler von Catan.*	*A lot of of my friends are* Powergrid *fans, but I am more into* Settlers of Catan.
Catan spiele ich oft, **denn** meine ganze Familie spielt es schon seit Jahren zusammen.	*I play* Catan *often, since my whole family has played it together for years now.*
Oder wollt ihr *Stratego Fortress* spielen? Das habe ich auch da.	*Or do you all want to play* Stratego Fortress? *I've got that here too.*

Aber and **denn** can occur as flavoring particles (see R.6). In addition, **aber** can be used within a clause as an adverb meaning *however*.

Manche interessieren sich nicht für solche Spiele, ich meine **aber**, dass sie recht unterhaltsam sind.	*Some people are just not interested in such games. I think, however, that they're quite entertaining.*

2. A comma usually precedes clauses and phrases introduced by **aber, denn,** and **sondern.** No comma is necessary before **und** and **oder** when they join clauses, but in some cases a comma can help prevent a misreading.

Jedes Stückchen bei *Catan* ist eine Landschaft **und** jede Landschaft hat bestimmte Rohstoffe. *(no comma needed)*	*With* Catan, *every playing piece is a land type and every land type has certain resources.*

Sehr geschickt handeln meine Geschwister **und** ich muss dabei sehr vorsichtig sein.

BETTER:

Sehr geschickt handeln meine Geschwister, **und** ich muss dabei sehr vorsichtig sein.

My siblings trade very shrewdly and I have to be very careful about it.

3. **Aber** *(but)* links clauses or phrases by providing *contrasting additional* information. The first clause can be positive or negative.

Beim Handeln sind sie manchmal besser als ich, **aber** ich bin ihnen beim Aufbauen überlegen.	*They're sometimes better at trading, but I'm superior to them in building.*

4. **Sondern** *(but rather)* links clauses and phrases by providing *contrasting corrective* information regarding what was said in the first clause or phrase. The information to be corrected must contain a negating word such as **nicht, nie,** or **kein** (see 7.1 and 7.2). The corrective information following **sondern** can be limited to only those elements that require correction, or it can be a full clause.

Punkte bekommt man **nicht** fürs Kämpfen, **sondern** fürs strategische Denken und Aufbauen.	*You don't get points for fighting, but rather for strategic thinking and building.*

OR:

Man gewinnt also **nicht** durch Brutalität, **sondern** man muss zusammenarbeiten und erfolgreich planen.	*So you don't win with violence, rather you have to cooperate and plan successfully.*

R.2.2 TWO-PART (CORRELATIVE) CONJUNCTIONS

A. Forms

1. The following two-part (correlative) conjunctions link words, phrases, or clauses in parallel fashion.

entweder ... oder	*either . . . or*
nicht nur ... sondern auch	*not only . . . but also*
sowohl ... als/wie (auch)	*both . . . and, as well as*
weder ... noch	*neither . . . nor*

Deutsche Männer im Alter von 18–23 müssen **entweder** bei der Bundeswehr dienen **oder** im Zivildienst.	*German men between the ages of 18 and 23 must serve either in the military or in the civil service.*
Das betrifft **nicht nur** die, die sonst keine Pläne haben, **sondern auch** diejenigen, die zur Arbeit oder zum Studium wollen.	*This applies not only to those who otherwise have no plans, but also to those who want to work or study.*
Und das Gesetz bestimmt, das **sowohl** Pazifisten **als auch** Nicht-Pazifisten dienen müssen.	*And the law sees to it that both pacifists and nonpacifists must serve.*
Für Jugendliche in den USA ist **weder** ein Wehrdienst **noch** ein Zivildienst erforderlich.	*For young people in the U.S.A., neither military service nor civil service is required.*

B. Use

1. When **entweder ... oder** is used to join two clauses, the position of **entweder** may vary, as well as the position of the finite verb in the first clause.

   Entweder ein junger Deutscher dient beim "Bund" **oder** als "Zivi."[1]

   Entweder dient ein junger Deutscher beim "Bund" **oder** als "Zivi."

   Ein junger Deutscher dient **entweder** beim "Bund" **oder** als "Zivi."

   *Either a young German man serves in the **Bund** or he becomes a **Zivi**.*

2. Many non-German speakers make the mistake of assuming that *both* is equivalent to **beide** in all contexts. English uses *both* to modify plural nouns as well as to join two entities, singular or plural, in conjunction with *and*.

   ***Both** men served as Zivis.*

   ***Both** Markus **and** his friend Lukas served as Zivis.*

   But **beide** can only be used in German in the first case, that is, to modify a plural noun.

   Beide Männer haben als Zivis gedient.

---

[1]**Bund**, a shortened form of **Bundeswehr** (*federal armed forces*) is a well-known slang term for military service, and **Zivi** is an understandably shortened form of **Zivildienstleistender** (*a man performing civil service in place of military service*).

In the second case, that is, to emphasize that the statement applies to two distinct entities, German requires the correlative conjunction **sowohl … als auch**.

Sowohl Markus **als auch** sein Freund Lukas haben als Zivis gedient.

An additional example, by way of comparison:

Die Bundeswehr **und** der Zivildienst verlangen viel Einsatz.	*The national defense **and** civil service require a high [degree of] commitment.*
Sowohl die Bundeswehr **als auch** der Zivildienst verlangen viel Einsatz.	***Both** the national defense **and** civil service require a high commitment.*

When speaking, one could stress the **und** of the first example above to make the desired emphasis clear. But in written German, **sowohl … als auch** is necessary to underscore that both entities are included in the statement.

3. Correlative conjunctions can be used to link together multiple sentence subjects as well as other elements. In cases where the two subjects differ in person or number, the V_1 is conjugated to agree with the subject closest to it.

Sowohl einer, der als Zivi arbeitet, als auch Bundeswehrsoldaten **müssen** jetzt neun Monate dienen.	*Both someone who works as a **Zivi** as well as **Bundeswehr** soldiers must serve for nine months.*
Sowohl Bundeswehrsoldaten als auch einer, der als Zivi arbeitet, **muss** jetzt neun Monate dienen.	

R.2.3 SUBORDINATING CONJUNCTIONS

A. Forms

The following subordinating conjunctions are used frequently:

als	*when, as*	nachdem	*after*
als ob	*as if, as though*	ob	*whether, if*
bevor/ehe	*before*	obgleich/obschon/ obwohl	*although, even though*
bis	*until, by*		
da	*since, because*	seit(dem)	*since (temporal)*
damit	*so that (intent)*	sobald	*as soon as*
dass	*that*	solange	*as long as*
anstatt dass	*instead (of doing) (See also* anstatt zu; *11.2.)*	sooft	*as often as*
		während	*while*
ohne dass	*without (doing) (See also* ohne zu; *11.2.)*	weil	*because*
		wenn	*when, if, whenever*
so dass/sodass	*so that (result)*	wenn … auch	*even if, even though*
falls	*in case, if*	wenn … nicht/ wenn … kein-	*unless*
indem	*by (doing)*		

B. Use

1. A subordinating conjunction (**die subordinierende Konjunktion, -en**) connects a subordinate clause to a main clause. Subordinate clauses include noun clauses (beginning with **dass**), relative clauses (see 18.1), and adverbial clauses (14.4) that add information about when, how, why, or under what conditions the activity of the main clause occurs.

2. In a subordinate clause, the conjugated verb (V_1) is normally in final position (see 1.3). Notice that main and subordinate clauses in German are always separated by a comma.

Main clause	Subordinate clause
Der 1981 Film *Das Boot* ist spannend *(suspenseful)*,	**weil** *(because)* die Schauspieler, das Drehbuch *(script)* und die Filmtechnik alle überzeugend *(convincing)* **sind**.
	obwohl *(until)* man schon am Anfang das Ende **ahnt** *(suspects)*.
	wenn man auch den Kontext der Handlung *(plot)* nicht **kennt**.

The only exception to this rule occurs when a subordinate clause contains a V_2 consisting of a double infinitive (see 9.3.A and 11.6), in which case V_1 stands immediately before the double infinitive.

Das Boot ist tief unter Wasser geblieben, weil es sich vor einem Zerstörer **hat verstecken müssen.**	*The boat remained deep underwater, because it had to hide from a destroyer.*

3. A subordinate clause can occur either before or after the main clause. If the sentence begins with a subordinate clause, the following main clause must begin with the conjugated verb (V_1). In other words, within the overall sentence structure a subordinate clause can occupy the front field, in which case V_1 stands as usual in second position.

Subordinate clause	Main clause
Weil es sich vor dem Zerstörer verstecken muss,	
Bis alles wieder repariert ist,	**bleibt** das U-Boot tief unter Wasser.
Falls der Zerstörer es noch einmal angreifen will,	

4. Interrogative words (see 19.2) can also function as subordinating conjunctions, creating subordinate clauses that follow the word order rules discussed above.

Niemand weiß, **wie lange** sie dort noch warten müssen.	*No one knows how long they have to wait there.*

C. *Als, wenn, wann*

1. English uses *when* in a variety of contexts:

   ■ one-time past events *(When he first arrived in town, . . .)*

   ■ repeated events *(When[ever] he ran into her in the park, . . .)*

   ■ future events *(When they get engaged, . . .)*

   ■ questions in all tenses *(When did they/When will they . . . ?).*

   German distinguishes among these uses of *when* with different words, so that English speakers must be especially careful to match context and meaning correctly.

2. To refer to *one-time* events or situations in the past—including states that existed over a period of time—German uses **als.**

Als der Krieg gerade angefangen hatte, ...	*When the war had just begun, . . .*
Als der Kapitän noch jünger war, ...	*When the captain was younger, . . .*
Als das U-Boot auf einmal tauchte, ...	*When the sub suddenly dove, . . .*

3. To refer to *recurring* events in the past or present (as in English *whenever*), German uses **wenn.**

Es ging immer etwas chaotisch zu, **wenn** jemand Alarm meldete.	*Things always became a little chaotic when(ever) someone sounded the alarm.*

   COMPARE:

Es ging aber besonders chaotisch zu, **als** der Kapitän zum ersten Mal Alarm meldete.	*Things were especially chaotic, however, when the captain sounded the alarm for the first time.*

4. German likewise uses **wenn** for *occurrences that have yet to happen* (but are related in the present tense).

Wenn das U-Boot wieder auftaucht, wissen sie nicht, was sie oben erwartet.	*When the sub surfaces again, they don't know what awaits them up there.*

5. **Wenn** also means *if (as a condition),* regardless of tense.

Wenn sie es nicht schaffen, an Gibraltar vorbeizukommen, werden sie den Einsatz aufgeben müssen.	*If they can't manage to get past Gibraltar, they'll have to give up the mission.*
Was wäre passiert, **wenn** die Torpedos ihre Ziele verfehlt hätten?	*What would have happened if the torpedoes had missed their targets?*

6. To ask a *when*-question referring to a *specific time*—either as a direct or indirect question—German uses **wann**.

„**Wann** kommt endlich unsere Verstärkung?" fragt der Kapitän.	*"When are our reinforcements finally going to get here?" asks the captain.*
Niemand weiß, **wann** die Reparaturen fertig werden.	*No one knows when the repairs will be finished.*

D. *Als ob, als wenn*

1. **Als ob** (*less common:* **als wenn**) means *as if* and is used to express conjecture or a contrary-to-fact condition. Clauses beginning with **als ob/als wenn** are normally in the subjunctive mood (see 21.3.E), and they frequently follow phrases such as **Es ist/ war, Er tut/tat, Es scheint/schien.**

Am Anfang tut der Journalist so, **als ob** er keine Angst hätte.	*At first, the journalist acts as if he weren't scared.*

2. The word **ob** (or **wenn**) can be omitted while still retaining the meaning *as if.* In this case, the word order resembles that of a main clause, with **als** functioning as the first element, followed immediately by V$_1$, then the middle field and, if present, V$_2$.

Er tut, **als hätte** er keine Angst.	*He acts as if he weren't scared.*

E. *Bevor, ehe*

English *before* can be used as a preposition (*before* the meal), as an adverb (*I did that before, but now, . . .*), and as a conjunction to introduce a clause (*before you go, . . .*). German, however, has a different word for each of these uses: the preposition **vor** (see 6.4), adverbs such as **vorher** and **früher** (see 14.2), and the conjunction **bevor** (which is interchangeable with **ehe**, though **ehe** is more literary than colloquial).

COMPARE:

Vor **der Ausfahrt** redete Thomsen sarkastisch über Hitler.	*Before the launch, Thomsen spoke sarcastically about Hitler.*
Bevor **sie ausfuhren,** redete Thomsen sarkastisch über Hitler.	*Before they sailed, Thomsen spoke sarcastically about Hitler.*
Früher/Vorher hatte man an einen Sieg geglaubt, aber jetzt kamen bei der Marine Zweifel auf.	*Before (then) they had believed in a victory, but now doubts were arising in the navy.*

F. *Bis*

1. The conjunction **bis** (*until*) expresses the duration of an action *until* a certain time or place is reached. It also occurs as a preposition (see 6.2).

Der Ingenieur hört nicht auf, **bis** alles repariert ist.	*The engineer won't stop until everything is repaired.*

2. **Bis** is often used to indicate the time *by when* an action is completed.

Bis das U-Boot nach dem ersten Angriff wieder auftaucht, sind die englischen Schiffe schon weg.	*By the time the sub surfaces after the first attack, the English ships are already gone.*

G. Da, weil

1. **Da** *(since, as)* and **weil** *(because)* are often used interchangeably to explain *why* an action occurs. However, **da** normally explains the situation leading to an action, whereas the more emphatic **weil** often indicates the reason for doing something.

Da der Kapitän den Ersten Offizier provozieren will, lässt er ihn ein englisches Lied spielen.	*Since the captain wants to provoke the first officer, he has him play an English song.*
Der Ingenieur macht sich Sorgen, **weil** er weiß, dass seine Frau sehr krank ist und ihn braucht.	*The engineer is worried because he knows his wife is very ill and needs him.*

2. The conjunction **da** should not be confused with the adverb **da** *(then, there:* see 14.2, 14.3).

H. Damit, so dass (sodass)

1. **Damit** *(so that)* signifies *a purpose* for doing something.

Sie fahren nach Vigo, **damit** der Journalist und der Ingenieur das U-Boot verlassen können.	*They sail to Vigo so that the journalist and the engineer can leave the sub.*

2. If both clauses have the same subject, German frequently uses a construction with **um** + **zu** + infinitive instead of **damit** (see 11.2).

Sie fahren dorthin auch, **um** mehr Brennstoff, Proviant und Torpedos **zu** laden.	*They sail there also in order to load more fuel, provisions, and torpedoes.*

3. **So dass** indicates the *result* of an action (as distinct from **damit,** which indicates the *purpose* of an action); as in English, the elements of this phrase can be used together, or spread over two clauses. When used together, they can be written as one word: **sodass.**

Den einen Tanker haben sie getroffen, **so dass/sodass** er zu sinken beginnt.	*They hit the one tanker, so that it begins to sink.*
Aber er sinkt **so** langsam, **dass** er 12 Stunden später noch im Wasser treibt.	*But it sinks so slowly that it is still floating in the water 12 hours later.*

I. *Dass*

1. **Dass** is equivalent to English *that* as an introduction to noun clauses. As in English, it can be omitted, which changes the word order to that of a main clause.

    COMPARE:

    Der Kapitän ging davon aus, **dass** die
    Engländer alle Überlebenden auf dem
    Tanker schon gerettet **hatten**.

    Der Kapitän ging davon aus, die Engländer
    hatten alle Überlebenden auf dem Tanker
    schon gerettet.

    *The captain assumed that the
    English had already rescued
    all survivors on the tanker.*

2. In English, it is permissible for one clause *(if they don't surface soon)* to be embedded within another *(that they will all suffocate)*, with the two subordinating conjunctions positioned back to back:

    He knows **that if** they don't surface soon, they will all suffocate.

    But in German, the word order of such clauses makes this kind of embedding awkward. Instead, it is preferable to arrange the two clauses in linear succession:

    Er weiß, **dass** sie alle ersticken werden, **wenn** sie nicht bald auftauchen.

J. *Falls*

Falls *(in case, if, providing)* is sometimes used instead of **wenn** to express possibility.

Sie haben ja Sauerstoffmasken, **falls** die
    Luftpumpe ausfällt.

*They have oxygen masks, of course,
    in case the air pump quits working.*

K. *Indem*

To express the English construction *by [_____]ing*, German uses a clause beginning with **indem** and repeats the subject from the first clause.

Der Kapitän will dem Journalisten und
    dem Ingenieur das Leben retten, **indem**
    er sie in Vigo absetzt.

*The captain wants to save the
    journalist's and the engineer's lives
    by dropping them off in Vigo.*

L. *Nachdem*

As in the case of *before*, German distinguishes among the grammatical contexts of *after* by using the preposition **nach,** the adverbs **nachher** and **danach,** and the conjunction **nachdem,** depending on the function of *after* in the sentence.

Nach ihrer Ankunft in Vigo aber weiß er, dass sie alle wohl sterben werden.	*After their arrival in Vigo, however, he knows that they will probably all die.*
Nachdem sie aber in Vigo ankommen, weiß er, ...	*After they arrive in Vigo, however, he knows . . .*
Beim Festessen auf dem anderen deutschen Schiff geht alles lustig zu, aber **nachher** wird's gleich wieder ernst.	*At the banquet on the other German ship, there's laughter and fun, but after that things get serious again right away.*

M. Ob

1. **Ob** means *whether.*

Bis zum Schluss ist man nicht ganz sicher, **ob** sie es schaffen werden oder nicht.	*One isn't completely sure until the end whether they're going to make it or not.*

2. **Ob** can also be translated as *if,* but only when *if* is synonymous with *whether.* In cases where *if* introduces a condition, **wenn** is used.

Wenn es neblig bleibt, können sie vielleicht an den Zerstörern unbemerkt vorbeifahren.	*If it stays foggy, perhaps they'll be able to steer unnoticed past the destroyers.*
Ob es so neblig bleibt, weiß natürlich keiner.	*Whether (if) it will stay so foggy—no one knows, of course.*

N. Obgleich, obschon, obwohl

Obgleich, obschon, and **obwohl** all mean *although,* but **obwohl** is most common.

Der junge Seemann schreibt seiner Verlobten fast jeden Tag, **obwohl** er die Briefe gar nicht abschicken kann.	*The young sailor writes to his fiancée almost every day, even though he can't send the letters.*

O. Seit, seitdem

1. **Seitdem** (often abbreviated to **seit**) means *since* in a temporal sense. German uses the present tense with **seit(dem)** (see 2.2.B) to express an action that began in the past and continues into present time, for which English requires the present perfect.

2. If the action in the **seit(dem)** clause is not ongoing, then German uses the present perfect tense in that clause.

COMPARE:

Es ist das erste Mal, dass Johann durchdreht, **seit(dem)** er bei der Marine *ist*.	*It's the first time that Johann has gone berserk since **he's been** in the navy.*
Es ist das erste Mal, dass Johann durchdreht, **seit(dem)** er bei der Marine *angefangen hat*.	*It's the first time that Johann has gone berserk since he **joined** the navy.*

3. In addition to the conjunction **seit(dem),** there is the dative *preposition* **seit** *(since, for)* (see 6.3) as well as the *adverbs* **seitdem** and **seither** (see 14.2).

Seit dem Vorfall mit den Läusen **benimmt sich** der Erste Offizier etwas anders.	*Ever since the incident with the lice, the first officer has been behaving differently.*
Sie erreichten Gibraltar ohne Probleme, aber **seitdem** *ist* die Spannung kaum zu ertragen.	*They reached Gibraltar without a problem, but since then the tension has been almost unbearable.*

P. Sobald, solange, sooft

The conjunctions **sobald** *(as soon as)*, **solange** *(as long as)*, and **sooft** *(as often as)* are often used to indicate the condition for doing an action.

Sobald die Engländer sie sehen, ist es vorbei.	*As soon as the English see them, it will all be over.*
Solange der Nebel hält, haben sie eine Chance.	*As long as the fog holds, they have a chance.*
Sie vermeiden die anderen Schiffe **sooft**[2] sie können.	*They avoid the other ships as often as they can.*

Q. Während

1. The conjunction **während** *(while)* indicates the simultaneous occurrence of two actions or states. This conjunction should not be confused with the *preposition* **während** *(during)* (see 6.5).

COMPARE:

Während sie sinken, versuchen sie alles, um das U-Boot wieder in den Griff zu bekommen.	*While they're sinking, they try everything to get the sub back under control.*
Während der folgenden Szenen sieht man eine ganz andere Seite der Besatzung.	*During the following scenes, one sees a very different side of the crew.*

---

[2]**Sooft** is pronounced as two words: **so** + **oft**, with a slight glottal stop between them.

2. The conjunction **während** can also be used to contrast two actions.

Einige haben alle Hoffnung aufgegeben, **während** andere ums Überleben kämpfen.	*Some have lost all hope, while others fight to survive.*

R. Wenn ... auch, auch wenn

Wenn ... auch and **auch wenn** mean *even if* or *even though.* **Wenn** and **auch** are normally separated by one or more words or phrases when **wenn** precedes **auch.** They normally occur together when **auch** comes first.

Der Ingenieur arbeitet stundenlang, **wenn** er **auch** ohne Schlaf und fast ohne Luft weitermachen muss (*or:* **auch wenn** er ... muss).	*The engineer works for hours, even though/even if he has to continue without sleep and almost without air.*

S. Wenn ... nicht/wenn ... kein-

1. The phrases **wenn ... nicht** and **wenn ... kein-** approximate English *unless.*

Wenn das U-Boot **nicht** innerhalb von sechs Stunden repariert ist, haben sie keine Chance mehr.	*Unless the sub is repaired within six hours, they have no chance [of survival].*

2. The phrase **es sei denn** can also be used to express *unless.*

Sie haben keine Chance mehr, **es sei denn,** das U-Boot ist innerhalb von sechs Stunden repariert.	*They have no chance [of survival] unless the sub is repaired within six hours.*

Übersicht

CONJUNCTIONS

Coordinating conjunctions

$$—\ V_1\ ——\ V_2\ \boxed{c}\ —\ V_1\ ——\ V_2$$

	aber
	denn
	oder
(nicht) ...	sondern
	und

Correlative conjunctions

sowohl ... als/wie auch ...
nicht nur ... sondern auch ...
entweder ... oder ...
weder ... noch ...

Subordinating conjunctions

$$—\ V_1\ ——\ V_2,\ \boxed{c}\ ———\ V_2\ V_1$$

als	ob
als ob	obgleich
bevor	obschon
ehe	obwohl
bis	seit(dem)
da	sobald
damit	solange
dass	sooft
anstatt dass	während
ohne dass	weil
so dass/sodass	wenn
falls	wenn ... auch/auch wenn
indem	wenn ... nicht
nachdem	wenn ... kein-

Reference 3

PREPOSITIONAL PHRASES AS VERBAL COMPLEMENTS

CONCEPT AND USAGE

A. Prepositional phrases

1. German, like English, uses prepositional phrases in conjunction with certain verbs to create specific meanings. The very strength of these mental associations (*to believe **in***, *to wait **for***, for example) results in frequent mistakes among learners, since the combinations are often different across languages.

Glaubst du **an** die Liebe auf den ersten Blick?	*Do you believe **in** love at first sight?*
Auf jemand wie dich habe ich ja gewartet.	*I was just waiting **for** someone like you.*

In some cases, German uses prepositions with a verb to make distinctions not found in English.

Der Mann stirbt **an** Hunger.	*The man is dying **of** hunger.* (literally)
Ich sterbe **vor** Hunger!	*I'm dying **of** hunger!* (figuratively)

In short, it is essential to learn the verb and preposition together for each desired meaning, and not assume a similarity between English and German combinations.

2. In some instances, verbs may have a direct or indirect object *and* a prepositional complement.

Man erkennt **die Wise Guys**[1] leicht <u>**an** ihrem Gesangsstil.</u>	*One can recognize the Wise Guys easily by their style of singing.*
Was hindert **dich** <u>**an der Ausführung** meines Befehls?</u>	*What's hindering you from carrying out my order?*

---

[1] The **Wise Guys** is a well known *a capella* pop music group that began in the 1990s in Cologne and has toured and recorded extensively since then.

B. Prepositional *da*-compounds

When the prepositional object is expressed as a subordinate clause or an infinitive clause, a prepositional **da**-compound is used to link the verb with this object clause (see 20.2).

Ich freue mich **darüber,** dass es endlich wieder Sommer ist.

I'm happy that it's finally summer again.

Der Fußballspieler kämpft **darum**, bei seinem jetzigen Team zu bleiben.

The soccer player is fighting to stay with his current team.

Almost all of the verbs in the next section can occur with **da**-compounds. Some occur more often with **da**-compounds than with nouns and pronouns.

R.3.2 ▶ **EXAMPLES IN CONTEXT**

All of the prepositions listed below belong to one of three categories: prepositions that govern the accusative (see 6.2); prepositions that govern the dative (see 6.3), and prepositions that are considered "two-way," in that they govern either the accusative or the dative (see 6.4). When used as verbal complements, two-way prepositions govern a specific case for a specific meaning—e.g., the preposition **an** in **denken an**, with the meaning *to think about,* always governs the accusative. In the lists that follow, verb + preposition combinations will be grouped according to the case they govern.

A. *An*

Depending upon the verb with which it is used, **an** can govern either the accusative or dative case. Common examples include:

Accusative

denken an   *to think of*
(jmdn.[2]) erinnern an   *to remind (s.o.) of*
sich erinnern an[3]   *to remember*
sich gewöhnen an   *to get accustomed to*
glauben an   *to believe in*

grenzen an   *to border on*
sich richten an   *to direct (a comment or question) to*
sich wenden an   *to turn to, appeal to*

---

[2] The examples here and below make use of standard dictionary abbreviations:

jmdn. = **jemanden** (*someone*; accusative case)   **s.o.** = *someone*
jmdm. = **jemandem** (*someone*; dative case)   **s.th.** = *something*

[3] Notice that in some cases, a German verb + prepositional phrase is rendered in English with a verb + direct object.

Ich erinnere mich nicht **an alle Einzelheiten.**   *I don't remember **all the details.***
Sie zweifelte **an seiner Aufrichtigkeit.**   *She doubted **his sincerity.***

Dative

arbeiten an   *to work on/at*
(jmdn.) erkennen an   *to recognize (s.o.) by*
sich freuen an   *to delight in*
(jmdn.) hindern an   *to hinder/prevent (s.o.) from (doing s.th.)*
leiden an   *to suffer from*
sterben an   *to die of/from*
zweifeln an   *to doubt*

B. Auf

Auf occurs with many verbs expressing the idea of physically or mentally looking or aiming at or toward something. In such usage, it almost always governs the accusative. Common examples include:

Accusative

achten auf   *to pay heed to*
antworten auf   *to answer, respond to*
auf·passen auf   *to keep an eye on,*
   watch out for
sich beschränken auf   *to limit*
   oneself to
sich beziehen auf   *to refer to*
reagieren auf   *to react to*
schießen auf   *to shoot at*
sich verlassen auf   *to rely upon*
trinken auf   *to drink to*

blicken auf   *to glance at*
sich freuen auf   *to look forward to*
   (see also **über,** 2.H below)
(jmdn.) hin·weisen auf   *to refer (s.o.) to*
hoffen auf   *to hope for*
hören auf   *to listen to, heed*
sich konzentrieren auf   *to concentrate on*
vertrauen auf   *to trust in*
verzichten auf   *to forgo, renounce*
warten auf   *to wait for*
zeigen auf   *to point to/at*

Dative

beruhen auf   *to be based upon*
bestehen auf   *to insist upon*

C. Aus

Aus is not nearly as common as **an** and **auf** in prepositional complements. It usually means *of* or *from,* and always governs the dative case. Common examples include:

Dative

bestehen aus   *to consist of*
folgern aus   *to deduce from*
werden aus   *to become of*

D. *Für*

Für occurs with a number of common verbs and always governs the accusative case. Some common examples include:

Accusative

(jmdm.) danken für   *to thank (s.o.) for*
(jmdn./etwas) halten für   *to regard (s.o./s.th.) as*
sich entscheiden für   *to decide on* (see **Wortschatz** 10)
sich interessieren für   *to be interested in*
sorgen für   *to provide for, look after*
stimmen für   *to vote for*

E. *In*

In occurs in the accusative with a few verbs expressing *coming or getting into a situation or state*. It also occurs occasionally in the dative with certain verbs. Common examples include:

Accusative

ein·willigen in   *to agree to*
geraten in   *to get or fall into (danger, difficulty, etc.)*
sich verlieben in   *to fall in love with*
sich vertiefen in   *to delve into, become engrossed with*

Dative

sich irren in   *to err, be mistaken in/about*
sich täuschen in   *to be mistaken about*

F. *Mit*

Used with verbs, **mit** usually means *with*. It governs the dative. Common examples include:

Dative

auf·hören mit   *to stop doing, cease*
sich befassen mit   *to deal with*
sich beschäftigen mit   *to occupy oneself with*
handeln mit   *to trade or deal in*
rechnen mit   *to count on*
telefonieren mit   *to speak on the phone with*
sich verabreden mit   *to make an appointment with*
verkehren mit   *to associate with, mix with*
sich vertragen mit   *to get along (well) with*

G. *Nach*

1. **Nach** is used after several verbs that denote longing, inquiry, and reaching for. It governs the dative. Some common examples include:

Dative

(be)urteilen nach   *to judge by/according to how*
sich erkundigen nach   *to inquire about/after*
(jmdn.) fragen nach   *to ask (s.o.) about*
forschen nach   *to search for, investigate*
greifen nach   *to reach for*
schicken nach   *to send for*
schreien nach   *to scream for*
sich sehnen nach   *to long for*
streben nach   *to strive for*
suchen nach   *to search for*
sich um·sehen nach   *to look around for*

2. **Nach** is also used after some verbs of perception. In these cases it means what something looks, sounds, smells, or tastes *like*.

aus·sehen nach   *to look like (s.th. will happen); cf.* aus·sehen **wie** *to look like, be visually similar*
klingen nach   *to sound like*
riechen nach   *to smell like*
schmecken nach   *to taste like*
stinken nach   *to stink of*

H. *Über*

Über occurs with several verbs of speaking and usually expresses the idea of *about*. **Über** governs the accusative in these instances. Common examples include:

Accusative

sich ärgern über   *to be annoyed about/at*
sich beklagen über   *to complain about*
berichten über   *to report about/on*
sich beschweren über   *to complain about*
diskutieren über   *to discuss, talk about*
sich einigen über   *to agree upon*
sich freuen über   *to be happy about*
   (*cf.* sich freuen auf *to look forward to*, see **auf,** 2.B above)
sich lustig machen über   *to make fun of*

nach·denken über   *to think about, ponder*
reden über (*or* von)   *to speak about*
sich schämen über   *to be ashamed of*
spotten über   *to joke about, ridicule*
sprechen über (*or* von)   *to speak about*
staunen über   *to be amazed at*
(sich) streiten über   *to quarrel (with one another) about*
sich unterhalten über   *to converse about*

I. *Um*

Um is used with a number of verbs that describe activities where something is at stake or being requested. **Um** governs the accusative. Examples include:

Accusative

sich bemühen um   *to take pains with*

(jmdn.) beneiden um   *to envy (s.o.) for*

sich bewerben um   *to apply for*

(jmdn.) bitten um   *to ask (s.o.) for, request*

(jmdn.) bringen um   *to deprive or cause (s.o.) to lose*[4]

kämpfen um   *to fight for*

kommen um   *to lose, be deprived of*

sich kümmern um   *to look after, bother about*

sich sorgen um   *to be anxious/ worried about*

spielen um   *to play for (stakes)*

wetten um   *to bet for (stakes)*

es geht um   *it is a matter of* (see **Wortschatz** 20)

es handelt sich um   *it is a matter of* (see **Wortschatz** 20)

J. *Von*

Von always governs the dative. Examples include:

Dative

(jmdn.) ab·halten von   *to keep, prevent (s.o.) from (doing s.th.)*

ab·hängen von   *to depend upon*

(jmdm.) ab·raten von   *to advise (s.o.) against*

berichten von (*or* über)   *to report on*

sich erholen von   *to recover from*

erzählen von (*or* über)   *to tell about*

etwas fordern von   *to demand (s.th.) of/from*

halten (viel) von   *to think highly of*

handeln von   *to be about* (see **Wortschatz** 20)

leben von   *to live on*

reden von (*or* über)   *to speak about*

sprechen von   *to talk about*

sich unterscheiden von   *to differ from*

etwas verlangen von   *to demand (s.th.) from/of*

etwas verstehen von   *to understand (s.th.) about*

etwas wissen von   *to know (s.th.) about*

K. *Vor*

Vor occurs primarily with verbs denoting deference or fear. In such instances, **vor** always governs the dative. Common examples include:

Dative

Achtung/Respekt haben vor   *to have respect for*

Angst haben vor   *to have fear of*

erschrecken vor   *to shrink at, be frightened of*

fliehen vor   *to flee from*

sich fürchten vor   *to fear, be afraid of*

---

[4] **bringen um:** This verb should not be confused with the separable-prefix verb **um·bringen,** *to take a person's life.*

sich hüten vor   *to watch out for, be on guard against*
schreien vor   *to scream with/out of*
(jmdn.) schützen vor   *to protect (s.o.) from*
(sich) verstecken vor   *to hide from*
(jmdn.) warnen vor   *to warn (s.o.) of/against/about*
zittern vor   *to tremble with/from (fear, cold, etc.)*

L. *Zu*

In verbal complements, **zu** usually means *to, to the point of doing,* or *for the purpose of.* **Zu** always governs the dative. Common examples include:

Dative

(jmdn.) beglückwünschen zu   *to congratulate (s.o.) on*
(etwas) bei·tragen zu   *to contribute (s.th.) to*
(jmdn.) bringen zu   *to bring (s.o.) to the point of*
dienen zu   *to serve a purpose as*
sich entschließen zu   *to decide to* (see **Wortschatz** 10)
führen zu *to lead to*

(jmdm.) gratulieren zu   *to congratulate (s.o.) on*
etwas meinen zu   *to have an opinion (about s.th.)*
neigen zu   *to tend to/toward*
passen zu   *to match, be suited to*
(jmdm.) raten zu   *to advise (s.o.) to*
(jmdn.) überreden zu   *to persuade (s.o.)*
werden zu   *to become, turn into*
zwingen zu   *to force, compel to*

Übersicht

PREPOSITIONAL PHRASES AS VERBAL COMPLEMENTS

Verbal complements: Word order
Main clause
—— V_1 —— [verbal complement] V_2
Sie haben sich bestimmt auf dieses letzte Beispiel gefreut .
Subordinate clause
——, dass —— [verbal complement] V_2 V_1
Wussten Sie, dass ich mich auch [auf dieses letzte Beispiel] gefreut habe ?

R.4.1 NUMERALS

A. Cardinal numbers

1. German words for cardinal numbers (**die Grundzahl, -en**) are always single words, no matter how long the number, with the exception of numbers over a million. The irregular forms in the chart below are highlighted.

0	null				
1	eins	11	elf	21	**ein**undzwanzig
2	zwei	12	zwölf	22	zweiundzwanzig
3	drei	13	dreizehn	30	**dreißig**
4	vier	14	vierzehn	40	vierzig
5	fünf	15	fünfzehn	50	fünfzig
6	sechs	16	**sech**zehn	60	**sech**zig
7	sieben[1]	17	**sieb**zehn	70	**sieb**zig
8	acht	18	achtzehn	80	achtzig
9	neun	19	neunzehn	90	neunzig
10	zehn	20	zwanzig	99	neunundneunzig

---

[1] In German-speaking countries the numeral 7 is usually handwritten with a slash through the middle (7) to distinguish it from the numeral 1, which is usually written using two strokes rather than just one (1).

100	(ein)hundert
101	hunderteins
102	hundertzwei
200	zweihundert
999	neunhundertneunundneunzig
1.000	(ein)tausend
2.000	zweitausend
9.999	neuntausendneunhundertneunundneunzig
100.000 (*or* 100 000)	hunderttausend
1.000.000 (*or* 1 000 000)	eine Million
2.000.000	zwei Million**en**
1.000.000.000	eine Milliarde *(billion)*
2.000.000.000	zwei Milliard**en**
1.000.000.000.000	eine Billion *(trillion)*
2.000.000.000.000	zwei Billion**en**

2. Notes on using **eins** in written form:

■ When **1** stands by itself as a number, its written form ends with an -**s: eins**; when attached to another number (as in **21**), the -**s** is dropped: **einundzwanzig**.

■ When used as a noun—for example, indicating a score on a test or in a competition—it is feminine, as are all such numbers: **eine Eins, eine Zwei**.

■ Before a noun, meaning either *one* or *a*, **ein**- takes article endings (see 4.2). To distinguish **ein**- meaning *one* from **ein**- meaning *a*, the word is stressed when spoken to indicate the first meaning. In written texts, this stress can be indicated by italics, underlining, or spacing.[2]

Ich habe die Arbeit in **einer** Stunde fertig geschrieben.	*I finished the paper in one hour.*
Und stell dir vor, ich habe alles dafür auf **einer** Webseite gefunden!	*And just think: I found everything for it on one website!*

■ In German expressions equivalent to *one or two* or *one to two*, **ein** is used (without the -**s**), and takes no ending.

Wir fahren in **ein bis zwei Jahren** nach Deutschland zurück.	*We are traveling back to Germany in one to two years.*

---

[2] Notice the extra spacing between letters in the second example (e i n e r)—an orthographic convention used in German but not in English.

■ Before **hundert** and **tausend, ein** is optional. If used, the entire number is still written as one word.

   125   (ein)hundertfünfundzwanzig
   1.500 (ein)tausendfünfhundert

3. The following punctuation rules apply to numbers:

   ■ Either a period or a space can be used to separate thousands.

   37.655 or 37 655 = *English 37,655*

   ■ In decimals and percents, German uses commas where English uses periods.

   4,5 (*spoken:* vier Komma fünf)   *four point five (= 4.5)*

   8,9% (*spoken:* acht Komma neun Prozent)   *eight point nine percent (= 8.9%)*

4. When **hundert** and **tausend** directly precede plural nouns, they do not take the plural form.

   Seine Privatbibliothek umfasst mehr als   *His private library contains more than*
   4.000 (viertausend) Bücher.   *4,000 books.*

   But when these numbers are used to express the idea *hundreds of . . .* or *thousands of . . .* , they are plural nouns and thus capitalized. This is true whether a noun follows (as the object of **von**) or is only understood.

   Ihre Bibliothek umfasst **Hunderte von**   *Her library contains hundreds of*
   wertvollen Manuskripten.   *valuable manuscripts.*

   Als 1906 das große Erdbeben kam, sind   *When the big earthquake hit in 1906,*
   Tausende ums Leben gekommen.   *thousands [of people] lost their lives.*

5. **Million, Milliarde,** and **Billion** take endings in the plural: **Millionen, Milliarden,** and **Billionen.** Notice that English *billion* is expressed by German **Milliarde,** and that **Billion** in German means a *trillion* (that is, *a million million*).

   Deutschland hat ungefähr 82 **Millionen**   *Germany has about 80 million*
   Einwohner.   *inhabitants.*

   Die Firma wurde für mehrere   *The company was sold for several*
   Milliarden verkauft.   *billions.*

6. Whole numbers plus one-half have no endings and are written as follows:

   anderthalb/eineinhalb   *one and a half*

   zweieinhalb, dreieinhalb usw.   *two and a half, three and a half, etc.*

   Der Film hat **anderthalb** Stunden gedauert.   *The film lasted one and a half hours.*

7. Numbers and amounts are approximated with words such as **etwa, rund, zirka,** or **ungefähr,** which all mean *roughly, around, about,* or *approximately.*

   Es sind **etwa/rund/zirka/ungefähr**   *It is about/around/approximately*
   800 Kilometer von München   *800 kilometers from Munich to*
   nach Hamburg.   *Hamburg.*

8. The suffix **-erlei** indicates *kinds of* and is often used with numbers. This suffix takes no adjective ending.

   zweierlei Bücher   *two kinds of books*
   zehnerlei Bäume   *ten kinds of trees*
   allerlei Probleme   *all kinds of problems*

9. The suffix **-fach** corresponds to English *-fold*. Words formed with it take endings when used as attributive adjectives. It can also be used as a neuter adjectival noun, which takes an ending and is capitalized.

   eine **zweifache** Summe   *a twofold sum*
   ein **zehnfacher** Gewinn   *a tenfold profit*
   um **das Dreifache** vermehrt   *increased threefold*

10. The suffix **-er** is added to multiples of 10 to refer to decades, as in "*the 60s*" or "*the 80s.*" In this usage, no adjective endings are attached.

   John F. Kennedy wurde Anfang der   *John F. Kennedy became president of*
      sechziger (60er) Jahre Präsident der USA.   *the U.S.A. at the beginning of the sixties.*

B. Ordinal numbers

1. An ordinal number (**die Ordnungszahl, -en**) indicates relative position in a sequence, e.g., *first, second,* and *twenty-fifth,* as opposed to *one, two,* and *twenty-five.* The ordinal *first* is expressed in German with its own unique form, **erst-**; the ordinal numbers *second* through *nineteenth* are formed with the cardinal number followed by **-t-**; and from 20 on, ordinals are formed with the cardinal plus **-st-.** Several ordinal numbers are slightly irregular and are highlighted in the following chart.

1.	(der, die, das)	**erste**
2.	(der, die, das)	zweite
3.	(der, die, das)	**dritte**
4.	etc.	vierte
5.		fünfte
6.		sechste
7.		**siebte** (*less common:* **siebente**)
8.		**achte** (*no second* **t** *added*)
9.		neunte
10.		zehnte
11.		elfte
12.		zwölfte
19.		neunzehnte
20.		zwanzigste
21.		einundzwanzigste
30.		dreißigste
100.		hundertste
1.000.		tausendste

2. All ordinal numbers require an adjective ending following the final **-t-** or **-st-,** since they function as attributive adjectives, even when the noun they modify is understood, for example, **am fünften** [April].

das **erste** Mal   *the first time*
ihr **zweites** Buch   *her second book*

3. A period after a cardinal numeral (other than in a list) indicates that the number is to be read as an ordinal number, that is, with **-t/-st** plus an adjective ending.

Heute ist der **1.** Mai (*spoken:* der **erste** Mai).	*Today is May 1st/the first of May.*
Wir begehen heute seinen **100.** Todestag (*spoken:* seinen **hundertsten** Todestag).	*Today we are commemorating the 100th anniversary of his death.*

4. To enumerate points in a series, German uses the adverbial forms **erstens** (*first of all*), **zweitens** (*in the second place/secondly*), **drittens** (*in the third place/thirdly*), etc.

Lukas kann uns nicht helfen. **Erstens** ist er nicht hier, **zweitens** hätte er keine Lust dazu und **drittens** wüsste er garantiert nicht, was man tun sollte.	*Lukas can't help us. First of all, he isn't here; secondly, he wouldn't want to; and thirdly, I guarantee he wouldn't know what to do.*

5. Ordinal numbers can be used as nouns, and are capitalized according to the rules explained in 15.2.C.

Sie war **die Erste,** die es versucht hat.	*She was the first (person) who tried it.*
Wir haben die Miete **am Zwanzigsten** bezahlt.	*We paid the rent on the twentieth.*
Jeder Fünfte musste das Zimmer verlassen.	*Every fifth person had to leave the room.*

6. Ordinal numbers can serve as prefixes for adjectives (often superlative; see 15.1), forming one word where English uses two or more.

Sebastian ist der **zweitjüngste** Sänger in der Gruppe.	*Sebastian is the second youngest singer in the group.*
Was ist die **drittgrößte** Stadt der Schweiz?	*What is Switzerland's third largest city?*
Er kam als **Zweitletzter** ins Klassenzimmer.	*He came into the classroom next to last.*

C. Fractional amounts

1. Fractions are nouns and are therefore capitalized. With the exception of **die Hälfte,** they are neuter and have no change in the plural. Fractions are formed by adding **-el** to the ordinal stem: ein **Viertel,** zwei **Drittel,** fünf **Achtel.**

2. *Half a(n)* is expressed in German by **ein- halb-.**

Sie bestellten **ein halbes** Huhn.   *They ordered half a chicken.*

3. *Half (of) the* is most often expressed by **die Hälfte** + genitive, and less often by **die Hälfte + von**.

Er verkaufte **die Hälfte** der Orangen.

Er verkaufte **die Hälfte von** den Orangen. } *He sold half (of) the oranges.*

4. German sometimes uses **d___ halb-** *(half the)* + noun instead of **die Hälfte** when referring to a single entity.

Ich muss **den halben** Roman (*or:* **die Hälfte des** Romans) bis Montag lesen.	*I have to read half (of) the novel by Monday.*
Du hast ja schon **den halben** Tag (*or:* **die Hälfte des** Tages) verschwendet!	*You've already wasted half the day!*

A. Currencies and denominations

1. On January 1, 1999, the euro (**der Euro, -**[3]) became the official monetary unit of Germany and Austria for all electronic banking transactions, with euro currency replacing all bills and coins in January of 2002. Swiss currency remains the franc (**der Schweizer Franken, -**). **Der Euro** ($^1/_{100}$ = **der Cent, -s**), **der Franken** ($^1/_{100}$ = **der Rappen, -**), and **der Dollar** (like the former **Deutsche Mark** and **Schilling**) all remain singular when used with numbers to refer to amounts of money. Prices are read by stating any whole amount first, then the denomination (Euro/Dollar/Yuan/etc.) and then any fractional amount beyond the decimal point. In German speech, unlike English, nothing is inserted after the denomination.

€ 10,75	zehn Euro fünfundsiebzig	*ten euros **and** seventy-five cents*
€ –,82	zweiundachtzig Cent	*eighty-two cents*
sFr 6,50	sechs Franken fünfzig	*six francs **and** fifty rappen*
$7.99	sieben Dollar neunundneunzig	*seven dollars **and** ninety-nine cents*

2. To indicate denominations of bills, coins, and stamps, German uses numbers with an **-er** suffix.

Bitte, drei **Sechziger** (Briefmarken) und eine[4] **Achtziger.**	*Three sixties and an eighty, please.*
Ich brauche hundert Euro: **einen**[5] **Fünfziger, zwei Zwanziger** und **einen Zehner.**	*I need one hundred euros: a fifty, two twenties, and a ten.*

---

[3] **Der Euro** actually has two plural forms: zwei **Euro,** zwei **Euros**. When citing amounts of money, the uninflected form is used: Das kostet 10 **Euro**. But when referring to the currency itself in the plural, **Euros** is correct: Diese **Euros** sind irgendwie schmutzig geworden. Ich sammle *(collect)* **Euros**.

[4] **Achtziger** is feminine because **die Briefmarke** is understood.

[5] **Fünfziger** is masculine because **der Schein** *(bill)* is understood.

B. Distances, weights, quantities, and temperatures

1. All German-speaking countries use the metric system.

   ■ **Distance**

   der/das Kilometer[6] (km) *(= 0.62 mile)*
   der/das Meter (m) *(= 39.37 inches)*
   der/das Zentimeter (cm) *(= 0.39 inch)*
   der/das Millimeter (mm) *(= 0.039 inch)*
   der/das Quadratmeter (m^2) *(= 10.76 square feet)*

   ■ **Weight**

   das Gramm (g) *(= 0.035 ounce)*
   das Kilogramm (kg) *(= 2.2 pounds)*
   der Zentner *(= 50 kilograms) (a hundredweight)*

   ■ **Liquid measure**

   der/das Liter *(= 1.057 quarts)*

2. The following English units of measurement are sometimes used, either for industrial measurements, or (in the case of **Pfund**) for grocery shopping.

   das Pfund *(= 500 grams)*
   der Zoll *(= 2.54 centimeters or 1 inch)*
   die Meile, -n *(= 1.6 kilometers)*
   die Gallone, -n *(= 3.79 liters)*

3. In German, masculine and neuter nouns of measurement used after numerals take no ending in the plural, while feminine nouns ending in **-e** do.

   der/das Kilometer ⟶ zwei Kilometer   *two kilometers*
   das Gramm ⟶ drei Gramm   *three grams*

   BUT:

   die Meile ⟶ vier Meile**n**   *four miles*

4. Unlike English, German expressions of quantity do *not* use a word or structure equivalent to *of*, such as **von** or the genitive.

   vier Flaschen Wein   *four bottles of wine (measure of quantity of wine)*
   drei Glas Bier   *three glasses of beer (measure of quantity of beer)*

   Instead, German nouns following quantifiers such as **Flaschen** and **Glas** are inflected according to their function in the clause, and any modifying adjectives must reflect the proper case for this function (see Chapters 5 and 13).

Nominative:	Hier sind vier Flaschen gut**er** Wein.
Accusative:	für vier Flaschen gut**en** Wein
Dative:	mit vier Flaschen gut**em** Wein
Genitive:	wegen vier Flaschen gut**en** Weines

---

[6] **Meter** and its compounds and **Liter** are generally considered masculine, although some dictionaries still list neuter as the preferred gender (see R.1.E).

5. Countries on the metric system use Celsius/Centigrade (°C) to measure temperatures. Thirty-two degrees Fahrenheit (°F) equals 0 degrees Celsius. To convert Fahrenheit to Centigrade, subtract 32 and multiply by 5/9. To convert Centigrade to Fahrenheit, multiply by 9/5 and add 32.

R.4.3 ▸ TIME

A. Units of time

1. The most common measurements of time are as follows:

die Sekunde, -n *second*	der Monat, -e *month*
die Minute, -n *minute*	die Jahreszeit, -en *season*
die Stunde, -n *hour*	das Jahr, -e *year*
der Tag, -e *day*	das Jahrzehnt, -e *decade*
die Woche, -n *week*	das Jahrhundert, -e *century*
das Wochenende, -n *weekend*	das Jahrtausend, -e *millennium*

2. To express *for hours, for days, for months,* etc., German adds the suffix **-lang** to the plural of units of time. As adverbs, such words are not capitalized.

Wir haben **stundenlang/tagelang/** **monatelang** gewartet.	*We waited for hours/for days/for months.*

3. To indicate *how long ago* something happened, German precedes the time reference with the preposition **vor** (with the dative; see 6.3.J), where English places *ago* following the time reference.

Sie hat ihr Studium **vor einem Jahr** abgeschlossen.	*She completed her studies a year ago.*
Sie war **vor wenigen Stunden** da.	*She was here (just) a few hours ago.*

4. The following expressions with units of time are quite common:

tagsüber   *during the day*
während/unter der Woche   *during the week*
an Wochentagen   *on weekdays*
am Wochenende   *on the weekend*
im Laufe des Jahres   *during the year*
alle zwei Tage/Wochen/Jahre   *every other day/week/year*
alle drei Tage/Wochen/Jahre   *every three days/weeks/years*

B. Talking about time: Minutes and hours

1. In colloquial language, the following expressions are used to tell time. Everything *before* the hour is **vor,** everything *after* the hour **nach.** In writing, a period has traditionally separated hours and minutes (8.00), though the use of a colon (8:00) is gaining acceptance in advertising.

Written	Spoken
8.00 Uhr	acht Uhr
8.10 Uhr	zehn (Minuten) nach acht
8.15 Uhr	(ein) Viertel nach acht *or:* (ein) Viertel neun (i.e., *a quarter of the way to nine;* considered by some speakers to be a regionalism)
8.20 Uhr	zwanzig (Minuten) nach acht
8.25 Uhr	fünf vor halb neun
8.30 Uhr	halb neun (i.e., *halfway to nine*)
8.35 Uhr	fünf nach halb neun
8.40 Uhr	zwanzig (Minuten) vor neun
8.45 Uhr	(ein) Viertel vor neun *or:* drei Viertel neun (i.e., *three-quarters of the way to nine;* considered by some speakers to be a regionalism)
8.50 Uhr	zehn (Minuten) vor neun
8.55 Uhr	fünf (Minuten) vor neun

2. In addition to **vor** and **nach,** several other prepositions are used in expressing clock time.

    - **Um** means *at.*

      Wir essen heute Abend **um** acht.　　*We are eating this evening at eight.*

    - Either **gegen** *(toward)* or **um ... herum** *(around)* can be used to mean *approximately.*

      Der Film endete **gegen** Mitternacht.　　*The film ended toward midnight.*

      Sie ging so **um** zehn **herum** nach Hause.　　*She went home at about 10 or so.*

    - **In** is used with the dative case to refer to the endpoint of a duration.

      In einer Stunde ist Ihr Auto fertig.　　*Your car will be ready in an hour.*

3. To distinguish AM and PM in informal time expressions, German uses temporal adverbs referring to morning and evening; this context does not necessarily denote repeated occurrences.

    Er kommt **um acht Uhr morgens/**　　*He's coming at eight o'clock in the*
    　　abends.　　　　　　　　　　　　　*morning/evening.*

4. Official times (transportation schedules, concert performances, TV and radio times, official announcements, hours of business, etc.) are given according to a 24-hour clock without **Viertel, halb, vor,** or **nach.**

Written	Spoken
9.15 Uhr	neun Uhr fünfzehn/neun Uhr und fünfzehn Minuten
11.24 Uhr	elf Uhr vierundzwanzig/elf Uhr und vierundzwanzig Minuten
18.30 Uhr	achtzehn Uhr dreißig (= 6:30 PM)
22.45 Uhr	zweiundzwanzig Uhr fünfundvierzig/zweiundzwanzig Uhr und fünfundvierzig Minuten (= 10:45 PM)
0.15 Uhr	null Uhr fünfzehn/null Uhr und fünfzehn Minuten (= 12:15 AM)

English AM = 0.01 Uhr bis 12.00 Uhr
English PM = 12.01 Uhr bis 24.00 Uhr

C. Talking about time: Days of the week and parts of the day

1. Names of the days of the week and parts of the day are masculine, with the exception of **die Nacht/Mitternacht.** They take the dative contraction **am (an dem)** in time expressions (EXCEPT: **in der Nacht, zu Mittag, um Mitternacht**). With days only, **am** may be omitted.

(am) Montag *on Monday*	am Morgen *in the morning*
(am) Dienstag *on Tuesday*	am Vormittag *between morning and noon*
(am) Mittwoch *on Wednesday*	zu Mittag *at noon*
(am) Donnerstag *on Thursday*	am Nachmittag *in the afternoon*
(am) Freitag *on Friday*	am Abend *in the evening (until bedtime)*
(am) Samstag[7] *on Saturday*	in der Nacht *at night (after bedtime)*
(am) Sonntag *on Sunday*	um Mitternacht *at midnight*

Das Spiel findet **(am) Samstag** statt.   *The game is taking place (on) Saturday.*

Sie hat einen Termin **am Vormittag.**   *She has a mid-morning appointment.*

2. To express parts of the day in conjunction with a day of the week, German combines the two to form one word.

Dienstagabend   *Tuesday evening*
Sonntagmorgen   *Sunday morning*
Donnerstagnachmittag   *Thursday afternoon*

---

[7] In northern Germany, and throughout former East Germany, *Saturday* is more commonly referred to as **Sonnabend.**

Here as well, the contraction **am** is used to express *on* _____, but may be omitted.

(Am) Montagmorgen muss ich früh zur Arbeit.	*I've got to go to work early (on) Monday morning.*

3. Phrases with **Nacht** and **Abend** require further explanation.

■ Notice that German distinguishes between **Abend** (the time between supper and bedtime) and **Nacht** (the time between bedtime and getting up). This means that a phrase such as *Friday night* (as in *Friday night we went to the movies*) translates properly to **Freitagabend,** while the distinctly nocturnal activities of *Saturday Night Fever* are appropriately reflected in the German film title **Nur Samstagnacht.**

■ The phrase **heute Nacht** depends on context for its meaning: spoken in the morning, it refers to the *previous night*; spoken later in the day, it denotes the *night to come*.

■ English uses two prepositions in conjunction with *night: on* when there is intervening information, such as *on Tuesday night, on a windy night*; and *at* for general reference: *at night*. German uses **in** for both contexts. When used with **in, Nacht** stands alone or is followed by specific time references to avoid the ambiguity referred to above: **in der Nacht; in der Nacht von Freitag auf Samstag.** It can, however, combine with a day (as in **Samstagnacht**), but takes no preposition.

In der Nacht hörte jemand einen Schrei.	*Someone heard a scream at night.*
In der Nacht von Freitag auf Samstag ereignete sich ein Unfall.	*There was an accident (on) Friday night (i.e., during the night, not the evening).*
Wegen meiner Nachbarn konnte ich **Samstagnacht** gar nicht schlafen.	*Because of my neighbors, I couldn't sleep at all Saturday night.*

4. Adding an **-s** to the uncapitalized forms of days and parts of the day creates adverbs denoting repeated or habitual occurrences.

Diese Geschäfte sind **sonntags** zu.	*These stores are closed on Sunday(s).*
Sie arbeitet nur **nachmittags.**	*She only works afternoons./She works only in the afternoon.*

5. **Heute** *(today),* **gestern** *(yesterday),* **morgen** *(tomorrow),* and occasionally **vorgestern** *(the day before yesterday)* and **übermorgen** *(the day after tomorrow)* can be combined with parts of the day, as can the adverb **früh,** as in **morgen früh.** Notice that in combinations such as *this morning,* German uses **heute** rather than *this,* as in **heute Morgen.** The parts of the days are still considered nouns in these phrases and therefore remain capitalized.

heute		**gestern**	
heute Morgen	*this morning*	gestern Morgen	*yesterday morning*
heute Vormittag	*today, between morning and noon*	gestern Vormittag	*yesterday, between morning and noon*
heute Mittag	*noon today*	gestern Mittag	*yesterday at noon*
heute Nachmittag	*this afternoon*	gestern Nachmittag	*yesterday afternoon*
heute Abend	*this evening, tonight*	gestern Abend	*yesterday evening, last night*
heute Nacht	*tonight (after bedtime)*	gestern Nacht	*last night (after bedtime)*

morgen[8]

morgen früh   *tomorrow morning*
morgen Vormittag   *tomorrow, between morning and noon*
morgen Mittag   *tomorrow at noon*
morgen Nachmittag   *tomorrow afternoon*
morgen Abend   *tomorrow evening, tomorrow night*
morgen Nacht   *tomorrow night (after bedtime)*
vorgestern Abend   *the day before yesterday, in the evening*
übermorgen früh   *the day after tomorrow, in the morning*

D. Talking about time: Seasons and months

Seasons

der Frühling[9] *spring*
der Sommer   *summer*
der Herbst   *fall, autumn*
der Winter   *winter*

Months

der Januar	der Juli
der Februar	der August
der März	der September
der April	der Oktober
der Mai	der November
der Juni	der Dezember

1. The names of the seasons and months are all masculine, and require the definite article in several instances where English does not: as the subject or direct object of a sentence, and with the prepositions **in** and **bis zu** (in contracted form with dative).

Der Herbst war dieses Jahr besonders mild.   *Fall was particularly mild this year.*

Ich kann **den** Februar hier nicht ausstehen.   *I can't stand February here.*

Hast du **im** April oder **im** Mai Geburtstag?   *Is your birthday in April or May?*

Wir bleiben **bis zum** Juli in der Schweiz.   *We're staying in Switzerland until July.*

2. With other prepositions, after **sein** and **werden,** and following modifiers such as **Anfang, Mitte,** and **Ende,** no definite article is used.

Für August habe ich noch nichts geplant.   *I haven't planned anything yet for August.*

Von Januar **bis** März sieht man hier keine Sonne.   *You don't see any sun around here from January until March.*

Es **ist** endlich Juni!   *It's finally June!*

Anfang September fängt unser Semester an.   *Our semester starts at the beginning of September.*

---

[8] The adverb **morgen** by itself or before another time expression means *tomorrow* (as in **morgen früh**). Following other time expressions as a noun, it means *morning* (as in **heute Morgen**).
[9] **Das Frühjahr** can also be used for *spring*.

E. Duration, specific time, *Zeit* vs. *Mal*

1. Duration of time is normally expressed using the accusative case with an article. The adjective **ganz** *(all, whole, entire)* is optional, but if included, it is preceded by an article.

Ich will **ein Jahr** in Berlin studieren.	*I want to study in Berlin for a year.*
Sie blieb **den ganzen Tag** in der Bibliothek.	*She stayed all day/the whole day in the library.*
Es hat **den ganzen Sommer** geregnet.	*It rained (for) the whole summer/ all summer.*

    In the examples above, the duration of time refers to the activity denoted by the verb; in contexts where this is not the case, the preposition **für** can be used to show that the duration refers to another element in the sentence (see 6.2.E).

    COMPARE:

Wir fahren **eine Woche** auf dem Schiff. (**eine Woche** *refers to the time spent traveling on the ship*)	*We're traveling for a week on the ship.*
Wir fahren mit dem Schiff **für eine Woche** auf Korsika. (**eine Woche** *refers to time spent on Corsica; we got there by ship*)	*We're traveling by ship for a week in Corsica.*

2. Specific time is also often expressed in the accusative case with words such as **jed-** *(every)*, **letzt-** *(last)*, **nächst-** *(next)*, and **vorig-** *(previous)*.

Jeden Tag muss ich eine Menge Hausaufgaben machen.	*Every day I have to do a huge amount of homework.*
Nächste Woche schreibe ich drei Arbeiten.	*Next week I have three in-class tests.*
Und **letzten Freitag** waren zwei Aufsätze fällig!	*And last Friday two essays were due!*

3. There are several distinctions between the nouns **Zeit** and **Mal.**

    a. The noun **die Zeit** refers to *specific time* or *duration of time*. It occurs in many time expressions, including the following:

in unserer Zeit	*in our time (now)*	nach kurzer Zeit	*after a brief time*
in früheren Zeiten	*in earlier times*	nach langer Zeit	*after a long time*
in kurzer Zeit	*in a short time*	von Zeit zu Zeit	*from time to time*
in letzter Zeit	*lately, as of late*	vor der Zeit	*prematurely*
in der nächsten Zeit	*in the near future*	vor einiger Zeit	*some time ago*
		vor kurzer Zeit	*a short time ago*
nach einiger Zeit	*after some time*	vor langer Zeit	*a long time ago*

zurzeit[10]   *at the present time, now*
zu jener Zeit   *at that time, back
  then* (*also:* **damals**)
zu meiner/deiner/ihrer Zeit
  in my/your/her day

zu jeder Zeit (jederzeit)   *(at) anytime*
zu gewissen/bestimmten Zeiten   *at certain
  times*
zu gleicher Zeit   *at the same time*
zu rechter Zeit   *at the right moment*

b. The noun **das Mal** refers to a *singled-out occurrence.*

das erste/zweite/dritte/letzte Mal   *the first/second/third/last time*
zum ersten/zweiten/dritten/letzten Mal   *for the first/second/third/last time*
jedes Mal   *every (each) time*
ein anderes Mal   *another (i.e., different) time*

The suffix **-mal** (see 14.2) is used adverbially to express the *number of times* something happens. It occurs in the following common expressions:

einmal, zweimal, dreimal, ...   *once, twice, three times, . . .*
diesmal   *this time*
ein paarmal   *a few times*
manchmal   *sometimes*

F. Expressions of indefinite time

The genitive case is used with the word **Tag (eines Tages)** and parts of the day **(eines Morgens, eines Nachmittags, eines Nachts)**[11] to express indefinite time. This structure is common in narratives.

„Als Gregor Samsa **eines Morgens** aus
  unruhigen Träumen erwachte ...“

Eines Tages werde ich einen Marathon
  laufen.

*"As Gregor Samsa awoke **one morning**
  from restless dreams . . ."*

Someday I'm going to run a marathon.

G. Adjectives of time

1. Appended to a noun, the suffix **-lich** creates an adjective indicating *how often* something occurs. Except for **Monat**, the stem vowels of these nouns have an umlaut in this construction.

ein **jährliches** Einkommen   *a yearly income*
ein **monatliches** Treffen (*no umlaut*)   *a monthly meeting*
eine **wöchentliche** Zeitung   *a weekly newspaper*
ein **stündlicher** Glockenschlag   *an hourly chime, stroke of the hour*
ein **zweimonatiger** Kurs (*no umlaut*)   *a two-month course*

---

[10] Both **zurzeit** and **zur Zeit** are legitimate forms, with different meanings: **zurzeit** (*at the moment*) is an adverb, and therefore not capitalized; **zur Zeit** is used when **Zeit** functions as a noun, as in **zur Zeit der Römer** (*at the time of the Romans*).

[11] Although **Nacht** is feminine, German speakers say **eines Nachts** by analogy to **eines Tages**. This anomaly occurs only in this phrase.

2. With units of time, the suffix **-ig** creates adjectives expressing *how old* someone or something is or *how long* something occurs. The stem vowel of the noun takes an umlaut, except in **-monatig**; and in **-minutig/-minütig**, where it is optional.

ein **zweijähriges** Kind   *a two-year-old child*
eine **einstündige** Prüfung   *a one-hour exam*
eine **sechstägige** Reise   *a six-day trip*
ein **zweimonatiger** Urlaub   *a two-month vacation*
ein **zehnminütiges/-minutiges** Schläfchen   *a ten-minute nap*

3. A number of adverbs of time form adjectives by adding the suffix **-ig.**

heute: die **heutige** Deutschstunde   *today's German class*
gestern: die **gestrige** Zeitung   *yesterday's newspaper*
damals: die **damalige** Zeit   *(the) time back then*
jetzt: die **jetzigen** Schwierigkeiten   *the present difficulties*
ehemals: die **ehemalige** DDR   *the former GDR*
vor: am **vorigen** Abend   *(on) the previous evening*

H. Dates and years

1. One asks for and gives dates in either of two ways in German.

Der Wievielte ist heute?
—Heute ist **der 4.** Juli.
(*spoken:* der vierte Juli)

What's the date today?
—*Today is the 4th of July.*

Den Wievielten haben wir heute?
—Heute haben wir **den 4.** Juli.
(*spoken:* den vierten Juli)

2. Dates after a day of the week preceded by **am** can be in either the dative or accusative case.

Das Bach-Konzert findet **am** Sonntagabend, **dem** 20. Dezember, statt.

The Bach concert is taking place on Sunday evening, the 20th of December.

Und das Wise Guys-Konzert findet **am** Freitag, **den** 1. Januar, statt.

And the "Wise Guys" concert is going to take place on Friday, January 1.

3. Dates on forms and in letters are given in the order *day, month,* and *year.* If an article is used, it is in the accusative case.

Geboren: 3.6.1992 (*spoken:* den dritten Juni, ...)

Frankfurt, den 12. März 2010 (*spoken:* den zwölften März, ...)

4. Years are indicated by either **im Jahre** followed by the year or by the year alone— but never with the preposition *in* followed by the year, as in English.

Der Erste Weltkrieg brach **1914** aus.
Der Erste Weltkrieg brach **im Jahre 1914** aus.

The First World War broke out in 1914.

Übersicht

NUMERALS • MEASUREMENTS • TIME

Cardinal numbers: Irregular forms

16	**sech**zehn
17	**sieb**zehn
21	**ein**undzwanzig
30	drei**ß**ig
60	**sech**zig
70	**sieb**zig

Ordinal numbers: Irregular forms

1.	(der, die, das) **erste**
3.	(der, die, das) **dritte**
7.	(der, die, das) **siebte**
8.	(der, die, das) **achte**

Cardinal numbers: Suffixes

-mal *(times)*	→	**dreimal**
-erlei *(kinds of)*	→	**zweierlei** Probleme
-fach *(-fold)*	→	ein **vierfacher** Gewinn

Ordinal numbers: Fractions

die	Hälfte
das	**Drittel**
	Viertel
	Fünftel
	Sechstel
	Siebtel
	Achtel
	(etc.)

Time: Units and names

die Sekunde, -n	der Sonntag	der Morgen	der Januar
die Minute, -n	der Montag	der Vormittag	der Februar
die Stunde, -n	der Dienstag	der Mittag	der März
der Tag, -e	der Mittwoch	der Nachmittag	der April
die Woche, -n	der Donnerstag	der Abend	der Mai
das Wochenende, -n	der Freitag	die Nacht	der Juni
der Monat, -e	der Samstag		der Juli
die Jahreszeit, -en	der Frühling		der August
das Jahr, -e	der Sommer		der September
das Jahrzehnt, -e	der Herbst		der Oktober
das Jahrhundert, -e	der Winter		der November
das Jahrtausend, -e			der Dezember

Cases used with time expressions	
Specific time/ Duration of time	article *(accusative)* [+ **ganz**] + time unit: **einen Tag** **den ganzen Monat**
Indefinite time	article *(genitive)* + time unit: **eines Tages**

Time: Modifiers		
How often	**How long**	**When**
jährlich monatlich wöchentlich täglich stündlich	-jährig- -monatig- -wöchig- -tägig- -stündig-	heutig- gestrig- damalig- jetzig- ehemalig- vorig-

Reference 5
VERB PREFIXES

German distinguishes between *separable* and *inseparable* prefixes. Separable prefixes attach to the front of the root verb in some situations, yet detach and stand alone in others. Inseparable prefixes, on the other hand, function as their name indicates and never separate from the root verb. A third category consists of prefixes that are inseparable with some verbs in specific meanings, and separable in other meanings. The following discussion deals in turn with these three kinds of prefix/verb-combinations and the ways they function in various grammatical contexts. Following the format of this edition, all separable-prefix verbs will be marked as such when they appear as infinitives: **an·fangen.**

R.5.1   **SEPARABLE PREFIXES**

A. Separable prefixes and their meanings

1. Separable prefixes have a voiced stress and are usually prepositions or adverbs with specific meanings in their own right that either modify or completely change the meanings of the root verbs. Here are examples of the most common separable prefixes.

   NOTE: Prefixes marked with an asterisk can also be used inseparably (see R.5.3, below).

Prefix	Meaning	Example
ab-	*off, away, down*	ab·nehmen *to lose weight*
an-	*on, at, to(ward)*	an·sehen *to look at*
auf-	*up, open, on*	auf·machen *to open up*
aus-	*out*	aus·sterben *to die out*
bei-	*by, with*	bei·stehen *to stand by someone, aid*
ein-	*into*	ein·steigen *to get into, climb into*
*durch-	*through*	durch·setzen *to carry or put through*
fort-	*away*	fort·gehen *to go away*

Prefix	Meaning	Example
her-	*(to) here*	her·kommen *to come (to) here*
hin-	*(to) there*	hin·gehen *to go (to) there*
los-	*loose*	los·lassen *to turn loose, let go*
mit-	*with, along*	mit·singen *to sing along*
nach-	*after*	nach·blicken *to look or gaze after*
***über-**	*over, across*	über·fließen *to flow over*
***um-**	*around, about, over*	um·drehen *to turn over/around*
***unter-**	*under*	unter·gehen *to go down, set*
vor-	*before, ahead*	vor·arbeiten *to work ahead*
vorbei-	*by, past*	vorbei·laufen *to run by*
weg-	*away*	weg·gehen *to go away*
weiter-[1]	*keep on*	weiter·laufen *to keep running*
***wider-**	*against*	wider·hallen *to echo*
***wieder-**[1]	*back*	wieder·geben *to give back*
zu-	*to, toward; to a shut position*	zu·machen *to shut*
zurück-	*back*	zurück·rufen *to call back*
zusammen-	*together*	zusammen·stehen *to stand together*

2. Some separable prefixes should be learned as pairs, since they form antonyms when combined with the same verb.

an·drehen *to turn on*
ab·drehen *to turn off*

an·ziehen *to put on (clothes)*
aus·ziehen *to take off (clothes)*

auf·machen *to open*
zu·machen *to close*

---

[1] **Weiter** and **wieder** are separable prefixes only when they take these meanings. When used to mean *further* (comparative) and *again,* respectively, they become adverbs, and as such do not attach directly to the root verb.

COMPARE:

Wir können leider nicht **weitermachen.**   *Unfortunately, we can't continue.*
Sie kann **weiter laufen** als ich.   *She can run further than I (can).*

Ich hoffe, dass du alles bald **wiederbringst.**   *I hope that you bring back everything soon.*
Er hofft, dass sie sich bald **wieder sehen.**   *He hopes that they see each other again soon.*

auf·steigen   *to climb up*
ab·steigen   *to climb down*

ein·atmen   *to breathe in*
aus·atmen   *to breathe out*

vor·gehen   *to go ahead, precede*
nach·gehen   *to go after, follow*

zu·nehmen   *to increase, gain (weight)*
ab·nehmen   *to decrease, lose (weight)*

B. Use

1. When a separable-prefix verb is V_1 in a main clause, the prefix functions as a verbal complement and moves to the end of the middle field (see 1.1.C). This restricts the separation to contexts in which the separable-prefix verb is in the present or the simple past tense, and is not a dependent infinitive with a modal verb.

   an·fangen: Das Konzert **fängt** um acht Uhr **an**.   *The concert begins at eight o'clock.*

   weg·gehen: Nach der Pause **ging** er schnell **weg**.   *After the intermission he left quickly.*

2. A separable prefix also splits apart from the root verb in yes-no questions and imperatives, when the root verb is in first position.

   mit·kommen: Kommst du heute Abend **mit?**   *Are you coming along tonight?*

   aus·atmen: Atmen Sie langsam **aus!**   *Breathe out slowly!*

   auf·hören: Hören Sie mit diesem Unsinn **auf!**   *Stop this nonsense!*

3. In a subordinate clause, the root verb moves to the end of the clause, and attaches directly to the prefix at the end of the middle field.

   Weißt du, wann das Konzert **anfängt?**   *Do you know when the concert begins?*

   Ich verstehe nicht, warum er so schnell **wegging.**   *I don't understand why he left so quickly.*

   Du kannst entscheiden, ob du **mitkommst** oder nicht.   *You can decide if you're coming along or not.*

4. When separable-prefix verbs are used with modal verbs and in tenses that require an auxiliary verb as V$_1$, the root verb moves to V$_2$ position and attaches directly to its prefix. In conjunction with modal verbs (Chapter 9) or in the future tense (Chapter 24), the root verb remains an infinitive (**zurück·kommen, vorbei·marschieren**). In the perfect tense (Chapter 3) and past perfect tense (Chapter 8), the separable prefix attaches to the past participle of the root verb (**zurückgekommen, vorbeimarschiert**). Notice that in past participles formed with **ge-**, this element is inserted between the separable prefix and the root verb.

Ich **will** mir morgen das Museum **ansehen.**	*I want to take a look at the museum tomorrow.*
Dieses Restaurant **wird** bestimmt **zumachen.**	*This restaurant is definitely going to close.*
Nach langer Diskussion **haben** wir unseren Plan **durchgesetzt.**	*After a long discussion, we got our plan through.*

5. In infinitive clauses (see 11.1), the prefix and root verb remain together, with **zu** inserted between them to form one word.

Ich hatte keine Lust, noch einmal von vorne mit Physik **anzufangen.**	*I didn't have any desire to start over again with physics.*
Also entschied ich mich, mit Deutsch **weiterzumachen.**	*So I decided to continue with German.*

6. The word order rules pertaining to separable-prefix verbs can also be applied to various verbal complements (see 1.1.C and 7.2.B), including infinitive complements (**stehen bleiben**[2]), adverb complements (**auswendig lernen**), and object noun complements (**Rad fahren**), with the important distinction that verbal complements do not attach directly to the root verb. Notice the similarity between the following sentences and separable-prefix verb structures:

Lernen Sie diese Vokabeln bitte **auswendig.**	*Please memorize these vocabulary words.*
Ich habe überhaupt keine Lust, alle diese Wörter **auswendig zu lernen.**	*I have absolutely no desire to memorize all these words.*
Sie **fährt** sehr gern **Rad.**	*She likes to go bike riding.*
Sie **wollte** letztes Jahr in Skandinavien **Rad fahren.**	*She wanted to go bike riding in Scandinavia last year.*

---

[2] According to the 2006 revision of the 1996 spelling reform, **stehen bleiben** (where **stehen** is a verbal complement, separate from **bleiben**) can also be written as **stehen·bleiben** (in which **stehen** functions as a separable prefix and attaches to **bleiben** in some contexts). The same holds true for **kennen(·)lernen** and several other verb + verb combinations.

C. *Hin-* and *her-*

1. The separable prefixes **hin-** and **her-** are used mainly in combination with other separable prefixes to indicate specific direction *away from* (**hin-**) or *toward* (**her-**) the observer.

Common combinations with *hin-* and *her-*	
hin(·gehen)	*(to go) to*
her(·kommen)	*(to come) from*
dorthin(·gehen)	*(to go) to there*
hierher(·kommen)	*(to come) to here*
hinein/hinaus(·gehen)	*(to go) in/out*
herein/heraus(·kommen)	*(to come) in/out*
hinauf/hinab(·gehen)	*(to go) up/down*
herauf/herab(·kommen)	*(to come) up/down*
hinüber(·gehen)	*(to go) over to*
herüber(·kommen)	*(to come) over to*
hinunter(·gehen)	*(to go) down to*
herunter(·kommen)	*(to come) down to*

2. Since they indicate direction, **hin-** and **her-** in combination with other prefixes usually make an action more specific than it would otherwise be.

Er geht **aus.** *(general action)*	He is going out.
Sie geht **hinaus.** *(away from the observer)*	She goes out (of a room, house, etc.).
Er stieg aus dem Zug **(aus).** *(general action)*	He got off the train.
Sie stieg aus dem Zug **heraus.** *(toward the observer)*	She got out of the train.

3. In colloquial usage, **her** can refer to motion away from (as well as toward) the observer. It frequently contracts to **r,** which is then connected to the root verb.

Die Luft hier ist mir viel zu dick. Ich geh' mal **raus.**	It's too stuffy in here for me. I'm going outside.
Heraus/Raus aus meinem Haus!	(Get) out of my house!
Dieses Restaurant sieht gar nicht schlecht aus. Gehen wir mal **rein?**	This restaurant doesn't look bad at all. Shall we go in?

4. Verbs of motion used with **hin-** and **her-** prefix combinations occasionally have an accusative noun that appears to be a direct object, but is really part of the adverbial expression.

Das Kind läuft **die Treppe hinunter/ runter.**	The child runs down the stairs.

R.5.2 INSEPARABLE PREFIXES

The following prefixes are inseparable:

be-	er-	miss-
emp-	ge-	ver-
ent-	hinter-	zer-

These prefixes take the place of **ge-** in forming the past participle: **hat besucht; haben verkauft.** These prefixes have no meanings by themselves, although several of them transform the meanings of root verbs in very specific ways.

A. Be-

1. A **be-** prefix verb is transitive, regardless of whether the root verb is transitive or intransitive.

antworten (auf) *to answer*	**be**antworten *to answer*
kämpfen (gegen) *to fight against*	**be**kämpfen *to fight against*
sprechen (über) *to talk about*	**be**sprechen *to discuss*

   Wir **sprechen über** diese Probleme.   *We talk about these problems.*

   Wir **besprechen** diese Probleme.   *We discuss these problems.*

2. The meaning of the verb may change considerably when a **be-** prefix is added.

kommen *to come*	**be**kommen *to receive*
sitzen *to sit*	**be**sitzen *to possess*
suchen *to search*	**be**suchen *to visit*

3. The prefix **be-** also creates transitive verbs from some nouns and adjectives.

der Freund *friend*	**be**freunden *to befriend*
die Frucht *fruit*	**be**fruchten *to fertilize, impregnate*
richtig *correct*	**be**richtigen *to correct*
ruhig *calm*	**be**ruhigen *to calm*

B. Ent-

When added to nouns, adjectives, or verbs, the prefix **ent-** expresses the idea of separation or removal. It is often equivalent to the English *de- (detach)*, *dis- (disconnect)*, or *un- (undo)*.

das Fett *fat, grease*	**ent**fetten *to remove the fat*
die Kraft *strength*	**ent**kräften *to weaken*
fern *far*	**ent**fernen *to remove*
decken *to cover*	**ent**decken *to discover*
falten *to fold*	**ent**falten *to unfold, develop*
heilig *sacred*	**ent**heiligen *to desecrate*
kommen *to come*	**ent**kommen *to escape, get away*

C. *Er-*

1. The prefix **er-** converts certain adjectives into verbs reflecting the quality expressed by the adjective.

hell	*bright*	**er**hellen	*to brighten*
hoch	*high*	**er**höhen	*to heighten*
möglich	*possible*	**er**möglichen	*to make possible*

2. The prefix **er-** also changes the meaning of certain root verbs to imply successful completion of an activity.

arbeiten	*to work*	**er**arbeiten	*to obtain through work*
finden	*to find*	**er**finden	*to invent*
raten	*to (take a) guess*	**er**raten	*to guess correctly*

With certain verbs, the use of **er-** takes a potentially harmful action and makes it lethal.

schießen	*to shoot*	**er**schießen	*to shoot fatally*
schlagen	*to hit*	**er**schlagen	*to slay*
stechen	*to stab*	**er**stechen	*to stab to death*
trinken	*to drink*	**er**trinken	*to drown*

D. *Hinter-*

1. The prefix **hinter-** can emphasize the idea of *behind* (as in *to leave behind*) in a root verb that already implies this.

Der Reiche hat seinen eigenen Kindern erstaunlich wenig **hinterlassen.**	*The wealthy man left his own children surprisingly little. (i.e., when he died)*
Sie wollte eine Nachricht für dich **hinterlassen.**	*She wanted to leave a message for you (i.e., before she departed)*
Als Kaution musste er eine Monatsmiete **hinterlegen.**	*He had to put down (i.e., leave) a month's rent as a security deposit.*

2. **Hinter-** can also convey a more abstract meaning of *behind,* as in the sense of getting behind a facade by way of investigation; or going behind someone's back—i.e., deceiving someone.

Ihre Behauptung, sie hätte das Geld einfach auf der Straße gefunden, muss **hinterfragt** werden.	*Her claim that she simply found the money on the street must be called into question (and/or investigated).*
Jahrelang hat der junge Mann die Polizei mit seinen falschen Schecks **hintergangen.**	*For years, the young man deceived the police with his fraudulent checks.*

E. Miss-

1. The prefix **miss-** indicates that something is done falsely or incorrectly. It often corresponds to English *mis-* or *dis-* and is only used with about fifteen verbs in German.

deuten	*to interpret*	**miss**deuten	*to misinterpret*
gefallen	*to be pleasing*	**miss**fallen	*to displease*
handeln	*to act (upon)*	**miss**handeln	*to mistreat*
trauen	*to trust*	**miss**trauen	*to distrust*

2. When used with verbs that already have an inseparable prefix, **miss-** becomes stressed.

    Er **miss**versteht die Frage.   *He misunderstands the question.*

F. Ver-

1. The prefix **ver-** has a wide variety of uses and meanings. Sometimes it adds the implication that the action of a root verb is done incorrectly, especially with reflexive verbs.

fahren	*to drive*	sich **ver**fahren	*to take the wrong road*
führen	*to lead*	**ver**führen	*to seduce, lead astray*
laufen	*to walk, run*	sich **ver**laufen	*to get lost (on foot)*
legen	*to lay*	**ver**legen	*to mislay, misplace*
rechnen	*to calculate*	sich **ver**rechnen	*to miscalculate*
sprechen	*to speak*	sich **ver**sprechen	*to misspeak*

2. **Ver-** can also indicate that an action continues until something is used up or destroyed.

brauchen	*to use*	**ver**brauchen	*to use up*
brennen	*to burn*	**ver**brennen	*to burn up*
fallen	*to fall*	**ver**fallen	*to fall into ruin*
gehen	*to go*	**ver**gehen	*to pass or fade away*
schwinden	*to dwindle*	**ver**schwinden	*to disappear*
spielen	*to play*	**ver**spielen	*to gamble away, (i.e., to lose money by gambling)*

3. In some instances, **ver-** conveys the sense of *away*.

jagen	*to chase*	**ver**jagen	*to chase away*
reisen	*to travel*	**ver**reisen	*to go away on a trip*
schenken	*to give as a gift*	**ver**schenken	*to give away*
treiben	*to drive*	**ver**treiben	*to drive (someone) away*

4. Sometimes the prefix **ver-** simply intensifies, refines, or alters the action expressed by the root verb.

bergen	*to hide, cover*	**ver**bergen	*to hide, conceal*
gleichen	*to resemble*	**ver**gleichen	*to compare*
urteilen	*to judge*	**ver**urteilen	*to condemn*
zweifeln	*to doubt*	**ver**zweifeln	*to despair*

5. Finally, **ver-** converts many adjectives (often in the comparative form), a few adverbs, and an occasional noun into verbs.

anders	*different*	**ver**ändern	*to change*
besser	*better*	**ver**bessern	*to improve*
größer	*larger*	**ver**größern	*to enlarge*
länger	*longer*	**ver**längern	*to lengthen*
mehr	*more*	**ver**mehren	*to increase*
nicht	*not*	**ver**nichten	*to annihilate*
die Ursache	*cause*	**ver**ursachen	*to cause*

G. Zer-

The prefix **zer-** indicates destruction or dissolution through the action denoted by the verb.

brechen	*to break*	**zer**brechen	*to break into pieces, shatter*
fallen	*to fall*		
gehen	*to go*	**zer**fallen	*to fall into pieces*
legen	*to lay*	**zer**gehen	*to dissolve (in a liquid)*
reißen	*to tear*	**zer**legen	*to take apart, disassemble (usually irreparably)*
stören	*to disturb*		
		zerreißen	*to tear to pieces*
		zerstören	*to destroy*

R.5.3 ▶ **TWO-WAY PREFIXES**

A. Separable vs. inseparable

1. The prefixes **durch-** *(through)*, **über-** *(over, across)*, **um-** *(around, over)*, **unter-** *(under)*, **wider-** *(against)*, and **wieder-** *(back)* are used separably with some verbs and inseparably with others. In some instances, these prefixes may also be used either separably or inseparably with the same verb, depending upon the meaning implied. Used separably, prefix verbs tend to have a fairly literal meaning corresponding to the basic meaning of the verb + prefix. Used inseparably, the prefix often gives the verb a more abstract or figurative meaning. In the examples below, the underlined syllables receive intonational emphasis; notice how the prefixes are stressed differently depending on whether they are separable or inseparable.

Der Fährmann **setzte** die Reisenden einen nach dem anderen **über.**	*The ferryman carried the travelers across one by one.*
Sie **über**setzte den Aufsatz aus dem Französischen ins Deutsche.	*She translated the essay from French into German.*

2. In general, prefixes are stressed when used separably and unstressed when used inseparably.

Die Schule wurde während des Sommers **umgebaut.**	*The school was remodeled during the summer.*
Er hat seine Freundin **umarmt.**	*He hugged his girlfriend.*

3. When prefix verbs are used inseparably, they generally make an intransitive verb transitive. In such instances, the auxiliary in the perfect tenses is **haben,** even when the verb without a prefix or with a separable prefix would take **sein.**

COMPARE:

Wir **sind** auf die andere Seite (hin)<u>über</u>gesprungen.	*We jumped over onto the other side.*
Wir **haben** ein paar Kapitel im Buch über<u>sprungen</u>.	*We skipped a few chapters in the book.*

B. Use of the two-way prefixes

1. Most (but not all) verbs with **durch**- are separable.

Sie **macht** eine schlimme Zeit <u>durch</u>.	*She is going through a bad time.*

BUT:

Er **durch<u>schaute</u>** den Plan seines Feindes.	*He saw through the plan of his enemy.*

2. Most (but not all) verbs with **über**- are inseparable.

Er hat einen Hund **über<u>fahren.</u>**	*He ran over a dog.*
Wir **über<u>lassen</u>** Ihnen die Entscheidung.	*We leave the decision (up) to you.*

BUT:

Der Topf ist <u>über</u>gelaufen.	*The pot boiled over.*

3. Some verbs with **um**- are separable, others are inseparable. Some verbs with **um**- can be either separable or inseparable, depending upon the meaning.

Sie versucht den Satz <u>**um**</u>**zuschreiben**.	*She's trying to rewrite/revise the sentence.*
Er versucht den Satz zu **um<u>schreiben</u>**.	*He's trying to paraphrase the sentence.*

4. The same is true of verbs with **unter**- as a prefix: some are separable, some are inseparable, and some can be either, depending on the meaning.

Der Junge wurde in einem Kinderheim <u>**unter**</u>**gebracht.**	*The boy was lodged in a children's home.*
Die schwere Arbeit hat seine Gesundheit **unter<u>graben</u>.**	*The difficult work undermined his health.*

5. Most verbs beginning with **wider**- are inseparable.

Seine Aussage **wider<u>spricht</u>** den Tatsachen.	*His statement contradicts the facts.*
Niemand konnte sein Argument **wider<u>legen</u>.**	*No one was able to refute his argument.*

EXCEPTIONS:

Das Wasser **spiegelt** die Lichter <u>wider</u>.	*The water reflects the lights.*
Der Glockenton **hallte** <u>wider</u>.	*The sound of the bells echoed.*

6. **Wieder** can function three ways:

- As an inseparable prefix in **wieder<u>holen</u>** *(to repeat)*
- As a separable prefix, when combined with verbs to mean *back* (as in **wieder·bringen**)
- As an adverb meaning *again* (as in **wieder sehen**).

COMPARE:

Der Klavierspieler **wieder<u>holte</u>** die Stelle, bis er sie richtig spielen konnte.	*The pianist repeated the passage until he could play it correctly.*
Sie **bringt** uns morgen alles **<u>wieder</u>**.	*She'll bring everything back to us tomorrow.*
Du brauchst gar nicht **wieder<u>zu</u>kommen!**	*Don't even bother coming back!*
Hoffentlich kannst du deine Schlüssel **wieder finden**.	*I hope you can find your keys again.*

Übersicht

VERB PREFIXES

Separable prefixes: Forms	
Infinitive:	zurück·geben
Past participle:	zurück<u>ge</u>geben
With *zu*:	zurück<u>zu</u>geben

V_1 P

Ich **gebe** dir dein Geld **zurück.**

V_1 P

Ich **gab** dir dein Geld **zurück.**

P V_1

Du weißt ja, dass ich das Geld **zurückgab.**

Common separable prefixes	
ab-	*über-
an-	*um-
auf-	*unter-
aus-	vor-
bei-	vorbei-
ein-	weg-
*durch-	weiter-
fort-	*wider-
her-	*wieder-
hin-	zu-
los-	zurück-
mit-	zusammen-
nach-	

* Can also be used as inseparable prefixes.

Inseparable prefixes	
be-	hinter-
emp-	miss-
ent-	ver-
er-	zer-
ge-	

Reference 6
PARTICLES

CONCEPT

The information a speaker or writer conveys does not consist merely of statements, questions, and commands, but also of emotions and attitudes. Every language has unique ways of expressing such things as impatience, reassurance, outrage, or delight in tandem with the "facts" of an utterance. German does so by coupling intonation with certain words used expressly for this emotive function, often called "flavoring particles" (**die Abtönungs-partikel, -n** or **die Modalpartikel, -n**). English speakers also make use of particles to add emotional color to their utterances, to be sure; but German has a much larger palette of such words, and this makes them notoriously difficult to translate.

The particles to be discussed are listed here:

aber	eigentlich	schon
also	halt	überhaupt
auch	ja	vielleicht
denn	mal	wohl
doch	nun	zwar
eben	nur/bloß	

Some of these have a literal meaning apart from their "flavoring" capacity; some have multiple "flavoring" meanings, depending on context and intonation. All should be used with care, following the (admittedly limited) explanations given here and the practical suggestions for usage provided by your instructor. In the examples below, take note of the intonational emphasis used for certain meanings, indicated by underlining. In many cases, the flavoring particles themselves are not emphasized, but rather the word or words that they are intended to "flavor."

R.6.2 **PARTICLES IN USE**

A. *Aber*

Besides the literal sense of **aber** as the coordinating conjunction *but* (see R.2.1), it serves as an intensifier in statements.

Das ist **aber** <u>nett</u> von dir.	*That's really nice of you.*
Hast du etwas dagegen?	*Do you have a problem with that?*
—**Aber** <u>nein</u>!	*—Of course not!*

B. *Also*

Also should not be confused with *also* (German: **auch**). It can mean *so* when introducing a consequence *(She said this, **so** I said that),* but is used as well to connote reassurance or reinforcement of an idea expressed; to signal a reaction to something just said; or to introduce a summing up, much like English *Well, . . .*

Ich konnte nicht mehr lernen, **also** ging ich ins Bett.	*I couldn't study any more, so I went to bed.*
Du wirst uns **also** <u>helfen?</u>	*So you'll help us?*
Also, <u>gut</u> – wenn du willst.	*Well, all right—if you want to.*
<u>Also,</u> was willst du jetzt machen?	*So, (or: Well,) what do you want to do now?*

C. *Auch*

1. Besides its literal meaning of *also,* **auch** has a wide range of flavoring uses, many of which convey a sense of (or desire for) confirmation.

So schlecht war der Film (ja) <u>**auch**</u> nicht.	*The film wasn't really so bad.*
Bist du **auch** <u>sicher</u>, dass du es kannst?	*Are you really sure you can do it?*

2. **Auch** is sometimes used in the sense of *even*. With this meaning it is interchangeable with **sogar.**

Auch/Sogar in den <u>Alpen</u> fiel letztes Jahr weniger Schnee.	*Even in the Alps less snow fell last year.*

3. **Auch** can be used to intensify **nicht**, especially in certain commonly used phrases.

Vielleicht, vielleicht **auch** <u>nicht</u>.	*Maybe, but (then again) maybe not.*
Warum **auch** <u>nicht</u>?	*And (as a matter of fact) why not?*

D. *Denn*

Denn as a particle occurs only in questions; it adds a tone of either mild or strong impatience, surprise, or interest, depending on intonation. It also makes questions sound less abrupt.

Kommst du **denn** nicht <u>mit</u>?	*What? Aren't you coming along?*
Was habt ihr **denn** die ganze Zeit <u>gemacht</u>?	*So, what did you all do the whole time?*
Was ist **denn** hier <u>los</u>?	*What in the world is going on here?*

E. *Doch*

Doch is used in the following situations:

1. To stress validity (particularly in situations where one assumes a dissenting voice).

Das ist **doch** <u>Wahnsinn</u>!	*But that's crazy (no matter what anyone says)!*
Das <u>weißt</u> du **doch**!	*Come on, you know that!*

2. To convey surprise (in the face of previous expectations).

Sie hat <u>**doch**</u> Recht.	*So she's right after all.*

3. To stress disbelief (used in negative statements).

Das kann **doch** nicht dein <u>Ernst</u> sein!	*You can't really be serious!*

4. To intensify a sense of impatience or urgency in imperatives (assuming a negative reaction on the part of the person addressed), often with **mal** (see 23.1).

Hören Sie **doch** mal <u>zu</u>!	*Come on, listen!*

5. To respond positively to a statement or question with negative implications (see 19.1).

Du willst wohl nicht mitkommen, oder?	*You don't want to come along, do you?*
—<u>**Doch**</u>!	*—Oh yes, I do!*

F. *Eben*

1. As an adverb, **eben** means *just (now)/(then)*. It is synonymous with **gerade.**

Wo sind denn die anderen Gäste?	*Where are the other guests?*
—Die sind **eben** <u>weg</u>gegangen.	*—They just left.*

2. As a modifier, **eben** is roughly equivalent to English *just*, and can be used for both positive and negative statements.

Es <u>ist</u> **eben** so./So <u>ist</u> es **eben.**	*That's just the way it is.*
So ist es **eben** <u>nicht</u>!	*That's just not the way it is!*
Sie mag dich also?	*So she likes you, right?*
—**Eben** <u>nicht</u>!	*—That's just it: No!*

3. Used by itself as a response, **eben** implies agreement, the idea that a statement is *precisely* or *exactly* right.

Das ist aber ein langes Kapitel.	*This is really a long chapter.*
—<u>Eben</u>!/Ja <u>eben</u>!	*—Precisely!/Exactly!*

G. *Eigentlich*

1. **Eigentlich** can be used in statements and questions to soften and modify the tone, to imply that a question has not yet been fully answered, and as a discourse marker to change the topic of conversation.

Weißt du **eigentlich,** wie sie <u>heißt</u>?	*Do you happen to know her name?*
Ich weiß **eigentlich** nicht, was ich <u>will</u>.	*I don't actually know what I want.*
Wo <u>wohnen</u> Sie denn **eigentlich?**	*So tell me, just where do you live?*

2. This "flavoring" sense of **eigentlich** is concessive („Was ich **eigentlich** sagen wollte …"). To convey the stronger sense of *actually* ("I'm <u>actually/really</u> going to do it!"), German speakers tend to use an adverb such as **wirklich,** which implies that something *really* is the case, rather than **eigentlich.**

COMPARE:

Das ist **wirklich** sein Auto.	*It really/actually is his car.*
Eigentlich ist das <u>sein</u> Auto.	*Actually/To tell the truth, it is his car.*

H. *Halt*

Halt is synonymous with **eben,** in the sense of *just,* but slightly more colloquial; it is used primarily in southern Germany, Austria and Switzerland.

Wir müssen **halt** <u>warten</u>, bis der Regen vorbei ist.	*We'll just have to wait until the rain is over.*
Ich möchte **halt** <u>wissen</u>, warum du nicht zurückgemailt hast.	*I just want to know why you didn't email me back.*

I. *Ja*

Ja can be used as a particle to mean the following:

1. To express the obviousness of a fact, with a hint of impatience; it is similar in this meaning to **doch.**

Sie <u>wissen</u> **ja,** was ich meine.	*Come on, you know what I mean.*
Das <u>tue</u> ich **ja** schon!	*But I'm (obviously) already doing that!*

2. To add a sense of urgency to imperatives; in this meaning, it is emphasized, and often preceded by **nur.**

Komm (**nur**) <u>ja</u> nicht zu spät nach Hause!	*Don't you dare come home too late!*

3. To convey surprise, much like **doch.**

Da <u>ist</u> sie **ja!**	*Well, there she is!*
Das ist **ja** kaum zu <u>**glauben**</u>!	*That is really hard to believe!/I can hardly believe that!*

J. *Mal*

Mal softens a statement or command by adding a sense of casualness similar to English *hey* or *just,* rendering commands and suggestions less blunt. Almost any element in the sentence *except* **mal** can carry intonational stress, depending on the meaning one wants to convey.

Ich muss dir **mal** was <u>**erzählen**</u>.	*I've just got to tell you something.*
Komm **mal** <u>**her**</u>!	*(Hey,) come here!*
Sieh dir das **mal** <u>**an**</u>!	*(Hey,) check this out!*

The same softening effect can be used to convey encouragement, or to lend an ironically casual tone to a threat.

Depending on intonation and pitch:

<u>**Versuch**</u> es **mal!**
Just go ahead and try it! (i.e., come on, you can do it!)
You just go ahead and try it! (threatening)

K. *Nun*

Nun, often combined with **[ein]mal,** implies resigned acceptance of a situation. With this meaning it is virtually synonymous with **eben** and **halt.**

Da konnte man **nun mal** nichts (weiter) <u>**machen**</u>.	*Well, there wasn't anything (further) to be done.*
So sieht es im Moment **nun (ein)mal** <u>**aus**</u>.	*This just is the way things look at the moment.*

L. *Nur/bloß*

1. **Nur** lends a sense of urgency and emotion to questions.

Wie konntest du das **nur** <u>**machen**</u>?	*How could you <u>do</u> that?*
Wo <u>**ist**</u> sie **nur?**	*Where on earth <u>is</u> she?*

2. In commands, **nur** is roughly equivalent to *just*: threatening in some contexts, reassuring in others.

Denke **nur** nicht, dass ich das bald vergessen werde!	*Just don't think that I'll soon forget this!*
Rufen Sie mich **nur** nicht nach 10 Uhr an!	*Don't you dare/Just don't call me after 10!*
Warten Sie **nur!**	*Just wait!/Just you wait! (positive or negative, depending on intonation and pitch)*
Reden Sie **nur weiter**!	*Go on—keep talking! (i.e., you're doing fine!)*

3. Colloquially, **bloß** is often used instead of **nur,** and carries the same shades of meaning.

Sei **bloß/nur** nicht so **schüchtern**!	*Just don't be so shy!*
Warum hat sie das **bloß/nur gemacht**?	*Why on earth did she do that?*
Geh da **bloß/nur** nicht hin!	*Whatever you do, don't go there!*

M. Schon

1. As an adverb, **schon** means *already*.

Wir haben es **schon gemacht**.	*We have already done it.*

2. In adverbial usage, **schon** is often used with **mal** to mean *ever before*.

Waren Sie **schon mal Gast** in diesem Hotel?	*Have you ever been a guest in this hotel before?*

3. As a particle, **schon** expresses confidence or reassurance.

Ist alles fertig? —Ich glaube **schon**.	*Is everything ready?* —*Oh, I think so.*
Ich werde es **schon** machen.	*Don't worry, I'll do it.*

4. The particle **schon** can also convey hesitant or only partial agreement, the idea that although a statement is undoubtedly true, there might also be other considerations.

Du hast ja eine schöne Wohnung. —Das **schon,** aber noch keine Möbel.	*You have a nice apartment, you know.* —*Well, yes, but no furniture yet.*
Das ist **schon** richtig, was du sagst, aber ...	*What you say is true, but . . .*

5. **Schon** gives a sense of impatient encouragement to requests.

Setz dich **schon hin**!	*Come on now, sit down!*

6. **Schon** can also be used to add a sense of resignation to questions, and is not emphasized itself.

Was kann man in so einem Fall **schon** <u>sagen</u>?

What can you possibly say in such a case?

Wer möchte **schon** <u>allein</u> auf einer Südseeinsel leben?

OR:

Wer möchte **schon** allein auf einer <u>Südseeinsel</u> leben?

Who would ever want to live alone on a South Sea island? (various emphases are possible)

N. *Überhaupt*

1. In statements, **überhaupt** expresses generality regarding one or more of the sentence elements, and receives its own intonational emphasis.

Er sollte <u>überhaupt</u> mit seinen Äußerungen vorsichtiger sein!

He should really (i.e., as an overarching rule) be more careful about what he says!

Sie interessiert sich für Programmiersprachen, ja, für Informatik <u>überhaupt</u>.

She's interested in programming languages, in fact, in computer science in general.

2. In questions, **überhaupt** can convey the idea of *at all,* in an absolute sense.

Hörst du mir **überhaupt** <u>zu</u>?

Are you listening to me at all?

Hast du **überhaupt** eine Ahnung, was das **bedeutet**?

Do you have any idea at all what that means?

3. Used with negatives, **überhaupt (nicht)** means *not, nothing, anything at all.* It is synonymous in this usage with **gar (nicht)** (see **Wortschatz** 7).

Sie wissen <u>überhaupt/gar</u> nichts.

They don't know <u>anything at all</u>.

O. *Vielleicht*

1. **Vielleicht** has the literal meaning of *perhaps* or *maybe.*

Vielleicht mache ich mit, vielleicht nicht.

Maybe I'll join in, maybe not.

In this usage, it can also translate the English modal verb *might.*

Vielleicht klappt es dieses Mal.

It might work this time.

2. Used as a particle, **vielleicht** serves to underscore a sense of astonishment or an intense reaction—the sort of sentiment that calls for an exclamation point—as expressed with the English phrases *Let me tell you, . . . !* or *Boy, . . . !* In this usage it appears in the middle field, never as the first element.

<u>Das</u> war **vielleicht** ein komischer Typ!

Boy, that guy was weird!

Da hatte ich **vielleicht** <u>Angst</u>, du!

I'll tell you, I was scared!

P. Wohl

1. In its literal sense, **wohl** suggests probability (see also 24.1.B). Its English equivalents are *no doubt, quite likely,* or *probably.*

Das wird **wohl** <u>lange</u> dauern.	*That will no doubt take a long time.*
Wenn sie es sagt, wird es **wohl** <u>stimmen</u>.	*If she says so, then it's probably true.*

2. As a particle, **wohl** conveys a sense of certainty.

Das kann man **wohl** <u>sagen</u>!	*You can say that again!*
Du bist **wohl** nicht bei <u>Sinnen</u>!	*You must be out of your mind!*

Q. Zwar

1. **Zwar** means *to be sure* or *of course* and is usually followed by an **aber** *(however)* in the subsequent clause.

Es gab **zwar** noch viel <u>Essen</u>, aber niemand hatte mehr Hunger.	*There was, to be sure, still a lot of food, but no one was hungry anymore.*

2. **Zwar** cannot be used as an affirmative response (*"To be sure!"*) to a question. Instead, German uses **allerdings** *(oh yes; by all means).*

COMPARE:

Haben Sie verstanden? —**Allerdings.**	*Did you understand?* — *Oh, yes!* (i.e., *I know what you're getting at*)

3. **Zwar** is also used to introduce details that follow a statement, in the sense of *namely* or *to wit,* moving from general to specific.

Das Konzert findet heute Abend statt, und **zwar** um 20 Uhr.	*The concert is taking place this evening, (namely) at 8 o'clock.*

R.6.3 **PARTICLES AS RESPONSES**

The following list provides some of the more commonly used phrases with particles as responses to something said or done. If no elements are underlined, this indicates that more than one element can be stressed in order to convey a particular meaning.

das ist aber wahr! *that sure(ly) is true!*	**was** <u>ist</u> **denn?** *what's the matter?*
aber <u>nein</u>**!** *oh no! but of course not!*	**was ist denn hier** <u>los</u>**?** *what's going on here?*
also <u>gut</u>**/also** <u>schön</u> *well, OK (I'll do it)*	
na <u>also</u>**!** *what did I tell you!*	**das darf doch nicht** <u>wahr</u> **sein!** *that can't be (true)!*
also <u>doch</u>**!** *it's true what I said after all!*	
eben! *precisely!*	**das ist doch/ja** <u>lächerlich</u>**!** *that's ridiculous!*
eben <u>nicht</u>**!** *that's just it: No!*	
na/nun ja *oh well, OK*	**das** <u>ist</u> **es ja/eben!** *that's just it, that's just what I mean*
ich denke/glaube schon *I should think so*	

ja, was ich sagen wollte, ... *by the way, what I wanted to say . . .*
mal <u>sehen</u>   *we'll just have to (wait and) see*
das wird schon stimmen   *I'm (pretty) sure that's right*

so <u>ist</u> **es eben**   *that's just how it is*
es wird schon gehen/werden   *I'm (pretty) sure it'll work out*
das habe ich mir (auch) schon gedacht   *that's just what I figured (too)*

Übersicht

PARTICLES

Particle	Examples
aber	Das ist **aber** schön!
also	Du kommst **also?** **Also,** was machen wir nun?
auch	So viel kostet das ja **auch** nicht. Bist du **auch** sicher ?
denn	Was machst du **denn?**
doch	Das weißt du **doch!** Das ist **doch** nicht so schlecht. Kommst du nicht? —**Doch!**
eben	So ist es **eben.** Man muss **eben** warten.
eigentlich	Weißt du **eigentlich,** wann der Film beginnt?
halt	Ich möchte **halt** wissen, ob das stimmt oder nicht.
ja	Das denke ich **ja** auch. Das ist **ja** das Problem.
mal	Versuchen Sie es doch **mal!**
nun	So ist es **nun** mal.
nur/bloß	Wo warst du **nur?** Mach das **nur/bloß** nicht!
schon	Ja, **schon,** aber ... Setz dich **schon!**
überhaupt	Ich verstehe dich **überhaupt** nicht! Man soll **überhaupt** mehr zuhören und weniger reden.
vielleicht	Das war **vielleicht** dumm!
wohl	Das kann man **wohl** sagen.
zwar	Es ist **zwar** ziemlich alt, aber noch ganz gut. Ich will mein Geld zurück, und **zwar** sofort!

Reference Section

Appendix 1
FORMATS FOR WRITTEN COMMUNICATION

Written communication comprises an increasingly wide range of styles, formats, and media—from tweets and Facebook wall-postings to journalistic blogs and formal business letters. The nature of these various media and registers makes it difficult to provide anything like a "correct" format or style. In the case of the formal business letter it is still possible to provide a model, since the format of such letters follows a formula that has changed relatively little in recent years. But at the other end of the spectrum, as in the case of texting or e-mail, the formats are more individualized and malleable, so that any guidelines must be taken as just that—guidelines, not a prescription. What follows is information pertaining to three modes of written personal communication, moving from informal to formal modes of writing, with information tailored to the media and register typical of each one.

A. Social networking sites

German speakers in high schools and universities make use of social networking sites such as Facebook and a trio of similar and very popular German sites: StudiVZ.net (for university students); SchülerVZ.net (for high-school students); and MeinVZ.net (for everyone else). There's no particular "format" for messages posted on these sites, of course, but it helps to be familiar with the vocabulary that comes into play for users. Verb forms are included below for words borrowed directly from English.

bei StudiVZ/Facebook sein   *to be on . . .*
bei StudiVZ/Facebook befreundet sein   *to be friends on . . .*
jemand bei StudiVZ/Facebook haben   *to have someone (as a friend) on . . .*
der Link, -s; verlinken   *link; to link (to)*
ein Foto taggen (taggte, getaggt)/markieren   *to tag a photo (be tagged)*
an·schubsen/zurück·schubsen   *to poke/to poke back*
an die Pinnwand (*wall*) schreiben   *to write on a "wall"*
ein Foto hoch·laden/kopieren   *to upload/copy a photo*
eine Nachricht verschicken   *to send a message*

Here are a few additional terms pertaining to various kinds of postings and personal media.

das/der Blog, -s/das/der Mikro-Blog   *blog*
bloggen (bloggte, hat gebloggt)   *to blog*
chatten (chattete, hat gechattet)   *to chat online*
simsen (simste, hat gesimst)   *to send an SMS*
texten (textete, hat getextet)   *to text (usually with cell phones)*
twittern (twitterte, hat getwittert)
zwitschern (zwitscherte, hat gezwitschert)   } *to send a message via Twitter*
sich vernetzen (vernetzte, hat vernetzt)   *to get connected via networking sites*

In these and related contexts (e.g., wall-posting, cell phone texting, instant messaging, etc.), the language used is characterized (as in English) by very casual regard for standard German spelling and punctuation, so that nouns are not capitalized, and abbreviations and phonetic shortcuts are common.[1]

B. E-mail

The level of formality in a German e-mail (**die E-Mail, -s**) is signaled immediately by the language used for the salutation, which should be consistent with the language used in the closing. Here are some guidelines for beginning and ending e-mail messages on various levels of formality.

1. Very informal (close friend, schoolmate, etc.)

COMMON SALUTATIONS:

Hi [*first name of addressee(s)*]!
Hey [*first name of addressee(s)*]!

[*message*]

SAMPLE CLOSINGS:

Ciao!
Mach's gut!
Bis dann!

[*your name*]

---

[1] Texting and e-mail abbreviations go in and out of style faster than the blink of an eye, but here's a current sampling:

alkla/ak = alles klar? *(everything OK?)*
fg = fett grins *(big fat grin)*/frech grins *(sassy grin)*
hdl = hab' dich lieb *(I like/love you)*
ka/kA = keine Ahnung *(no idea, no clue)*
lamito = Lache mich tot *(I'm dying laughing)*
lg/lG = lieber Gruß *(friendly greeting)*

2. Informal (family, older acquaintances)

COMMON SALUTATIONS:

Hallo [*first name of addressee(s)*]!/,[2]
Liebe Frau Schwarzenberger!/, (*female*)
Lieber Markus!/, (*male*)
Liebe Monika, lieber Frank!/, (*two addressees, female and male*)
Liebe Freunde!/, (*plural*)

[*message*]

SAMPLE CLOSINGS:

Beste Grüße!
Herzliche Grüße!
Liebe Grüße!

[*your name*]

---

3. For a formal e-mail (say, to contact a professor), titles and styles of address for the salutation are carried over from formal letters, while the date is of course already included in the e-mail address and therefore not repeated.

COMMON SALUTATIONS:

Sehr geehrte Frau Prof. Schnickschnack,[3]
Sehr geehrter Herr Prof. Schnickschnack,

[*message*]

STANDARD CLOSING:

Mit freundlichen Grüßen[4]

[*your name*]

---

[2] In contexts where "!/," is listed, either an exclamation point or a comma can be used after the salutation. The exclamation point is less formal and finalizes the salutation line, so that the subsequent message is considered a new sentence and begins with a capitalized first word. By contrast, the comma turns the salutation into an introductory phrase joined with the following sentence, so that the message continues with no capital letter on the first word.

[3] Here's a bit of sociolinguistic advice: No matter how informally you might address a professor via e-mail in a North American context ("Hi, Prof. Schnickschnack!"), this casual tone should be avoided in Germany, Switzerland, and Austria unless expressly encouraged.

[4] **Mit freundlichen Grüßen:** No punctuation follows this phrase when used as a closing.

C. Letters

1. In all but the most formal correspondence, the salutation usually consists of **Liebe(r)** ____, and the closing is chosen from a range of relatively informal to formal registers.

Berlin, (den) 15. Januar 20...
OR:
Berlin, 15.1.20...

COMMON SALUTATIONS:

Liebe Frau Schwarzenberger,
Lieber Herr Schwarzenberger
Lieber Markus,
Liebe Monika, lieber Frank, (*two addressees, female and male*)
Liebe Freunde,

[*message*]

SAMPLE CLOSINGS:

Informal   Herzlichst
                               deine/eure

                               Ariane

More formal   Herzliche Grüße
                               dein/euer

                               Hans

Most formal   Mit freundlichen Grüßen

---

2. In formal correspondence the heading, salutation, and closing are arranged as shown below.

```
Andrea Möller                          Ainmillerstraße 5
                                       D-80801 München
                                       13. November 20...

(An)
Frau/Herrn S. Markstädter
Sendlinger Straße 80
Süddeutsche Zeitung
D-80331 München
```

POSSIBLE SALUTATIONS:

```
Sehr geehrte Damen und Herren,
Sehr verehrte Frau (Dr.) Markstädter,
Sehr geehrter Herr (Dr.) Markstädter,

[message]
```

STANDARD CLOSING:

```
Mit freundlichen Grüßen

[your name, with any titles included]
```

3. Note the following points regarding letters:

- In German dates, the day always precedes the month.

- In addresses, the house number follows the street name.

- The title **Herrn** is an accusative object of the preposition **an.** The accusative form is retained in addresses even if **an** is omitted.

- The **D** before the postal code stands for Germany. Austria uses **A,** and Switzerland uses **CH.**

- Salutations in letters, being relatively formal, are normally followed by a comma rather than an exclamation point.

- There is no punctuation after the closing.

- There are no indentations until the closing, which may be indented or aligned with the left margin.

Appendix 2
SPELLING, CAPITALIZATION, AND PUNCTUATION: *RECHTSCHREIBREFORM* 2006

B eginning with the third edition of the ***Handbuch zur deutschen Grammatik,*** all explanations and examples have reflected the new rules for spelling, capitalization, and punctuation laid out in the **Rechtschreibreform** of 1996. That reform was conceived as a process that would continue through a transitional period until 2004, when a commission would decide which of the new rules to maintain on a permanent basis, and which should be revoked or amended. The "reform of the reform" that took place as planned in 2004 led to changes in a substantial number of the new rules, most often by returning to pre-1996 guidelines. But two years later, another commission was convened to "reform the reform" yet again—for the last time, it was hoped—and it is this set of rules, which went into effect officially on August 1, 2006, that now dictates conventions for spelling, capitalization, and punctuation in German, including their appearance in this edition of the ***Handbuch***.

The information below is not meant to provide exhaustive coverage of the final reform, but rather to outline the basic categories of change in spelling (including capitalization) and punctuation that have been affected by the entire series of reforms. It focuses in particular on the "reform of the reforms" that has occurred between 2004 and 2006—in other words, on the changes that may be new to teachers and students who are familiar with the initial 1996 reform but not with developments since then. In the examples below, this multi-year focus is indicated by the headings *pre-1996, 1996–2006,* and *post-2006,* showing rules as they existed before the reform process began, during the transitional period, and as they now stand. Changes made in 1996 and still in force will be shown under the headings *pre-1996* and *post-1996* to indicate that the rules adopted in the initial reform are still considered authoritative.

A. Spelling

1. Probably the most noticeable change initiated by the 1996 reform is the use of **ss** instead of **ß** in certain contexts. The new rule is simple: Use **ss** following short vowels and **ß** following long vowels and diphthongs. (Previously, **ß** was used after some short vowels as well as long.)

   PRE-1996

   Ich muß das lesen.
   Meinst du, daß es stimmt?
   Warum ißt du so wenig?

   POST-1996

   Ich **muss** das lessen.
   Meinst du, **dass** es stimmt?
   Warum **isst** du so wenig?

2. Where multiple consonants or clusters were sometimes dropped in compound words, the new rules stipulate that both words be written in their entirety. A hyphen may be used to make some compound nouns easier to read.

PRE-1996	POST-1996
selbständig (selb**st** + **st**ändig)	selb**stst**ändig
Schiffahrt (Schi**ff** + **F**ahrt)	Schi**fff**ahrt
Seelefant (S**ee** +**E**lefant)	S**eee**lefant/See-Elefant

3. The 1996/2004 reforms acknowledged that foreign words pass through phases of integration before they are felt to be "German" and require German spelling. At first, the foreign form feels more appropriate (**Telephon**); then the community begins adapting it by writing it both ways (**Telephon/Telefon**); and finally, when its "foreignness" is no longer felt, the local form predominates (**Telefon**). Hence the rules allow for the non-German and German versions of foreign-origin words that are felt to be in transition, such as **Joghurt/Jogurt; Portemonnaie/Portmonee;** and **Thunfisch/Tunfisch.** But now that **Telefon, Foto** and **fotografieren** are more or less fully integrated into everyday speech, the German spelling (with **f**) is now preferred over **ph.**

The 1996/2004 reforms also recognized that foreign words used in specific contexts, such as scientific or technical terms, and foreign words used internationally have a "specialized" feel and should therefore retain their foreign spelling to acknowledge their origin (e.g., Atmos**ph**äre, **J**ournalist, **Ph**iloso**ph**ie, **Recy**cling, **Th**eater).

PRE-1996	1996–2006	POST-2006
Exposé	Exposee	**Exposé/Exposee**
Potential	Potenzial	**Potential/Potenzial**
Joghurt	Jogurt	**Joghurt/Jogurt**

B. Capitalization

1. The pre-1996 rule stated that formal pronouns of address (including possessive pronouns) should always be capitalized (**Sie/Ihnen/Ihr-**), and that **du** and **ihr** (and related forms) should be capitalized only in written correspondence. The 1996 reform maintained capitalization for all formal pronouns and possessive adjectives in all written contexts, as before, but called for uniformly lowercase pronouns for **du** and **ihr** (and related forms), including their use in correspondence. The 2006 reform maintains the capitalization rules for formal pronouns and possessive adjectives, but allows for either lower- or uppercase for familiar pronouns and possessive adjectives in correspondence: **Lieber Lukas, wie geht es dir/Dir? Und deiner/Deiner Familie?**

2. Following the 1996 reform, times of day following adverbs such as **gestern** or **heute** are now capitalized. In conjunction with days of the week, they now join with the day to form one word.

PRE-1996	POST-1996
heute abend	heute **Abend**
gestern nachmittag	gestern **Nachmittag**
Dienstag morgen	**Dienstagmorgen**

3. Adjectives that take on the function of a noun are likewise uniformly capitalized.

PRE-1996	POST-1996
Sie war die erste an Bord.	Sie war die **Erste** an Bord.
Ist das auf deutsch?	Ist das auf **Deutsch?**
Es war interessant für jung und alt.	Es war interessant für **Jung** und **Alt.**
Wir waren den ganzen Tag im freien (*outside*).	Wir waren den ganzen Tag **im Freien** (*outside*).

The only exceptions to this rule are **ander-, ein-, viel,** and **wenig.**[1]

Die **einen** denken das, die **anderen** denken das nicht.
Nur **wenige** verstehen das.
Das haben **viele** erlebt.

4. Nouns that are used in specific contexts as other parts of speech, such as adjectives, are once again written in lowercase to reflect that function. **Feind**, for example, is a noun meaning *enemy*; but **jemandem feind sein** means *to be at enmity with someone*. **Klasse** can mean *a class*, but also *very nice/good*.

PRE-1996	1996–2006	POST-2006
Er war mir feind.	... Feind.	... **feind**.
Alles war klasse.	... Klasse.	... **klasse**.

5. A special (and frequently used) application of this change is the German equivalent of *to be right/wrong*, which was altered in 1996, but now can be written either in upper- or lowercase.

PRE-1996	1996–2006	POST-2006
Sie hat recht (*she's right*).	... Recht.	... **recht/Recht.**
Du hattest unrecht (*you were wrong*).	... Unrecht.	... **unrecht/Unrecht.**

C. Words written together or separated

1. The overarching tendency of the 1996 reform with regard to compound words was to separate elements that had once been written together. Where the pre-1996 rules had once called for **rad·fahren** (*to ride a bicycle*) to be treated as a separable-prefix verb, in 1996 it became **Rad fahren** (and with the separation, in cases like this, came capitalization of the stand-alone noun). This was valid not only for noun-verb combinations, but also adjective-verb and verb-verb combinations (**frei·sprechen** $\longrightarrow$ **frei sprechen**; **kennen·lernen** $\longrightarrow$ **kennen lernen**) and adverb-adjective combinations such as **alleingültig** $\longrightarrow$ **allein gültig** and **halbnackt** $\longrightarrow$ **halb nackt**.

There was considerable protest from many quarters following this change, in large measure because it obliterated distinctions that had once been possible. How could

---

[1] While words like **viel-** and **ander-** are normally not capitalized, this can vary in practice. For example, the film mentioned throughout Chapter 5 (English: *The Lives of Others*), shows the title **Das Leben der Anderen** on movie posters and online references , while the published screenplay of the book is entitled **Das Leben der anderen** (Suhrkamp 2007).

one tell the difference, for example, between **frei sprechen** (*to acquit someone*) and **frei sprechen** (*to speak freely*), now that the fused form **freisprechen** (*to acquit someone*) was no longer available?

The 2006 reform addressed this issue in detail. Although it is not possible to cite all the resulting changes here, the general result is to have words that create a particular meaning through their fusion—a meaning other than that of the separate elements—to be treated (again) as a single word.

2. In noun-verb combinations where the noun's literal meaning is eclipsed by a new meaning in tandem with the verb, the noun is considered part of that verb, and is treated as a prefix, with no capitalization.

PRE-1996	1996–2006	POST-2006
eis·laufen (*to ice-skate*)	Eis laufen	**eis·laufen**
kopf·stehen (*to stand on one's head*)	Kopf stehen	**kopf·stehen**
leid·tun (*to be sorry*)	Leid tun	**leid·tun**

But in cases where the noun's meaning is largely retained, both versions are now acceptable.

PRE-1996	1996–2006	POST-2006
acht·geben (*to give/pay attention*)	Acht geben	**acht/Acht geben**
halt·machen (*to stop*)	Halt machen	**halt/Halt machen**

3. This new approach also applies to other words in combination with verbs.

PRE-1996	1996–2006	POST-2006
fertig·machen (*to wear down*)	fertig machen	**fertig·machen**
nahe·bringen (*to explain*)	nahe bringen	**nahe·bringen**
schwer·fallen (*to be difficult*)	schwer fallen	**schwer·fallen**

4. In certain adverb-adjective combinations, the 2004 reform allowed for more latitude than before, but the 2006 reform once again requires that the words be written together.

PRE-1996	1996–2006	POST-2006
hochgebildet (*highly educated*)	hochgebildet/hoch gebildet	**hochgebildet**
wohlverdient (*well-deserved*)	wohlverdient/wohl verdient	**wohlverdient**

D. Comma usage

1. In most respects, the rules for comma use have not changed in any of these reforms. Commas are still used in these instances:

- To separate subordinate clauses from main clauses.

  Weil du dich verspätet hast, haben wir den Zug verpasst!

- To set off clauses linked by the coordinating conjunctions **denn, aber,** and **sondern.**

  Katja wollte auf der Party bleiben, aber ich war wirklich zu müde dazu.

- ■ To set off appositions.

  Thomas Bernhard, ein bekannter Autor, hielt gestern Abend einen Vortrag.

- ■ In place of a decimal point.

  60,5%

REMEMBER: Commas are NOT used to set off adverbial sentence beginnings, as in English.

Leider habe ich meinen Führerschein nicht mit.	*Unfortunately, I don't have my driver's license with me.*

2. Commas were formerly required prior to clauses beginning with **und** and **oder,** but now they are optional, depending on readability.

   PRE-1996

   Michele liest ein Buch, und Stephan sieht fern.

   POST-1996

   Michele liest ein Buch und Stephan sieht fern.

   BUT:

   Ich denke oft an dich, und die Kinder fragen oft nach dir.

3. Commas were previously used in all cases to separate main clauses from infinitive clauses containing anything more than **zu** + infinitive. The rules have been relaxed to make these commas optional in some cases, depending on readability, but commas are still required to set off all infinitive clauses beginning with **um, ohne,** and **(an)statt,** regardless of readability.

   PRE-1996

   Ich habe keine Lust, ins Kino zu gehen.

   Sie ist da, um uns zu helfen.

   Er hat vor, ein Auto zu kaufen.

   POST-1996

   Ich habe keine Lust(,) ins Kino zu gehen.

   Sie ist da, um uns zu helfen.

   Er hat vor, ein Auto zu kaufen.
   (**vor ein Auto** *could be misread as a prepositional phrase.*)

   A comma is still required when the main clause includes an element that anticipates the infinitive clause, such as a **da**-compound or **es** (see 20.2–3).

E. Other punctuation marks

Other punctuation rules have been unchanged by the reforms.

1. A period (**der Punkt, -e**) is used with numerals to indicate an ordinal number + ending (see R.4.1.B).

den 5. Juli (spoken: den fünften Juli)	*the fifth of July*

2. An exclamation point (**das Ausrufezeichen, -**) is occasionally used after a salutation in a letter. It is also used after emphatic imperatives (see 23.2.B).

3. A question mark (**das Fragezeichen, -**) is used after questions, as in English.

4. Direct quotations (see 22.1) are preceded by a colon **(der Doppelpunkt, -e)** and enclosed by quotation marks **(die Anführungszeichen** *[pl.]*). In print and in handwriting, the initial quotation mark appears at the bottom of the line, while the final quotation mark is at the top of the line. The final quotation mark precedes a comma, but it follows a period.

Sisyphus sagte: „Es ist hoffnungslos."	*Sisyphus said, "It is hopeless."*
„Ich komme nicht", sagte sie.	*"I am not coming," she said.*

5. A hyphen **(der Bindestrich, -e)** is used to divide words at the end of a line. It is also used to indicate an omitted element common to two compound nouns in a pair.

eine Nacht- und Nebelaktion (= eine Nachtaktion und eine Nebelaktion)	*a covert operation* (lit. *a night and fog operation*)
Stadt- und Landbewohner (= Stadtbewohner und Landbewohner)	*city and country dwellers*

6. Semicolons **(das Semikolon)** are relatively rare, but can be used, as in English, to separate long elements in a series or to join main clauses.

In summary

It must be stressed that the topics and examples above provide only the most general overview of the details covered in the reforms from 1996 through 2006. If you are unsure whether a word should be written together or apart (is it **hoch begabt or hochbegabt? daran setzen** or **daransetzen?**) or whether certain nouns should be capitalized or not (**danksagen** or **Dank sagen?**), then you should consult the latest edition of ***Duden: Die deutsche Rechtschreibung*** (Dudenverlag) or www.duden.de.

Appendix 3
STRONG AND IRREGULAR WEAK VERBS

Irregular third-person singular forms are indicated in parentheses after the infinitive. Verbs requiring the auxiliary **sein** rather than **haben** are indicated by the word **ist** before the past participle. Past participles preceded by **ist/hat** are normally intransitive, but they can be used transitively with the auxiliary **haben**.

Infinitive (3rd. pers. sing.)	Simple past	Past participle	Subjunctive II	Meaning
backen (bäckt)	buk/backte	gebacken	büke	to bake
befehlen (befiehlt)	befahl	befohlen	beföhle/ befähle	to command
beginnen	begann	begonnen	begänne/ begönne	to begin
beißen	biss	gebissen	bisse	to bite
bestechen (besticht)	bestach	bestochen	bestäche	to bribe, corrupt
bestreiten	bestritt	bestritten	bestritte	to contest, challenge
betrügen	betrog	betrogen	betröge	to deceive, cheat
beweisen	bewies	bewiesen	bewiese	to prove
biegen	bog	gebogen	böge	to bend
bieten	bot	geboten	böte	to offer
binden	band	gebunden	bände	to bind, tie
bitten	bat	gebeten	bäte	to ask (for), request
blasen (bläst)	blies	geblasen	bliese	to blow
bleiben	blieb	ist geblieben	bliebe	to stay, remain
braten (brät)	briet	gebraten	briete	to roast, fry
brechen (bricht)	brach	gebrochen	bräche	to break
brennen	brannte	gebrannt	brennte	to burn
bringen	brachte	gebracht	brächte	to bring
denken	dachte	gedacht	dächte	to think
dringen	drang	ist gedrungen	dränge	to penetrate, surge into
empfangen (empfängt)	empfing	empfangen	empfinge	to receive
empfehlen (empfiehlt)	empfahl	empfohlen	empföhle/ empfähle	to recommend
empfinden	empfand	empfunden	empfände	to feel

Infinitive (3rd. pers. sing.)	Simple past	Past participle	Subjunctive II	Meaning
erlöschen (erlischt)	erlosch	ist erloschen	erlösche	to go out, become extinguished
erschrecken (erschrickt)	erschrak	ist erschrocken	erschräke	to be startled
essen (isst)	aß	gegessen	äße	to eat
fahren (fährt)	fuhr	ist/hat gefahren	führe	to travel; to drive
fallen (fällt)	fiel	ist gefallen	fiele	to fall
fangen (fängt)	fing	gefangen	finge	to catch
finden	fand	gefunden	fände	to find
fliegen	flog	ist/hat geflogen	flöge	to fly
fliehen	floh	ist geflohen	flöhe	to flee
fließen	floss	ist geflossen	flösse	to flow
fressen (frisst)	fraß	gefressen	fräße	to eat (of animals)
frieren	fror	gefroren	fröre	to freeze, be cold
gebären (gebiert)	gebar	geboren	gebäre	to give birth
geben (gibt)	gab	gegeben	gäbe	to give
gehen	ging	ist gegangen	ginge	to go, walk
gelingen	gelang	ist gelungen	gelänge	to succeed
gelten (gilt)	galt	gegolten	gölte/gälte	to be valid
genießen	genoss	genossen	genösse	to enjoy
geraten (gerät)	geriet	geraten	geriete	to fall into, get into
geschehen (geschieht)	geschah	ist geschehen	geschähe	to happen
gewinnen	gewann	gewonnen	gewönne/ gewänne	to win
gießen	goss	gegossen	gösse	to pour
gleichen	glich	geglichen	gliche	to resemble; to equal
gleiten	glitt	ist geglitten	glitte	to glide, slide
graben (gräbt)	grub	gegraben	grübe	to dig
greifen	griff	gegriffen	griffe	to grip, grab, seize
haben (hat)	hatte	gehabt	hätte	to have
halten (hält)	hielt	gehalten	hielte	to hold; to stop
hängen	hing	gehangen	hinge	to hang (intransitive)
hauen	hieb/haute	gehauen	hiebe	to hew, cut; to spank
heben	hob	gehoben	höbe	to lift
heißen	hieß	geheißen	hieße	to be called; to bid (do)
helfen (hilft)	half	geholfen	hülfe	to help
kennen	kannte	gekannt	kennte	to know, be acquainted with

Infinitive (3rd. pers. sing.)	Simple past	Past participle	Subjunctive II	Meaning
klingen	klang	geklungen	klänge	to sound
kneifen	kniff	gekniffen	kniffe	to pinch
kommen	kam	ist gekommen	käme	to come
kriechen	kroch	ist gekrochen	kröche	to crawl
laden (lädt)	lud	geladen	lüde	to load
lassen (lässt)	ließ	gelassen	ließe	to let, leave
laufen (läuft)	lief	ist gelaufen	liefe	to run, walk
leiden	litt	gelitten	litte	to suffer
leihen	lieh	geliehen	liehe	to lend
lesen (liest)	las	gelesen	läse	to read
liegen	lag	gelegen	läge	to lie, be situated
lügen	log	gelogen	löge	to (tell a) lie
meiden	mied	gemieden	miede	to avoid
messen (misst)	maß	gemessen	mäße	to measure
nehmen (nimmt)	nahm	genommen	nähme	to take
nennen	nannte	genannt	nennte	to name, call
pfeifen	pfiff	gepfiffen	pfiffe	to whistle
raten (rät)	riet	geraten	riete	to advise; to (take a) guess
reiben	rieb	gerieben	riebe	to rub
reißen	riss	ist gerissen	risse	to tear
reiten	ritt	ist/hat geritten	ritte	to ride (on an animal)
rennen	rannte	ist gerannt	rennte	to run
riechen	roch	gerochen	röche	to smell
rinnen	rann	ist geronnen	rönne/ränne	to run, flow, trickle
rufen	rief	gerufen	riefe	to call
saufen (säuft)	soff	gesoffen	söffe	to drink (of animals)
saugen	sog/saugte	gesogen/gesaugt	söge	to suck
schaffen	schuf	geschaffen	schüfe	to create
	schaffte	geschafft	schaffte	to do, accomplish
scheiden	schied	geschieden	schiede	to separate
scheinen	schien	geschienen	schiene	to shine; to seem
schelten (schilt)	schalt	gescholten	schölte	to scold
schieben	schob	geschoben	schöbe	to shove, push
schießen	schoss	geschossen	schösse	to shoot
schlafen (schläft)	schlief	geschlafen	schliefe	to sleep
schlagen (schlägt)	schlug	geschlagen	schlüge	to strike, hit, beat
schleichen	schlich	ist geschlichen	schliche	to creep, sneak
schließen	schloss	geschlossen	schlösse	to close
schmeißen	schmiss	geschmissen	schmisse	to fling, hurl
schmelzen (schmilzt)	schmolz	ist/hat geschmolzen	schmölze	to melt

Infinitive (3rd. pers. sing.)	Simple past	Past participle	Subjunctive II	Meaning
schneiden	schnitt	geschnitten	schnitte	*to cut*
schreiben	schrieb	geschrieben	schriebe	*to write*
schreien	schrie	geschrien	schriee	*to shout, scream*
schreiten	schritt	ist geschritten	schritte	*to stride*
schweigen	schwieg	geschwiegen	schwiege	*to be silent*
schwellen (schwillt)	schwoll	ist geschwollen	schwölle	*to swell*
schwimmen	schwamm	hat/ist[1] geschwommen	schwömme/ schwämme	*to swim*
schwingen	schwang	geschwungen	schwänge	*to swing*
schwören	schwur/ schwor	geschworen	schwüre	*to swear, vow*
sehen (sieht)	sah	gesehen	sähe	*to see*
sein (ist)	war	ist gewesen	wäre	*to be*
senden	sandte sendete	gesandt gesendet	sendete	*to send to transmit*
singen	sang	gesungen	sänge	*to sing*
sinken	sank	ist gesunken	sänke	*to sink*
sinnen	sann	gesonnen	sänne/sönne	*to think, reflect; to plot*
sitzen	saß	hat/ist[2] gesessen	säße	*to sit*
spinnen	spann	gesponnen	spönne/spänne	*to spin; to be crazy*
sprechen (spricht)	sprach	gesprochen	spräche	*to speak, talk*
springen	sprang	ist gesprungen	spränge	*to jump*
stechen (sticht)	stach	gestochen	stäche	*to prick, sting*
stehen	stand	hat/ist[2] gestanden	stünde/stände	*to stand*
stehlen (stiehlt)	stahl	gestohlen	stähle/stöhle	*to steal*
steigen	stieg	ist gestiegen	stiege	*to climb, rise*
sterben (stirbt)	starb	ist gestorben	stürbe	*to die*
stinken	stank	gestunken	stänke	*to stink*
stoßen (stößt)	stieß	gestoßen	stieße	*to push*
streichen	strich	gestrichen	striche	*to stroke; to paint*
streiten	stritt	gestritten	stritte	*to quarrel*
tragen (trägt)	trug	getragen	trüge	*to carry; to wear*
treffen (trifft)	traf	getroffen	träfe	*to meet; to hit (the target)*
treiben	trieb	getrieben	triebe	*to drive (cattle); to pursue (an activity)*

[1] The use of **sein** as the auxiliary for **schwimmen** is characteristically southern German, Austrian, or Swiss.

[2] The use of **sein** as an auxiliary for **sitzen** and **stehen** is common in southern Germany, Austria, and Switzerland.

Infinitive (3rd. pers. sing.)	Simple past	Past participle	Subjunctive II	Meaning
treten (tritt)	trat	ist/hat getreten	träte	to step, tread; to kick
trinken	trank	getrunken	tränke	to drink
tun	tat	getan	täte	to do
verbergen	verbarg	verborgen	verbürge/ verbärge	to hide, conceal
verderben (verdirbt)	verdarb	verdorben	verdürbe	to spoil
vergessen (vergisst)	vergaß	vergessen	vergäße	to forget
verlieren	verlor	verloren	verlöre	to lose
verschlingen	verschlang	verschlungen	verschlänge	to devour, gobble up
verschwinden	verschwand	ist verschwunden	verschwände	to disappear
verzeihen	verzieh	verziehen	verziehe	to forgive, pardon
wachsen (wächst)	wuchs	ist gewachsen	wüchse	to grow
waschen (wäscht)	wusch	gewaschen	wüsche	to wash
weisen	wies	gewiesen	wiese	to point
wenden	wandte	gewandt	wendete	to turn
	wendete	gewendet		to turn (inside out)
werben (wirbt)	warb	geworben	würbe	to recruit, solicit
werden (wird)	wurde	ist geworden	würde	to become
werfen (wirft)	warf	geworfen	würfe	to throw
wiegen	wog	gewogen	wöge	to weigh
winden	wand	gewunden	wände	to wind, twist
wissen (weiß)	wusste	gewusst	wüsste	to know
ziehen	zog	gezogen	zöge	to pull, draw
		ist gezogen		to go, move
zwingen	zwang	gezwungen	zwänge	to force

German-English Vocabulary

This vocabulary contains all words from the exercises and activities in this text except for pronouns, possessive adjectives, and numbers. Also not included are obvious cognates and words for which the English translation is provided in the text.

- Nouns are listed with their plural endings: **die Auskunft, ⸚e; das Messer, -.**

- The genitive of weak nouns is given in parentheses before the plural: **der Experte, (-n), -n.**

- Adjective nouns are indicated as follows: **der Verwandte (ein Verwandter).**

- Strong and irregular verbs are listed with their principal parts: **tragen (trägt), trug, getragen.** Strong verbs requiring the auxiliary **sein** are indicated by an **ist** before the participle: **kommen, kam, ist gekommen.** Weak verbs requiring the auxiliary **sein** are shown by **(ist)** after the infinitive: **passieren (ist).**

- Separable prefixes are indicated by a raised dot: **ab·drehen.**

- Vowel changes for comparative forms of adjectives are indicated in parentheses: **warm (ä).**

- The following abbreviations are used:

abbrev.	abbreviation	*o.s.*	oneself
acc.	accusative	*part.*	particle
adj.	adjective	*pl.*	plural
adv.	adverb	*prep.*	preposition
coll.	colloquial	*sing.*	singular
coord. conj.	coordinating conjunction	*s.o.*	someone
dat.	dative	*s.th.*	something
fem.	feminine	*sub. conj.*	subordinating conjunction
gen.	genitive		

ab und zu now and then
ab·brechen (bricht ab), brach ab, abgebrochen to break off
ab·brennen, brannte ab, ist/hat abgebrannt to burn down
ab·bringen, brachte ab, abgebracht (von + *dat.*) to divert from, dissuade from
ab·drehen to turn off
der Abend, -e evening; **abends** in the evening(s)
das Abendessen, - evening meal
das Abenteuer, - adventure
aber (*coord. conj.*) but; (*adv.*) however
ab·geben (gibt ab), gab ab, abgegeben to hand in
das Abitur graduation diploma from a German *Gymnasium*
ab·nehmen (nimmt ab), nahm ab, abgenommen to take off, lose weight
ab·reißen, riss ab, abgerissen to tear down
ab·sacken to sink
ab·sagen to cancel, call off; to decline (*an invitation*)
der Abschied, -e departure; **Abschied nehmen** to take one's leave
ab·schließen, schloss ab, abgeschlossen to lock up, shut; to conclude, complete; **hat abgeschlossen** to finish (university study)
ab·schrecken to chill with cold water (recipes)
das Abseits (soccer) offsides
die Absicht, -en intention
ab·springen, sprang ab, ist abgesprungen to jump off
ab·steigen, stieg ab, ist abgestiegen to move down, climb down
die Abtönungspartikel, -n modal ("flavoring") particle
sich ab·trocknen to dry o.s. off
ab·warten to wait (*for something to happen*)
das Affenhirn, -e monkey's brain
ähneln (*dat.*) to resemble
der Akku, -s (rechargeable) battery
aktuell real, of current interest, relevant
all- all
die Allee, -n boulevard
allein alone
allerdings to be sure, by all means
alliiert allied

allmählich gradual(ly)
der Alltag everyday life
alltäglich everyday
die Alpen (*pl.*) the Alps
als when, as; than; **als ob** as if
also thus, so, therefore
alt (ä) old
das Alter age
ältlich elderly
die Altstadt, ̈e old section of a city
amtieren to hold an office
sich amüsieren to have a good time, amuse o.s.
an (*prep. with acc. or dat.*) on (*vertical surface*), at, to
an·dauern to last, continue
ander- other; **unter anderem** among other things
and(e)rerseits on the other hand
ändern to change (*s.th.*), modify; **sich ändern** to change
die Änderung, -en change
der Anfang, ̈e beginning; **am Anfang** in the beginning
an·fangen (fängt an), fing an, angefangen to begin, start
anfangs in/at the beginning
an·fassen to touch, take hold of
die Angabe, -n data, figure, statement
an·geben (gibt an), gab an, angegeben to indicate, give (*facts*); to brag
das Angebot, -e offer, bid
der Angeklagte, -n (ein Angeklagter) defendant; (*fem.*) **die Angeklagte, -n**
angeln to fish
angenehm pleasant, agreeable
angespannt nervous, tense
der Angestellte, -n (ein Angestellter) employee; (*fem.*) **die Angestellte, -n**
an·greifen, griff an, angegriffen to attack
der Angriff, -e attack; **in Angriff nehmen** to tackle, take on
die Angst, ̈e fear
an·halten (hält an), hielt an, angehalten to stop, bring to a stop
an·hören to hear, listen to; **sich** (*dat.*) **etwas an·hören** to listen to s.th.
an·klagen to charge
an·kommen, kam an, ist angekommen to arrive; **an·kommen (auf** + *acc.*) to depend upon; **es kommt darauf an** it (all) depends
an·kreuzen to mark (a box or line) with an "x"; check off
an·lügen, log an, angelogen to lie (to)

an·machen to turn on (e.g., a light); to flirt
anmutend seeming
die Annonce, -n ad, announcement
der Anorak, -s parka
an·probieren to try on
an·reden to address, speak to
an·regen to encourage, prompt
an·rufen, rief an, angerufen to call up, telephone
die Anschaffung, -en purchase, acquisition
an·schalten to switch or turn on
der Anschlag, -schläge attack
an·sehen (sieht an), sah an, angesehen to see, look at; **sich** (*dat.*) **etwas an·sehen** to take a look at s.th.
die Ansicht, -en view, opinion
anstatt ... zu instead of (doing); **anstatt dass** instead of (doing)
an·stellen to hire, employ, sign on
anstrengend stressful, demanding
die Antwort, -en answer
antworten (auf + *acc.*) to answer
die Anweisung, -en instruction, direction
die Anwendung, -en application, use
an·ziehen, zog an, angezogen to dress; **sich an·ziehen** to get dressed
der Apfel, ̈ apple
die Arbeit, -en work, job
arbeiten to work
der Arbeiter, - worker; (*fem.*) **die Arbeiterin, -nen**
arbeitsam diligent, hard-working
das Arbeitsamt, ̈er employment office
die Arbeitskraft, ̈e worker; manpower
der Arbeitslohn, ̈e wage
die Arbeitsstelle, -n working place, job
der Arbeitstisch, -e desk
die Arbeitsweise, -n method of working
die Arche, -n ark
ärgern to annoy; **sich ärgern (über** + *acc.*) to be angry or annoyed with/about
arm (ä) poor
die Armut poverty
die Art, -en type, kind
der Artikel, - article (grammatical; written)
der Arzt, ̈e doctor, physician; (*fem.*) **die Ärztin, -nen**
das Atomkraftwerk, -e nuclear power plant
die Atomwaffe, -n atomic weapon
auch too, also; even; **auch wenn** even if

auf *(prep. with acc. or dat.)* on *(horizontal surface)*, upon, at; **auf einmal** suddenly; **auf immer** forever, for good

auf·fordern to call upon; **zum Tanzen auf·fordern** to ask to dance

auf·fressen (frisst auf), fraß auf, aufgefressen to eat up *(of beasts)*, devour

die Aufgabe, -n assignment, task

auf·gehen, ging auf, ist aufgegangen to rise

auf·halten (hält auf), hielt auf, aufgehalten to stop, halt; to detain, delay; **sich auf·halten** to stay, spend time

auf·hören to stop, cease

auf·knöpfen to unbutton

das Aufkommen rise

auf·legen to put *or* lay on

auf·machen to open

die Aufmerksamkeit, -en attention

auf·passen to watch out, pay attention

auf·räumen to clean *or* tidy up

die Aufrichtigkeit (no pl.) sincerity

auf·rufen, rief auf, aufgerufen to exhort, call upon; call up

der Aufsatz, ̈-e composition

auf·schneiden, schnitt auf, aufgeschnitten to cut open

auf·schreiben, schrieb auf, aufgeschrieben to write *or* jot down

auf·stehen, stand auf, ist aufgestanden to get up, stand up

auf·stellen to put *or* set up

der Auftrag, -träge commission

auf·wachen to wake up, awaken

auf·wachsen (wächst auf), wuchs auf, ist aufgewachsen to grow up

die Aufzeichnung, -en drawing

der Augenblick, -e moment

aus *(prep. with dat.)* out, out of, from

die Ausarbeitung completion, development

die Ausbeutung exploitation

aus·brechen (bricht aus), brach aus, ist ausgebrochen to break out

der Ausdruck, ̈-e expression; **zum Ausdruck bringen** to express

aus·drücken to express

der Ausflug, ̈-e excursion; **einen Ausflug machen** to take an excursion

aus·führen to carry out, undertake

ausführlich in detail, detailed

der Ausgang, -gänge exit; outcome

aus·geben (gibt aus), gab aus, ausgegeben to spend *(money)*

aus·gehen, ging aus, ist ausgegangen to go out

die Auskunft, ̈-e information

das Ausland abroad

der Ausländer, - foreigner; *(fem.)* **die Ausländerin, -nen**

aus·lassen, ließ sich … aus, hat sich ausgelassen to rant and rave

aus·leihen, lieh aus, ausgeliehen to borrow; to lend (out)

aus·machen to turn off

aus·rechnen to calculate, figure out

die Ausrede, -n excuse

aus·reisen (ist) to leave *(a country)*

sich aus·ruhen to rest, take a rest

die Ausrüstung, -en outfit, equipment

die Aussage, -n statement

aus·schalten to switch *or* turn off

aus·schauen to look (like)

aus·sehen (sieht aus), sah aus, ausgesehen to look (like), appear

außer *(prep. with dat.)* except for, besides

außerdem moreover, in addition

außerhalb *(prep. with gen.)* outside of

äußern to express; **sich äußern** to express oneself *or* one's opinion

äußerst extremely

die Aussicht, -en prospect

aus·sprechen (spricht aus), sprach aus, ausgesprochen to express, enunciate

aus·steigen, stieg aus, ist ausgestiegen to climb out, get out

aus·strahlen to broadcast

aus·suchen to seek out, look for

aus·tauschen to exchange

aus·üben to practice (a trade, profession, or activity)

der Auswanderer, - emigrant

aus·weichen, wich aus, ist ausgewichen to get around, avoid

ausweichend evasive

der Ausweis, -e identification (ID)

auswendig by heart, by memory

aus·zeichnen to honor, award a prize to s.o.

die Auszeichnung, -en award, distinction

aus·ziehen, zog aus, ausgezogen to undress (s.o.); (with **sein**) to move out; **sich aus·ziehen** to get undressed

die Autobahn, -en expressway, super-highway

das Autogramm, -e autograph

der Autoreifen, - automobile tire

die Autowerkstatt, ̈-en automobile service shop

der Bach, ̈-e brook, small stream

backen (bäckt), buk (backte), gebacken to bake

der Backofen, ̈- oven

baden to bathe; **baden gehen** to go swimming

das Baggerschiff, -e dredging boat

die Bahn, -en track; railroad; **per Bahn** by rail

der Bahnhof, ̈-e train station

balanciert balanced

bald (comparative: **eher**) soon

der Balkon balcony

der Ball, Bälle ball

der Band, ̈-e volume; **das Band, ̈-er** tape, ribbon

die Bank, ̈-e bank; **die Bank, ̈-e** bench

das Bankkonto, -konten bank account

basteln to do handicrafts; to putter

der Bau, -ten building

bauen to build, construct

der Bauer, (-n), -n peasant, farmer; *(fem.)* **die Bäuerin, -nen** farmer's wife

der Bauernhof, ̈-e farm

der Baum, ̈-e tree

der Bauplan, ̈-e construction plan

die Baustelle, -n construction site

bayerisch Bavarian

(das) Bayern Bavaria

die Bazille, -n germ

beantworten (+ *acc.*) to answer

die Bearbeitung, -en editing, revision

sich bedanken (bei + *dat.*) to express one's thanks to

bedauern to regret

die Bedeutung, -en meaning, significance, importance

sich bedienen to use, take avail of something (+ *gen.*)

bedürfen, bedarf, bedurft *(gen.)* to need

sich beeilen to hurry

beenden to end, complete, conclude

befahren (befährt), befuhr, befahren to travel *or* drive on *or* along

der Befehl, -e command

sich befinden, befand, befunden to be, to be located

befreien to set free, rescue

befürchten to fear, suspect

begabt talented

begegnen *(dat.)* **(ist)** to meet, come across, encounter

die Begegnung, -en encounter

begehen, beging, begangen to commit

begeistert (von + *dat.*) enthusiastic about

begründen to provide a reason, substantiate

behandeln to deal with, to treat

behaupten to claim, maintain

die Behauptung, -en assertion, claim

die Behörde, -n authority

bei *(prep. with dat.)* by, near, at; while

bei·bringen, brachte bei, beigebracht *(dat.)* to teach, impart knowledge

beid- both

der Beifall, - applause

das Bein, -e leg

das Beispiel, -e example; **zum Beispiel** *(abbrev.* **z.B.)** for example

beißen, biss, gebissen to bite

bei·tragen (trägt bei), trug bei, beigetragen (zu + *dat.*) to contribute to

bekannt familiar, known, well-known

der Bekannte, -n (ein Bekannter) acquaintance; *(fem.)* **die Bekannte, -n**

bekannt geben (gibt bekannt), gab bekannt, bekannt gegeben to announce, make public

bekennen, bekannte, bekannt to confess

bekommen, bekam, bekommen to get, receive

belegen (einen Kurs) to enroll *or* register *(for a course)*

beleuchtet illuminated

beliebt popular

bellen to bark

sich bemächtigen to take control of (+ *gen.*)

bemerken to observe, note

die Bemerkung comment, remark

sich benehmen (benimmt), benahm, benommen to act, behave

benötigen to require, need

die Benotung grading

benutzen to use

das Benzin gasoline

der *or* **das Bereich, -e** district, region; *(topic)* area

bereit (zu + *dat.*) ready for, prepared

bereuen to regret

der Berg, -e mountain

die Bergbahn, -en mountain cable car

das Bergmassiv, -e huge mountain

der Bergschuh, -e climbing boot

der Bericht, -e report

berichten to report

der Beruf, -e profession

beruflich occupational

sich beruhigen to calm down

berühmt famous, renowned

sich beschäftigen (mit + *dat.*) to occupy oneself with

beschäftigt occupied, busy

der Beschauer, - observer; *(fem.)* **die Beschauerin, -nen**

bescheiden modest

beschreiben, beschrieb, beschrieben to describe

die Beschreibung, -en description

sich beschweren (über + *acc.*) to complain about

beseitigen to remove, put an end to, clear away

der Besen, - broom

besetzen to occupy

besichtigen to view, inspect

die Besichtigung, -en inspection; sightseeing

besiegen to conquer, overcome

besitzen, besaß, besessen to possess, own

der Besitzer, - owner

besonders especially

besser better

bestechen (besticht), bestach, bestochen to bribe

bestehen, bestand, bestanden to remain, exist, pass (a course, test); **bestehen (aus** + *dat.*) to consist of

besteigen, bestieg, bestiegen to ascend, climb (up)

bestellen to order

bestimmt definite; **bestimmter Artikel** definite article

bestreiten, bestritt, bestritten to contest

die Bestürzung, -en dismay, bewilderment

der Besuch, -e visit

besuchen to visit

der Besucher, - visitor

betonen to emphasize, stress

der Betrag, ̈-e amount

betreiben, betrieb, betrieben to do, engage in

betreten (betritt), betrat, betreten to walk *or* step on *or* into

der Betrunkene (ein Betrunkener) drunk person; *(fem.)* **die Betrunkene**

sich betten to make a bed for oneself

die Bevölkerung, -en population

bewegen to move (s.o. or s.th.); **sich bewegen** to move, stir

beweisen, bewies, bewiesen to prove

sich bewerben (bewirbt), bewarb, beworben (um + *acc.*) to apply for

die Bewertung, -en evaluation

der Bewohner, - dweller, inhabitant

bewundern to admire

die Bewunderung, -en amazement, admiration

bezahlen to pay for

die Beziehung, -en relationship

bezweifeln to doubt

die Bibel, -n Bible

die Bibliothek, -en library

biegen, bog, gebogen to bend

die Biene, -n bee

der Bierdeckel, - beer coaster

bieten, bot, geboten to offer, bid

das Bild, -er picture

bilden to form, shape, construct; to constitute

die Bildgeschichte, -n picture story

der Bildschirm, -e (monitor) screen

billig cheap

binden, band, gebunden to tie

bis *(prep. with acc.)* until; *(sub. conj.)* until

bisherig prior, previous

bisschen: ein bisschen a bit, a little bit

bissig biting

der Bittbrief, -e letter of request

bitte please; you're welcome *(in response to thanks)*

die Bitte, -n request

blass pale

das Blatt, ̈-er leaf; sheet *(of paper)*

blau blue; **blaues Auge** black eye

blau·machen to skip (class, school, work)

bleiben, blieb, ist geblieben to remain, stay

der Bleistift, -e pencil

der Blitzschlag, -schläge lightning bolt

die Blume, -n flower

die Bluse, -n blouse

die Blüte, -n blossom; blossoming

bluten bleed

der Bluthochdruck high blood pressure

der Boden, ̈- ground, earth, soil; floor

der Bodensee Lake Constance *(in southern Germany)*

der Bogen, - *or* ̈- bow, arch

die Bohne, -n bean

das Boot, -e boat

borgen to borrow; to lend

die Börse, -n stock exchange; stock market

böse angry; evil; **böse (auf** + *acc.*) angry at

die Bowle, -n (punch) bowl; punch

der Brand, ⁻e fire

das Brandloch, ⁻er hole caused by something burning

brauchen to need; to use; **nicht zu tun brauchen** to not have to do

die Brauerei, -en brewery

braun brown

der Brei, - porridge

breit wide, broad

bremsen to brake

brennen, brannte, gebrannt to burn

das Brettspiel, -e board game

der Brief, -e letter

der Brieffreund, -e pen pal; *(fem.)* **die Brieffreundin, -nen**

die Briefmarke, -n stamp

die Brieftasche, -n pocketbook, wallet

der Briefträger, - letter carrier; *(fem.)* **die Briefträgerin, -nen**

die Brille, -n (eye)glasses, (pair of) glasses

der Bruch, Brüche break, breakup

die Brücke, -n bridge

der Brunnen, - fountain, well

das Buch, ⁻er book

die Buchdruckerkunst art of book printing

buchen to book

das Bücherregal, -e bookcase

die Buchhandlung, -en bookstore

der Buchstabe, -n letter *(of alphabet)*

buchstabieren to spell

die Buchung, -en booking

der Bundeskanzler Federal Chancellor of Germany

das Bundesland, ⁻er federal state

der Bundesstaat, -en federal state

der Bürger, - citizen; *(fem.)* **die Bürgerin, -nen**

der Bürgerkrieg, -e civil war

der Bürgermeister, - mayor; *(fem.)* **die Bürgermeisterin, -nen**

das Büro, -s office

die Chance, -n chance, opportunity

das Chaos chaos

chatten to chat online

der Chef, -s head, director, manager; *(fem.)* **die Chefin, -nen**

der Chinese, -n Chinese (man); *(fem.)* **Chinesin**

der Chorgesang choir *or* chorus singing

das Christentum Christianity

der Code, -s (computer) code

D

da *(adv.)* here, there; then; *(sub. conj.)* since

dabei while doing (it); at the same time

das Dach, ⁻er roof

dafür for it/that; in return

dagegen on the other hand; against it/that

daher therefore, for that reason

damalig of that time

damals then, in those days

damit *(adv.)* with that; *(sub. conj.)* so that

danach after it/that; afterward(s)

der Dank thanks

danken *(dat.)* to thank

daran on it/that

darauf thereafter, thereupon

dar·stellen to portray, depict

darüber about it/that

das Dasein existence, being

dass *(sub. conj.)* that

das Datum, -ten date *(of time)*; *(pl.)* data, facts

dauern to last, endure

dauernd continual(ly)

davon from *or* about it/that

dazu to it/that, for it/that; in addition

die Decke, -n blanket, ceiling, cover

decken to cover; **den Tisch decken** to set the table

denkbar thinkable

denken, dachte, gedacht to think

die Denkweite expansive thought/thinking

denn for, because

dennoch nevertheless

dergleichen the like

derselb- the same

deshalb therefore, for that reason

deswegen therefore, for that reason

deuten to interpret, explain

deutlich clear, distinct

deutsch German; **auf Deutsch** in German

die Deutschstunde, -n German class

Diät halten to be/go on a diet

dick fat

der Dieb, -e thief

dienen to serve

der Dienst, -e service

dies- *(sing.)* this; *(pl.)* these

die Diktatur, -en dictatorship

das Ding, -e thing

die Dirne, -n prostitute

das Display, -s (computer) display

doch *(part.)* after all, really; oh, yes

das Dorf, ⁻er village

dort there

die Dose, -n (metal) can

der Drache, (-n), -n dragon

der Drachen, - kite

drängen to urge, coax

draußen outside

das Drehbuch, -bücher screenplay

dreschen, drosch, gedroschen to thresh; pummel; fling; flail

dribbeln (soccer/basketball) dribble

dringend urgent, pressing

drücken to push

der Drucker, - printer

dumm (ü) dumb

die Dummheit, -en stupidity, stupid thing

die Dunkelheit darkness

durch *(prep. with acc.)* through, by

durchaus nicht not at all, by no means

durchblättern *(sep. or insep.)* to page through

durchdacht thought-out, considered

durch·fallen, fiel durch, ist durchgefallen to fail (a test)

durch·führen to carry out

die Durchsage, -n broadcast announcement

durch·setzen (seinen Willen) to get one's way

dürfen (darf), durfte, gedurft to be permitted to, may

(sich) duschen to take a shower

eben *(adv. and part.)* just, precisely

ebenso ... wie just as . . . as

echt real, genuine; (slang) really

die Ecke, -n corner

der Eckstoß, -stöße (soccer) corner kick

egal regardless, doesn't matter

ehe *(sub. conj.)* before

die Ehe, -n marriage

ehemalig former, previous

der Ehemann, ⁻er husband

ehrlich honest

das Ei, -er egg

eigen own

eigenartig peculiar, strange, queer

eigentlich actual(ly)

sich eignen to be suited

die Eile haste

ein paar a few

einander one another, each other

einäugig one-eyed

sich *(dat.)* **ein·bilden** to imagine, fancy o.s.

der Eindruck, ¨e impression

einfach simple

ein·fallen, fiel ein, ist eingefallen to occur (to)

ein·führen to introduce, initiate

der Eingang, ¨e entrance

ein·geben, gab ein, eingegeben to enter (a number)

ein·gehen, ging ... ein, ist eingegangen to enter (+ auf) into

die Einheit, -en unity; unit

einig in agreement

einig- *(pl.)* some, a few; **einiges** some things

sich einigen (über + *acc.*) to agree on

der Einkauf, ¨e purchase

ein·kaufen to buy, purchase, shop for

die Einkaufstour, -en shopping trip

das Einkaufszentrum, -zentren shopping center

ein·laden (lädt ein), lud ein, eingeladen to invite

die Einladung, -en invitation

ein·leiten to begin, start

die Einleitung, -en introduction

einmal once; **noch einmal** once more

einmalig unique, one-time

ein·pflanzen to plant

sich *(dat.)* **ein·reiben (das Gesicht), rieb ein, eingerieben** to rub s.th. into one's face

ein·reichen to hand in

die Einrichtung, -en layout, setup; furnishings

ein·schlafen (schläft ein), schlief ein, ist eingeschlafen to fall asleep

einst once, one day *(past or future time)*

der Einsturz, ¨e collapse

ein·treten (tritt ein), trat ein, ist eingetreten to step *or* walk in, enter

die Eintrittskarte, -n (admission) ticket

einverstanden in agreement

ein·wandern to immigrate

der Einwohner, - inhabitant; *(fem.)* **die Einwohnerin, -nen**

der Einwurf, -würfe (soccer) throw-in

ein·zeichnen to mark *or* draw in

ein·ziehen, zog ein, ist eingezogen to move in

einzig only, sole, single

das Eis ice; ice cream

der Eisverkäufer, - ice cream vendor; *(fem.)* **die Eisverkäuferin, -nen**

die Elfe, -n elf; also: **der Elf, -e**

die Eltern *(pl.)* parents

die E-Mail e-mail

empfehlen (empfiehlt), empfahl, empfohlen to recommend

das Ende, -n end; **zu Ende** at *or* to an end, over

endlich finally

die Endung, -en ending *(grammar)*

die Energiesparpolitik energy-saving policy

der Engländer, - Englishman; *(fem.)* **die Engländerin, -nen**

das Enkelkind, -er grandchild

die Enkeltochter, ¨ granddaughter

entblättern to defoliate

entdecken to discover

die Entdeckung, -en discovery

enthalten (enthält), enthielt, enthalten to contain

enthäuten to peel, take off the outer skin

entkommen, entkam, ist entkommen to escape; to avoid

entlang *(prep. with acc. or dat.)* along

entlassen (entlässt), entließ, entlassen to dismiss, release, fire

entsagen *(dat.)* to renounce, give up

entsalzen to desalinate

(sich) entscheiden, entschied, entschieden to decide *(between options)*, settle, make up one's mind

die Entscheidung, -en decision; **eine Entscheidung treffen** to come to *or* make a decision

sich entschließen, entschloss, entschlossen (zu + *dat.*) to decide *(to do)*

entschlossen resolved, determined

der Entschluss, ¨e decision, resolve; **einen Entschluss fassen** to make a decision

entschuldigen to excuse, pardon; **sich entschuldigen** to excuse o.s.

die Entschuldigung, -en apology, excuse

das Entsetzen fright, horror

sich entsinnen, entsann, entsonnen *(gen.)* to remember, recall

sich entspannen to relax, take it easy

entsprechend accordingly

entstammen (ist) *(dat.)* to be descended from

enttäuscht disappointed

entweder ... oder either . . . or

entwerten to devalue

entwickeln to develop s.th.; **sich entwickeln** to develop

die Entwicklung, -en development

erben to inherit

erblicken to see, catch sight of

die Erbschaft, -en inheritance

das Erdbeben, - earthquake

die Erde earth

sich ereignen to happen, occur, come to pass

das Ereignis, -se event, occurrence

erfahren (erfährt), erfuhr, erfahren to find out, hear, learn; to experience

die Erfahrung, -en (practical) experience

erfinden, erfand, erfunden to invent

die Erfindung, -en invention

der Erfolg, -e success

erfolgreich successful

sich erfreuen *(gen.)* to enjoy, be the beneficiary of

erfrieren, erfror, ist erfroren to freeze to death

erfunden imaginary, made-up

ergänzen to complete

ergeben, ergab, ergeben to result (in)

das Ergebnis, -se result

erhalten (erhält), erhielt, erhalten to receive, get

erhören to hear, answer *or* grant (a request)

sich erinnern (an + *acc.*) to remember, recall

sich erkälten to catch a cold

die Erkältung, -en cold *(illness)*

erkennen, erkannte, erkannt to recognize, discern

erklären to explain

die Erklärung, -en explanation; declaration

die Erkrankung, -en illness, affliction, disease

sich erkundigen (nach + *dat.*) to inquire about

erlauben to allow, permit

die Erlaubnis, -se permission

erleben to experience

das Erlebnis, -se *(personal)* experience, event, occurrence

erledigen to take care of
-erlei kinds of
erlernen to learn, acquire
erlogen false, untrue
erlöschen, erlosch, ist erloschen to go out (light, fire)
ermitteln to investigate (a crime)
der Ermittler, - investigator
ermöglichen to make possible
ernten to harvest
erobern to conquer
eröffnen to open up
erraten (errät), erriet, erraten to guess correctly
erreichen to reach, attain
erscheinen, erschien, ist erschienen to appear
erschießen, erschoss, erschossen to shoot *(dead)*
erschlagen (erschlägt), erschlug, erschlagen to slay
erschweren to make more difficult
ersetzen to replace
erst only *(up to now)*; not until
erstaunlich amazing
der Erwachsene, -n (ein Erwachsener) adult; *(fem.)* **die Erwachsene, -n**
erwähnen to mention
Erwärmung (no pl.) warming (up)
erwarten to expect
erwehren to resist (doing) s.th. *(+ gen.)* sich
erweitert expanded
erzählen to tell, narrate
die Erzählskizze, -n narrative outline
die Erzählung, -en narrative, story
die Erziehung, -en upbringing, education
essen (isst), aß, gegessen to eat
der Essig vinegar
etwa approximately, about
etwas something; **etwas anderes** something else
die Eule, -n owl
eventuell possibly, perhaps
ewig eternal

F

fabelhaft fabulous, great
die Fabrik, -en factory
das Fach, ¨er field, subject, specialty
-fach -fold
fahren (fährt), fuhr, ist/hat gefahren to travel, ride; drive

der Fahrer, - driver; *(fem.)* **die Fahrerin, -nen**
das Fahrrad, ¨er bicycle
die Fahrt, -en ride, drive, trip
das Fahrzeug, -e vehicle
das Faktum, -ten fact
der Fall, ¨e case; **auf keinen Fall** by no means, in no case
das Fallbeispiel, -e case study
fallen (fällt), fiel, ist gefallen to fall
fällen to fell *(a tree)*
fällig due
der Fallrückzieher, - (soccer) bicycle kick
falls in case, in the event
der Fallschirm, -e parachute
das Familienmitglied, -er family member
das Familienverhältnis, -se family relationship
der Fan, -s fan
der Fänger, - catcher
die Farbe, -n color
farbenblind color blind
farbig in color, colorful
faul lazy, indolent; rotten
faxen to send a fax message
die Feder, -n feather; spring
fehlen to be missing, lacking
fehlend missing, lacking
der Fehler, - mistake, error
fehlerfrei error-free
feiern to celebrate
der Feiertag, -e holiday
die Ferien *(pl.)* vacation
das Feriendorf, ¨er vacation village
der Ferienort, -e vacation spot *or* village
die Ferienreise, -n vacation trip
die Ferienzeit vacation
das Ferienziel, -e vacation destination
das Fernglas, -gläser pair of binoculars
fern·sehen (sieht fern), sah fern, ferngesehen to watch TV
das Fernsehen television
der Fernseher, - television set
die Fernsehsendung, -en television program
fertig finished; ready
fest firm; **ein fester Freund** steady *or* close friend
das Fest, -e celebration, festive occasion, party
die Festbeleuchtung festival lighting
fest·halten (hält fest), hielt fest, festgehalten to keep a firm grip on
das Festnetz, -e land-line (telephone)

der Fettdruck boldface type; **fett gedruckt** printed in boldface
der Feueralarm fire alarm/drill
das Fieber fever
die Filmrezension, -en film review
der Filmschauspieler, - movie actor; *(fem.)* **die Filmschauspielerin, -nen**
finden, fand, gefunden to find
die Firma, -men firm, company
flach flat, shallow
die Fläche, -n surface *(area)*
das Flachland flat country
die Flasche, -n bottle; (slang) wimp
die Flatrate flat-rate (cell phone) service
der Fleck, -en spot, stain
der Fleiß diligence, hard work
fleißig industrious, diligent
die Fliege, -n fly
fliegen, flog, ist/hat geflogen to fly
fliehen, floh, ist geflohen to flee
fließen, floss, ist geflossen to flow
flimmern to flicker
der Flug, ¨e *(air)* flight
der Flughafen, ¨ airport
das Flugzeug, -e airplane
die Flur, -en meadow, pasture; **der Flur, -e** hallway, corridor
der Fluss, ¨e river
die Flüssigkeit, -en fluid, liquid
die Folge, -n result
folgen (hat gefolgt) to obey
folgen (ist gefolgt) to follow
folgend following; **Folgendes** the following
die Fortbewegung (forward) motion
fort·fahren, fuhr fort, ist fortgefahren (zu machen) to continue *(to do)*
fort·gehen, ging fort, ist fortgegangen to go away
fort·setzen to continue (s.th.)
fort·ziehen, zog fort, ist fortgezogen to go/move away
das Foto, -s picture, photograph
die Frage, -n question; **eine Frage stellen** to ask a question
fragen to ask
das Fragewort, ¨er question word
die Frau, -en woman
frei free; **im Freien** outdoors
frei·geben (gibt frei), gab frei, freigegeben to release, set free
die Freizeitbeschäftigung, -en leisure-time activity
fremd foreign, strange
der Fremde (ein Fremder) stranger, foreigner; *(fem.)* **die Fremde**

die Fremdsprache, -n foreign language
fressen (frisst), fraß, gefressen to eat (*animals*)
die Freude, -n joy, delight
freuen to make happy; **sich freuen (auf** + *acc.*) to look forward to; **sich freuen (über** + *acc.*) to rejoice, be happy about
der Freund, -e friend; (*fem.*) **die Freundin, -nen**
der Freundeskreis, -e circle of friends
die Freundschaft friendship; **Freundsschaft schließen** to make friends
der Friede(n), (-ns) peace
friedlich peaceful
frieren, fror, ist gefroren to freeze
der Friseur, -e barber; (*fem.*) **die Friseurin** or **die Friseuse**
fristen: ein Leben fristen to scrape by in life
froh happy, glad
die Frucht, Früchte fruit
früher earlier, previous
der Frühling, -e spring
das Frühstück, -e breakfast
frühstücken to eat breakfast
fühlen to feel; **sich (wohl) fühlen** to feel (fine)
führen to lead
für (*prep. with acc.*) for
sich fürchten (vor + *dat.*) to be afraid of
der Fuß, -̈e foot; **zu Fuß** on foot
die Fußsohle sole of a foot

ganz complete, whole, entire; quite
gar kein- not any at all; **gar nicht** not at all; **gar nichts** nothing at all
die Gärtnerlehre, -n gardening apprenticeship
die Gasse, -n street (*southern German*)
der Gast, -̈e guest
der Gastgeber, - host; (*fem.*) **die Gastgeberin, -nen**
das Gasthaus, -̈er inn
die Gattung, -en genre
der Gaul, Gäule (old) horse
das Gebäck pastry
gebären (gebiert), gebar, geboren to give birth, bear
das Gebäude, - building
geben (gibt), gab, gegeben to give; **es gibt** there is/are

das Gebiet, -e area, territory, region
der Gebrauch, -̈e use, usage; custom
gebrauchen to use, make use of; **gebraucht** used
die Gebühr, -en fee
das Geburtsjahr, -e birth year
der Geburtstag, -e birthday
die Geburtstagsfeier, -n birthday celebration
gedenken (*gen.*), **gedachte, gedacht** to remember, commemorate
das Gedicht, -e poem
geeignet suitable, appropriate
die Gefahr, -en danger
Gefahr laufen to run the danger of . . .
gefährlich dangerous
gefallen (gefällt), gefiel, gefallen (*dat.*) to be pleasing
das Gefühl, -e feeling
gegen (*prep. with acc.*) toward; against
die Gegend, -en area, region
der Gegenspieler, - opponent
der Gegenstand, -̈e object, thing; subject matter, topic
gegenüber (*dat.*) across from, opposite
die Gegenwart present (*time*)
der Gegner, - opponent, opposing player
der Gehalt contents, ingredients; **das Gehalt, -̈er** salary
das Geheimnis, -se secret
gehen, ging, ist gegangen to go, walk; **es geht um** (*acc.*) it is about, it deals with, it is a matter of
gehorchen (*dat.*) to obey
gehören (*dat.*) to belong to
die Geige, -n fiddle, violin
das Geld, -er money
der Geldverdiener, - wage earner
die Gelegenheit, -en opportunity
gelingen, gelang, ist gelungen to succeed; **es gelingt mir** I succeed
gelten (gilt), galt, gegolten to be valid *or* worth; to be directed at; **gelten für** to be considered (to be)
das Gemüse, - vegetable(s)
gemütlich cozy, snug; congenial, jolly
genau exact(ly), precise(ly)
genauso just as
genial brilliant; currently akin to *awesome* as slang
genießen, genoss, genossen to enjoy
genug enough
genügen (*dat.*) to be enough, suffice
das Genus, -nera gender
gepanscht adulterated; spiked with sugar (wine)

gerade (*adj.*) straight; upright, even (*numbers*); (*adv.*) just, exactly
geradeaus straight ahead
geradezu downright
das Gerät, -e apparatus, device, piece of equipment
die Gerechtigkeit justice
das Gericht, -e court
gering slight
die Germanistik German studies
gern gladly; **gern machen** to like to do; **gern haben** to like (s.o. or s.th.)
das Geschäft, -e business; store
geschehen (geschieht), geschah, ist geschehen to happen
das Geschenk, -e gift
die Geschichte, -n history, story
das Geschirr, - eating utensils (including plates)
die Geschwister (*pl.*) brother(s) and sister(s), siblings
die Gesellschaft, -en society
das Gesicht, -er face
gestalten to shape, form, structure
gestern yesterday
gestrichen painted
gestrig yesterday's
gesund (comparative: **gesünder**) healthy
die Gesundheit health
das Gesundheitswesen health services
das Getränk, -e drink
die Getränkekarte, -n list of drinks
das Getreide grain
das Gewehr, -e rifle
das Gewicht, -e weight
gewinnen, gewann, gewonnen to win
gewiss (*gen.*) sure of
gewöhnlich usual(ly)
gewöhnt (an + *acc.*) accustomed to
gewölbt arched
gibt: es gibt there is/are
gießen, goss, gegossen to pour
der Gipfel, - peak, summit
glauben (an + *acc.*) to believe (in); **glauben** (+ *dat.*) to believe (a person)
gleich same, like; right away
gleichzeitig at the same time
das Gleis, -e track
gleiten, glitt, ist geglitten to glide, slip
das Glockenspiel, -e carillon, chime(s)
das Glück happiness, good fortune; **zum Glück** fortunately
glücklich happy; fortunate, lucky
glücklicherweise fortunately
die Glühbirne, -n light bulb
glühen to glow, be red hot

der Gott, ∺er god
der Graben, ∺ ditch
gratulieren (*dat.*) to congratulate
die Grenze, -n border
grenzen (an + *acc.*) to border on
grob (ö) coarse, rough
groß (ö) big, large, great
die Größe, -n size
die Großeltern (*pl.*) grandparents
die Großmutter, ∺ grandmother
die Großstadt, ∺e major city (*more than 100,000 inhabitants*)
der Großvater, ∺ grandfather
der Grund, ∺e reason; **aus diesem Grunde** for this reason
gründen to found
die Grundlage, -n beginning, foundation, basis
das Grundstück, -e piece of property
die Grundzahl, -en cardinal number
die Gruppe, -n group
der Gruß, ∺e greeting
grüßen to greet
günstig favorable
gut (comparative: **besser**) (*adj.*) good; (*adv.*) well
gut aussehend/gutaussehend good-looking
gut bezahlt/gutbezahlt well paid

das Haar, -e hair
haben (hat), hatte, gehabt to have
hacken to hack (into a computer)
der Hafen, ∺ harbor
das Hafenviertel, - harbor district
der Häftling, -e prisoner
das Hallenbad, ∺er indoor pool
halt (*part.*) just
halten (hält), hielt, gehalten to hold; stop; **halten (für + *acc.*)** to consider, regard as; **halten (von + *dat.*)** to have an opinion of/about
der Handel business deal
handeln to act, take action; **handeln (von + *dat.*)** to be about; **es handelt sich um** (*acc.*) it is about
die Handelsmetropole, -n trading metropolis
die Handlung, -n plot, action
die Handtasche, -n purse
das Handy cell phone
hängen, hängte, gehängt to hang s.th. (up)

hängen, hing, gehangen to be hanging
hängen bleiben, blieb hängen, ist hängen geblieben to get stuck
die Harfe, -n harp
hart (ä) hard
hassen to hate
hauchdünn extremely thin
häufig frequent
der Hauptbahnhof, ∺e main train station
das Hauptfach, ∺er major field of study
die Hauptrolle, -n leading role
der Hauptsatz, ∺e main clause
die Hauptstadt, ∺e capital (*city*)
das Haus, ∺er house; **zu Hause** at home; **nach Hause** (*to go*) home
die Hausaufgabe, -n homework (*assignment*)
der Hausbesitzer, - homeowner; (*fem.*) **die Hausbesitzerin**
der Haushalt, -e household
der Hausherr, (-n), -en landlord; head of the house(hold)
das Haustier, -e house pet
die Haustür, -en front door
heben, hob, gehoben to lift, elevate, raise
das Heft, -e notebook
heim home, homewards
die Heimat, -en home; native land
der Heimatort, -e hometown
die Heimatstadt, -städte hometown, home city
heimlich secret(ly)
heimwärts towards home
heiraten to marry, get married
heiß hot
heißen, hieß, geheißen to be called *or* named; to mean, signify; bid, tell (s.o.) to; **sie heißt** her name is; **das heißt** that is (to say); **es heißt** it is said (that)
der Heißluftballon, -s hot air balloon
der Held, (-en), -en hero, (*fem.*) **die Heldin, -nen**
die Heldentat, -en heroic deed
helfen (hilft), half, geholfen (*dat.*) to help
das Hemd, -en shirt
herauf·holen to bring up, haul up
heraus·bekommen, bekam heraus, herausbekommen to find out
heraus·finden, fand heraus, herausgefunden to find out, discover
heraus·fischen to fish out
sich heraus·stellen to turn out to be
der Herbst, -e fall, autumn
der Herd, -e stove

herein in(to)
herein·kommen, kam herein, ist hereingekommen to come in
herein·lassen (lässt herein), ließ herein, hereingelassen to let in
herein·treten (tritt herein), trat herein, ist hereingetreten to step in, enter
der Herr, (-n), -en Mr., gentleman; (*fem.*) **die Herrin, -nen** lady, mistress
die Herrenboutique (-butike), -n men's clothing store
herrlich magnificent, splendid
herrschen to prevail; to rule
herum around
herum·kommen, kam herum, ist herumgekommen to get around
herum·schnüffeln to snoop/sniff/look around
herum·sitzen, saß herum, herumgesessen to sit around
herum·surfen to surf around (on the Web)
herunter·laden, lud herunter, heruntergeladen to download
hevor·ragen to stand out
das Herz, (-ens), -en heart
herzlich cordial(ly)
heute today
heutig today's
heutzutage nowadays
die Hexe, -n witch
hier here
die Hilfe, -n help, assistance
die Himbeere, -n raspberry
der Himmel, - sky, heaven
das Himmelreich, -e heaven, heavenly kingdom
hinauf·fahren (fährt hinauf), fuhr hinauf, ist/hat hinaufgefahren to drive up
hinauf·kommen, kam hinauf, ist hinaufgekommen to come up
hinauf·steigen, stieg hinauf, ist hinaufgestiegen to climb up
hindurch through(out)
hinein·schleichen, schlich hinein, ist hineingeschlichen to sneak in
sich hin·setzen to sit down
hinter (*prep. with acc. or dat.*) behind
hinterlassen (hinterlässt), hinterließ, hinterlassen to leave behind
hinunter·schauen to look down
hin·weisen, wies hin, hingewiesen (auf + *acc.*) to indicate, point to
hinzu in addition, to this
hoch (höher) high; to the power of

das Hochhaus, ⸚er skyscraper
hoch industrialisiert/ hochindustrialisiert highly industrialized
hoch·laden, lud hoch, hochgeladen to upload
hoch qualifiziert/hochqualifiziert highly qualified
die Hochschule, -n university-level institution
höchst highly, very, extremely; **höchstens** at (the) most
höchstwahrscheinlich most likely
die Hochzeit, -en wedding
hoffen (auf + *acc.*) to hope for
hoffentlich hopefully
die Hoffnung, -en hope
höflich polite(ly)
die Höhe, -n height
die Höhenlage, -n elevation
die Höhensonne ultraviolet sunrays
holen to (go) fetch
das Holz wood
hören to hear
das Hörensagen hearsay
Horkrux, -en horcrux (from *Harry Potter*)
der Hörsaal, -säle lecture hall
das Hörverständnis listening comprehension
die Hose, -n trousers
die Hosentasche, -n trouser pocket
hübsch pretty, lovely
der Hügel, - hill
der Hund, -e dog
hupen to honk
der Hut, ⸚e hat

ignorieren to ignore
im Ernst seriously
im Grunde genommen basically, fundamentally
im Laufe in the course of
immer always; **immer noch** still
imponieren (*dat.*) to impress
in (*prep. with acc. or dat.*) in, into, inside
indem by [—]ing
indessen in the meantime
der Index index
die Informatik computer science; computer programming
der Ingenieur, -e engineer; (*fem.*) **die Ingenieurin, -nen**

der Inhalt, -e content(s)
inline·skaten to rollerblade
innerhalb (*prep. with gen.*) inside of, within
installieren to install
der Intelligenzquotient IQ
das Interesse, -n interest
sich interessieren (für + *acc.*) to be interested in
interessiert (an + *dat.*) interested in
inzwischen meanwhile
der iPod iPod
irgend- some . . . or other; any . . . at all
irgendjemand someone or other
irgendwo(hin) (to) somewhere, anywhere
der Irrtum, ⸚er error, mistake

ja yes; (*part.*) you know, of course
die Jacke, -n jacket
das Jagdkleid, -er hunter's clothing
jagen to chase, hunt
das Jahr, -e year
der Jahresverlauf course of the year
die Jahreszeit, -en season of the year
das Jahrhundert, -e century
die Jahrtausendwende turn of the millennium
das Jahrzehnt, -e decade
je ever
je … desto/umso the more . . . the more
jed- each, every
jedenfalls in any event
jedermann everyone, everybody
jederzeit (at) any time
jedesmal each time, every time
jemand someone; **jemand anders** someone else
jen- that
jenseits (*prep. with gen.*) on the other side of
jetzig present
jetzt now
jeweils in each case, respectively
joggen to jog
der Jude, (-n), -n Jew; (*fem.*) **die Jüdin, -nen**
das Judentum Judaism
die Jugend youth
der Jugendliche (ein Jugendlicher) juvenile; (*fem.*) **die Jugendliche**
jung (ü) young
der Junge, (-n), -n boy, youth
der Junggeselle, (-n), -n bachelor

der Kaffee coffee
der Käfig, -e cage
kalt (ä) cold
die Kälte cold(ness)
kämmen to comb
die Kammer, -n chamber, room
kämpfen to battle, struggle
das Kanzleramt, -ämter Office of the Chancellor
das Kapitel, - chapter
kaputt broken, ruined, done for
die Karriere, -n career
die Karte, -n ticket; map
das Kartenspiel, -e card game; deck of cards
der Käse cheese
der Kassierer, - cashier; (*fem.*) **die Kassiererin, -nen**
die Katze, -n cat
der Kauf, ⸚e purchase
kaufen to buy, purchase
das Kaufhaus, ⸚er department store
kaum scarcely
keinesfalls by no means, not at all
der Keller, - cellar
der Kellner, - waiter; **die Kellnerin, -nen** waitress
kennen, kannte, gekannt to know, be acquainted with
kennen lernen, lernte kennen, kennen gelernt to get to know, become acquainted with
das Kind, -er children
der Kinderwagen, - baby carriage
die Kindheit, -en childhood
das Kino, -s cinema, movie theater, the movies
die Kirche, -n church
die Kiste, -n crate
kitschig mawkish, trashy
klagen to lament, complain
der Kläger, - plaintiff; (*fem.*) **die Klägerin, -nen**
die Klammer, -n parenthesis
klar clear
die Klausur, -en test
das Klavier, -e piano
der Klavierbauer, - piano maker
die Kleiderabteilung, -en clothing department
die Kleidung clothes, clothing
das Kleidungsstück, -e piece of clothing
klein small, little; short (*in height*)

der **Klempner,** - plumber
klettern (ist) to climb, scramble
der **Klingelton, -töne** ringtone
klingen, klang, geklungen to sound
klug (ü) intelligent, clever, astute
die **Klugheit** intelligence, cleverness
die **Kneipe, -n** bar, pub
das **Knie,** - knee
der **Knochen,** - bone
der **Koch, Köche** cook
kochen to cook
der **Koffer,** - suitcase, trunk, bag
der **Kognat, -e** cognate
die **Kokospalme, -n** coconut palm (tree)
der **Kollege, (-n), -n** colleague; *(fem.)*
  die **Kollegin, -nen**
komisch queer, strange, peculiar, comic(al)
kommen, kam, ist gekommen to come
der **Kommissar, -e** police inspector
der **Kompass, -e** compass
komponieren to compose
der **Komponist, (-en), -en** composer;
  (fem.) die **Komponistin, -nen**
der **König, -e** king; *(fem.)* die **Königin,**
  -nen queen
die **Konjunktion, -en** conjunction
können (kann), konnte, gekonnt to be
  able to, can
kontrollieren to check on
das **Konzert, -e** concert
der **Kopf, ¨e** head
der **Kopfsalat, -e** lettuce
der **Korb, ¨e** basket
der **Körper,** - body
der **Krach** (no pl.) controversy, fight,
  dissension
die **Kraft, Kräfte** power
kräftig powerful, substantial, strong
krank (ä) sick, ill
das **Krankenhaus, ¨er** hospital
der **Krankenwagen,** - ambulance
krankhaft pathological, abnormal
der **Krebs** cancer
kreisen to circle
(das) Kreta Crete
die **Kreuzung, -en** crossing, intersection
der **Krieg, -e** war; **Krieg führen** to
  wage war
kriegen *(slang)* to get
die **Kritik, -en** criticism
krumm (comparative: **krümmer/krum-**
  mer) crooked, bent
die **Küche, -n** kitchen
der **Kuchen,** - cake
das **Küchengerät, -e** kitchen utensil *or*
  small appliance

die **Kugel, -n** ball, sphere
die **Kuh, ¨e** cow
der **Kühlschrank, ¨e** refrigerator
das **Küken,** - baby chicken
sich kümmern (um + *acc.*) to take care
  of, attend to
der **Kunde, -n** customer; *(fem.)*
  die **Kundin, -nen**
die **Kunde** news, notice, information
die **Kunst, ¨e** art; skill
künstlich artificial
die **Kuppel, -n** dome
der **Kurs, -e** course
kursiv (in) italics; **kursiv gedruckt**
  printed in italics
kurz (ü) short, brief
die **Kürze** brevity
kürzlich recently
die **Kusine, -n** female cousin
der **Kuss, ¨e** kiss

L

lachen to laugh
laden, lud, geladen to load
die **Lage, -n** situation, position
lähmen to paralyze, make lame
die **Lampe, -n** lamp
das **Land, ¨er** land, country
die **Landschaft, -en** landscape
lang (ä) long;
lange *(adv.)* for a long time
die **Länge, -n** length
langsam slow(ly)
sich langweilen to be bored
der **Lärm** noise
lassen (lässt), ließ, gelassen to let, leave
der **Lastwagenfahrer,** - truck driver
der **Lauf, ¨e** course, progress
laufen (läuft), lief, ist gelaufen to run,
  walk
der **Läufer,** - runner
das **Laufwerk, -e** (computer) drive
die **Laune** mood
läuten to ring
lauter *(adv.)* nothing but, purely
leben to live
das **Leben** life; **ums Leben kommen** to
  die, perish
der **Lebenslauf, ¨e** curriculum vitae
der **Lebensstil, -e** style of living
die **Lebensweise, -n** way of living
die **Leber, -n** liver
das **Lebewesen,** - creature
lecker tasty

der **Ledermantel, ¨** leather coat
legen to lay, put; **sich legen** to lie down
die **Legende, -n** legend
das **Lehrbuch, ¨er** textbook
die **Lehre, -n** instruction, lesson, moral
lehren to teach
der **Lehrer,** - teacher; *(fem.)* die
  Lehrerin, -nen
lehrreich instructive
leicht easy, light
Leid tun: es tut mir Leid I am sorry
das **Leiden,** - sorrow, suffering
leider unfortunately
leihen, lieh, geliehen to loan, borrow
die **Leine, -n** leash
die **Leistung, -en** accomplishment
die **Lektion, -en** lesson
lesbar legible
die **Leseaufgabe, -n** reading assignment
lesen (liest), las, gelesen to read
der **Leserbrief, -e** letter to the editor
letzt- last
die **Leute** *(pl.)* people
lieb dear
die **Liebe** love
lieber preferably; **lieber tun** to prefer
  to do
der **Liebling, -e** darling, dear
die **Lieblingsspeise, -n** favorite dish
liebst: am liebsten most/best of all; **am**
  liebsten tun to like to do most/best
  of all
das **Lied, -er** song
liegen, lag, gelegen to be situated, lie
liegen lassen (lässt liegen), ließ liegen,
  liegen (ge) lassen to leave (lying
  about)
lila lilac *(color)*
links on the left; **nach links** to the left
das **Lob** praise
das **Loch, ¨er** hole
locker casually, nonchalantly
der **Lohn, ¨e** wage
das **Lokal, -e** premise; bar, restaurant
los: was ist los? what is the matter?
  What is going on?
löschen to delete, erase
lösen to loosen; to solve
los·schießen, schoss los, losgeschossen
  to shoot; to go ahead and start s.t.
los·werden (wird los), wurde los, ist
  losgeworden to get rid of
der **Lottogewinn, -e** lottery winnings
der **Löwe, (-n), -n** lion
die **Luft, ¨e** air
die **Lüge, -n** lie

lumpig paltry; (slang) stupid
die Lunge, -n lung
der Lungenkrebs lung cancer
der Lungenzug, ¨e: einen Lungenzug machen to inhale deeply
die Lust desire, inclination; **(keine) Lust haben ... zu tun** to have (no) desire to do
lustig merry, jolly, funny; **sich lustig machen (über + acc.)** to make fun of

M

machen to make; to do
die Macht, ¨e power, might
das Mädchen, - girl
mailen to send an e-mail
mal (adv.) times (math); (part.) just
das Mal, -e time; **zum ersten Mal** for the first time
der Maler, - painter; (fem.) **die Malerin, -nen**
manch- (sing.) many a; (pl.) some
manchmal sometimes
der Mann, ¨er man
die Mannschaft, -en team
der Mantel, ¨ coat
das Manuskript, -e manuscript
das Märchen, - fairy tale
der Markttag market day
die Maßeinheit, -en unit of measurement
der Massengeschmack popular taste
maßlos utterly, beyond measure
die Mauer, -n (masonry) wall
der Mauerfall fall of the (Berlin) wall
das Maul, ¨er mouth (of animals)
das Medikament, -e medicine, drug
die Medizin (science of) medicine
das Meer, -e sea; ocean
der Meer(es)blick, -e view of the sea
mehr more
mehrere several
mehrmalig repeated
mehrmals several times
meinen to mean, think; to intend
die Meinung, -en opinion
die Meinungsäußerung, -en expression of opinion
meist- most; **meist** or **meistens** mostly
der Meister, - master; champion; (fem.) **die Meisterin, -nen**
melden to report
die Meldung, -en announcement
die Menge, -n a lot

der Mensch, (-en), -en human, man (species)
die Menschheit mankind, humankind
menschlich human
merken to notice; **sich** (dat.) **merken** to take note
merkwürdige strange, unusual
die Messe, -n convention, trade show
die Metapher, -n metaphor
die Metropole, -n metropolis
die Miete, -n rent
mieten to rent
das Mikrofon, -e microphone
die Milch milk
mild mild; amicable
die Milliarde, -n billion
mindestens at least (with amounts)
das Missfallen displeasure
mit (prep. with dat.) with
mit·bringen, brachte mit, mitgebracht to bring along
mit·kommen, kam mit, ist mitgekommen to come along
mit·machen to participate
mit·nehmen (nimmt mit), nahm mit, mitgenommen to take along
der Mitspieler, - fellow player, teammate
der Mittag, -e noon; **zu Mittag** at noon
mit·teilen to communicate, impart, tell
die Mitteilung, -en notification, communication, announcement
das Mittel, - means, medium
das Mittelalter Middle Ages
das Mittelmeer (no pl.) Mediterranean
mittlerweile in the meantime
das Mobilnetz, -e mobile/cell network
möchte(n) would like (to)
die Modalpartikel, -n modal particle
das Modegeschäft, -e fashion shop
das Modell, -e model
der Moderator, -en host, emcee
modisch fashionable (fashionably)
mögen (mag), mochte, gemocht to like; may
möglich possible
die Möglichkeit, -en possibility
möglichst as . . . as possible
der Monat, -e month
der Mond, -e moon
der Morgen morning; **heute Morgen** this morning
morgen tomorrow; **morgen früh** tomorrow morning
die Moschee, -n mosque
der Motor, -en motor
müde (gen.) tired of

die Mühe difficulty
der Mund, ¨er mouth
mündlich oral(ly)
die Münze, -n coin
das Museum, -seen museum
die Musik music
müssen (muss), musste, gemusst to have to, must
die Musterkollektion, -en sales samples
der Mut courage
die Mutter, - mother; **Mutti, -s** mommy

N

nach (prep. with dat.) after; to(ward); according to
der Nachbar, (-s or **-n), -n** neighbor; (fem.) **die Nachbarin, -nen**
nachdem (sub. conj.) after
nacherzählen to retell
die Nacherzählung, -en adapted story
nachher afterward(s)
der Nachmittag, -e afternoon
die Nachricht, -en news, note, message, notice
nach·schlagen (schlägt nach), schlug nach, nachgeschlagen to look up (in a book)
nächst- next
die Nacht, ¨e night
der Nachwuchs- up-and-coming, young
die Nähe proximity; **in der Nähe** near, nearby
der Name, (-ns), -n name
nämlich namely, that is
die Nase, -n nose
nass (comparative: **nässer/nasser**) wet
natürlich of course, natural(ly)
neben (prep. with acc. or dat.) beside, next to
nebenan next door, in the next room, alongside
das Nebenfach, ¨er minor field of study
der Nebensatz, ¨e dependent clause
der Neffe, (-n), -n nephew
negieren to negate
nehmen (nimmt), nahm, genommen to take; **in Angriff nehmen** to tackle, take on
der Neinsager, - person who says no
nennen, nannte, genannt to name
nerven to get on one's nerves
nett nice
das Netz, -e network
neu new

neugierig curious
die Neujahrsansprache New Year's address
neulich recently
neuzeitlich modern, up-to-date
nicht not; **nicht einmal** not even; **nicht wahr** isn't it?, don't they?, etc.
die Nichte, -n niece
die Nichteinmischung, -en nonintervention
nichts nothing
nie never
nieder·gleiten, glitt nieder, ist niedergeglitten to slide down
die Niederlage, -n defeat
niedrig low
niemand no one, nobody; **niemand anders** no one else
noch still; **noch einmal** once more; **noch kein-** not any yet; **noch nicht** not yet; **noch nie** not ever (before)
normalerweise normally
die Note, -n grade
nötig necessary
die Notiz, -en note; **Notizen machen** to take notes
nur (adv.) only; (part.) just
nutzen or **nützen** to be of use
nützlich (dat.) useful
nutzlos useless

oberhalb (prep. with gen.) above
der Oberrichter, - high court judge
der Oberschullehrer, - high school teacher; (fem.) **die Oberschullehrerin, -nen**
obgleich (sub. conj.) although
obig above
obwohl (sub. conj.) although
oder or
öffnen to open (s.th.); **sich öffnen** to open
oft (ö) often
öfter often; more often
ohne (prep. with acc.) without
ohne ... zu without [—]ing
ohne dass without [—]ing
das Ohr, -en ear
die Oma, -s granny
der Onkel, - uncle
der Opa, -s granddad, gramps
die Oper, -n opera
ordentlich neat, cleaned up

die Ordnung order, arrangement
die Ordnungszahl, -en ordinal number
der Ort, -e place
der Osten east
(das) Ostern Easter; **zu Ostern** at/for Easter
die Ostküste east coast
östlich eastern
die Ostsee Baltic Sea

paar: ein paar a few, several; **ein paar Mal** a few times
das Paar, -e pair, couple
packen to pack; to grasp, pounce on
das Paket, -e package
der Panoramablick, -e panoramic view
der Panzer, - tank, armor
der Papagei, (-s or -en), -en parrot
das Papier, -e paper
der Papst, -e Pope
die Partei, -en faction, party
das Partizip, -ien participle
die Party, -s party
passen (dat.) to fit, suit
passend suitable, proper, fitting
passieren (ist) to happen, occur
die Pause, -n pause, break
das Pech bad luck (literally: pitch)
peinlich embarrassing
die Pension, -en bed and breakfast, inexpensive lodging
das Perfekt present perfect tense
per Hand by hand
pfeifen, pfiff, gepfiffen to whistle
der Pfeil, -e arrow
das Pferd, -e horse
die Pflanze, -n plant
der Pflichtkurs, -e required course
der Pförtner, - doorman
das Pfund, -e pound
pilgern (ist) to go on a pilgrimage
der Plan, -e plan
das Pläsierchen little pleasure
der Plasmafernseher, - plasma TV
der Platz, -e place, spot, site; room, space
platzen to explode, blow up
plaudern to chat
plötzlich sudden(ly)
das Plusquamperfekt past perfect tense
die Politik politics; policy
der Politiker, - politician; (fem.) **die Politikerin, -nen**
die Polizei police

der Polizist, (-en), -en policeman; (fem.) **die Polizistin, -nen**
Position beziehen, bezog, bezogen to take a stand
die Post mail; post office
das Postamt, -er post office
der Posten, - post, position
das Präfix, -e prefix
das Präsens present tense
das Präteritum simple past tense
predigen to preach
der Preis, -e price; prize, award
preiswert good value for the money
prima great
der Prominente, -n (ein Prominenter) prominent person; (fem.) **die Prominente, -n**
das Pronomen, - pronoun
der Prosaband, -e volume of prose
die Protestaktion, -en protest march
der Protestierende, -n (ein Protestierender) protester; (fem.) **die Protestierende, -n**
der Proviant provisions, rations
der Prozess, -e lawsuit
die Prüfung, -en examination
der Psychiater, - psychiatrist; (fem.) **die Psychiaterin, -nen**
das Publikum audience
der Pullover, - sweater
der Punkt, -e point; period
pünktlich punctually
putzen to clean, polish; **die Zähne putzen** to brush one's teeth

die Qual, -en torment, misery
die Quelle, -n source
quer (durch) straight through, straight across
die Quote, -n (TV) rating

der Rabe, (-n), -n raven
das Rad, -er wheel; bike
Rad fahren (fährt Rad), fuhr Rad, ist Rad gefahren to ride a bicycle
der Rand, -er edge, side
rasch swift, speedy, rapid
der Rasen lawn, grass; **den Rasen betreten** to walk on the grass

rasieren to shave (s.o.); **sich rasieren** to shave (o.s.)

der Rat advice

raten (rät), riet, geraten (dat.) to advise; to take a guess

das Rathaus, ¨er city hall

der Ratschlag, ¨e (piece of) advice, suggestion

das Rätsel, - riddle, puzzle

der Rattenfänger, - rat catcher

rauchen to smoke

räumlich spatial(ly)

die Raute-Taste, -n pound key (telephone)

rechnen (mit + dat.) to calculate, figure on

recht right; quite

das Recht, -e right, privilege; justice

Recht haben to be right

rechts on the right; **nach rechts** to the right

der Rechtsanwalt, ¨e lawyer

rechtzeitig on time

die Redaktion editorial staff

die Rede, -n speech

das Redemittel, - verbal strategy; useful verbal expression or structure

reden to talk

der Redner, - speaker

die Regel, -n rule; **in der Regel** as a rule

regelmäßig regular

der Regen rain

regieren to rule, govern

die Regierung, -en government

der Regisseur, -e director (of a film, play, etc.)

regnen to rain

reich rich

das Reich, -e empire

reichen to reach (for), hand

das Reichstagsgebäude main building of the German parliament in Berlin

die Reihe, -n row; series

die Reise, -n trip, journey

das Reisebüro, -s travel agency

reisen to travel

der Reisende (ein Reisender) traveler; (fem.) **die Reisende**

der Reiseverkehr tourist travel

das Reiseziel travel/tourist destination

reißen, riss, gerissen to tear, rip

reiten, ritt, ist/hat geritten to ride (an animal)

die Reklame, -n advertisement; advertising

rennen, rannte, ist gerannt to run

das Restaurant, -s restaurant

das Rezept, -e recipe

die Rezession, -en recession

richten (an + acc.) to direct at

richtig correct, right

riechen, roch, gerochen to smell

das Rollenspiel, -e role-play

die Rolltreppe, -n escalator

der Roman, -e novel

rosten to rust

rot red

(das) Rotkäppchen Little Red Riding Hood

der Rotschopf, -schöpfe red-head

der Rücken, - back

der Rucksack, ¨e rucksack, knapsack

der Rückweg, -e the way back/return

ruderlos without oars

der Ruf reputation

die Ruhe, -n peace, calm, rest

ruhig calm, quiet

das Ruhrgebiet Ruhr area (industrial section of Germany)

rund approximately, about, roughly, round; **rund um** around

der Rundbrief, -e a letter to be circulated

der Rundfunk radio

S

der Saal, Säle hall/large room

die Sache, -n thing, matter, subject

der Saft, ¨e juice

die Sage, -n legend, fable

die Säge, -n saw

sagen to say

sammeln to collect

die Sammlung, -en collection

der Satz, ¨e sentence

sauber clean, neat, tidy

sauer sour, mad, upset

das Schach chess

der Schäferhund, -e shepherd dog

schaffen, schaffte, geschafft to do, accomplish, manage to do

schaffen, schuf, geschaffen to create

der Schal, -e scarf, shawl

die Schallplatte, -n record

der Schalter, - (ticket) window

sich schämen (über + acc.) to be ashamed of

die Schande disgrace

scharf (ä) sharp

der Schatten, - shadow

schauen to look

der Scheibenwischer, - windshield wiper

sich scheiden lassen, ließ, gelassen to get a divorce

der Schein, -e bill, banknote

scheinen, schien, geschienen to shine; to seem, appear

schenken to give (as a present)

schick stylish(ly)

schicken to send

schieben, schob, geschoben to shove, push

der Schiedsrichter, - referee

schief·gehen, ging schief, ist schiefgegangen to go wrong

schießen, schoss, geschossen to shoot

das Schiff, -e ship

schildern to depict, portray

der Schirm, -e screen

die Schlacht, -en battle

das Schläfchen, - nap

schlafen (schläft), schlief, geschlafen to sleep

das Schlafzimmer, - bedroom

schlagen (schlägt), schlug, geschlagen to strike, beat

der Schlamassel mess

die Schlange, -n snake; serpent

schlapp worn out, tired out

schlau clever, smart

schlecht bad(ly)

schleichen, schlich, ist geschlichen to creep, slink, sneak

schleppen to drag; **sich schleppen** to drag o.s.

schließen, schloss, geschlossen to close

schließlich in the final analysis, in the end

schlimm bad, evil; severe, grave

der Schlips necktie

der Schluss, ¨e end; **zum Schluss** finally, in the end; **Schluss machen** to stop doing, put an end to

der Schlüssel, - key

schmal (comparative: **schmäler/ schmaler**) narrow

schmecken (nach + dat.) to taste like

schmeicheln (dat.) to flatter

schmelzen (schmilzt), schmolz, ist/hat geschmolzen to melt

schmieren to smear

sich schminken to put on make-up

schmutzig dirty, filthy

die Schnauze, -n snout (of an animal)

der Schnee snow

schnell fast

schon *(adv.)* already

schrecklich terrible, frightful

schreiben, schrieb, geschrieben to write

der Schreiber, - clerk, copyist; *(fem.)* **die Schreiberin, -nen**

die Schreibmaschine, -n typewriter

schreien, schrie, geschrien to shout, scream

schriftlich written, in writing

schuften to labor, work hard

der Schuh, -e shoe

die Schule, -n school

der Schüler, - pupil; *(fem.)* **die Schülerin, -nen**

schützen to protect

schwach (ä) weak

die Schwäche, -n weakness

schwächlich weakly, feeble

schwachsinnig crazy, idiotic

schwarz (ä) black

schweigsam silent, taciturn

die Schweiz Switzerland

schwer heavy; difficult, hard

das Schwert, -e sword

die Schwester, -n sister

schwierig difficult

die Schwierigkeit, -en difficulty; **in Schwierigkeiten geraten** to get into difficulty

schwimmen, schwamm, ist/hat geschwommen to swim

schwindlig dizzy

schwören, schwur/schwor, geschworen to swear under oath

sechsstellig six-digit

der See, -n lake; **die See, -n** sea

segeln to sail

sehen (sieht), sah, gesehen to see

sehnen + nach to yearn + for **sich**

sehenswert worth seeing

die Sehenswürdigkeit, -en attraction

sein (ist), war, ist gewesen to be

seit (prep. with dat.) since or for (temporal sense only)

seit(dem) *(sub. conj.)* since; **seitdem** *(adv.)* (ever) since then

die Seite -n page; side

seither (ever) since then

selber*(emphatic)* myself, yourself, themselves, etc.

selbst (one) self; even

die Selbstaussage, -n statement about oneself

selbstverständlich obvious(ly), self-evident; it goes without saying

selten seldom

die Seltenheit, -en rarity

seltsam strange(ly)

senden, sandte, gesandt to send

senden, sendete, gesendet to transmit

die Sendung, -en TV show

senken to lower, sink

setzen to set, put; **sich setzen** to sit down

sicher for sure; safe

die Sicherheit certainty, security

die Sicht sight, view, visibility

der Sieg, -e victory

siegen to conquer, be victorious

der Sieger, - winner, victor

simsen to text/text-message

die Sinfonie, -n symphony

singen, sang, gesungen to sing

das Singspiel, -e operetta, musical comedy

der Sinn, -e sense; **nicht bei Sinnen sein** to be out of one's mind

sinnlos pointless, senseless

sinnvoll meaningful; sensible

die Sitte, -n custom; **Sitten und Gebräuche** manners and customs

der Sitz, -e seat

sitzen, saß, gesessen to sit

der Skat skat *(card game)*

skeptisch skeptical

sobald as soon as

sofort immediately

sogar even

solange as long as

solch- such; **ein solch-** such a

sollen (soll), sollte, gesollt to be supposed to, ought to; to be said to

sondern but (rather)

der Sonderpreis, -e special price

die Sonne, -n sun

der Sonnenbrand sunburn

die Sonnenuhr, -en sundial

sonst otherwise

sooft as often as

die Sorge, -n worry, care

sorgen (für + acc.) to care *or* provide for

sorgenlos without worries

sowieso anyway

sowohl ... als auch both . . . and; as well as

Sozialist(in) socialist

spannend exciting

der Spargel, - asparagus

das Sparkonto, -konten savings account

sparsam thrifty, frugal

der Spaß fun; **Spaß machen** to be fun

spät late

spazieren gehen, ging spazieren, ist spazieren gegangen to take a walk

der Spaziergang, ¨e walk; **einen Spaziergang machen** to take a walk

speichern to store (in memory)

spendieren to treat someone to, pay for s.th. for s.o.

der Spiegel, - mirror

das Spiel, -e game

spielen to play

der Spielfilm, -e feature movie

der Spielplatz, ¨e playground, playing field

die Spielsache, -n toy

die Spitze, -n point, tip, top, front

die Sportart, -en type of sport

die Sporthalle, -n gym

Sport treiben to do sports

das Sportangebot, -e sports offerings

das Sportgeschäft, -e sports store

der Sportler, - athlete; *(fem.)* **die Sportlerin, -nen**

der Sportverein, -e sports club

die Sprachkürze terseness

die Spraydose, -n spray can

sprechen (spricht), sprach, gesprochen to speak

das Sprichwort, ¨er saying, proverb

springen, sprang, ist gesprungen to jump, leap

der Spruch, ¨e saying, proverb

die Spülmaschine, -n dishwasher

spüren to feel, sense, perceive

der Staat, -en state

staatlich state, national

stabil rugged, sturdy

die Stadt, ¨e town, city

der Stadtplaner, - city planner; *(fem.)* **die Stadtplanerin, -nen**

der Stadtschreiber, - town clerk; *(fem.)* **die Stadtschreiberin, -nen**

der Stadtteil, -e section of a city

das Stadtzentrum, -zentren city center

die Stammzellforschung stem cell research

der Standpunkt, -e view, position; **einen Standpunkt vertreten** to take a position/view

stark (ä) strong

die Stärke, -n strength

die Stasi short for "Ministerium für Staatssicherheit" (secret police of the GDR)

stattdessen instead (of that)

statt·finden, fand statt, stattgefunden to take place

stechen (sticht), stach, gestochen to prick; to sting, bite *(insect)*

stecken to stick, put

stehen, stand, gestanden to stand

stehlen (stiehlt), stahl, gestohlen to steal

die Steiermark Styria *(Austrian province)*

steigen, stieg, ist gestiegen to climb

der Stein, -e stone

die Stelle, -n position, spot, place; job

stellen to place; **eine Frage stellen** to ask a question

sterben (stirbt), starb, ist gestorben to die

die Sternchen-Taste, -n asterisk key (telephone)

die Steuern *(pl., fem.)* taxes

die Stilrichtung, -en (artistic) style

stimmen to be correct; to be true; (+ für) to vote for

die Stimmung, -en atmosphere

der Stock, ¨e stick, pole; story *or* floor of a building

stolz proud

die Stoppuhr, -en stopwatch

stören to disturb

stracks straight (away); without delay

der Strafraum, -räume penalty area

strahlen to beam, shine

der Strand, ¨e beach

die Straße, -n street

der Straßenarbeiter, - road repair worker

der Straßenrand, ¨er side of the road

der Straßenverkehr (road) traffic

der Streit fight, argument

sich streiten (stritt), gestritten to fight, argue

streng strict, harsh

der Strick, -e rope

der Strom, ¨e river, stream; electricity

das Stück, -e piece; a dramatic play

das Studentenheim, -e student dorm

das Studentenlokal, -e student tavern

das Studium, -ien studies, course of studies

die Stunde, -n hour, class (hour); **stundenlang** for hours

der Stundenplan, ¨e schedule

der Sturm, ¨e storm

der Stürmer, - (soccer) striker

stürzen (ist) to fall, plunge; **(hat)** overthrow

die Styroporpackung, -en Styrofoam packaging

das Substantiv, -e noun

suchen to seek, search

der Süden south

die Südseeinsel, -n South Sea island

summen to hum

die Süße, -n sweetness

der Tag, -e day; **eines Tages** one day

das Tagebuch, ¨er diary

die Tagesnachrichten *(pl.)* news of the day

die Tagesschau daily news program on German television

die Tageszeit, -en time of the day

täglich daily

tagsüber during the day

der Taler, - obsolete monetary unit

die Tankstelle, -n gas station

die Tante, -n aunt

der Tanz, ¨e dance

tanzen to dance

die Tapferkeit bravery

die Tasche, -n pocket

das Taschengeld spending money

die Taschenlampe, -n flashlight

der Taschenrechner, - pocket calculator

die Taschenuhr, -en pocket watch

die Tasse, -n cup

die Taste, -n button, key

die Tätigkeit, -en activity

der Tatort, -e scene of the crime

die Tatsache, -n fact

tatsächlich in fact, actually

taub deaf

taugen to qualify

tausend thousand

die Technik technology

der Teil, -e part, section

teilen to divide

teil·nehmen (nimmt teil), nahm teil, teilgenommen (an + dat.) to take part in, participate

der Tennisschläger, - tennis racket

der Teppich, -e rug, carpet

der Termin, -e fixed date; appointment

teuer expensive

der Teufel, - devil

das Thema, -men topic, subject, theme

die These, -n thesis

tief deep(ly)

die Tiefe, -n depth

die Tiefenpsychologie psychology of the subconscious

tief greifend/tiefgreifend profound, extensive

das Tier, -e animal

der Tiergarten, ¨ zoo

tippen to type; to predict

der Tisch, -e table

der Titel, - title

die Tochter, ¨ daughter

der Tod, -e death; **zu Tode** to death

toll crazy, insane; terrific, great

der Ton, Töne tone

der Topf, ¨e pot

das Tor, -e gate, portal; goal (soccer)

der Torwart, -wärte goalie, keeper

tot dead

der Tote (ein Toter) dead person; *(fem.)* **die Tote**

töten to kill

der Tourist, (-en), -en tourist; *(fem.)* **die Touristin, -nen**

der Touristenführer, - tourist guide *or* guidebook

tragen (trägt), trug, getragen to carry; to wear

der Trainer, - (sport) coach

die Traube, -n grape

trauen *(dat.)* to trust

träumen to dream

traumhaft dreamlike, wonderful

traurig sad

treffen (trifft), traf, getroffen to meet; to hit; to affect

treffend apt, appropriate

treiben, trieb, getrieben to drive; to pursue an activity; **treiben (ist)** to drift, float

die Treppe stair(s)

das Treppenhaus stairwell

treten, trat, ist getreten to step

die Tribüne, -n (stadium) stands

der Trick, -s trick

der Trieb, -e appetite; drive

das Trikot, -s (sport) jersey

trinken, trank, getrunken to drink

trotz *(prep. with gen.)* in spite of

trotzdem *(adv.)* in spite of it/this, nevertheless; *(sub. conj.)* in spite of the fact that

trüb dreary

tun (tut), tat, getan to do, act

die Tür, -en door

türkisch Turkish

der Typ, -en type ; (slang) guy

U

übel nauseated, sick

über (*prep. with acc. or dat.*) over, across, above; about (*acc.*)

überall(hin) to everywhere

überein·stimmen to be in agreement

überfahren, überfuhr, ist überfahren to drive over

der Übergang, -gänge transition, crossing

die Übergangsschwierigkeit, -en transitional difficulty

übergeben, übergab, übergeben to hand over

überglücklich overjoyed, exuberant

überhaupt in general, on the whole; **überhaupt nicht** not at all; **überhaupt nichts** nothing at all

überleben to survive

überlegen to ponder, consider; **sich etwas** (*dat.*) **überlegen** to think s.th. over

überlisten to trick, outwit

übernachten to spend the night

überqueren to cross over

überraschen to surprise

die Überraschung, -en surprise

überreden to persuade

übersehen (übersieht), übersah, übersehen to overlook, ignore

übersetzen to translate

der Übersetzer, - translator; (*fem.*) **die Übersetzerin, -nen**

überspringen, übersprang, übersprungen to skip (over)

übertreiben, übertrieb, übertrieben to exaggerate

über·wechseln to change, go over

die Überwindung, -en conquest, breakthrough

überzeugen to convince; **überzeugt** convinced

die Überzeugung conviction

übrigens incidentally; **im Übrigen** in other respects

die Übung, -en exercise

um (*prep. with acc.*) around; by (*with quantities*); **um sechs Uhr** at six o'clock

um ... zu in order to

um ... willen for . . . 's sake

umarmen to embrace, hug

um·bauen to remodel

um·fallen (fällt um), fiel um, ist umgefallen to fall over

der Umfang, ¨-e girth

umgeben (umgibt), umgab, umgeben to surround

umgekehrt vice versa, turned around

um·kippen to tip over

der Umschlag, -schläge envelope

um·schreiben, schrieb um, umgeschrieben to rewrite, revise

sich um·sehen (sieht um), sah um, umgesehen to look around

der Umstand, ¨-e circumstance

die Umwelt environment

die Umweltverschmutzung environmental pollution

sich um·ziehen, zog um, umgezogen to change (clothes); **um·ziehen (ist)** to move, change one's residence

der Unabhängigkeitskrieg, -e war of independence

unbedingt absolutely

unbegrenzt without limitation

unbesonnen foolish

unbestimmter Artikel indefinite article

unergiebig unproductive, useless

unermüdlich untiring(ly)

unerwartet unexpected

der Unfall, ¨-e accident

ungefähr approximately

das Ungeheuer, - monster

ungesund unhealthy

das Ungeziefer vermin

unglaublich unbelievable

die Universität, -en university (*coll.:* **die Uni, -s**)

unsäglich unspeakable/-bly

der Unsinn nonsense

unsterblich immortal

unten (*adv.*) below

unter (*prep. with acc. or dat.*) under, below, beneath; among; **unter anderem** among other things

unterbrechen (unterbricht), unterbrach, unterbrochen to interrupt

unterdessen meanwhile

unterdrücken to suppress, repress

unter·gehen, ging unter, ist untergegangen to set, go down; to perish

unterhalb (*prep. with gen.*) beneath

sich unterhalten (unterhält), unterhielt, unterhalten (über + *acc.*) to converse; to amuse o.s.

die Unterhaltung, -en amusement

die Unterkunft, ¨-e lodging

unternehmen (unternimmt), unternahm, unternommen to undertake; to engage in an activity

das Unternehmen, - undertaking; company, enterprise

der Unterricht instruction

unterrichten to instruct, teach

der Unterrichtsraum, ¨-e instructional room, classroom

unterschiedlich different, differing

unterstreichen, unterstrich, unterstrichen to underline

unterstützen to support

die Unterstützung support

untersuchen to investigate, examine

der Untersuchungsbericht, -e investigative report

unterwegs underway

die Untreue infidelity

unvergesslich unforgettable

unvergleichlich incomparable

unverständlich incomprehensible

unvorsichtig careless, not cautious

das Unwesen, - awful creature

unwiderstehlich irresistible

unzufrieden dissatisfied

der Urlaub, -e vacation

Urlaub machen to go on vacation

der Urlaubsort, -e vacation spot

die Ursache, -n cause

das Urteil, -e judgment, verdict

urteilen to judge

der USB-Anschluss, -schlüsse USB connection

der USB-Stick USB memory stick

usw. (und so weiter) etc.

V

der Vater, ¨ father; **Vati, -s** papa

die Vaterschaftsklage, -n paternity suit

der/die Vegetarier(in) vegetarian

sich verabschieden to take one's leave, say good-bye

verändern to change s.th.; **sich verändern** to become changed

die Veränderung, -en change

verantwortlich responsible

das Verb, -en verb

verbessern to improve

verbieten, verbot, verboten to forbid

verbinden, verband, verbunden to connect, combine; to bandage

die Verbindung, -en connection

das Verbot, -e ban, prohibition
der Verbrecher, - criminal
verbrennen, verbrannte, verbrannt to burn (up), scorch
verbringen, verbrachte, verbracht to spend *or* pass *(time)*
der Verdacht suspicion
verdächtigen to suspect
verderben, verdarb, hat/ist verdorben to ruin/go bad
verdeutlichen to make clear, illustrate
verdienen to earn, merit
vereinigt united
die Vereinigung unification
der Verfall, -fälle decline, drop
verfassen to write, compose
verfault rotten
verfließen, verfloss, ist verflossen elapse, pass *(of time)*
vergangen past
die Vergangenheit past
vergessen (vergisst), vergaß, vergessen to forget
der Vergleich, -e comparison
vergleichen, verglich, verglichen to compare
vergleichend comparative
verhaften arrest, apprehend
sich verhalten to act, behave, react
das Verhältnis, -se relationship
verheiratet married
verhindern to stop, prevent
verjährt past the statute of limitations
verkaufen to sell
der Verkäufer, - salesperson; *(fem.)* **die Verkäuferin, -nen**
der Verkehr traffic
die Verkehrsampel, -n traffic light
das Verkehrsmittel, - means of transportation
verkehrt mixed up, not as it should be
verkünden to proclaim, announce
der Verlag, -e publishing house
verlängern to extend, lengthen
verlassen (verlässt), verließ, verlassen *(with dir. obj.)* to leave, go away; sich **verlassen (auf + obj.)** to rely upon
der Verlauf, ¨e course
verlaufen (verläuft), verlief, ist verlaufen to take its course, turn out; **sich verlaufen** to get lost, lose one's way
verletzen to injure, hurt; to insult, offend
die Verletzung, -en injury

sich verlieben (in + acc.) to fall in love with
verlieren, verlor, verloren to lose
der Verlobte (ein Verlobter) fiancé; *(fem.)* **die Verlobte** fiancée
der Verlust, -e loss
vermitteln to mediate
das Vermögen fortune
verneinen to answer in the negative
vernetzt digitally linked
verpassen to miss *(a train; opportunity)*
verpflanzen to transplant
der Verrat *(no pl.)* betrayal, treachery
verrostet rusted
verrückt crazy; **verrückt (auf + acc.)** crazy about
versagen to fail
versäumen to miss, neglect to do
verschieden various, different
verschlechtern to make worse
verschwenden to waste, squander
die Verschwiegenheit discretion
verschwinden, verschwand, ist verschwunden to disappear, vanish
versehentlich by mistake, accidentally
versichern to assure; to insure
die Versicherung, -en insurance, assurance
die Versorgung *(no pl.)* supply, maintenance
sich verspäten to be *or* arrive late
die Verspätung, -en delay
versprechen (verspricht), versprach, versprochen to promise
verstaatlichen to nationalize
das Verständnis understanding, comprehension
verstärken to strengthen
verstehen, verstand, verstanden to understand
versuchen to try, attempt
die Verteidigung, -en defense
verteilen to distribute
der Vertrag, -träge contract
das Vertrauen trust, confidence
vertreiben, vertrieb, vertrieben to drive away, scatter; **die Zeit vertreiben** to pass the time
vertreten (vertritt), vertrat, vertreten to represent, act on behalf of
der Verwandte (ein Verwandter) relative; *(fem.)* **die Verwandte**
verwandtschaftlich pertaining to relatives
verwechseln to mix up, confuse
verwenden to use, make use of

verwirklichen to make come true, realize (a goal)
verwöhnen to spoil, pamper
verzweifelt desperate(ly)
das Video, -s video
das Videospiel, -e video game
die Videospieldiskette, -n video game disc
der Videospielfilm, -e video movie
viel *(sing.)* much; **viel-** *(pl.)* many
vielleicht perhaps
vielmals often, many times
viel sagend/vielsagend significant, telling
viel versprechend/vielversprechend promising, encouraging
das Viertel, - fourth; section of a town or city
das Virus, Viren virus
der Vogel, ¨ bird
die Vokabel, -n (vocabulary) word
das Volk, ¨er people, nation, race
die Volkskrankheit, -en widespread illness
die Vollendung, -en completion, perfection
völlig total(ly), complete(ly)
vollkommen complete(ly)
die Vollpension lodging with all meals
von *(prep. with dat.)* from, of, by; about
vor *(prep. with dat. or acc.)* in front of, before; ago *(dat.)*; **vor allem** above all; **vor kurzem** recently
vorbei past; **an** *(dat.)* **... vorbei** (go) past
vor·bringen, brachte vor, vorgebracht to bring forward, bring up *(an argument)*
der Vorfahr, (-en), -en ancestor, forefather
vor·führen to demonstrate, display
der Vorgang, -gänge process
vor·gehen, ging vor, ist vorgegangen to be fast *(of clocks)*
die Vorgeschichte, -n prior history
vor·haben to have in mind, intend
der Vorhang, ¨e curtain
vorher *(adv.)* before, previously
vorig previous
vor·lesen (liest vor), las vor, vorgelesen to read aloud
die Vorlesung, -en lecture *(course)*
der Vorschlag, ¨e suggestion
vor·schlagen (schlägt vor), schlug vor, vorgeschlagen to suggest
die Vorsicht caution, care

vorsichtig careful, cautious
vor·sprechen, sprach vor, vorgesprochen to audition (for a speaking part)
vor·stellen to introduce; **sich** *(dat.)* **vor·stellen** to imagine
die Vorstellung, -en performance, show; conception
der Vortrag, ¨e lecture, talk
vorüber past, over
vorwärts forward
vorzüglich excellent, exquisite

wach awake
wachen to keep watch, to stay awake
wachsen (wächst), wuchs, ist gewachsen to grow
der Wagen, - car; wagon
die Wahl, -en choice
wählen to choose, select, vote
der Wähler, - voter; *(fem.)* **die Wählerin, -nen**
der Wahnsinn insanity
wahnsinnig crazy; *(adv.)* ridiculously
wahr true, real, genuine
während *(prep. with gen.)* during; *(sub. conj.)* while
die Wahrheit, -en truth
wahrscheinlich probably
der Wald, ¨er wood(s), forest
die Wanderausrüstung, -en hiking outfit
die Wanderkarte, -n trail map, hiking map
wandern to hike, wander, roam
die Wanderung, -en hike
wann *(interrog.)* when
die Ware, -n ware, product
warm (ä) warm
warten (auf + *acc.)* to wait for
warum why
was für what kind of
das Waschbecken, - wash basin, sink
waschen (wäscht), wusch, gewaschen to wash
das Waschpulver detergent
wasserdicht watertight, waterproof
der Wasserspiegel water surface
die Webseite, -n website
weder ... noch neither . . . nor
weg away
wegen *(prep. with gen.)* on account of

weg·gehen, ging weg, ist weggegangen to leave, go away
weg·stellen to put away, put down
weh! woe!
weh·tun, tat weh, weh getan to hurt, pain
weihen to devote
(das) Weihnachten *(or pl.)* Christmas; **zu Weihnachten** at/for Christmas
weil *(sub. conj.)* because
die Weile while, *(amount of)* time
der Wein, -e wine
weise wise
weiter additional, further
weiter·fahren (fährt weiter), fuhr weiter, ist weitergefahren) to drive on, continue driving, to drive further (than . . .)
weiter·gehen, ging weiter, ist weitergegangen to go on; to keep going
weiter·kommen, kam weiter, ist weitergekommen to make progress, to come/get further along
weiter·machen to keep doing
weit reichend/weitreichend far-reaching, extensive
welch- which
die Welt, -en world
der Weltkrieg, -e world war
der Weltmarkt, -märkte world market
die Weltmeisterschaft, -en world championship
der Weltraum outer space
der Weltrekord, -e world record
die Weltstadt, ¨e metropolis, major world city
die Wende turn, turning point
wenden, wandte, gewandt to turn
wenden, wendete, gewendet to turn (inside out)
wenig *(sing.)* little; **wenig-** *(pl.)* few
wenn *(sub. conj.)* when(ever), if; **wenn ... auch** even if, even though; **wenn ... kein/nicht** unless
die Werbeschrift, -en advertising brochure
die Werbung, -en advertisement, advertising
werden (wird), wurde, ist geworden to become, get
werfen (wirft), warf, geworfen to throw, toss
das Werk, -e book, work; works, factory
das Werkzeug, -e tool, implement
wert *(dat.)* worth, of value to; *(gen.)* worth, worthy of

das Wesen, - being, creature
der Westen west
der Wettanbieter person proposing a wager
wetten to bet, wager
das Wetter weather
der Wetterdienst weather service
der Wettkampf, ¨e competition
der/die Wettpate/-patin person accepting a wager
wichtig important
wider *(prep. with acc.)* against
widersprechen (widerspricht), widersprach, widersprochen *(dat.)* to contradict
wie how; as
wieder again
wiederholen to repeat
die Wiedervereinigung, -en reunification
wie lange how long
wieso how is it that
wie viel how much; **wie viele** how many
der Wille, (-ns), -n will
der Wirbel, - hectic pace, fuss, turmoil
wirken to have an effect, work
wirklich real(ly)
die Wirtschaft economy
der Wirtschaftsberater, - business consultant
der Wirtschaftsplaner, - economic planner; *(fem.)* **die Wirtschaftsplanerin, -nen**
die Wirtschaftspolitik economic policy
wissen (weiß), wusste, gewusst to know
die Wissenschaft, -en science
der Wissenschaftler, - scientist; *(fem.)* **die Wissenschaftlerin, -nen**
wissenschaftlich scientific
die Witwe, -n widow
der Witz, -e joke; wit
das WLAN Wifi/wireless internet
woanders elsewhere
das Wochenende, -n weekend
der Wochentag, -e weekday
wohin to where
wohl probably
wohnen to live, dwell
der Wohnort, -e place of residence
der Wohnsitz, -e official residence
die Wohnung, -en apartment, dwelling
wollen (will), wollte, gewollt to want to, intend
das Wort, ¨er individual word; **das Wort, -e** connected words
der Wortschatz, ¨e vocabulary

die **Wunde, -n** wound
sich **wundern** to be amazed
das **Wunderkind, -er** child prodigy
der **Wunsch, ⸚e** wish; **nach Wunsch** as desired
wünschen to wish
der **Wurfspieß** javelin
die **Würze, -n** spice
die **Wüste, -n** desert
wütend (auf) enraged at

Z

die **Zahl, -en** number
zahlen to pay
der **Zahn, ⸚e** tooth
der **Zahnarzt, ⸚e** dentist; *(fem.)* die **Zahnärztin, -nen**
der **Zar, (-en), -en** czar
der **Zauberer, -** wizard, magician
die **Zauberflöte** magic flute
zauberhaft magical, enchanted
der **Zaubertrank, - tränke** magic potion
der **Zaun, ⸚e** fence
zeigen to show
die **Zeile, -n** line
die **Zeit, -en** time
die **Zeitangabe, -n** indication of time
der **Zeitausdruck, ⸚e** time expression
die **Zeitform, -en** verb tense
die **Zeitschrift, -en** magazine
die **Zeitung, -en** newspaper
das **Zelt, -e** tent
das **Zentrum, Zentren** center

zerbrechen (zerbricht), zerbrach, zerbrochen to break (into pieces), shatter
zerstören to destroy
die **Zerstörung** destruction
der **Zettel, -** scrap of paper; note
der **Zeuge, -n** witness; *(fem.)* die **Zeugin, -nen**
ziehen, zog, gezogen to pull; **ziehen (ist)** to move, go
ziemlich rather, fairly
das **Zimmer, -** room
der **Zimmerschlüssel, -** room key
der **Zirkus, -se** circus
das **Zitat, -e** quotation
der **Zoll (no pl.)** customs
der **Zöllner, -** customs agent
zornig angry
zu *(prep. with dat.)* to, at; too
der **Zucker** sugar
zuerst (at) first
zufällig per chance, by accident
zufrieden satisfied
der **Zug, ⸚e** train
das **Zugabteil, -e** train compartment
zu·geben, gab zu, zugegeben to admit
die **Zugverbindung, -en** train connection
zu·hören *(dat.)* to listen to
der **Zuhörer, -** listener; *(fem.)* die **Zuhörerin**
die **Zukunft** future
der **Zukunftsplan, ⸚e** future plan
zuletzt at last, finally, in the end
zu·machen to close, shut
zunächst at first, first of all
die **Zunge, -n** tongue
zurück·bringen, brachte zurück, zurückgebracht to bring back

zurück·führen (auf + *acc.*) to trace back to, explain by
die **Zurückhaltung** reserve
zurück·kehren (ist) to return
zurück·kommen, kam zurück, ist zurückgekommen to come back, return
zu·rufen, rief zu, zugerufen *(dat.)* to call to
zusammen together
der **Zusammenbruch, ⸚e** collapse
zusammen·fassen to summarize
zusammen·halten (hält zusammen), hielt zusammen, zusammengehalten to hold *or* keep together
zusammen·stellen to put together
zusammen·wachsen (wächst zusammen), wuchs zusammen, ist zusammengewachsen to grow together
zu·schauen to watch, observe
der **Zuschauer, -** spectator, onlooker; *(fem.)* die **Zuschauerin, -nen**
zu·schneiden, schnitt zu, zugeschnitten to tailor (+ **auf**) to
das **Zustandspassiv, -e** statal passive
zu viel too much
der **Zweifel, -** doubt
zu wenig too little
zu·winken *(dat.)* to wave at/to
zwar to be sure; namely
zweifeln (an + *dat.*) to doubt, have doubts about
der **Zwilling, -e** twin
zwingen, zwang, gezwungen (zu + *dat.*) to force, compel
zwischen *(prep. with acc. or dat.)* between

Index

In the following grammatical index, the letter *n* after a page reference refers to material presented in footnotes.

A

Abend versus **Nacht**, 425
aber
  coordinating conjunction, 4,
    395–396
  flavoring particle, 445
accusative case, 69–70, 83
  adjectives requiring **für,** 210
  es gibt and, 314
  in greetings, 70
  prepositions, 86–88, 108
  prepositions, two-way, 94–98, 109
  prepositions with certain verbs,
    410–413
  reflexives, 160–161
  word order of objects, 5
active versus passive voice, 194, 200
address in writing, forms of, 456–459
adjectival nouns, 251–254, 263–264
adjectives
  adverb use of, 203
  after **der**-words, 204–205
  after **ein**-words, 205
  case of nouns as predicates, 210–211
  colors, 207
  comparative and superlatives, 234–243,
    248–250
  endings on, 203–207, 221–222
  for *good* and *bad,* 214
  limiting, 208–210, 222
  nouns derived from, 243, 251–254,
    263–264
  participles used as, 254–257
  with prepositional phrases, 211–212
  suffixes forming, 212–213
  of time, 428–429, 431
adverbial conjunctions, 154, 227–228
adverbial phrases, 176
  word order of, 7, 14

adverbs, 223–228, 232, 242
  adjectives used as, 203
  comparative and superlatives, 234,
    236, 239–240, 248–250
  descriptive, 223–224
  for *good* and *bad,* 214
  of manner, 223–224
  participles used as, 254–257
  of place, 226
  of time, 225, 422, 423, 425
  used as interrogatives, 300
  word order of, 3, 5–6, 227
all-, 53–54, 209–210
als
  comparative phrase word order, 7
  conditional clause following **ob** or
    wenn, 331, 334, 351, 401
  as coordinating conjunction *when,* 400
also (particle), 445
an (preposition), 95, 409–410
andere, 208
anhalten, 301
anstatt (preposition), 98–99, 176
approximation, words for, 417
article modifiers, 53–55
articles
  declension of definite, 48–49
  declension of indefinite, 52
  rules summary, 63–64
  usage of, 49–52, 53
auch, 445
auch wenn, 406
auf (preposition), 95–96, 410
sich aufführen, 335
aufhalten, 302
aufhören, 302
aus (preposition), 89, 410
außer (preposition), 89
außerdem (adverbial conjunction), 227

auxiliary verbs
  conjugation, present tense, 20, 30
  haben versus **sein,** 36–39
  past, simple, 136

B

bad and *good* adjectives, 214
be- inseparable prefix verbs, 20, 36, 437
before, words meaning, 401
bei (preposition), 89–90
beide, 397
bekommen, 100, 189*n*
sich benehmen, 335
besitzen, 189*n*
bevor, 401
Billion, 416, 417
bis
  conjunction, 401–402
  preposition, 87
bitte, 362
bleiben, present perfect of, 37
bloß, 448–449
brauchen, 157

C

capitalization
  numerals, 416
  rules reform, 461–462
  in social networking, 456
  superlatives, 238–239
cardinal numbers, 415–418, 430
case, 66–67, 83–84
  accusative, 69–70, 83
  dative, 70–74, 84
  genitive, 74–76, 84
  nominative, 68–69, 83
  when writing, 82

categories of things, 286
cell phone terms, 364–365
city and town adjectives, 207
class (school), 10–11
clauses
    conditional. *See* subjunctive II
      (conditional)
    main, 2
    negation of, 111, 112, 119–120
    parallel, 397–398
    relative, 9, 280–283, 293
    subordinate, 2, 8–9, 15, 434
    word order in, 2, 8–9, 15
clock time, 423–424
colons for direct quotes, 464
colors as adjectives, 207
comma usage, 463–464
commands
    imperative mood for, 323–324,
      359–363
    impersonal, 363–364
    indirect, 351
    polite requests, 363
    rules summary, 370
comparative adjectives and adverbs,
    234–243, 248–250
    compound adjectives, 240–242, 250
comparisons with **so ... wie, immer,**
    je ... desto, 240
compound nouns, 388
compound words with verbs, 462–463
concluding expressions, 228–229
conditional subjunctive. *See* subjunctive
    II (conditional)
conjugated verbs, 381
    imperative mood, 359–363, 370
    present tense, irregular, 20
    present tense regular, 16–18
    present tense stem-vowel shifts,
      18–19
    rules summary, 29–30
    subjunctive I (indirect discourse),
      346–347, 358
    subjunctive II (conditional), 324–328,
      347
    word order of, 4, 8–9, 14–15
conjunctions, 407
    adverbial, 154, 227–228
    coordinating, 4, 395–396
    subordinating, 398–406
    two-part (correlative), 397–398
    word order of coordinating, 4
continuing actions, 375–376
continuing past actions, 21
contractions of prepositions, 86
conversational tense, 38–39

coordinating conjunctions, 4,
    395–396, 407
correlative conjunctions, 397–398, 407
correspondence style, 456–459
course (academic), 10–11
currencies, 420

D

da (conjunction), 402
da-compound words, 309–312, 321,
    409
daher (adverbial conjunction), 227
damit (conjunction), 402
dann, word order of, 4
darum (adverbial conjunction),
    227–228
dass, 403
    in indirect discourse, 345–355
    omitting in subordinate clauses, 9
dates, 429
dative case, 70–74, 84
    adjectives requiring, 210
    dative of reference, 73–74
    for indirect objects, 70–71
    masculine and neuter declensions, 67
    possessive meaning, 74
    prepositions, 76, 88–93, 108
    prepositions, two-way, 94–98, 109
    prepositions with certain verbs,
      411–414
    reflexives, 162–163
    verbs with, 71–73
    word order of objects, 5
day, parts of the, 424–426
days of the week, 49, 424
decades, 418
decimals, 417
declensions
    definite article, 48–49, 64
    der-words, 54
    ein-words, 56
    indefinite article, 52, 64
    kein, 110
    nouns, regular, 66–67
    possessive adjectives, 55–56
    pronouns, 278
    weak nouns, 392–393
    wer (interrogative), 297
definite article, 48–52, 63–64
demonstrative pronouns, 269–271, 280
denn
    coordinating conjunction, 395–396
    flavoring particle, 446
    word order of, 4
dennoch (adverbial conjunction), 227

dependent clauses
    modal verbs in, 156, 157
    word order in, 8–9
dependent infinitive, 139–140
der-words, 53–55, 56–57, 63–64
    adjectives used after, 204–205
    used as pronouns, 269–271, 280–283
derselbe, 271
deshalb (adverbial conjunction), 227–228
deswegen (adverbial conjunction), 227
Deutschland song, 1
dies-, 53–54, 57
diesseits (preposition), 99
direct objects, 69
directional modifiers, 6
distance measurements, 421
doch
    as flavoring particle, 362, 446
    as question response, 297
double infinitive
    with future tenses, 180
    with modal verbs, 146
    with perfect tenses, 179
du versus **ihr** or **Sie,** 266–267
durch (preposition), 87
    agent of the passive, 191
durch- verb prefix, 440–441
dürfen
    meaning and usage, 141
    past, simple, 139
    present tense conjugation of, 138

E

eben (particle), 446–447
ehe (conjunction), 401
eigentlich (particle), 447
ein-
    article, 52–53
    numeral, 416–417
ein ander-, 272
ein paar, 208
ein-words, 55–56, 57, 63–64
    adjectives used after, 205
einander (pronoun), 163–164
einige, 208
eins, 416
e-mail style, 456–457
emp- inseparable prefix verbs, 20, 36
emphasis in word order, 3, 5, 6, 7
end field of a sentence, 7, 14–15
am Ende, 228
endings
    adjectives, 203–207, 221–222, 417
    plurals, 389–391
    weak noun declension, 392–393

endlich, 228–229
ent- inseparable prefix verbs, 20, 36, 72, 437
entdecken, 258
entlang (preposition), 98
entschließen, 164–165
sich entschließen, 164–165
entscheiden, 164
sich entscheiden, 164
entweder ... oder, 397
er- inseparable prefix verbs, 20, 36, 438
erfahren, 258
erhalten, 100, 189*n*
-erlei, 418
erst versus **nur,** 271–272
es, 312–315, 321–322
    anticipatory, 315
    impersonal, 312–313
    passive use, 190
es geht um, 315
es gibt, es ist/es sind, 314–315, 321
etwas
    adjectival nouns following, 253
    as limiting adjective, 208
Euro, 420
exclamation point, 361, 464
extended modifiers, 255–257, 262

F
Facebook, 455
-fach, 418
fahren versus **führen,** 39
fallen versus **fällen,** 39
falls, 403
feminine nouns, 386–387
    derived from adjectives, 251–252
    suffixes, typical, 394
feststellen, 258–259
first words in a sentence, 2–4, 14–15
    in writing style, 13
flavoring particles, 444–452
    in commands, 362–363
    list of examples, 452
foreign words, 390–391
    spelling reform for, 461
fortfahren, 375
fortsetzen, 376
fractions, 417, 419–420, 430
front field of sentence, 2–4, 14
für (preposition), 87–88, 411
    with predicate adjectives, 211
future perfect tense, 374–375
future tense, 372–374, 381
    double infinitives with, 180
    modal verbs, 147, 157

passive voice, 187
present tense verb for, 22, 373
qualifying words, 379

G
ganz, 54, 209–210
ge- inseparable prefix verbs, 20, 36
gefallen, 148–149
gegen (preposition), 88
gegenüber (preposition), 90
gehen, synonyms for, 127–128
gender, 385–388, 394
genitive case, 74–76, 84
    adjectives requiring, 211
    masculine and neuter declensions, 67
    prepositions, 98–99, 109
    usage of, 74–75
    verbs with, 75–76
genug as limiting adjective, 208
gern, 148
gestern in combinations, 425
gibt, es, 314
glauben, 72
going verbs, 127–128
good and *bad,* adjectives, 214
greetings
    accusative case in, 70
    in writing style, 456–459
gut, synonyms for, 214

H
haben
    conjugation of, 20, 30
    in continuing past actions, 21
    passive voice, 189*n*
    past, simple, 34, 136
    past participle, 34
    versus **sein** as present perfect auxiliary, 36–39, 46
    subjunctive II (conditional), 328
halb/die Hälfte, 419–420
halt (particle), 447
halten, 301
handeln, 335
handeln sich um, 315
handeln von, 316
hängen versus **henken,** 40
herausfinden, 258
Herbsttag poem, 371, 380
heute in combinations, 425
hin- and **her-** prefix verbs, 436
hinter (preposition), 96
hinter- inseparable prefix verbs, 438
holen, 100

homonyms, 388–389
hours, 423–424
hundert, 416–417
hyphens, 465
hypothetical conditions, 329–330
    past, 332–333

I
idiomatic phrase word order, 4
-ig adjectives, 212
ihr versus du or **Sie,** 266–267
imperative mood, 323–324, 359–363
    formation, 359–361, 370
    usage of, 361–363
    writing with, 368
in (preposition), 96, 411
in order to, 176
indefinite article, 52–53, 63–64
indem (conjunction), 403
indicative mood, 323–324
indirect discourse, 345–346, 357–358
    extended after initial reference, 349–350
    indirect commands, 351
    indirect questions, 350
    subjunctive used in, 346–349
    verbs to introduce, 351–352
indirect objects, 70–71
infinitive verbs, 32
    double infinitive, 179–180
    future tense, 372
    in impersonal commands, 363–364
    lassen and, 177–178
    with modal verbs, 146
    as nouns, 178
    prefix verbs and, 435
    rules summary, 185
    without **zu,** 176–177
    word order of, 6
    with **zu,** 174–176, 185
innerhalb (preposition), 99
inseparable prefix verbs, 20, 36, 437–440
    list of common prefixes, 443
    sometimes separable, 440–442
instructions. *See* commands
interrogative words, 297–300, 307–308
intransitive verbs
    and corresponding transitive verbs, 39–40
    with inseparable prefixes, 441
    sein as auxiliary for, 37–38
introductory elements, 3–4
irgend-, 269
irgendwo(hin), 226

irregular verbs
  past, simple, 123–126, 136–137
  past and past participle, 34–35
  subjunctive II (conditional), 325–326
  third person forms for common
    words, 466–470
-isch adjectives, 210

J
ja
  as flavoring particle, 447–448
  word order following, 3
jed-, 53–54
jedermann (jeder), 268
jemand, 269
jen-, 53–54, 56–57
jenseits (preposition), 99

K
kein-, 57, 110–111, 119
  declension of, 52, 110
  and **mehr,** 114
kennen versus **wissen,** 23
Klasse versus class, 10
to know, 23
können
  meaning and usage, 141–142
  past, simple, 139
  present tense conjugation of, 138
kriegen, 100

L
lassen, 177–178, 180
sich lassen, 194
Das Leben der anderen film, 65
legen versus **liegen,** 40
Leipzig, 13
lernen, 10, 258
letter writing, 458–459
-lich adjectives, 211
lieben, 149
lieber (particle), 363
liegen versus **legen,** 40
to like, 148–150
Lust auf/zu, 150

M
machen, 77–78
main clause word order, 2, 14
mal (particle), 362, 448
Mal versus **Zeit,** 427–428

man (einer, einen, einem), 268
  substitutes for passive voice, 194
manch-, 53–55
masculine nouns, 385–386
  adjective endings, 204
  declension, 67
  declension, weak, 392–393
  derived from adjectives, 251–252
  suffixes, typical, 394
meals, 49
measurements, 421–422
mehrere, 208
metric system, 421–422
Metropolis film, 344
middle field of a sentence, 4–7, 14–15
Milliarde, 416, 417
Million, 416, 417
minutes, 423–424
miss- inseparable prefix verbs, 20, 36,
    439
mit (preposition), 90, 411
  for agent of the passive, 191
Mittagspause, 233–234
modal particles. *See* flavoring particles
modal verbs
  in commands, 363
  with passives, 191–192, 202
  past, simple, 139, 156
  perfect tenses, 146
  present tense conjugation, 138, 156
  rules summary, 155
  semi-modal verbs, 176–177, 185
  with separable prefixes, 435
  subjunctive II (conditional) past,
    333–334
  subjunctive II (conditional) present,
    327–328
  usage of, 139–140, 154
modifiers, participles as, 255–257, 262
mögen
  meaning and usage, 144–146
  negation of, 149
  past, simple, 139
  present tense conjugation of, 138
  subjunctive of, 150
monetary denominations, 420
months, 49, 426
moods of verbs, 323–324, 359
morgen in combinations, 426
motion verbs
  accusative used with, 70
  present perfect tense, 37
müssen
  meaning and usage, 142–143, 157
  past, simple, 139
  present tense conjugation of, 138

N
nach (preposition), 91, 226, 412
nach- separable prefix verbs, 72
nachdem, 403–404
Nacht versus **Abend,** 425
narration, tense in, 22
narrative past, 124–125
nationality adjectives, 207
nationality nouns, 251
neben (preposition), 97
negation
  common phrases, 114–115
  kein-, 110–111
  nicht, 111–115
  no more, 114
  not to like to do something, 149
  rules summary, 119–120
nein, word order following, 3
neuter nouns, 387–388
  adjective endings, 204
  declension, 67
  derived from adjectives, 252–254
  suffixes, typical, 394
nicht, 111–115
  and **mehr or länger,** 114
  rules summary, 119–120
  word order, 111–113
nichts, adjectival nouns following, 253
nie/niemals, 111
noch ein-, 272
nominative case, 68–69
  predicate nominative, 82
  rules summary, 83
nouns
  for categorizing or classifying, 286
  compound, 388
  declensions, 66–67, 392–393
  derived from adjectives, 243, 251–254,
    263–264
  gender, 385–388
  genders and meanings, multiple,
    388–389
  plurals, 389–391
numerals, 415–420, 430
  cardinal numbers, 415–418
  fractions, 419–420
  ordinal numbers, 418–419
nun (particle), 448
nur
  adverb meaning *only,* 271–272
  as flavoring particle, 362, 448–449

O
ob (conjunction), 404
obgleich, obschon, obwohl, 404

object, grammatical
  direct objects, 69–70
  indirect objects, 70–71
  word order of, 3, 5–6
oder (conjunction), 4, 395–396
ohne (preposition), 88, 176
opinions, expressing, 184
ordinal numbers, 418–419, 430
Ort, 59

P

participles. *See also* past participle
  as modifiers, 254–257
  nouns derived from, 252
particles, flavoring, 444–452
  list of examples, 452
passive voice
  dative verbs and, 189–190
  modal verbs and, 191–192
  rules summary, 201–202
  statal passive, 193
  substitutes for, 194
  usage of, 188–190, 200
  werden to express, 186–188
past, continuing, 21
past, narrative, 22
past, simple, 32, 123–126, 136–137
  irregular verbs, 34–35, 124
  modal verbs, 156
  passive voice, 186
  prefix verbs, 35–36
  sein, 124
  separable prefixes, 124
  strong verbs, 33–34, 123
  usage of, 124–126
  weak verbs, 32–33, 123
past participle, 32, 136–137
  irregular verbs, 34–35
  as modifiers, 255
  nouns derived from, 252
  in past perfect tense, 126
  prefix verbs, 35–36
  as present perfect auxiliary, 46–47
  strong verbs, 33–34
  weak verbs, 32–33
past perfect tense, 126–127
  double infinitives with, 179
  of modal verbs, 146
  passive voice, 187
past subjunctive, 332–333, 343
percents, 417
perception verbs, 176–177
perfect tenses
  double infinitives with, 180
  future, 374–375

passive voice, 202
past perfect. *See* past perfect tense
present perfect. *See* present perfect tense
period, 417, 464
personal pronouns, 265–267
phones, cell, 364–365
place, adverbs of, 226
place names, 49–50
Platz, 58
pluperfect. *See* past perfect tense
plurals, 389–391, 394
polite requests, 331, 363
position of words. *See* word order
possessive adjectives, 55–56, 64
predicate nominative, 69, 82
  word order of, 6
prefixes, verb, 432–436
  conjugation of verbs, 20
  inseparable prefixes, 20, 437–440
  list of common prefixes, 443
  past and past participle, 35–36
  separable prefixes, 6, 7, 432–436
  stress on the prefix, 440
  two-way separable/inseparable, 440–442
  word order of, 6, 7
prepositional phrases
  adjectives with, 211–212
  da-compounds for clauses, 311–312, 409
  with infinitives, 176
  reflexive verbs and, 161, 170–171
  usage of, 106
  verb specific, 408
  as verbal complements, 408–414
  word order as verbal complements, 6, 414
prepositions, 85, 108–109
  accusative case, 86–88
  for clock time, 423
  contractions of, 85–86
  dative case, 88–93
  genitive case, 98–99
  inanimate objects of, 309–310
  relative pronouns with, 283
  two-way accusative-dative, 94–98, 409–410, 411
present participles as modifiers, 254–255
present perfect tense, 36–39, 46–47, 125
  modal verbs, 146–147, 157
  passive voice, 187
  in writing style, 45
present tense
  conjugated verbs, 16–20, 29–30
  for continuing past, 21

for future, 22
modal verbs, 156
narration usage, 22
passive voice, 186
for present time, 21
verb conjugation rules, 29–30
verb conjugations, regular, 16–18
verb conjugations, stem-vowel shifts, 18–19
probability
  for future, 379
  for past, 375
pronouns, 265–271, 277–278
  declensions of, 278
  demonstrative, 269–271
  der-words as, 56–57
  ein-words as, 57
  inanimate objects of prepositions, 309–310
  indefinite, 266–267
  in indirect discourse, 344
  object, 3, 4–5, 14
  personal, 265–267
  reflexive, 158–159, 163–164, 170–171
  relative, 280–286, 295
  usage of, 276
  word order of, 3, 4–5, 14
proper nouns article usage, 49–51
punctuation
  in numerals, 417, 464
  rules reform, 463–465

Q

quantity, expressions of, 421
questions, 296–301, 307–308
  indirect, 300–301
  separable prefixes in, 434
  word order in, 8, 15
quotations, 356, 464

R

Raum, 58
Rechtschreibreform of 2006, 460
reflexive
  pronouns, 158–159, 171
  rules summary, 170
  verbs, 159–163, 171, 194
regular verb present-tense conjugations, 16–18
relative clauses, 280–283
  usage of, 293
  without relative pronouns, 286
  word order in, 9, 282

relative pronouns, 280–286, 295
  indefinite, 285–286
requests, polite, 331, 363
responses, particles in, 451–452
Rilke, Rainer Maria, 371

S

salutations
  e-mail, 456–457
  letters, 458–459
schaffen, 195
schlecht, 214
schließlich, 228–229
schmecken, 149
schon
  in continuing past actions, 21
  as flavoring particle, 449–450
school classes, 10–11
seasons of the year, 49, 426
second-person imperative, 359–360
second-person personal pronouns,
  266–267
sein (verb)
  conjugation of, 20, 30
  with genitive case, 76
  versus **haben** as present perfect
    auxiliary, 36–39, 46–47
  imperative of, 361
  past, simple, 33, 124, 136
  past participle, 33
  as present perfect auxiliary, 37–38
  subjunctive II (conditional), 328
seit (preposition), 91–92, 405
  in continuing past actions, 21
seit(dem) (conjunction), 404–405
selbst and **selber,** 163
-self, 158, 163
semicolon usage, 465
semi-modal verbs, 176–177, 185
senken versus **sinken,** 40
sentences, components of, 2–7,
  14–15
separable prefixes, verb
  list of common prefixes, 443
  sometimes inseparable, 440–442
  verb tense forms, 35–36, 442
  word order of, 6, 7
setzen versus **sitzen,** 40
sich, 158–159
sich aufführen, 335
sich benehmen, 335
sich entschließen, 164–165
sich entscheiden, 164

sich lassen, 194
sich verhalten, 335
Sie versus **du** or **ihr,** 266–267
simple past tense. *See* past, simple
sinken versus **senken,** 40
sitzen versus **setzen,** 40
so dass, 402
sobald, solange, sooft, 405
social networking terms, 455–456
solch-, 53–55
sollen
  meaning and usage, 143
  past, simple, 139
  present tense conjugation of, 138
sondern (conjunction), 4, 395–396
song, *Deutschland,* 1
sowohl... als/wie, 397–398
spatial meaning, words of, 58–59
spelling reform, 460–461
springen versus **sprengen,** 40
ß in spelling, 460–461
statal passive, 193
statt (preposition), 98–99, 176
stattdessen (adverbial conjunction),
  227
stehen bleiben, 302
Stelle, 59
stem-vowel shifts in verbs, 18–19, 29
stoppen, 302
stress
  on prefixes, 440
  in responses, 451–452
strong verbs
  past, simple, 33–34, 123, 137
  past participle, 33–34
  present tense conjugations, 18–19
  subjunctive II (conditional),
    326–327
  third person forms for common
    words, 466–470
studieren, 10
subject, grammatical, 68
  absence of in passive voice,
    192–193
  word order of, 2–3
subjunctive I (indirect discourse)
  past forms, 347, 358
  present forms, 346–347, 358
  rules summary, 357
  usage, 348–349, 351
subjunctive II (conditional)
  versus indicative mood, 323–324
  past forms, 332, 347
  past usage, 332–333

present forms, 324–329
present usage, 329–331
  in requests, 363
  rules summary, 342–343
  usage of, 341
subordinate clauses, 399
  separable prefixes in, 434
  word order in, 8–9, 15
subordinating conjunctions, 398–406,
  407
suffixes
  for adjectives, 212–213
  -erlei, 418
  -fach, 418
  gender based on, 394
  -ig adjectives, 212
  -isch adjectives, 210
  -lich adjectives, 211
superlative adjectives and adverbs,
  234–239, 248–250

T

Tatort TV show, 279
tausend, 416–417
technology and telecommunications,
  364–365
Teil, 389
television shows
  Tatort, 279
  Wetten, dass...?, 31
temperature, 422
tenses. *See* entries for each tense
texting, 456
time expressions
  adjectives of time, 428–429, 431
  adverbs of time, 225
  case, 431
  clock time, 423–424
  dates and years, 429
  days and parts of the day,
    424–426
  duration of time, 427
  indefinite time, 428
  months and seasons, 426
  specific time, 427
  units of time, 422, 430
  Zeit versus **Mal,** 427–428
transitive verbs
  and corresponding intransitive verbs,
    39–40
  made intransitive by prefixes,
    441
  reflexives for, 160

trotz (preposition), 98–99
trotzdem (adverbial conjunction), 227
tun, als ob, 335
two-way accusative/dative prepositions,
    94–98, 409–410, 411
two-way separable/inseparable verb
    prefixes, 440–442

U
über (preposition), 97, 412
über- verb prefix, 440–441
überall, 226
überhaupt, 450
um (preposition), 88, 413
um ... zu, 176
um- verb prefix, 440–441
umlaut
    in comparative and superlative,
      235–236, 249
    present tense stem-vowel shifts, 19
und
    coordinating conjunction, 395–396
    word order, 4
units of measure, 421–422
units of time, 422
university classes, 10–11
unter (preposition), 97
unter- verb prefix, 440–441

V
ver- inseparable prefix verbs, 20, 36,
    439–440
verbal complements
    nicht with, 112–113
    word order of, 6, 14, 414
verbs
    auxiliary, 136
    combined with other words, 462–463
    compound words, 462–463
    conjugation, present tense, 16–20,
      29–30
    with dative case, 71–73
    imperative, 359–363
    indirect discourse introduced by,
      351–352
    infinitive usage, 174–180
    irregular, 124, 137
    mood, 323–324
    prefixed, inseparable, 35, 437–440
    prefixed, separable, 35, 432–436
    prefixed, two-way separable/
      inseparable, 440–442

prepositions used with, 409–414
present perfect tense, 36–39
principal parts of, 32
reflexive, 159–163
strong, 33–34, 123, 137
transitive weak evolved from
    intransitive strong, 39–41
weak, 32–33, 123, 136
word order of, 4, 6, 8–9, 14–15
writing with, 28, 134
sich verhalten, 335
verlassen, 180–181
viel
    adjectival nouns following, 253
    as limiting adjective, 208
viele, 208
vielleicht, 450
von (preposition), 76, 92–93, 413
    adverb following to indicate *from*
      where, 226
    for agent of the passive, 190
vor (preposition), 97, 413–414

W
während, 405–406
während (preposition), 98–99
wann, 401
was
    as interrogative, 297–298
    as relative pronoun, 284–285
was für (ein), 299–300
weak nouns, 392–393, 394
weak verbs
    past, simple, 32–33, 123, 136
    past participle, 32–33
    subjunctive II (conditional), 325
wegen (preposition), 98–99
weggehen, 181
weight measurements, 421
weil (conjunction), 402
weiter for continuing actions, 375
welch-, 53–55, 299
wenig
    adjectival nouns following, 253
    as limiting adjective, 208
wenige, 208
wenn (conjunction), 400
wenn... auch, 406
wenn... nicht/kein-, 406
wer
    declension of, 297, 307
    interrogative, 297–298
    relative pronoun, 284–285

werden
    conjugation of, 20, 30, 372, 381
    for future tense, 372–373
    imperative, 360
    and modal verbs, 147
    passive meaning, 186–188,
      201–202
    past, simple, 33, 136
    past participle, 33
    subjunctive II (conditional), 324–325,
      328–329, 342–343
wessen, 297–298
Wetten, dass...? TV show, 31
when, conjunctions meaning,
    400–401
where, adverbs describing, 226
wider- (verb prefix), 440–441
wie comparative phrase word order, 7
wieder- (verb prefix), 440, 442
wishes, subjunctive, 330
wissen
    conjugation of, 20, 22, 30
    versus **kennen,** 23
    passive voice, 189*n*
wo-compound words, 308
    interrogatives, 299
    relative pronouns, 284–285
wohl
    flavoring particle, 451
    for probability of past, 375
wollen
    meaning and usage, 144
    past, simple, 139
    present tense conjugation of, 138
word order
    adverbs, 227, 232
    adverbs and prepositional phrases, 3
    conjugated verb, 4
    emphasis and, 3
    extended participle modifiers,
      255–257
    first elements, 2–4
    idiomatic phrases, 4
    infinitive clauses, 185
    modal verbs, 139
    in negation, 111–113
    prepositional phrase verbal
      complements, 414
    reflexive pronouns, 159
    relative clauses, 282
    rules summary, 14–15
    in writing style, 13
writing style, 455–459
würde + infinitive, 324–325, 328–329, 343

Y
years, 429
yes-no questions, 296–297, 434

Z
Die Zauberflöte opera, 121–122
Zeit versus **Mal,** 427–428

zer- inseparable prefix verbs, 20, 36, 440
zu
    with infinitives, 174–176, 185
    preposition, 93
    with present participle as extended
        modifier, 257
    verbs used with, 414

zuletzt, 228
zwar, 451
zwischen (preposition), 98

Credits

This page constitutes an extension of the copyright page. We have made every effort to trace the ownership of all copyrighted material and to secure permission from copyright holders. In the event of any question arising as to the use of any material, we will be pleased to make the necessary corrections in future printings. Thanks are due to the following authors, publishers, and agents for permission to use the material indicated.

Text

p. 1: "Deutschland," by Steve van Velvet/Die Prinzen. Copyright © 2001 EDITION BOOGIESONGS (GEMA). All rights administered by WB MUSIC CORP. All Rights Reserved. Used by permission.

p. 173: As appeared in Daniel Kampa and Winfried Stephan, eds., FRUHER WAREN MEHR TORE. Copyright © 2008 by Diogenes Verlag. Reprinted with permission.

p. 233: "Mittagspause," by Wolf Wondratscheck, from FRUHER BEGANN DER TAG MIT EINER SCHUSWUNDE. Reprinted by permission of Carl Hanser Verlag.

p. 368: Poem by Uwe Timm: "Erziehung," from BUNDESDEUTSCH, LYRIK ZUR SACHE GRAMMATIK, ed. Rudolf Otto Wiemer, Reprinted by permission of Peter Hammer Verlag.

p. 380: "Herbsstag," by Werner Schneyder from Karl Riha und Hans Wald, AUF WEISEN WIESEN WEIDEN GRUNE SCHAFE: PARODIEN. Copyright © 2001. Reprinted with permission.

Art

p. 13: Portrait of Johann Sebastian Bach (1685–1750) engraved by Friedrich Wilhelm Nettling (engraving) (b/w photo), Haussmann, Elias Gottleib (1695–1774) (after) / Bibliotheque Inguimbertine, Carpentras, France / Giraudon / The Bridgeman Art Library

p. 31: Patrick Seeger/AFP/Getty Images

p. 65: The Kobal Collection/Creado Film/BR/ARTE

p. 107: ©Cengage Learning

p. 122: ©Austrian Archives/Corbis

p. 135: ©The New Yorker Collection 1932 Gardner Rea from cartoonbank.com. All rights reserved.

p. 154: ©Cengage Learning

p. 169: ©Cengage Learning